THE STORIES
OF
NEW CHINA

新中国
故事

卢洁 主编

CTPH 中国出版集团
中译出版社

图书在版编目（CIP）数据

　　新中国故事 = The Stories of New China / 卢洁主编
. —北京：中译出版社，2017.4（2023.2 重印）
　　ISBN 978-7-5001-5179-1

　　I.①新… 　II.①卢… 　III.①中国历史—1949—
2014 　IV.①K27

　　中国版本图书馆 CIP 数据核字（2017）第 066002 号

出版发行：中译出版社
地　　址：北京市西城区车公庄大街甲 4 号物华大厦 6 层
电　　话：(010) 68359376；68359827（发行部）；68357328（编辑部）
传　　真：(010) 68357870
邮　　编：100044
电子邮箱：book@ctph.com.cn
网　　址：http://www.ctph.com.cn

总 策 划：张高里　于建军
责任编辑：于建军　温晓芳
封面设计：潘　峰

排　　版：北京中文天地文化艺术有限公司
印　　刷：天津奥丰特印刷有限公司
经　　销：新华书店

规　　格：710mm×1000mm　1/16
印　　张：31.25
字　　数：558 千字
版　　次：2017 年 10 月第 1 版
印　　次：2023 年 2 月第 3 次

ISBN 978-7-5001-5179-1　　　　　　定价：68.00 元

目 录

CONTENTS

• 新中国故事　下部 (1977—2014 年) •

第十章　世纪跨越（1997—2002 年）/ 353-388

第十一章　发展新篇（2003—2007 年）/ 389-422

新中国故事　上部

（1949—1976 年）

第 一 章

中国人民从此站起来了

（1949年）

1949年10月1日，中华人民共和国开国大典在北京天安门广场隆重举行。毛泽东向全世界庄严宣告："中华人民共和国中央人民政府今天成立了！"

新中国的成立，结束了一个旧时代，开始了一个新时代。中国的社会结构和它的前途命运从此发生根本变化：实现了民族独立、人民解放和国家统一（除了台湾和香港、澳门以外），开始为祖国繁荣富强和人民共同富裕而奋斗。

中国人等待这一天到来，已经太久太久了。自从1840年英国发动侵略中国的鸦片战争，用洋枪洋炮打开中国的大门之后，世界列强各国纷纷效尤。中国逐渐沦为半殖民地半封建社会，饱受列强的欺凌和侮辱。在帝国主义和封建主义的双重压迫下，占中国人口绝大多数的劳动人民，过着牛马不如的生活。"长夜难明赤县天，百年魔怪舞翩跹，人民五亿不团圆"就是旧中国的真实写照。

为了救国救民，无数仁人志士不惜抛头颅、洒热血，顽强地进行不屈不挠的斗争。然而，太平天国运动、戊戌变法、辛亥革命都相继失败了。这证明在半殖民地半封建的中国，旧式资产阶级革命不能引导革命走向胜利。1921年中国共产党成立，马克思主义同中国的实际相结合，中国革命的面貌才焕然一新。

在中国共产党领导下，经历了第一次国内革命战争、土地革命战争、抗日战争、解放战争，28年的艰苦奋斗，中国人民终于迎来了新中国的诞生。1949年9月21日，毛泽东在中国人民政治协商会议开幕式上宣布："占人类总数四分之一的中国人从此站起来了。"这句话道出了当时亿万中国人的共同心声。

人们在为一个新时代来临而欢呼的同时，也踏上了更为艰难的历史行程：要在一穷二白的基础上，把中国建设成为一个社会主义的现代化强国，使之以崭新的面貌，屹立于世界民族之林。没有现成的书本答案，又不能照抄外国经验，只有靠自己在实践中探索。

新中国的第一年就面临着从四面八方涌来的许多棘手问题，不仅要处理眼前这些紧迫问题，还要有长远眼光，建立起一套和旧中国根本不同的新制度和新格局。中国共产党和中央人民政府在复杂的环境中，冷静而果断地沉着应对，在短时间里取得了巨大成功。

政治上，贯彻《中国人民政治协商会议共同纲领》的精神，迅速召开各界人民代表会议，建立各级政权，保证人民当家做主的权利。

军事上，迅速肃清国民党反动军队的残余，到1950年6月，解放了除台湾、西藏和某些沿海岛屿以外的全部国土，实现了祖国的空前统一。

经济上，开展了打击不法投机资本的斗争，制止恶性的通货膨胀和物价上涨，稳定经济形势，使生产开始恢复。

外交上，实行"另起炉灶""打扫干净房子再请客"和"一边倒"政策，与苏联、保加利亚、罗马尼亚等国家建立了外交关系。

社会生活方面，荡涤旧社会留下的污泥浊水，在全国禁娼、禁赌、禁毒，打击地痞流氓和黑社会等恶势力，使社会风气发生根本好转。

……

这一年，新中国不但站稳了脚跟，而且在人们面前展现出美好的前景。

1.1

"紫石英"号事件震惊中外

1949年4月1日，南京国民党政府代表团到达北平，开始与中国共产党代表团进行和平谈判。在这次的谈判桌上，国民党方面明显底气不足。因为经过辽沈、平津、淮海三大战役，国民党154万精锐部队被歼灭，所剩兵力仅有200万，而中国人民解放军已经发展到400万，并将战线推进到长江北岸，直逼国民政府的心脏——南京。

这时的长江两岸，战云密布，对峙的国共双方军队已经就位。一旦和谈破裂，一场大战将不可避免。

4月20日，是中共中央给国民党当局和谈签字的最后期限。集结在长江北岸一千多华里的战线上的解放军百万大军，封锁江面，密切注视对岸情况，只待中央一声令下，就发起渡江战役。然而就在这万分紧要关头，一艘英国军舰却不合时宜地出现了。

上午8时左右，驻守在扬州以南三江营北岸的中国人民解放军特种兵纵队炮兵三团，发现一艘挂着花花绿绿旗帜的外国军舰，在茫茫白雾的掩护下，由东向西溯流航行。事后得知，这艘军舰正是隶属于英国皇家海军远东舰队的护卫驱逐舰——"紫石英"号。它满载排水量1430吨，装有12门火炮及24管的深水炸弹发射器，舰上官兵共192人。

解放军炮兵部队向外国军舰鸣炮示警，可是"紫石英"号不但没有停航或返航，反而加速向前行驶，将炮筒对准北岸解放军防区。国共大战在即，这种擅自闯入战场的行为，只能解释为对解放军的挑衅和对国民党军的支援。解放军两个炮兵连的6门火炮开火了，"紫石英"号也开炮还击。数分钟炮战之后，"紫石英"号前主炮被击毁，舰体被洞穿，船舵被卡死，军舰失去方向控制，在一处浅滩搁浅。"紫石英"号挂起白旗，解放军随即停止炮击。

4月21日的《申报》刊登了世界各大通讯社对此事的报道。其中，路透社南京二十日电是这样说的："英国大使馆于今晨九时三十分宣布：大使馆已接获英炮舰'紫石英'号发来报告，谓该舰遭遇猛烈炮火射击，舰身搁浅，死伤甚重……英大使史蒂文爵士，为英舰在长江被射击事，已令英驻天津总领事向北平中共当局提出抗议。"

国内外都为这个消息震惊不已，解放军竟然敢对英国军舰动手！英国军舰在中国横行霸道几十年，还没吃过这样的亏！从1840年中英鸦片战争开始，帝国主义列强用坚船利炮打开了中国大门，将一个个不平等条约强加在中国人民头上，不但从中国割去了大片领土，掠去巨额赔款，而且在中国境内享有驻军、领土租借、内河航行、自由经营和领事裁判等各种特权。英国从第一次鸦片战争中，就得到了香港岛、五个口岸通商权、"洋银"2100万元等好处。在第二次鸦片战争中，则和法国侵略者一起焚毁了中国皇家园林——圆明园，将园藏历代文化珍宝洗劫一空，并通过《天津条约》扩大了在华特权，包括其军舰和商船可以在长江各口岸自由航行的权力。在八国联军侵略中国的战争中，英国也收益颇丰，获得5000多万两白银赔款、租界6100多亩等。在英国等列强的眼中，中国就是一块任人宰割的肥肉。曾几何时，列强的军舰在中国的内河耀武扬威，想撞就撞，想打就打，无人敢管。1926年英国军舰公然炮轰四川万县，1927年英美军舰联合炮轰南京，1928年日军在济南袭击北伐军，制造了骇人听闻的五三惨案……历任中国政府腐败无能，总是不顾百姓的血泪，采取妥协投降的政策。而这一次"紫石英"号事件，中国人民解放军敢于向外国军舰打炮，使其威风扫地，是近百年来从未有过的事。一些富有见识的中国人已经预感到，一个与以往完全不同的时代即将来临了。

那么，"紫石英"号为什么会出现在大战开始前的江面上呢？原来，1949年随着国共内战战场形势的发展，英国远东舰队在南京停泊一艘军舰，准备在局势混乱时为英国使馆人员以及侨民提供援助。尽管知晓4月20日是国共谈判的最后期限，也是解放军公告中外国军舰撤离长江的最后期限，但远东舰队仍然决定派遣"紫石英"号上驶南京，替换此前在南京驻泊的"伴侣"号驱逐舰。远东舰队之所以一意孤行，是因为他们断定解放军没有向英国军舰开炮的胆量。

"紫石英"号遭炮击后，英国远东舰队立即采取反击行动。"伴侣"号军舰从南京出发前往增援，并与解放军交火，但很快被击伤逃走。英国远东舰队副总司令马登认为"小米加步枪"的解放军不可能有多大战斗力，气势汹汹率领"伦敦"号和"黑天鹅"号从上海驶来，准备靠近"紫石英"号。结果炮战再次发生，"伦敦"号的船舷被击穿了多个洞眼，一发炮弹还在弹药库内爆炸。两舰只得仓皇返回上海。至此，英国海军死亡45人，其中包括"紫石英"号舰长斯金勒，失踪1人，伤93人。解放军也有不小的伤亡，炮战中伤亡官兵达252人，其中二〇二团团长邓若波牺牲。而"紫石英"号仍然孤零零地搁浅在长江之上，处于两岸炮火的监视之下，不敢有丝毫动弹，100多名船员守着他们的军舰。

"紫石英"号事件的消息传回英国，英国国内一片哗然。首相艾德礼声称得到国民政府的许可，英国军舰有合法在长江中行驶执行和平使命的权力。前首相丘吉尔则要求"派一两艘航空母舰到中国海上去……实行武力报复"。也有议员指出：在解放军强渡长江的军事行动前派军舰在长江内行驶，显然容易激起正在待命渡江的解放军的愤怒。有议员事后批评说，如果一艘亲纳粹国家的军舰在诺曼底登陆驶入英吉利海峡，我们难道不应该把它打得粉碎嘛。在了解更多情况后，英国政府还是采取了冷静克制的态度，认定事件并非是中共高层有意为之，完全是一次偶然事件，希望通过谈判来解决。

中共方面当然同意谈判，但考虑到当时还没有建立中央人民政府，英国对华政策也不明朗，不便于与英国大使馆发生正式交往，决定此事由冲突双方就地解决，并派出炮兵三团政委康予召为正式谈判代表。4月26日，双方展开了接触以及非正式对话。英舰允诺不再移动位置，解放军方面批准"紫石英"号舰员可与当地居民交换食品。

4月30日，毛泽东以中国人民解放军总部发言人名义发表声明：中国人民解放军有理由要求英国政府承认错误，并执行道歉和赔偿。中国人民革命军事委员会和人民政府愿意考虑同各国建立外交关系，这种关系必须建立在平等、互利、互相尊重主权和领土完整的基础上，首先是不能帮助国民党反动派。

中国人民解放军与"紫石英"号的交涉从4月26日起一直持续到7月，但英方却始终没有表现出和谈的诚意，拒绝道歉。7月30日，"紫石英"号趁着夜色的掩护，起航逃遁。途中与解放军炮兵再度交火，并造成平民伤亡。由于缺乏照明设施，解放军无法击中"紫石英"号，使它得以逃出长江口。双方谈判中止，中方对英舰的恶劣行径予以严词谴责。

此次逃跑成为英国皇家海军吹嘘了多年的一次成功突围。然而，英国官方却明确表示，"紫石英"号的逃跑未经政府批准，对其擅自行动极为不满。当时，美国联邦调查局的一位官员用三个"愚"字评价此事件：人家打仗时你把军舰开进去，是第一愚；受了伤又要派军舰去增援，是第二愚；救不出有吃有喝就留在那里好了，而又要逃跑，是第三愚。

一场震动世界的外交事件，就这样结束了。与"紫石英"号事件同时结束的，是外国军舰在中国内河横行的历史，是帝国主义在远东的炮舰政策，是上百年来"弱国无外交"的局面。1949 年 10 月 1 日新中国成立之后，英国于 1950 年 1 月 6 日向全世界宣布承认中华人民共和国。

1.2

蒋介石 "归隐" 溪口

1949 年 1 月 21 日，一架飞机从南京起飞，绕着古城转了一大圈，然后朝杭州方向飞去。原来，机上搭载的是刚刚宣告 "引退" 的蒋介石。他是在内外交困的情况下，不得已离开南京的。

这年 1 月 1 日，新华社发表了毛泽东《将革命进行到底》的新年献辞，提出 "打过长江去，解放全中国" 的响亮口号。蒋介石也发表元旦文告《告全国军民同胞书》，承认 "戡乱" 失败，发出了 "和平果能实现，则个人的进退出处，绝不萦怀" 的哀鸣，并声称为 "以冀弭战消兵解人民倒悬于万一" 而甘愿 "引退"。

1 月 5 日，毛泽东为新华社起草评论《评战犯求和》，明确将蒋介石列为战犯，拒绝以蒋为谈判对手。而国民党党内要蒋介石下台的呼声日益高涨。这时，美国方面传来消息，在那里寻求援助的宋美龄一无所获，白宫对蒋已采取放弃态度。

1 月 21 日，蒋介石无奈写下 "冬日饮寒水，雪夜渡断桥" 的诗句后，黯然神伤地离开总统府，回老家奉化溪口——这个他政治上失意时总要回去的避风港，"归隐" 去了。

自知此行难有归期，蒋介石特意让飞行员绕着南京古城飞了一圈，才万分不舍地离开。这一天距 1927 年 4 月 18 日蒋介石宣布国民政府成立并定都南京不到 22 年。

10 天以后，美国出版的《生活》画刊以《蒋移交权力，一个时代结束》为题，报道了蒋介石与李宗仁的权力交接。《生活》还发表一组图片，题为《国民党兴衰记》。这组图片始于 1908 年慈禧太后去世，止于 1949 年的"红色胜利"，堪称 20 世纪上半叶中国的图片大事记。最后一张图片是毛泽东、周恩来、朱德三人很有艺术造型感的合影，他们昂首站立，表情相同，微笑着面向前方，胜利者的姿态跃然而出。

在蒋介石的整个政治生涯中，几乎没有停止过征战，他战胜了所有对手，却唯独输给了毛泽东和他的战友。当 1946 年内战全面爆发之时，蒋介石信誓旦旦地宣称：要在 3 个月内消灭共产党！然而，蒋介石错误地估计了形势，他的将领们太不争气了，纵有 400 多万美式装备的大军，却在小米加步枪的"土八路"面前屡战屡败。

"匪越剿越多，兵越打越少，仗越打越背"。仅仅过了两年，国民党统治区的政治、军事、经济、社会生活面临全面崩溃，而中国人民解放事业正以不可阻挡之势迎来了收获季节。人民解放军愈战愈强，到 1948 年底，辽沈战役解放了东北全境，淮海战役解放了华东大部。胜利在即，华北地区除北平、天津几座孤城外均已解放，国民党军精锐被消灭殆尽，蒋介石的统治已是风中残烛，摇摇欲坠。

一张张图片让人唏嘘不已，国民党到底是因为什么由兴到衰，被曾经弱小的共产党打败的呢？各方有各方的观点，蒋介石本人在日记中曾有如下检讨："当政 20 年，对其社会改造与民众福利，毫未着手，而党政军事教育人员，只重做官，而未注意三民主义之实行。今后对于一切教育，皆应以民生为基础。"

正是反民主、反人民的种种行为，最终使国民党付出了所有老本，到头来，只得自吞恶果。而共产党讲民主，为人民谋利益，赢得人民的支持和拥护，成为笑到最后的胜利者。

1949 年的除夕之夜，蒋介石全家在丰镐房团聚度岁，这是蒋介石 30 多年以来第一次在老家过年。暂时忘却政治上的失意，在亲人的陪伴下，蒋介石感到些许安慰。

正月十五那天，蒋家祠堂上摆了许多桌酒席，蒋介石邀请奉化县长、武岭学校校长和族里的人及亲邻参加，蒋经国和蒋方良在下敬酒。蒋介石强作欢颜地开言："今天请诸位来喝杯淡酒。以后么——"他停了一下，"请诸位到南京喝去。"然而，开席不久，蒋介石的秘书走进来，对他耳语了几句，蒋介石的脸色大变，请客人们继续喝酒，自己则提前离席。原来，蒋介石接到的是戴季陶自杀身亡的消息。这位与蒋有着四十余年交谊的"密友",一直为国家的命运而担忧。据说在其自杀的前一日,曾说:"国军难以据守西南,四川必为共产党所得。他们不会放过我,我也不甘当他们的阶下囚。"他不愿选择同蒋介石避居台湾,服用大量安眠药结束生命。这也是继"文胆"陈布雷"悲愤自裁"三个月以来,蒋介石再次痛别昔日"至交"。他悲恸不已,彻夜不眠。

蒋介石深感来日无多,清明节那天,到白岩山祭扫母墓。他在墓前躬身下拜,喃喃祈祷,涕泪横流。拜毕,连声嘱咐儿孙多磕几个头。

正当蒋介石"归隐"家乡之际,中国人民解放军在国共谈判破裂后挥师南下,4月23日占领国民政府首都南京。同日,在广州的国民党中央委员及立法、监察两院委员百余人举行集会,要求"下野"的蒋介石"莅行指导"时局。迫于压力的李宗仁离开南京飞赴桂林,而蒋介石又要"出山"了。

4月25日,蒋氏父子在祭扫了蒋王氏的墓庐,拜别祖堂之后,登船准备离乡前往上海。站在甲板上,蒋介石不愿再回头望一眼故乡,只是望着涟涟水波,默默无语。此情此景正如蒋经国在日记中所写:"大好河山,几无立锥之地!且溪口为祖宗庐墓所在,今一旦抛别,其沉痛心情,更非笔墨所能形容。"

随着时局的变幻,蒋介石于1949年12月10日从成都飞赴台北,从此再也未能回到故乡溪口。

瀛 台 夜 宴

　　1949 年 9 月 19 日，正值北平金秋，毛泽东在百忙之中邀请程潜、陈明仁（二人均为国民党军起义将领）等同游天坛。众人游至祈年殿前，毛泽东亲切地召唤陈明仁："子良将军，来，来，来，我们单独照个像。"照完像后，毛泽东对陈明仁说："外面的谣言很多，说你被我们扣起来了。你可把这张照片分送给你们黄埔同学。"毛泽东又说："后天 21 日，我们的新政治协商会议就要开幕了，各方面的代表人物都有，唯独还缺少蒋介石的嫡系将领，你来了，代表性就全了。"陈明仁深深为毛泽东的热情、诚挚、理解和宽容所折服。一个多月前在长沙通电起义时，他还对自己的前途感到茫然困惑，怎么也没有想到能够被邀请参加筹建新中国的盛会。

　　早在 1948 年下半年，共产党与到达解放区的民主党派商定，先在哈尔滨召开一个规模比较小的政治协商性质的会议，然后召开人民代表大会。但后来解放战争形势发展很快，要求迅速召开全国规模的代表大会，制定政策，产生政府，建立新中国。由于当时还不具备在普选的基础上产生各级人民代表大会的条件，于是决定改在北平召开新政治协商会议，并代行全国人民代表大会职责。这样代表人数就需要扩大，以广泛代表全国各民族、各民主阶级、各民主党派、各人民团体和一切爱国民主力量。6 月 15日，新政治协商会议筹备会在中南海勤政殿开幕。筹备会下设六个小组，

◎ 中国人民政治协商会议第一届全体会议会场

　　1949 年 9 月 21 日，中国人民政治协商会议第一届全体会议在北平中南海怀仁堂隆重开幕。毛泽东在会上庄严宣告："占人类总数四分之一的中国人从此站起来了！"会议选出了由毛泽东任主席的政协全国委员会。选举毛泽东为中央人民政府主席。会议通过了北平为中华人民共和国首都，将北平改名为北京。会议决定采用公元纪年。大会还通过了《中国人民政治协商会议共同纲领》，明确规定了中华人民共和国的国体和政体及内外政策。(新华社资料照片)

其中第一小组就负责拟订参加新政协的单位及代表名单，组长是李维汉。

一时间，社会上涌现出各种各样的党派团体组织，都强烈要求进入新政协的名单之列。针对这种情况，政协筹备会议决定：以1948年5月1日为界线，各民主党派以赞成"五一号召"划线，积极响应者可以参加新政协，后来者则需要审查资格。

李维汉带领第一小组展开了紧张的工作。他们按照新政协筹备会组织条例的规定，对代表名单进行逐个审查，反复研究。时常为了某一个代表的适当与否，而函电往返，多方协商，斟酌再三，费时达数周之久。有时毛泽东、周恩来也参加讨论。

他们将新政协代表分为五类：党派代表、区域代表、军队代表、团体代表、特邀代表。

党派代表除了中共及在香港公开响应"五一号召"的10个民主党派外，增加了九三学社、台湾民主自治同盟、新民主主义青年团三个团体。对于不符合或不完全符合新政协标准者，则慎重考虑，细致做工作。有些党派团体虽然没有进入名单，但他们的负责人以个人身份被邀请参加新政协。

在党派单位的代表名额分配中，给予中共的正式代表名额只有16人，与民革、民盟代表名额均相同，这显示了对民主党派地位的充分尊重。而在区域代表、军队代表、团体代表中也适当安排了党外人士，但共产党员和基本群众仍占多数，又体现了无产阶级的领导和工农联盟的基础作用。

处理复杂的党派问题同时，新政协还特设"无党派民主人士"一类，他们虽然没有参加党派组织，却领导、联系很大一批民主人士从事民主运动。郭沫若和马寅初等后来就是以这样的身份参加新政协的。

毛泽东十分重视各方面有代表性的人物，对于宋庆龄、司徒美堂、江庸等重要代表，还亲笔写信邀请。

引人注目的是：吴奇伟、曾泽生、张轸、高树勋等起义将领，出现在解放军代表的名单中。特邀代表名单中还有：1949年1月起义的傅作义，4月还代表南京和谈的张治中、邵力子，8月才起义的程潜、陈明仁……

有人就提出：这些人不久前还是国民党大员，现在怎么摇身一变而成为新政协代表？我们有些长期从事民主运动的人士还没有得到名额呢！中共内部也有不少议论，一句牢骚话风行一时："早革命不如晚革命，晚革命不如不革命，不革命不如反革命。"

面对种种非议，毛泽东、周恩来、刘少奇等在党内反复进行政策教育，并向党外人士解释：虽然他们原来属于反动阵营，但在和平谈判和起义中立了功，站到了人民一边，就应当不念旧恶，采取欢迎态度。这正是政策的严肃性和灵活性相结合的具体表现。而且，邀请他们参加新政协，对于争取、教育他们的下属和分化瓦解敌人，有不可代替的作用，对人民是有利的。

毛泽东后来又多次强调，人民政协会，一定要有各方面人物，不然就是开党代表会议了。政协之中有些代表人物，代表着以民族资产阶级和城市小资产阶级为主的阶级动向和要求，我们不能代表。这些人必须住北京饭店，必须敲锣打鼓欢迎，因为这样对中国人民有利！

代表名单初步产生之后，又不断接到新的申请，不断发现有重要人物需要加入，名单一直在研究、变动中。直到政协会议召开的前一晚，才最终确定了参加新政协的代表名单，总计662人。中央统战部把参加新政协的单位人选和各项统计印制了一本很厚的表册，送到中央。

在筹备会最后一次会议结束后，毛泽东将所有代表留下，邀请他们参加在中南海瀛台举行的晚宴。宴会上，毛泽东频频举杯，谈笑风生，操着浓重的湖南口音说："我们这一桌什么人都到齐了。有无产阶级李立三，无党派人士、文学家郭沫若，有民主教授许德珩，有工商界前清翰林陈叔老，还有妇女界廖夫人和华侨老人陈嘉庚、司徒美堂……""自从鸦片战争109年以来，中国人民进行了长期的革命斗争，第一个是鸦片战争，其后有太平天国、义和团、戊戌政变、辛亥革命，直至现在的解放战争。历史学家、文学家把这一段时期的人物写成一部系统的作品，我看是蛮好的！"

波光粼粼的南海，毛泽东、周恩来的伟人魅力，满座的欢声笑语……成为瀛台夜宴宾客们终身难忘的记忆。

三天之后，1949年9月21日，第一届中国人民政治协商会议在中南海怀仁堂隆重召开。陈明仁等起义将领和其他代表一起兴奋地走进会场，讨论成立新中国的各项大事。

五星红旗的诞生

1949 年 7 月 14 日，《人民日报》刊登了一则启事：正在召开的新政协筹备会议向全国征集国旗图案！

把国旗交给人民自己设计，这在中国历史是破天荒的头一回。大江南北，长城内外，四万万同胞顿时沸腾了。他们纷纷把对新中国的爱、对未来的憧憬，融入笔端，化为一幅幅图稿，寄到当时的北平。

在此后一个月的时间里，筹备会收到国内外寄来的应征国旗稿件 1920 件，图案 2992 幅。这些图案，有的是工人在车间的工具箱上描绘的，有的是战士在前方的战壕里绘制的；有的文字说明为文言文，出自老先生之手，有的文字工整，图案稚嫩，是小朋友的作品；有的是华人华侨从香港、澳门、美洲、印尼、朝鲜等地寄来的；还有的是北京的朱德总司令和郭沫若等知名人士亲自设计的。

要在这么多图案中选出一幅最合适的，真是一件难事。筹备会第六小组组员和专家们花了大量时间审阅和评选应征来稿，有时一天讨论 13 个小时，来不及吃饭，只用面包充饥。

9 月 22 日，第六小组将经过反复审阅评选出的 38 幅国旗图案编号、不署名，印成一册《国旗图案参考资料》，分送全体政协代表讨论决定。

9 月 23 日，新政协代表分 11 个组讨论国旗国徽国歌等方案。在 38 幅国旗图案中,多数人都表示倾向于"复字第1号"。即红色旗面,左上角有一颗大五角星,下边带一条杠。其含义是:红色象征革命,大五角星象征中国共产党领导的人民民主政权,一条杠代表黄河。轮到张治中发言时,他坦诚直言:"我反对中间加一条横杠的图案,在这一片鲜红的国土上,划一条横杠,会给人一种国土被割裂的不愉快感受。"真是一语惊天,这种观点不仅和绝大多数代表观点不同,而且和毛泽东的意见也相左。张治中知道,毛泽东是倾向于国旗带一条杠的,只是毛泽东没有公开表示自己的意见,要听听大家的看法。

有些委员反驳张治中说:如果划掉横杠,整个旗面是有整体感了,但仅剩下一个大五角星孤立地在那里,显得过于单调,中国的历史、地理特征也体现不出来。也有少数委员认为张治中说得有道理,提出"复字第32号"五星红旗图案比较合适。大家各抒己见,争论得十分激烈。

当天晚上,毛泽东、朱德宴请程潜、张治中、傅作义等26名国民党军起义将领。宴会气氛非常好,大家都很高兴。张治中挨着毛泽东坐下后,对毛泽东说:"主席,你同意哪一种国旗图案?"毛泽东说:"我同意一颗星一条黄河的。你的意见呢?"张治中则直接表示了自己的意见,说:"我反对这个黄河图案,红色国旗代表着国家和革命,中间一杠,不就变成分裂国家、分裂革命吗?同时,以一杠代表黄河也不科学,老百姓会联想到一根棍子,像《西游记》里孙猴子的金箍棒。"毛泽东听张治中这样讲,也陷入沉思。不一会儿,毛泽东说:"你说的意见,这倒是一个问题。有些人很主张采用这一图案,并且列举了很多的理由,我再约大家来研究研究,你看行吗?"

话说到此,张治中觉得自己的意见已经向最高领导人表达了,心中的纠结也没有了,感到浑身轻松。

宴会结束后,周恩来立即找第六小组秘书彭光涵详细询问情况。周恩来问彭光涵:"38幅图案中,哪个图案代表们意见比较一致?"彭光涵答:"一颗大五角星加一条横杠的图案赞成意见较多,但反对的意见也不少,即使勉强通过了,意见一定还很大。大家开始比较欣赏的是'复字第32号'五星红旗图案,只是不赞成小五角星代表四个阶级的提法。总的看,五星红旗的图案比较好,容易通过。"周恩来说:"好!你按五星红旗的图案画一幅大一点的,并做一面大旗,明天下午交给我。"彭光涵按照周恩来的指示立即去办了。

9月25日晚,毛泽东召集各方面人士协商国旗国歌方案。他听取和归纳了各方面的意见后,指着"复字第32号"五星红旗问大家:"这个怎样?"大家都说好。这时有人提出异议：四颗小星代表四个阶级，假如将来进入社会主义，没有后面两个阶级了，国旗不是又要改吗？毛泽东很敏捷地回答说，把说明改一改好不好？不提四颗小星代表四个阶级，只提五颗星的相互关系。他说："过去我们脑子里老想在国旗上画上中国特点，因此画上一条，以代表黄河，其实许多国家国旗也不一定有什么该国的特点。苏联之斧头镰刀，也不一定代表苏联特征。英、美之国旗也没有什么该国特点。我们这个五星红旗图案表现我们革命人民大团结。现在要大团结，将来也要大团结，因此现在也好将来也好，又是团结又是革命。"毛泽东的话赢得大家热烈的掌声。

政协委员们没有人提出反对意见，也没有人再提出另外图案入选国旗方案。将五星红旗图案作为新中国国旗唯一入选图案的意见，就这样原则性地定下来了。第六小组又听取代表们的意见，对图案的细节进行了一些修改，主要是去掉大五角星中的镰刀斧头，最终形成了现在五星红旗的样子。

后来，人们才知道国旗的设计者是上海市合作总社的一名 32 岁的干部，他叫曾联松。曾联松说他反复读了毛泽东的《论人民民主专政》一文，深刻理解了毛泽东的建国思想，才产生了五星红旗的设计灵感。

1949 年 9 月 27 日，全国政协第一届全体会议通过决议："中华人民共和国的国旗为五星红旗，象征中国革命人民大团结。"

10 月 1 日，毛泽东在天安门广场亲手升起第一面五星红旗。

1.5

肃清"黄白绿"幽灵

一幅题为《一刻千金》的漫画,真实反映了国民党统治后期上海通货膨胀、经济崩溃的情况:一个顾客走进面馆点了一碗 1000 元的阳春面,埋头大吃的时候,面价已经涨到 2000 元,等顾客结账时,大惊失色,发现要付 3000 元了。

今天看来漫画引人发笑,而当时中国老百姓感受到的却是真实的饥馑、惊恐和痛苦。国民党政府滥发金圆券,导致物价高涨,引起抢购狂潮,市场货物严重短缺,老百姓有钱难购物,逼得人抢米,发疯和饿死人的事时有发生。人们不知道这样朝不保夕的日子要熬到什么时候。

1949 年 5 月 27 日,上海解放了。上海市人民政府宣布国民党发行的金圆券作废,人民币为合法货币,并公布了 1:100000 的比价,即用 10 万金圆券兑换 1 元人民币。人们开始接受使用人民币,但几天后情况发生了逆转。

一些投机奸商和敌特分子借助"黄白绿"幽灵扰乱金融市场。黄,就是黄金;白,就是银元;绿,就是美钞。他们利用市民们解放前饱尝通货膨胀之苦而对"黄白绿"存在盲目依赖心理和对人民币尚未建立信任等客观条件,进行大量非法的黄金、银元、外币的投机交易,疯狂打压人民币。5 月 28 日,人民币与银元的兑换比价为 600:1,到了 6 月 8 日,这个数字竟变成了 2000:1。

不法分子的破坏不仅严重损害着人民币的信誉，而且引发了又一轮的金融危机和通货膨胀，在短时间内，大米、面粉、煤炭等生活必需品价格上涨了二至三倍。反动势力狂妄叫嚣："解放军可以打进上海，但人民币进不了上海！"

中共中央华东局和上海市军管会采取了很多措施，但利令智昏的投机者们置若罔闻。统计数字显示，人民银行为平抑物价每天早上发出去的人民币，到了晚上又全部回到了银行里。老百姓吃够了解放前通货膨胀的苦，因此往往不惜血本将人民币兑换成银元或实物。这样人民币每周转一个轮回，银元贩子都要狠狠赚上一笔，物价也跟着上涨一截，形势十分严峻。

位于汉口路422号的上海证券大楼是当时上海金融活动的中枢，每天上午九十点钟，一些做银元投机买卖的经纪人便来到这里，他们敲定的银元、美钞、黄金价格一公布，大批掮客便分散到市区各个角落，所有的银元贩子都参照这个行情进行交易。这里成为上海金融动荡的根源。

6月7日，中共中央华东局第一书记邓小平主持会议，指出如不采取断然措施，不出一个月人民币就有被挤出上海的危险。会议决定查封上海证券大楼这个操纵金融投机的指挥中心。

6月10日上午8时许，几百名便衣干警控制了上海证券大楼，查获大批"黄白绿"，依法逮捕为首分子249名，同时取缔沿街叫卖银元的"黄牛"。打击金融投机的行动震动了全上海，第二天，银元从2000元猛跌至1200元。市民们对政府的行动无不拍手称快："这下'大亨鼠'完蛋了，还是共产党有办法！"看到商店门口挂出的正规货物牌价时，受尽投机商折磨的市民，有时还明知故问地对店主说："侬的价钱是不是搞错了？"

但是一波未平，一波又起。这时，投机商不甘心失败，开始大肆囤积物资。而政府直接掌握的大米一度只能维持15天左右，棉花的库存量只够使一个月，煤炭的库存少得只能保证一个星期的供应。物价又大幅上涨，恐慌情绪再次蔓延。国民党特务说："只要控制了'两白一黑'（大米、棉纱、煤），就能置上海于死地。"

上海告急。中共中央派出当时的中央财经委员会主任陈云来到了上海。

陈云到上海后，进行了周密的市场调查，提出国家要稳定市场，就必须掌握足够数量的粮棉和燃料等生活必需品。随后，粮食、棉花、棉纱从东北等地调运到上海。经过周密布置和准备之后，选择市场价格达到高峰之机，集中抛售。投机商错误判断形势，认定物价还会上涨，不惜高利拆借巨款，继续吃进。国营公司连续抛售10天后，粮棉等商品价格猛跌。投机商哄抬物价的阴谋破产。他们慌了，竞相抛售存货，但市场已经饱和，越抛，物价越跌。结果，投机商损失惨重，有的不得不宣布破产，从此一蹶不振。

为了彻底改变人们长期以来对钞票不信任的心理，上海市人民政府成立了贸易公司，负责供应市民粮食、煤炭、食油、纱布等生活必需品。同时委托中国人民银行举办了折实储蓄存款，以折实单位储存，也以折实单位付息。也就是说，不管物价如何上涨，买 10 斤米的钱存入银行，取出来仍能买 10 斤米，加上利息还要更多。这样再也不必担心钞票贬值了，人民币的信用大大巩固，银行的存款额激增。政府把人民币建立在物资和社会生产力上面，发行十分谨慎，市民开始转变重物轻币的心理。

到 1950 年初，"黄白绿"幽灵基本肃清，全国物价稳定。随着对全国财政经济工作实行统一管理，正常的经济秩序开始建立起来。连续十多年饱受通货膨胀和物价飞涨之苦的老百姓，开始过上安定的生活。一度疑虑重重的人们，看到了新政权管理国家经济的能力。

1.6

一夜之间 "八大胡同" 干净了

　　在北京前门外大栅栏附近有一片居民区，除了胡同、斜街较多外，与北京老城区其他地方没有什么区别。但是，在解放前，这里完全是另外一番景象。大大小小的胡同里曾分布着近百家妓院，人来人往，灯红酒绿，被称为"八大胡同"。从清朝初年开始这里就是妓女卖身的地方，是商人富贾、官僚政客、公子王孙的销金窟。曾有诗云："饭馆娼窑次第排，万家灯火耀花街。从知世界崇商戏，八大胡同生意佳。"

　　北平解放之初的一天，市委书记彭真率领工作人员到前门外妓院比较集中的"八大胡同"一带调查。他们遇到一个 15 岁的小妓女，彭真问她如何进的妓院，小妓女痛哭流涕，讲述了自己因家贫被拐卖的经过。还告诉彭真，她一天接客 10 多人，一天的所得就是 4 个窝窝头。彭真气愤地说："这是人过的日子吗？我们共产党能坐视不管吗？"通过调查，彭真了解到妓院繁荣的背后实际上是赌博、吸毒等社会丑恶现象的泛滥，是梅毒、淋病等性病的蔓延，是妓女不为外人而知的斑斑血泪。回去后他向毛泽东详细汇报了有关北平妓院的情况。毛泽东坚决地说："新中国决不允许娼妓遍地，黑道横行，我们要把房子打扫干净。"新中国由此拉开了声势浩大的禁娼运动的序幕。

　　1949 年 11 月 21 日，北京市第二届各界人民代表会议在中山公园中山堂召开，会议通过了封闭全市所有妓院的决议。这个决议得到了全体与会

◎ 北京市人民政府封闭妓院

　　1949 年 11 月 21 日，北京市人民政府执行人民代表会议决议，坚决地封闭了妓院。封闭
妓院后，将所有妓女都集中起来，以便改造，使她们成为新人。（新华社记者庆瑞摄）

代表的支持。市长聂荣臻当即宣布：政府已经做好取缔卖淫嫖娼的准备，现根据大会决定，马上开始行动。

当晚，早已待命的 2400 余名干部和民警，分成 27 个行动小组，出动 37 辆汽车，扑向分布有妓院的 5 个城区及东郊、西郊。

先以召开会议的名义，把各家妓院的领家、老板"请进"了各区公安局，随即向他们宣布了政府封闭妓院的命令，并对一些罪大恶极分子实施拘捕。

随后，在妓院周围实施戒严，工作组的同志进入妓院宣布封闭令，对妓女进行集中，组织妓女上车，监督账房清点财产并登记造册，最后将印有"北京市人民政府十一月封"的封条贴在了妓院门上。

深夜 12 点，各行动小组把集中起来的妓女送到当时设在"八大胡同"韩家潭胡同 36 号的北京市妓女教养院，然后将她们分别安置到 8 个教养所。

22 日上午，公安部部长兼北京市公安局局长罗瑞卿向北京市第二届各界人民代表会议报告了执行封闭妓院决议的情况：这次行动全市共封闭了 224 家妓院，集中妓院老板、领家 424 人，收容妓女 1268 人。

刚进教养院时，不少妓女对改造怀有强烈的抵触心理。因为一贯受欺骗、受凌辱，她们认为世界上没有好人，所有人都是不可信任的。有寻死上吊的，有翻墙逃跑的，还有起哄闹事的。为了赢得她们的信任，改掉她们身上的恶习，管教干部采取了平等对待和关心感化的教育方式。不允许任何人叫她们"妓女"，一律叫"学员"。学员有什么要求和困难，只要是合理的，统统帮助解决。想孩子的帮她把孩子接来，有病的治病，没棉衣的发给棉衣……干部还逐一找学员谈话，寻找思想症结，对症下药，使其认识到自己悲惨遭遇的根源，提高觉悟。

1950 年 12 月 11 日，在拘押老板的处所召开了一次控诉大会。会上，学员含泪述说了这些老板的暴行，控诉其打断妓女胳膊、挖烂子宫、打瞎眼睛、暴力打胎等残忍手段，以及将妓女迫害致死的犯罪事实。最终，老板兼领家黄树卿夫妇二人被判决并执行死刑。消息传到教养院，学员们无不拍手称快。

收容之初，教养院组织了一次全面的身体检查，结果是触目惊心的：在全体 1303 名学员中，患有梅毒、淋病等性病的占 96.6%，没病的只有 44 个人。时任北京大学医学院院长的著名皮肤病性病专家胡传揆先生，制定了详尽的治疗方案。在治疗过程中，仅盘尼西林就注射了 13000 多针，为进口这些针剂，政府在财政非常紧张的情况下拿出 1 亿多元（旧币，约折合 12 万斤小米）。经过一系列的治疗，学员的性病一般都痊愈了。

今昔对比，学员们深受感动，想起当年有病时老鸨强迫她们接客的情景，认识到政府是真正拿她们当人、为她们好的。有的对管教干部说："你们说的全是好话，由今天起我们就是一个干净的人了。"还有的说："过去死了都没人埋，现在解放了，劳动吃饭，有出路了。"在教育和感化下，学员逐渐摆脱了过去的恶习，有的被家人领回，有的择偶成婚，开始了正常的生活。也有无家可归和有家难归的学员，政府想方设法为她们找出路。

一家名为"新生"的织布厂成立了，80台织布机是政府出资购买的，教养院中不少学员学会织布技术，来到这家工厂当了工人。后来她们中很多人成了生产能手和劳动模范。

把妓女改造成自食其力的劳动者，让很多外国人感到不解，曾有多个国家的外宾到"八大胡同"的教养院参观。听了所长的介绍，看到学员的宿舍、食堂、医务室，目睹学员秩序井然的生产劳动及生活情景，外宾们十分感慨地承认："中国共产党确实伟大！""新中国确实把鬼变成了人！"

"八大胡同"不再是乌烟瘴气的烟花柳巷，变得干干净净。新中国成立后短短两三年时间，从北京到全国，禁娼、禁毒、禁赌……过去藏污纳垢的很多地方都得到彻底清理，人们真切感受到这个国家焕然一新的气象。

第 二 章

百 废 待 兴

（1950—1952 年）

新中国成立初期，百废待兴，工作千头万绪，但处于中心地位的任务是恢复国民经济。

旧中国的社会经济本就十分落后，连年战火更使它遭受严重破坏。新中国成立时，疮痍满目，民生凋敝，全国的工农业生产跌入最低谷，人民的生活十分穷困。

1950年6月，中共七届三中全会明确提出，在3年时间内全国人民的中心任务是为争取国家的财政经济状况的基本好转而斗争，并提出"不要四面出击"的方针。

正当中国人民从各方面落实七届三中全会部署的时候，朝鲜内战爆发。美国随即派兵进行武装干涉，发动对朝鲜的全面战争，同时派遣第七舰队入侵台湾海峡。新中国的国家安全受到严重威胁。应朝鲜民主主义人民共和国的请求，在反复权衡利弊后，中共中央作出了"抗美援朝，保家卫国"的决策，毅然派遣中国人民志愿军赴朝作战。经过两年零九个月军事、政治的较量，中国人民取得了抗美援朝战争的伟大胜利。

新中国在中国共产党领导下，不仅勇敢地迎接这场战争，而且提出"边打、边稳、边建"的方针，国内的经济恢复和社会改革工作紧张而有序地进行。

从1950年秋后开始，土地改革运动在新解放区分批分期地展开。到1952年底，3亿多无地少地的农民分到了7亿亩土地。土地改革摧毁了封建土地制度，消灭了封建地主阶级，农民在获得土地的同时，摆脱了千百年来封建宗法的人身束缚，农村生产力从旧的生产关系束缚中解放出来。

1951年，在全国范围内开展了大张旗鼓的镇压反革命运动，打击了国民党政府在大陆的潜伏力量和各种流氓、黑社会势力，安定了社会秩序，发动并教育了群众，巩固了新生的政权。

1951年冬开始的"三反"和"五反"运动，掀起了一场触及社会方方面面的移风易俗的大扫除。它反对的对象，是国家干部中贪污、浪费、官僚主义的腐败现象和不法资本家行贿、偷税漏税、偷工减料、盗骗国家财产、盗窃国家经济情报的违法行为。

在抗美援朝和大规模社会改革的同时，经过全国人民的努力，到1952年，国民经济得到全面恢复和初步发展。

农业方面，除通过土地改革解决农民的土地问题外，还采取了一系增加农业投入、治理江河、兴修水利工程等措施。全国粮食产量从1949年的2263.6亿斤，增加到1952年的3278.4亿斤，增长44.8%。

工业方面，除重点恢复和改造原有企业外，国家还抽出部分资金，有计划地新建了一批急需的工矿企业，如鞍山钢铁公司无缝钢管厂和大型轧钢厂等，后来都成为中国工业战线上的骨干企业。

交通运输方面，不仅恢复了原有的铁路、公路，还建成了成（成都）渝（重庆）铁路，将全国公路通车里程从解放初的8.07万千米增加到12.67万千米。

从1949年到1952年三年间，全国工农业总产值平均年递增率达21.1%。这是中国历史上闻所未闻的奇迹。

在工农业恢复的基础上，人民生活得到改善，文教事业也有新的发展。

经过三年奋斗，中国展开大规模经济建设的基本条件已经具备，中华人民共和国历史揭开了新的一页。

2.1

搞一个"既好看，又好吃"的东西

　　1950 年 1 月 2 日，苏联《真理报》突然登出一篇《毛泽东答塔斯社记者问》的报道，引起各方极大关注。报道内容十分简短。当塔斯社记者问毛泽东在苏联将逗留多久时，毛泽东回答说："我打算住几个星期。我逗留苏联时间的长短，部分地决定于解决有关中华人民共和国利益的各项问题所需的时间。"塔斯社记者还问毛泽东在考虑哪些问题，毛泽东表示，在他考虑的这些问题当中，"首先是现有的中苏友好同盟条约问题，苏联对中华人民共和国的贷款问题，贵我两国贸易和贸易协定问题，以及其他问题。"

　　这是毛泽东到达苏联半个月后对外发表的言论，此前关于他访苏的内幕，外界有各种各样的猜测和议论。英国通讯社放风说，斯大林把毛泽东软禁起来了。还有不少传言——"毛泽东被迫将中国的东北三省拱手让给斯大林""斯大林对毛泽东软硬兼施""毛泽东在莫斯科进退维谷"……这个"答记者问"虽然只有短短的几句，却击破谣言，传达出一些非常重要的信息。

　　1949 年 12 月 6 日，毛泽东登上北上的专列，前往莫斯科，开始了他的首次访苏之旅。这也是他生平第一次迈出国门。

　　刚刚诞生的中华人民共和国，面临着帝国主义封锁和可能发生的武装干涉，又面临着恢复国内经济的艰巨任务。在这种情形下，同强大的社会主义国家苏联建立友好与合作关系，显得格外重要。所以，毛泽东新中国成立后两个月即出访苏联，就加强和发展两国关系，解决两国关系中的一些重要问题，同斯大林直接会商。

12月16日毛泽东到达莫斯科。当晚6点，斯大林在克里姆林宫会见毛泽东。这是两个伟大人物的第一次见面。斯大林紧紧地握着毛泽东的手，端详了一阵说："你还很年轻嘛！很健康嘛！"他回过头，又把自己的同僚一一介绍给毛泽东。大家在大厅站成一圈，相互问好，互表祝愿。这时，气氛十分热烈、动人。斯大林对毛泽东赞不绝口，说："伟大，真伟大！你对中国人民的贡献很大，你是中国人民的好儿子！我们祝愿你健康！"毛泽东回答说："我是长期受打击排挤的人，有话无处说……"不等毛泽东讲完，斯大林立即把话接过去："胜利者是不受谴责的。不能谴责胜利者，这是一般的公理。"

寒暄过后，中苏两国元首就共同关心的问题进行了讨论。斯大林问毛泽东："你来一趟是不容易的，那么我们这次应该做些什么？你有些什么想法或愿望？"

毛泽东表示：这次来，一是为祝贺斯大林七十寿辰，二是看一看苏联，从南到北，从东到西都想看一看。

斯大林说："你这次远道而来，不能空手回去，咱们要不要搞个什么东西？"

毛泽东回答："恐怕是要经过双方协商搞个什么东西，这个东西应该是既好看，又好吃。"

苏联同志一时没有理解毛泽东的幽默，全都目瞪口呆，斯大林又婉转地询问，毛泽东没有正面解释"既好看，又好吃"的含义。但在后面的谈话中，毛泽东提出中苏条约的问题。

1945年，苏联同国民政府在雅尔塔协定框架下，签订了《中苏友好同盟条约》，其中规定了苏联在中长铁路、旅顺口及大连港等方面在华的特殊权益。1949年6月到8月刘少奇访苏时，斯大林曾表示过：1945年那个条约是不平等的，待毛泽东来莫斯科后再解决这个问题。

然而，面对毛泽东时，斯大林却表示：对1945年条约的修改可能会影响到雅尔塔协定中的其他规定，暂不宜作任何修改。可以形式上保留而实际上修改。

斯大林仍想维持旧条约，而签订新的中苏友好条约恰恰是毛泽东此行的主要目的，会谈因此陷入僵局。

12月21日，毛泽东应邀出席了苏联庆祝斯大林70寿辰大会，在形式上受到高规格的接待。但苏方对毛泽东关心的中苏条约问题始终避而不谈，毛泽东有些着急。第二天，他找到苏方有关人员，要他们转告斯大林：希望再次就中苏条约等问题进行会谈，拟请周恩来前来莫斯科完成协定签字手续。

◎《中苏友好同盟互助条约》签约仪式

　　1949 年 12 月，毛泽东访问苏联，1950 年 2 月签订了《中苏友好同盟互助条约》。图为周恩来代表中国政府在《中苏友好同盟互助条约》上签字。后排左一为斯大林、左二为毛泽东。（新华社资料照片）

24 日，毛泽东与斯大林举行了第二次会谈。当毛泽东再次询问周恩来是否应来莫斯科时，斯大林说："政府主席现已来此，内阁总理又来，在对外观感上可能有不利影响。"这表明斯大林仍然不愿意与中国另订新约。

12 月下旬，各国代表团在参加了斯大林寿辰庆祝活动后纷纷回国，唯独毛泽东留了下来。斯大林几乎每天都让人打电话来询问毛泽东的饮食起居，却始终不谈签约的事，也不同毛泽东见面。毛泽东终于忍耐不住了。一天，苏联方面的联络员柯瓦廖夫等来见毛泽东，毛泽东发了火。他说："我来莫斯科，不光是来祝寿的。你们还要保持和国民政府的条约。那你们保持好了，过几天我就走。我现在的任务是三个：吃饭、拉屎、睡觉。"

这时，事情却突然出现了转机。缅甸、印度、丹麦、瑞典和英国等国准备承认或同新中国建交。中国在国际上朋友越来越多的新动向促使斯大林认真对待毛泽东提出的要求。同时，西方各国谣言四起，说毛泽东被软禁，这使苏联方面很被动。为了戳穿谣言，经双方同意，毛泽东于 1950 年 1 月 2 日发表了答塔斯社记者问。在答记者问中，毛泽东把中苏友好同盟条约问题列为他此行考虑的首要问题，斯大林没有表示异议。斯大林用这个方式，把中苏另订新约这个重大原则问题直接公之于世，这表明他在这个问题上已经改变态度。

塔斯社消息登出的当晚，斯大林就派莫洛托夫、米高扬来见毛泽东，表示同意新订中苏条约。毛泽东立即致电中共中央，通报了苏联方面的情况，让周恩来准备动身来莫斯科。

1950 年 2 月 14 日，中苏两国政府正式签订《中苏友好同盟互助条约》、《关于中国长春铁路、旅顺口及大连的协定》，以及《关于苏联贷款给中华人民共和国的协定》等文件。

2 月 17 日，毛泽东、周恩来等回国，并沿途在斯维尔德洛夫、鄂木斯克、新西伯利亚等地进行了参观。26 日，毛泽东一行到达满洲里。在满洲里车站，苏方人员把斯大林赠送给毛泽东和周恩来的礼物——两辆小轿车转到中国火车上。

毛泽东在回国后谈到条约和协定时说："这次缔结的中苏条约和协定，使中苏两大国家的友谊用法律形式固定下来，使我们有了一个可靠的同盟军，这样就便利我们放手进行国内的建设工作和共同对付可能的帝国主义侵略，争取世界和平。"

《中苏友好同盟互助条约》是新中国与外国签订的第一个条约，它奠定了新中国成立初期"一边倒"的外交政策，增强了社会主义阵营的力量，它使中苏两国人民都备受鼓舞，由此开始了长达 10 年的中苏友好的"蜜月"时期。

2.2

"盼了几辈子的事情，终于实现了"

在国家博物馆，可以看到一批反映新中国实行土地改革后农民意愿和情感的藏品。其中，一面四川泸县八区福集乡集通村全体农民赠给中央人民政协西南土改工作团川南队的锦旗，上面写着："此时荷花遍地开，北京同志来土改，农民分了田和土，翻身不忘毛主席。"一面苏南区无锡县石塘湾乡全体农民献给毛泽东的锦旗上写着："消灭封建挖穷根，分到土地翻了身，积极生产支前线，抗美援朝争和平。"类似的锦旗和感谢信还有很多，它们真实地记录了获得土地的翻身农民对党和政府的感激爱戴之情和努力搞好农业生产的坚强决心。

土地，在中国向来被农民视为命根子。有土地，就有粮食，就有子孙后代，就有生活的希望。拥有土地，是中国农民世世代代的梦想。然而，延续了两千多年的地主阶级的土地所有制，剥夺了农民的土地权。农民的命根子被牢牢地控制在地主手里，长期过着任人宰割、任人欺凌的生活。封建土地制度严重阻碍了农村经济和中国社会的发展，是旧中国积贫积弱的主要原因之一。

新中国成立前，很多地方农村土地高度集中，"富者田连阡陌，贫者无立锥之地"的现象十分普遍。以素来肥沃的川西平原上的农村为例，1949年经济已濒临破产，90%以上的土地掌握在少数军阀、官僚和土豪劣绅手中。农民一年到头辛苦劳作，却被沉重的田租和税赋压得喘不过气，还是食不果腹。加之战乱不息，天灾人祸，很多农民无奈借下高利贷，不得不忍受更为苛刻的盘剥。当时，农民迫于生计而自杀、逃荒的比比皆是。

改革开放以后曾有年轻人看了歌剧《白毛女》不理解，说喜儿不必抗争，嫁给黄世仁多好啊，有吃有喝过好日子。他们不知道，那时喜儿没有任何安身立命的资本，她在黄世仁的眼里不过是抵债的物品，一旦用完就可以随意虐待、抛弃。极个别的"喜儿"可能凭长相、运气混入社会上层，普遍意义上的"喜儿"在当时历史条件下是无法摆脱她们的悲惨命运的。

真正让"喜儿"们获得新生的是中国共产党实行的土地改革政策。新中国成立之前，各解放区就分期分批组织了土改。到 1949 年，占全国面积三分之一的地区已经完成了土改。

◎ 土地改革

1950 年，北京市郊深沟村农民土改后分到了牲畜。（新华社照片）

1950 年 6 月，中央人民政府委员会通过了《中华人民共和国土地改革法》。这部法律明确规定："废除地主阶级封建剥削的土地所有制，借以解放农村生产力，发展农业生产，为新中国的工业化开辟道路。"一场历史上规模空前的土地改革运动在新解放区开展起来。

为了加强对土地改革的领导，中央人民政府成立了以刘少奇为首的中央土地改革委员会，从中央和地方抽调大批干部组织了土改工作队下到乡村。按照规定，农村划分出了地主、富农、中农、贫农、雇农等几个阶级。没收来的土地和财产，被重新分配。无论是地主还是雇农，每个人都能得到一份土地。

对于无地和少地的贫苦农民来说，这是一次翻天覆地的历史变迁。有的农民说："盼了几辈子的事，终于实现了。"有的农民把盖着大红印章的土地证像宝贝一样收藏起来。有的农民给毛泽东写信报告土改结果："我们有了这个命根子，一定要勤劳耕种，努力把生产搞好，争取我们的生活迅速改善。"四川郫县永定乡分得土地的农民，欢天喜地围看毛主席像，一位 70 岁的老太太抚摸着毛主席像，高兴地说："哪

◎ 土地改革

1951 年 9 月，你看这是在烧着什么呢？原来是湖南省岳阳县策口乡的农民将旧地契丢入火中，土地改革之火在中国大地越烧越旺。（新华社照片）

儿有共产党，哪儿人民得解放，哪儿见了毛主席，哪儿人民得救星。"

土改后，农村的面貌焕然一新，中央人民政府副主席宋庆龄曾这样描述："当你走进一个土地改革早已成为一个被接受了事实的农村时，你立刻能够从人民的脸上，从那富有自信的表情和他们的昂首挺立的姿态上，看出这一点来。处处看得出他们对生活的新态度。整个的气氛是充满了意义的。""这一切都导源于一个事实，那就是，农民可以手指着田地，怡然自得地对你说：'这是我的。'"

亿万翻身农民第一次有了属于自己的土地，发展生产、改善生活的劲头空前高涨。他们早出晚归积肥打井，修堤挖塘，添置耕牛农具。仅湖南省 1950 年冬即动工挖建水塘 98000 多个，修堤坝 22500 座。辽宁省金县三十里堡梅家村翻身农民昼夜不停，拉沙子和泥土垫地，把 1000 多亩盐碱地变为良田，种上了棉花和花生。1949 年到 1950 年，山东全省添置耕畜 14 万头。由于翻身农民生产积极性高涨，全国粮、棉等主要农产品的产量逐年增加，1951 年比 1950 年分别增长 8.7% 和 49%，1952 年又比 1951 年分别增长 14.1% 和 26.5%。

到 1952 年底，除部分少数民族地区外，土地改革在全国农村胜利完成。加上老解放区土地改革，全国大约有 3 亿多无地和少地的农民分得了大约 7 亿亩土地，而且不必每年再向地主缴纳约 3000 万吨以上粮食的地租。

土地改革过程中也曾出现过这样那样"左"的问题，但不可否认它给贫苦农民，给中国经济社会带来的积极影响。土地改革的胜利完成彻底摧毁了封建土地制度，消灭了封建地主阶级，农民在获得土地的同时，摆脱了千百年来封建宗法的人身束缚。农村生产力由此从旧的生产关系束缚中解放出来，为中国现代化得以全面启动创造了良好的条件。

2.3

血战松骨峰

松骨峰，是朝鲜境内一座很普通的小山头。然而，这个地名却深深铭刻在很多中国人的记忆里。因为 60 多年前在松骨峰发生了一场无比激烈悲壮的战斗，并被著名作家魏巍写进通讯《谁是最可爱的人》中。

1950 年 6 月，朝鲜内战爆发。9 月，美国等国以"联合国军"的名义在仁川登陆，并越过"三八线"，把战火烧到朝鲜半岛北方，迅速向中朝边境推进。与此同时，美国海军第七舰队侵入台湾海峡，阻止中国人民解放军解放台湾，公然干涉中国内政。尽管经济实力和军事装备上的差距过于悬殊，尽管刚刚建立的新中国特别需要休养生息，但为了捍卫中朝两国的独立和安全，为了保卫亚洲与世界的和平，中国共产党和中国政府还是应朝鲜民主主义人民共和国的请求，毅然做出抗美援朝、保家卫国的艰难决策。用毛泽东后来的话说，就是"打得一拳开，免得百拳来"。

10 月 19 日，中国人民志愿军雄赳赳、气昂昂跨过鸭绿江，开赴朝鲜战场。

志愿军入朝后，与朝鲜人民军并肩作战，以运动战为主要作战形式，在极端困难的条件下，与敌人先后进行了五次大的战役。松骨峰战斗就发生在第二次战役期间。

11 月 24 日，远东美军最高司令、"联合国军"总司令麦克阿瑟发动

◎ 雄赳赳、气昂昂，跨过鸭绿江

　　1950 年 10 月，为了捍卫国家安全，保卫世界和平，刚刚成立的新中国毅然做出"抗美援朝、保家卫国"的艰难决策。图为 10 月 19 日中国人民解放军跨过鸭绿江，开赴朝鲜战场的情景。(新华社资料照片)

了所谓圣诞节前结束战争的"圣诞攻势"。以美军为首的"联合国军"纠集 5 个军、13 个师、3 个旅的重兵，向中朝边境鸭绿江方向进犯。

　　11 月 25 日，根据司令员彭德怀的命令，中国人民志愿军各路部队向敌人全面出击。

　　这是战争史上一次少有的内外双重迂回部署的战役。其中，志愿军第三十八军以 1 个师的兵力强行军 150 里出现于敌后，令美军惊恐万分，不顾一切地夺路而逃。而松骨峰就是钉在美军后撤之路上的一颗钉子。

　　11 月 30 日拂晓，在连续急行军后，第三十八军三三五团三连像一把锋利的尖刀一样，直插到敌人背后的松骨峰。这是一个高 200 多米的小山，山上无树木，从山顶向东延伸约 100 多米就是公路。

还没来得及修工事，山下公路敌人的车队就过来了。

战士们朝敌人的汽车猛掷手榴弹，很快就有几十部汽车燃烧起来。熊熊的火焰喷起了滚滚烟柱，整个光秃秃的松骨峰都被浓烟罩住了。

仓促间，敌人乱成一团，公路上被挤得水泄不通，几百辆汽车顶在一起，敌军士兵们纷纷跳下车，四处逃窜。直到他们的坦克由远远的车队后面开进，敌人才展开战斗队形。

在坦克的掩护下，美军将榴弹炮炮口对准山岗，这时敌机也飞临上空，不断地俯冲盘旋。敌人的进攻从一开始就展示出其凶猛的阵势。在飞机大炮的掩护下，敌人不断向三连阵地发起进攻。三连战士勇敢沉着地应对着，他们用集中火力突然开火的打法，将一批批蜂拥而上的敌人打了下去。

敌人拼了命，他们知道如果不突围出去，就全完了。因此，发疯似的用飞机和大炮把炸弹、汽油弹、燃烧弹一股脑地倾泄到山头上。阵地变成了火海，黄土变成了黑土，石头捣成了粉末，重机枪的枪管被烧弯了，满山都是斑驳的弹坑。但三连的勇士们阻击敌人的战斗却没有停止，他们像钉子一样牢牢地钉在了阵地上。

随着美军的冲锋一次次被打退，美军投入冲锋的兵力越来越多，而在松骨峰阵地上的三连可以战斗的人越来越少了。排长牺牲了，班长主动代理，班长牺牲了，战士主动接替，炊事员和通信员也参加了战斗。连指导员杨少成的子弹已经没有了，他端着刺刀冲向敌人，当数倍于他的美国士兵将他围住的时候，他拉响身上剩下的最后一颗手榴弹，喊了一声："同志们，坚决守住阵地！"然后在手榴弹爆炸之际和敌人抱在一起。战士们看见自己的指导员就这样牺牲了，他们含着泪呐喊"冲呀！打他们呀！"向已经拥上阵地的黑压压的美军冲过去。

这是三连的最后时刻，也是那些亲眼目睹了松骨峰战斗的美国人记忆深刻的时刻。没有了子弹的中国士兵腰间插着手榴弹，端着寒光凛凛的刺刀无所畏惧地迎面冲了过来。刺刀折断了，他们抱住敌人摔打，用拳头、用牙齿，直到他们认为应该结束的时候，他们就拉响了身上的手榴弹。共产党员张学荣是爬着向敌人冲上去的，他已经身负重伤，没有力气端起刺刀，他爬到美军中间拉响了在牺牲的战友身上捡来的四颗手榴弹。一个叫邢玉堂的中国士兵，被美军的凝固汽油弹击中，浑身燃起大火，他手持刺刀，带着呼呼作响的火苗扑向美军。美军士兵在这个"火人"面前由于恐惧而浑身僵硬，邢玉堂连续刺倒几个敌人，在他生命的最后时刻，他紧紧抱住一个美国兵，咬住这个美国兵的耳朵，两条胳膊像铁钳一样箍住敌人的肉体，直到两个人都烧成焦炭。

◎ 松骨峰阻击战：谁是最可爱的人

　　这是当年在松骨峰阻击战中活下来的两名战士——李玉安（右）和井玉琢，
1990 年在黑龙江哈尔滨重逢（新华社资料照片）。

　　美军的反扑终于失败了，松骨峰阵地也只剩下 7 名中国人民志愿军战士。但松骨峰阵地依然在中国士兵手中。

　　12 月 6 日，美军狼狈退却，中朝军队成功收复平壤，取得第二次战役的胜利。

　　经过近三年的搏杀，1953 年 7 月 27 日，美国不得不在停战协定上签字。当时担任"联合国军"总司令的美国克拉克将军在回忆录里沮丧地说："我获得了一个不值得羡慕的名声：我是美国历史上第一个在没有取得胜利的停战协定上签字的司令官。"

　　这场战争，打破了第二次世界大战后美国军队不可战胜的神话。中国人民志愿军司令员彭德怀自豪地说，这场战争"雄辩地证明：西方侵略者几百年来只要在东方一个海岸架起几尊大炮，就可霸占一个国家的时代是一去不复返了，今天的任何帝国主义的侵略都是可以依靠人民的力量击败的。它也雄辩地证明：一个觉醒了的，敢于为祖国光荣、独立和安全而奋起战斗的民族，是不可战胜的"。

父亲精心保存的儿子遗物

1990 年，中共中央办公厅警卫局全面清理毛泽东的遗物，就在这次清理工作中，人们有个意外的发现：小柜子里有几件叠得整整齐齐的衣物，一看就是精心保存的。衣物十分简朴，有的地方还打了补丁。从尺码看，肯定不是毛泽东自己穿的。

人们感到非常奇怪，这些衣物是哪来的？怎么会藏在毛泽东身边呢？

后来还是毛岸英的妻子刘思齐揭开了这个谜团。原来，这是毛岸英的遗物。毛岸英在朝鲜牺牲后，志愿军方面将他的遗物送回国，交到了毛泽东手里。毛泽东瞒住所有人，悄悄将儿子的遗物保存在身边，一藏就是 20 多年。

毛岸英是毛泽东和杨开慧的第一个儿子。1922 年 10 月 24 日他的出生给初为人父的毛泽东带来无比欣喜。多年以后毛泽东说起儿子小时候调皮的情形，还会哈哈大笑，开心不已。然而，为了中国这个"大家"，毛泽东顾不上自己的"小家"，东奔西走，与妻儿聚少离多。1927 年，毛泽东率部到达井冈山，杨开慧带着三个儿子留在长沙板仓。1930 年，杨开慧被捕，年幼的毛岸英也被残忍的敌人抓进监狱，陪母亲一起坐牢。杨开慧牺牲后，经各方人士的营救和担保，8 岁的毛岸英才被释放回家。

失去母爱的毛岸英和两个弟弟毛岸青、毛岸龙一起，在中共地下党的安排下进了上海大同幼稚园。不久后，最小的毛岸龙因病夭折。上海地下党组织被破坏，年幼的毛岸英和毛岸青从此流落街头。他们靠着卖报纸、拾破烂、帮人推人力车勉强维持生活。流浪中，毛岸青因被人打伤得不到及时治疗，脑部受损。毛岸英后来回忆那段凄惨生活时说："我除了没偷人东西，没给有钱人当干儿子，别的都跟《三毛流浪记》中的三毛一样。"

1936年，上海地下党才找到流浪的兄弟俩，并将他们辗转送到苏联学习。

直到1946年初，随着抗战胜利，已经肩扛苏联红军中尉军衔的毛岸英，终于回到祖国。毛泽东不顾正在患病，坚持要到机场迎接爱子。

离别时，还是天真稚儿，再见时，已是英俊青年，父子俩紧紧拥抱在一起。他们再也不想分离了。

毛泽东有太多的父爱想要表达和补偿，但他的方式与众不同。不是让儿子吃穿享受，而是教他学本事，不仅学习文化知识，还要补上"劳动大学"这一课。毛岸英没有辜负父亲的期望，在实践中努力锻炼自己，成长为一个各方面都很优秀的年轻人。

新中国成立后，毛岸英成了家，每个周末都和妻子一起看望、陪伴父亲，一家人在一起有说有笑，无比开心幸福。

然而，命运却是那样残酷，新的、更大的分别又摆在了这对父子面前。

1950年，朝鲜战争爆发，新生的共和国面临巨大的威胁。新婚才一年的毛岸英找到了父亲，请求入朝参战，毛泽东同意了——当战火燃到全体中国人的家门口之际，毛泽东的儿子，成为中国人民志愿军的第一个报名者。

仅仅一个多月后，1950年11月25日，毛岸英在朝鲜战场壮烈牺牲。

这对一个刚刚获得团圆、深深爱着儿子的父亲将是怎样的打击啊！毛泽东的卫士李银桥回忆说："毛泽东正坐在沙发里，听到消息，先是一怔，盯着江青和叶子龙一声不响。江青和叶子龙不敢说第二遍，也不好说什么劝慰的话，不约而同垂下了头。于是，毛泽东眨了一下眼，目光开始缓缓移动，望着茶几上的烟盒。他去拿烟，两次都没将烟从烟盒里抽出来。我忙帮他抽出一支烟，再帮他点燃。屋里静了很长时间，谁也没说一句话。能够听到的只有毛泽东呲呲的牙缝往里吸烟的声响"，"我见到毛泽东眼圈红了，湿润了"，"又沉默了很久，毛泽东吸完第二支烟，把烟头熄灭在烟缸里，用略带沙哑的声音，发出催人泪下的一声叹息：'唉，谁叫他是毛泽东的儿子呢！'"

听闻噩耗的毛泽东整整一夜坐在沙发上没有起身，只是一根接一根地抽着烟。

此后不久，彭德怀回国向毛泽东当面汇报志愿军入朝作战情况时，心情沉重地谈了毛岸英的牺牲。

◎ 毛泽东与毛岸英在香山双清别墅

1949 年，毛泽东与毛岸英在香山双清别墅亲切交谈。（新华社资料照片）

　　毛泽东点燃香烟抽着，沉默了好一会儿，才缓慢地说道："革命战争，总是要付出代价的。岸英是一名普通战士，为国际共产主义事业献出了年轻的生命，他尽了一个共产党员应尽的责任。不能因为他是我的儿子，就不应该为中朝两国人民的共同事业而牺牲。世上哪有这样的道理呀！哪个战士的血肉之躯不是父母所生？"

　　同普通的志愿军战士一样，毛岸英的忠骨被安葬在朝鲜平安道桧仓郡志愿军烈士陵园里。

　　父亲把儿子永远留在了他曾经战斗过的地方。而父亲唯一所做的，就是悄悄收好了儿子留下的衣物，独自默默承受着老年丧子的孤独和悲痛。

　　2006 年 5 月，毛岸英生前的妻子刘松林（原名刘思齐）等来到朝鲜，祭拜毛岸英烈士，缅怀志愿军将士的不朽功绩。在毛岸英的墓碑前，刘松林深情地说："岸英，你离开我已整整 55 年了，1959 年我第一次来给你扫墓时，爸爸托我代他向你问好，爸爸要我告诉你，他想念你，他爱你，但他无法来看你。现在爸爸也去了，已经离开我们 30 个年头了。岸英，我还要告诉你，你走后爸爸是那么的悲痛，他一直在思念着你，直到生命的尽头。"

2.5

"常香玉号"飞机

当人们提及常香玉这个名字的时候，还会记得她曾经为朝鲜战争捐赠的那架飞机。现如今，它就陈列在北京中国航空博物馆的展厅里，似乎是在默默向人们诉说那个时代的历史与记忆。

20 世纪 50 年代朝鲜战争爆发，美帝国主义将大批飞机开往朝鲜战场。为了抵制美帝国主义的侵略，毛泽东发出了"抗美援朝、保家卫国"的号召。自此，全中国上上下下掀起了老百姓自发组织支援朝鲜战争的高潮。而在志愿军的飞机中，就有一些是新中国的老百姓捐献的，"常香玉号"战机就是其中的代表。

从 30 年代起，豫剧表演艺术家常香玉就已经在中原地区和陕、甘等地走红。她清亮的嗓音和精湛的表演艺术深受广大人民群众的喜爱，香玉剧社便是她所带领的剧团。1950 年，朝鲜战争的乌云覆盖了整个中华大地的上空，中国人民抗美援朝总会向全国人民发出了为志愿军捐献飞机、大炮和坦克的号召。常香玉在得知了这个消息之后，就和丈夫商量，想通过剧社的义演，为志愿军捐献一架飞机，这一想法立即得到丈夫的支持。于是，她一方面向政府递交了一份报告，另一方面在自己的剧社中做思想工作，准备做全国的巡回义演。

然而这一过程却是异常艰辛与痛苦的。为了筹集费用，常香玉将剧社

◎ 常香玉捐献飞机

　　1992年3月22日，著名豫剧表演艺术家常香玉（左）来到位于北京郊区的中国航空博物馆参观"常香玉号"飞机。这架飞机是50多年前，常香玉为支援抗美援朝，用义演所得的15亿270万元（人民币旧币）购买，捐献给中国人民志愿军的。

唯一的交通工具大卡车卖了。此外，她还卖掉了自己所有的嫁妆和首饰。1951年8月，香玉剧社开始了全国巡回义演，每一场演出都要持续三个小时，压轴戏通常都是常香玉的《红娘》《白蛇传》和《花木兰》，虽然义演很成功，场场爆满，但募捐来的钱仍离购买一架飞机差得很远。

　　按照当时的旧币计算，购买一架飞机大概需要15亿之多，相当于后来的人民币15万元。如按照这样计算，全团至少要演出200场，才能挣到这么多的钱。于是有的人开始打退堂鼓，劝说常香玉放弃捐赠飞机，而改为捐赠坦克，但被常香玉坚决地回绝了。她说："我们向政府写了报告，做了保证，见难而退就是逃兵！怎么向政府交代？怎么向全国人民交代？"

　　连续的义演使常香玉的身体开始承受不住了。在武汉的义演过程中，由于过度劳累，加上气候的差异，有一天常香玉突然发起了高烧，咽喉发炎，嗓子嘶哑，但即便如此，她还要坚持演出，但最终因体力不支，昏倒在舞台上。常香玉昏倒事件立刻传开了，各界名流及普通百姓都纷纷送来药物和慰问品来探望常香玉。

1951年12月，常香玉和剧社到达广州，受到社会各界的热烈欢迎。其中有位60多岁的老太太，走了几十里路给剧社送来了鸡蛋。还有社会各界人士和学生们纷纷前来帮助募捐，这些都让常香玉备受感动。时任中共中央华南分局第一书记、广东省人民政府主席的叶剑英对常香玉的行为大加赞赏，并提供了许多帮助。他对团员们说："剧社演出的场地太小了，我会安排你们到中山纪念堂去演出，那里场地大，能容纳一万多名观众，一场演出就能收入五六千万（旧币）。"于是剧社开始了在中山纪念堂的义演。演出期间还发生了一件感人的事。有一天，一位从南洋来的华侨跑到后台见到常香玉，激动地和她握手说："中华人民共和国成立以后，我们在国外的华侨也扬眉吐气了！这次我回国，看到全国上下万众一心，真叫人高兴！可惜我带的钱花完了，我身上珍贵的东西，就剩下这块金表了，我捐给你们！"说着，便把自己的表递给了常香玉。常香玉非常感动，立即叫人拿着这块表到舞台上进行拍卖，表立即被一位观众以60万旧币的价钱买下。但这位观众又将表捐献给常香玉，并说道："我买这只表，不是要这只表，我再把它捐赠给你们！"随后这只表被买了捐，捐了买，最终共募集了1000多万旧币！

从1951年8月到1952年2月，在这半年的时间里，常香玉带领剧社辗转开封、郑州、武汉、广州和长沙等地进行义演。他们去过11个省，大约进行了180多场演出。时任中国人民抗美援朝总会会长的郭沫若深受感动，亲自为这架飞机题了字。常香玉捐赠飞机事件一时引起了巨大的轰动，震动了中南海。毛泽东曾对他身边的工作人员说："常香玉是唱豫剧的，不仅戏演得好，还义演为朝鲜战场捐献飞机，我见见她。"1952年4月，常香玉带领她的剧社走进了中南海怀仁堂。演出结束后，毛泽东亲切地同她握手说："你这个香玉了不起嘛！我该向你学习。"

如今，"常香玉号"飞机早已光荣退役，但它却让人记住了那段刻骨铭心的岁月。正是因为有无数像常香玉一样爱国的中国人，抗美援朝战争才能取得最后的胜利。

2.6

枪毙刘青山、张子善

1951 年 12 月 2 日，石家庄市委副书记刘青山从维也纳参加世界青年和平友好联谊大会回来，下火车后到他在天津的办事处休息。河北省公安厅的工作人员随后来到这个办事处，对刘青山说："现在要对你进行审查。"刘青山一听就火了，大声吼道："你们还审查我？有本事你们开除老子的党籍！"有关办案人员为防止造成僵局，便说："你辛苦了，咱们先出去吃饭。"刘青山信以为真，便跟着他们上了汽车。刘青山没有想到，汽车直接把他送进了专门给他准备的关押房间。他更没有想到，他 36 岁的生命也将走向尽头。

此前两天，一份标题为《河北省天津地委贪污浪费现象严重拟将刘张逮捕法办》的特急电报，由华北局呈达中共中央，送到毛泽东的办公桌上。这封电报让毛泽东震怒不已。

"刘"指的就是前任天津地委书记、时任石家庄市委副书记的刘青山，"张"是时任天津地委书记兼行署专员的张子善。二人"总计贪污挪用公款约二百亿元（旧币，一万元约为新币制人民币一元）""日常生活铺张浪费，任意挥霍"……

1951 年的 11 月间，毛泽东的案头已经收到了大量类似内容的文件和报告。中国共产党刚刚取得政权，腐败现象就开始滋生，这让毛泽东先是震惊，继而愤怒。

◎ 新中国反腐第一案

　　1952年2月10日，河北省人民政府举行公审大贪污犯刘青山、张子善大会。河北省人民法院临时法庭奉最高人民法院命令，判处刘青山、张子善二人死刑，立即执行，并没收其本人的全部财产。

　　图为公审大会现场。（新华社照片）

毛泽东对新中国成立后党内可能出现的腐败蜕化现象早有警觉。在中共七届二中全会上，毛泽东就提出了要警惕资产阶级"糖衣炮弹"的袭击，告诫全党要遵行"两个务必"。在讲话中，毛泽东提前做了预见：可能有这样一些共产党人，他们是不曾被拿枪的敌人征服过的，他们在这些敌人面前不愧英雄的称号；但是经不起人们用糖衣裹着的炮弹的攻击，他们在糖弹面前要打败仗……

此话不幸言中。

1951年11月1日，东北局书记高岗在报告中列举了在增产节约运动中揭发出来的一些贪污、浪费和官僚主义行为，其中提到：沈阳市仅在部分单位中就揭发出3629人存在贪污行为；东北区贸易部检举和坦白的赃款高达5亿元人民币。

在高岗的报告上，毛泽东做了这样的批语："再不进行大规模的反腐败斗争，我们就会犯大的错误。"

这份批示签发于11月20日。仅仅10天后，就接到了反映刘青山、张子善"大的错误"的特急电报。

毛泽东的愤怒是可想而知的，他当即以中央名义起草电报，不但回复华北局，而且转发中央各局、分局以及省市区党委，措辞极为严厉：

华北天津地委前书记刘青山及现书记张子善均是大贪污犯，已经华北局发现，并着手处理，我们认为华北局的方针是正确的。这件事给中央、中央局、分局、省市区党委提出了警告，必须严重地注意干部被资产阶级腐蚀发生严重贪污行为这一事实，注意发现、揭露和惩处，并须当作一场大斗争来处理。

次日，毛泽东通宵未眠，起草长达7000多字的《关于实行精兵简政、增产节约、反对贪污、反对浪费和反对官僚主义的决定》。

新中国成立后的党内第一次廉政风暴就此展开。

刘青山被关押后，一开始并没有把这当回事。他认为自己对革命有功，不能把自己怎么样。因此，他能吃能睡，对于一般侦讯人员，连理都不理。后来，当刘青山得知中央十分重视此案时，一下慌了，整天吃不下睡不着。

刘青山确实曾是革命的功臣。他出身贫苦，1931年入党，1932年参加了高阳、蠡县的农民暴动，曾被国民党逮捕，在敌人的严刑逼供下，坚贞不屈。1941年，任中共大城县委书记。在他的领导下，大城地区的抗日根据地多次粉碎日伪"清剿"，使大城的抗日队伍不断扩大。日伪对刘青山恨之入骨，曾以1500块大洋悬赏捉拿他。后来，刘青山又在不同的领导岗位上出生入死苦斗过。

可是进了城，当了大官，生活条件、工作条件都非同战争年代了，刘青山忘记了革命的宗旨，忘记了毛泽东在七届二中全会上的告诫，开始追求享受，逐渐变质了。他当上天津地委书记后，利用职权，贪污、挪用飞机场建筑款、灾区救济款等大笔公款，克扣地方粮、干部家属救济粮、民工供应粮。他用贪污来的钱购买当年属于高档的物品，高级手表、高级衣服、高级药品等，只要是高级的，他一定要买到手。刘青山在吃上更讲究，每餐吃的都是上好的饭菜，而且还变着花样吃。冬季，为了吃上新鲜的蔬菜，让厨师去北京买，来回的路费超过蔬菜价值上百倍。刘青山还利用职权和贪污来的金钱嫖娼、吸毒。张子善堕落的轨迹和刘青山大致相同。

经过认真查证，刘、张二人的罪行完全属实。1951 年 12 月 20 日，华北局将处理意见上报中央，提议"将刘青山、张子善二贪污犯处以死刑（或缓期二年执行）"。12 月 29 日，中共中央书记处召开扩大会议，经过慎重考虑，并征求党外人士意见，由河北人民法院宣判，经最高人民法院核准，对刘青山、张子善判处死刑，立即执行。公审大会召开前，有人提出是否可以向毛主席说说情，不要枪毙，给他们一个改过的机会。意见反映到毛泽东那里，毛泽东说：正因为他们两个的地位高，功劳大，影响大，所以才要下决心处决他们。只有处决他们，才可能挽救 20 个、200 个、2000 个、20000 个犯有各种不同程度错误的干部。

行刑的前一天，刘青山和张子善都流下了悔恨的泪水。刘青山说："我不求饶，死了比活着有价值。"

处决刘青山、张子善的第二天，《人民日报》在一版显要位置报道了公审大会的消息。这篇报道的出炉，当时还发生了一个插曲。

案发前，刘青山刚出席了世界青年和平友好联谊大会，他还当选了常务理事，《人民日报》曾有报道。可没过多久，《人民日报》又要发表刘青山被处决的消息，报社曾担心在国际上产生不好的影响。一位报社领导建议，把刘青山的"青"加上三点水，写成"刘清山"，让人以为这是两个人。

这件事没人敢擅自做主，一直请示到了毛泽东那里。毛泽东干脆地说："不行！你这个三点水不能加。我们就是要向国内外广泛宣布，我们枪毙的这个刘青山，就是参加国际会议的那个刘青山，是不要水分的刘青山。"

刘青山、张子善案件，自此成为教育全党的典型案例。直到今天，枪毙刘青山、张子善的两声枪响，依然警钟般振聋发聩，引人警醒。

一份被泪水打湿的灾情报告

　　1950 年夏天，安徽、河南交界地区突降大暴雨，连续下了半个月也没停。大暴雨引发了大洪水。洪水迅速顺着淮河河道流到淮北，很快溢出河道。刚刚获得解放，正在进行土地改革的淮北地区，一下子被泡在了洪水里。

　　8 月 5 日，一份紧急灾情报告被送到毛泽东的案头。报告中写道："淮北 20 个县、淮南沿岸 7 个县均受淹。被淹田亩总计 3100 万亩，占皖北全区 1/2 强。房屋被冲倒或淹塌而已报告者 80 余万间，其中不少是全村沉没。耕牛、农具损失极重（群众口粮也被淹没）。由于水势凶猛，来不及逃走，或攀登树上，失足坠水（有在树上被毒蛇咬死者），或船小浪大，翻船而死者，统计 489 人。"

　　毛泽东一边看报告，一边用铅笔在"被毒蛇咬死者"和"统计 489 人"等触目惊心处画上横线。老百姓受苦受难的情景仿佛就在眼前，毛泽东心情异常沉重，他的泪水不由自主地滴落下来，打湿了报告。

　　淮河是中国第三大河，历史上多次黄河泛滥，夺淮入海，严重破坏了淮河水系。入海的水路不通，入江的江道不畅，淮河流域成为水灾肆虐横行的地区。过去 500 年里共发生过 130 多次特大水灾。1938 年，蒋介石下令炸开花园口黄河大堤，使黄河再一次南泛。由于黄河洪水的泛滥和淤垫，淮河河道地形都有很大变化，各支流河口受黄河水的顶托倒灌，多数淤塞，于是造成十余年间"大雨大灾，小雨小灾，无雨旱灾"的情况。淮河两岸人民饱受水旱灾魔的煎熬，流离失所、家破人亡的惨象屡见不鲜。

出身农家的毛泽东，深深懂得农田水灾的危害，他擦干眼泪，在电文上写了一段批语，叫秘书立即送交周恩来。秘书拿着文件出门时，听到毛泽东大吼一声："不解救人民，还叫什么共产党！"

毛泽东的批语是这样写的：

周：

　　请令水利部限日作出导淮计划，送我一阅。此计划八月份务须作好，由政务院通过，秋初即开始动工。如何，望酌办。

毛泽东
八月五日

周恩来接到毛泽东的批示后，召集有关人员紧急开会，研究落实毛泽东的指示。在研究落实过程中，政务院把当时的治淮工程放在与当时的军事任务同等重要的地位，并且要求各部门、各地区必须以对人民高度负责的精神，以战斗的姿态，不讲价钱地落实。这样一来，在本已紧缺的物资中，调配出了治淮物资，在本已紧张的财政中，挤出了治淮资金。周恩来还强调，要把充分动员和组织人民群众，自己动手，治理淮河，作为治淮的一个重要条件，放在治淮计划中。这样，一个治理淮河的计划草案终于在8月中旬拿了出来。

为了慎重起见，毛泽东和周恩来决定把这个计划草案发给与治淮工程有密切关系的地区，征求他们的意见。到8月底，各地治淮意见陆续报上来。其中有华东军政委员会转报的中共苏北区委对治淮的意见，引起了毛泽东的注意。意见中第三项说："如今年即行导淮，则势必要动员苏北党政军民全部力量，苏北今年整个工作方针要重新考虑，既定的土改、复员等工作部署必须改变，这在我们今年工作上转弯是有困难的；且治淮技术上、人力组织上、思想动员上及河床搬家，及其他物资条件准备等等，均感仓促……"这段话确实反映了一个现实问题：治淮是与地方其他紧要工作有冲突的。那么，是不是以治淮为中心？其他工作计划是不是要改变？

◎ 1951 年："一定要把淮河修好"

　　1950 年 10 月 14 日，政务院发布《关于治理淮河的决定》，制定了上中下游按不同情况实施蓄泄兼筹的方针。新中国水利建设事业的第一个大工程拉开了帷幕。

　　政务院发布《关于治理淮河的决定》后，安徽省政府积极响应，组织民工参加淮河中下游治理工程。图为民工在润河集蓄洪分水闸工地施工（1951 年摄，新华社照片）。

毛泽东对此十分重视。他经过认真考虑，写下这样的批语：

周：

　　此电第三项有关改变苏北工作计划问题，请加注意。导淮必苏、皖、豫
三省同时动手，三省党委的工作计划，均须以此为中心，并早日告诉他们。

毛泽东

八月三十一日

　　毛泽东的意见十分明确：当前，在淮河流域，都要以治淮为中心，同时，要注意
改变这些地方的工作计划，统一安排好各方面的工作。

　　10月14日，政务院发布《关于治理淮河的决定》，制定了上中下游按不同情况
实施蓄泄兼筹的方针。新中国水利建设事业的第一个大工程拉开了帷幕。

　　在抗美援朝战争紧张进行、国家财政十分困难的情况下，中央财经委员会仍在当
年11月，拨出治淮工程原粮45000万斤、小麦2000万斤，保证治淮工程按时开工。
此外，为了抢救淮河水灾，中央人民政府先后拨出粮食2亿斤、盐1000万斤、煤
52万吨、种籽贷款350亿元（旧币），进行紧急赈救。中央的大力支持和援助，缓
解了灾民的燃眉之急，也确保了当年冬季开工的治淮的顺利进行。

　　1950年冬季，在各地政府的统一组织下，有80万民工投入到治淮工地上。祖
祖辈辈饱受水患之苦的淮河流域人民，如同火山爆发一样，迸发出无法估量的治淮
热情。他们不怕条件艰苦，不嫌报酬少，争先恐后参加劳动，要用自己的双手改变
家乡面貌。仅仅用了一个冬季80多天的时间，他们就建成了一条长达168千米的苏
北灌溉总渠。

　　1951年春种之后，治淮工地又集中了数十万民工，投入到第二阶段的治淮劳
动中。当时，除了工人、农民外，还有大批干部、工程技术人员、解放军指战员和
大学生从全国各地来到治淮战线上。同年5月，中央治淮视察团把印有毛泽东亲笔
题词"一定要把淮河修好"的四面锦旗，分送到了治淮委员会和河南、皖北、苏北
三个指挥部，极大鼓舞了治淮大军的士气。到1951年7月，治淮第一期工程全部
完工。

　　秋天，淮河流域农民迎来了难得的丰收。满怀喜悦的农民纷纷给毛泽东写信报告
丰收的情形。皖北寿县迎河区大店乡32个农民在信中说："修了润河集分水闸，使我
们这里20多年不收的湖地都丰收了。夏天收了一季好麦子，现在我们又收了一万多

斤秫秫（高粱）；不要半月还能收一万多斤稻子。现在，我们锅里有了面食，身上穿了新衣，买了一些农具，日子越过越好了。"收到这样的信，是毛泽东最高兴的事了，他这次开心地笑了。

此后，治淮工程又连续展开。到 1957 年，基本完工。8 个年头中，共投入民工几百万人，治理大小河道 175 条，修建水库 9 座，修建堤防 4600 多千米，提高了淮河流域特别是淮河下游的防洪泄洪能力。毛泽东"一定要把淮河修好"的目标基本达到了。

◎ 1951 年："一定要把淮河修好"

安徽省霍邱县在治理淮河第一期工程完成后，小麦获得丰收。图为农民在麦田里休息。（新华社资料照片）

2.8

"我要离婚！"

　　1951年3月的一天，河南省妇女干部学校大门外，一位身着粗布衣裳、面容憔悴的女子犹豫了很久，才挪着小步怯生生地走进校门。这位20多岁神情凄苦的农妇，是来找她的妹妹赵锐捷的。在姐妹俩对视的一刹那，她再也无法克制自己的情绪，扑进妹妹怀里失声痛哭起来。

　　原来，姐妹俩出生在商丘虞城县一个贫苦农家。妹妹进入河南省第一期妇女干部学校学习班，毕业后留校工作。而姐姐生性老实，什么事都顺从父母，很小的时候就和外村一个地主的儿子定了亲，结婚后经常被丈夫打骂，身上总是伤痕累累。

　　1950年年初，姐姐的丈夫独自离家出走，此后没有任何消息。姐姐一人操持家务，还要忍受公婆虐待，几次上吊寻死未遂。

　　半年后，村里开始宣传《婚姻法》，听说允许夫妻离婚，姐姐偷偷跑到省城开封，向妹妹求助。

　　中国几千年的封建婚姻制度以夫权为中心，要求妇女恪守"三从四德"的礼教（"三从"指在家从父、出嫁从夫、夫死从子；"四德"指妇德、妇言、妇容、妇功），把妇女压迫在社会最底层，并剥夺其婚姻自由。由父母之命、媒妁之言决定的婚姻，完全不尊重当事双方的感情，酿成了许多人间悲剧。赵锐捷姐姐只是无数受封建婚姻制度摧残妇女中的一个。据山

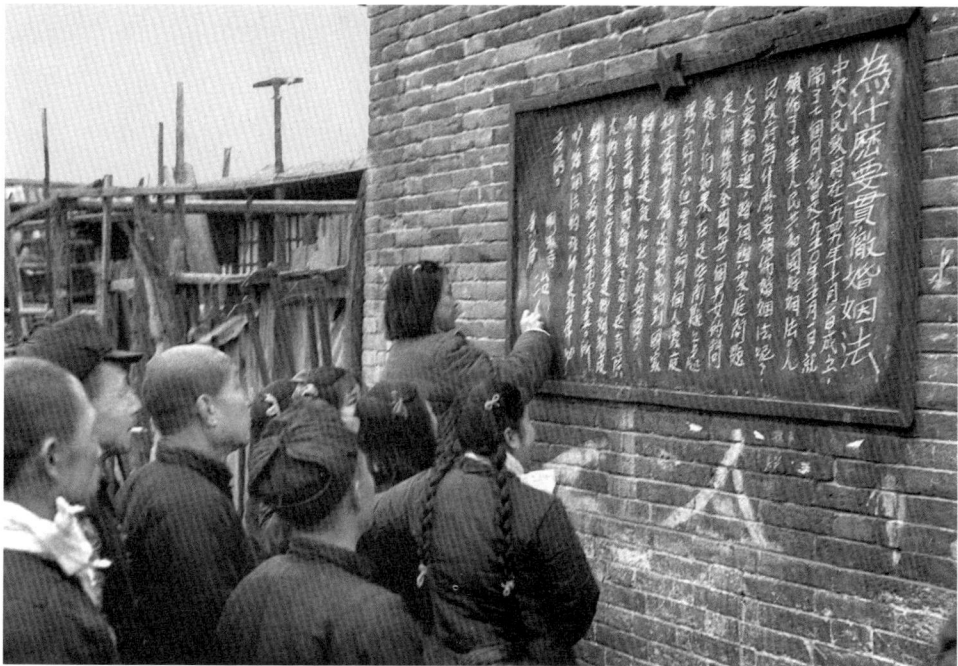

◎ 新中国第一部婚姻法

　　1950 年 4 月 30 日，中央人民政府公布《中华人民共和国婚姻法》。这部新中国颁布的第一部婚姻法自 1950 年 5 月 1 日起施行。图为 20 世纪 50 年代初，北京市的基层干部在街头书写宣传婚姻法的黑板报。（新华社资料照片）

西省人民法院 1950 年 1 月一份《关于目前婚姻情况发展的几个举例》的报告："晋南洪洞、赵城等十六县，（1949 年）七至九月份，就有因男人或翁婆虐待而被迫害致死的妇女 25 人之多；河津、万泉两县半年来有 29 个妇女被逼上吊、跳井自尽寻死……"

　　1950 年 5 月，中央人民政府颁布了建国后的第一部法律《婚姻法》。这部婚姻法确立了婚姻自由、一夫一妻、男女平等、保护妇女和子女合法权益的基本原则，明确废除了包办婚姻。为什么要在国家百废待兴时首先颁布《婚姻法》？毛泽东给出了回答："婚姻法是关系到千家万户、男女老少的切身利益，其普遍性仅次于宪法的国家根本大法之一。"

　　有了《婚姻法》，赵锐捷姐姐才敢于提离婚的事。姐妹俩首先找到河南日报社，向他们诉说了姐姐的遭遇。了解清楚政策后，姐姐在报纸上登出一则寻人启事，大意是：丈夫 ××× 杳无音信，如果他在一年内仍不回家，婚姻关系视为自动脱离。

一年后，丈夫仍未回来，姐姐高兴极了，拿着报纸跑到乡里，对工作人员表示"我要离婚"，顺利地开了离婚证明。她的夫家虽然很生气，但是也没有办法阻止。

《婚姻法》颁布的最初几年，深受年轻人欢迎，但父母们对允许子女自主婚姻的规定普遍感到不满，尤其在广大农村地区，传统观念根深蒂固，有不少上年纪的人抱怨："制定《婚姻法》是毛主席他老人家糊涂了。"现实的情况是，包办如故，买卖依旧。1951 年 9 月，中央人民政府政务院在《关于检查〈婚姻法〉执行情况的指示》中公布的数字触目惊心：仅中南区就有 1 万多名妇女，因为婚姻不能自主，受家庭虐待而自杀或被杀。而这是在《婚姻法》公布实施一年多时间里发生的事情！尽管解放了，《婚姻法》也公布了，但广大妇女真正获得婚姻自由，绝不是一蹴而就的。

1953 年，全国开展了一场声势浩大的宣传贯彻《婚姻法》的群众运动。这年 3 月被指定为宣传贯彻《婚姻法》运动月。各地积极训练基层干部，组织由党员、青年团员、报告员、宣传员组成的宣传大军，利用报纸、广播、连环画、幻灯、电影、戏剧等形式，在群众中大张旗鼓宣传《婚姻法》。

"巧儿我自幼许配赵家，我和柱儿不认识，我怎能嫁他？我的爹在区上已经把亲退，这一回我可要自己找婆家呀……"这一出自评剧《刘巧儿》的唱段瞬间风靡全国。在当时，"自己找婆家"堪称石破天惊之语。和《刘巧儿》一起，众多的戏剧、歌舞、电影将颂扬男女平等、恋爱婚姻自由作为主要创作题材，将《婚姻法》宣传到千家万户。在赵树理的《小二黑结婚》中，妨碍小芹与小二黑自由婚姻的二诸葛和三仙姑，被塑造成落后、守旧、自私、迷信的典型，其夸张做派引起人们的会心一笑，结果还是小芹与小二黑有情人终成眷属，如愿以偿。

经过法律政策的宣传和身边事例的教育，很多老年人逐渐转变了观念。安徽省凤阳县拌井乡耿陆村农民耿希道说："我有 5 个儿子，他们的亲事总是我一桩心事。大儿子去年娶亲，东挪西借花了不少钱，欠的债现在都未还清。二儿子就是自己找的对象，一个钱也没花我的，夫妻又好，又和气，又能生产。还是毛主席颁布的新婚姻法好，后三个儿子就不要我担心了。"很多乡村专门召开宣传《婚姻法》的老人会，会上老人们终于开了窍，都说："过去只知道《婚姻法》一来都要我们离婚，现在真的听了《婚姻法》，才知道是叫家庭好，还是要孝敬老人，搞好生产，一家和气。到底是毛主席办的事，办一样算一样。"

广泛的宣传活动使男女平等、婚姻自由等新的道德观念逐渐深入人心。对于受封建婚姻制度压迫的妇女来说，有了《婚姻法》做后盾，她们终于敢对丈夫说"不"了。1953 年社会上出现了一个离婚高潮，据统计全国离婚案件在 100 万以上，主要

◎ 新中国第一部婚姻法

    童养媳、包办婚姻、纳妾、一夫多妻……这些现象在六十年前的中国随处可见。

    婚姻法实施后，自由结婚的风气开始盛行。1952 年 11 月 9 日，湖南省醴陵县白兔潭村农民全裕盛（中）和孙桂华（右）向区政府登记结婚，司法干部把结婚证书递给他们。（新华社资料照片）

清算旧社会留下来的一夫多妻、童养媳、小女婿等封建婚姻关系。1950 年全国的包办婚姻约占婚姻总数的 90% 以上；到了 1957 年，这个数字缩减到 10%，而属于自由或半自由的婚姻则占 90% 以上。在社会舆论上，男女恋爱和寡妇改嫁不再被认为"有伤风化"。妇女参加社会活动已成为正当权利，不再受丈夫、公婆的干涉。

    赵锐捷的姐姐后来通过自由恋爱再婚了，她找到了情投意合的人，生活一直幸福美满。

    《婚姻法》是保护人身权益的一部法律。由于《婚姻法》的及时制定、深入宣传、切实执行，中国妇女在政治上、经济上、文化上、自身言行方面，都得到了空前的解放。

2.9

从目不识丁到农民诗人

　　浙江省象山县下沈乡下沈村 80 多岁的孙心生老人，有一件珍藏多年的宝贝，在别人看来只是一张旧纸，对他来说却意义非凡。原来这是一张发黄的"识字证书"，上面写着："学员孙心生系浙江省象山县下沈乡（镇）下沈村下沈社人，现年三十岁，学完扫除文盲阶段课程，成绩合格，准予毕业。此证。下沈乡（镇）人民委员会一九五八年七月四日"。孙心生说，这张识字证书是他这一生最宝贵的一件东西，每次看到它，就能让他回想起半个多世纪以前那场轰轰烈烈的扫盲运动。

　　孙心生出生于农民家庭，自小就没进过课堂，20 多岁时还一个大字也不认识。这在旧中国是很普遍的现象。那时读书识字不是人人都有的权利，一般只有大家族才请得起先生开设私塾，供本家族内的子弟读书。对占人口大多数的贫苦农民来说，读书识字是种遥不可及的奢望。新中国成立初期，全国 5.5 亿人口中 80% 是文盲，农村的文盲率更高达 95% 以上，有的地方甚至十里八村也找不出一个能识文断字的人来。

　　这种文化落后的现实，对于建设社会主义国家和实现国家的工业化，是一个重大的不利因素。加之新中国成立以后，工人和农民成为国家的主人，自然也就应该获得平等的受教育权，因此，着重改善工农的受教育状况，成为这一时期教育工作的重点任务。

◎ 新中国扫盲运动

　　1949 年，新中国成立时我国约有人口 5.5 亿，那时的文盲率高达 80%，文盲成为新中国发展道路上的拦路虎。

　　1952 年中国开始了第一次大规模的扫盲运动；1956 年，第二次扫盲运动又掀起高潮；两年后，第三次扫盲运动吹响了号角。从 1949 年到 1960 年约有 1.5 亿人参加了扫盲和各级业余学校的学习。

　　1958 年 5 月，四川郫县太平乡红星三社女社员倪怀凤在十天内通过刻苦学习掌握了 1500 多个生字。图为倪怀凤（中）正在领取扫盲毕业证书。(新华社记者孙忠靖、游云谷摄）

　　1950 年 9 月，第一次全国工农教育会议召开。这次会议的目的是"推行识字教育，逐步减少文盲"，中心议题是讨论工农业余教育、工农速成学校和干部文化补习学校等问题。新中国第一任教育部长马叙伦做了报告，他强调指出：新中国的工人、农民急迫地需求文化，工农要有了文化才能彻底翻身，才能更为有效地从事生产建设。在会议召开期间，毛泽东亲临会场，还与到会的学习模范亲切握手、合影，使与会代表受到极大鼓舞。此后，一场"政府领导、依靠群众组织"的识字扫盲运动在全国开展起来。

　　为了把更多的工农群众组织起来，多种多样的学习方式被创造出来：工厂的"车间学校"、煤矿的"坑口学习小组"、农村的"地头学习小组"、妇女的"炕头学习小组"、运输队的"火车队学习小组"等。

　　为了解决师资短缺的难题，采取"以民教民"的方针，提倡"十字先生""百字先生""亲教亲，邻教邻，夫妻识字，爱人教爱人，儿子教父亲"。

　　为了尽快提高识字水平，一位名叫祁建华的部队文化教员创造了一套"速成识字法"。1952 年，教育部和全国总工会分别发文向全国推广。

　　为了避免急于求成，1953 年 11 月，扫除文盲工作委员会还发布了《关于扫盲标准、毕业考试等暂行办法的通知》。其中规定农民脱盲的标准为：一般定为能认识1000个常用字，大体上能阅读通俗书报，能写常用的便条、收据。

孙心生所在的下沈乡办农民识字班的时间较晚，是在1955年。当时请了下沈商店一位小学毕业的营业员当"先生"，在下沈祠堂上课。识字班开办之初，来的村民并不多。由于"贫富全是命中定，读书识字是天赋"、"富人读书，穷人喂猪"等一系列传统封建思想的禁锢，再加上当时土地已经分到户，有人认为，农民一辈子种地靠天吃饭，要文化做什么。更有的老封建甚至认为扫盲班年轻男女混杂在一起不成体统。后来，在政府的大力宣传教育下，很多人才慢慢转变观念，特别是看到参加学习的人很快能够记账、记工，心生羡慕，也有了学习的积极性。

扫盲有一本各县统一编印的《识字课本》，把1500个生字印成生字表，每学会一个字就在那个字上画个圈圈，把字都画上圈圈就脱盲了。学习制度也根据农村实际，采用"农闲多学、农忙少学、大忙放学、忙后复学"等形式。由于白天村民都要去田里干活，因此识字班都是在晚饭后6至7点开课。

一开始，孙心生这帮拿惯了锄头镰刀的人怎么都握不住纤细的铅笔，更写不出曲里拐弯的字，有的人急了，笔一摔就走人了。为了调动大家学习的兴趣，当时广泛推行了一种"见物识字"的教学方法，即在一切眼睛可以看见的地方写上识字班上所学到的字，在田头写"田"字，门上贴"门"字，桌上贴"桌"字，杯上则贴"杯"字……

27岁的孙心生非常珍惜与文字结缘的机会，一直坚持学习了一年。到了1958年，下沈乡的扫盲运动进入尾声，孙心生经过考试顺利拿到"识字证书"。"毕业"以后，孙心生成为当时的"文化人"，被先后安排担任下沈大队的出纳、保管员及会计等职务。

识字班虽然结束了，但对于孙心生而言却是一个新的开始。

取得识字证书后，孙心生求学的欲望越来越强烈，直到80多岁，他依然坚持自学。去年，他创作的一首题为"变化"的诗歌在《浙江海洋学院报》发表，全诗是这样写的："我的家乡在象山，划定建设生态县，整治坟墓上千万，荒山升值成宝山。省道两旁绿化带，快道中央白花艳，山水景色相媲美，山峰云雾一线天。山岙建有大水库，蓝天青山映碧水，达标废水入海洋，远望浪花白洋洋。"

新中国成立初期的扫盲运动，使普通百姓都获得了学习文化知识的权利和机会，尤其是对广大农民而言，不但在文化上使他们摆脱了旧社会的噩梦，打开知识文化的大门，实现了自身的解放，而且为其通过技术革命改变农村的落后面貌提供了重要的历史条件。

扫盲运动，提升了一个时代的素质，带来了一个民族的进步。

2.10

"奇兵向边塞，春风度玉关"

在新疆天山南侧的库尔勒市中心有一座纪念碑，叫十八团渠纪念碑，碑顶是一座肩扛钢枪、手握坎土曼（新疆少数民族的一种铁制农具）的人民解放军铜像。因为纪念碑上有王震将军的题词，所以当地有些老百姓说那是王震的塑像，其实这尊铜像是新中国成立初期无数新疆屯垦戍边将士光辉形象的真实写照。

1949 年王震率领中国人民解放军第一兵团进军新疆，9 月 25 日新疆和平解放。进入新疆前，毛泽东曾在西柏坡对王震说："新疆比你过去经营的南泥湾要大一万多倍……当年左宗棠留下诗句：'新栽杨柳三千里，引得春风渡玉关'，希望你到新疆后能超过左文襄公（左宗棠），把新疆建成美丽富饶的乐园。"毛泽东的话深深印在王震的心里。

屯垦戍边是中国古代维护国家统一，稳定边疆社会，促进边疆发展的有效措施。王震到新疆后认真分析了新疆的形势，借鉴历史屯垦戍边的经验教训，规划了新疆屯垦事业的蓝图。1950 年 1 月，根据毛泽东的指示精神，新疆军区发布命令："全体军人，一律参加劳动生产，不得有任何人站在劳动生产之外"，"全疆部队除担任祖国边防警卫和城市卫戍勤务外，必须发动 11 万人到开垦种地的农业生产战线上去"。就这样，驻疆部队只保留一个国防师，其他部队全都一手拿枪，一手拿锹，奔赴新战场。一时间，作战地图变成了生产地图，炮兵瞄准仪变成了水平仪，战马变成了耕马，马镫变成了犁头，十多万将士在天山南北掀起了轰轰烈烈的大生产运动。

其中，一支部队来到天山南侧的小镇库尔勒，这就是中国人民解放军进疆部队步兵六师十八团。那时库尔勒还是一个名不见经传的地方，周围到处都是一望无际的乱岗沙丘。3月，王震亲自来到库尔勒一带踏勘荒地，并听取了水力资源情况的详细汇报。这里原有一条长达30多千米的从孔雀河引水的上户渠，如果把这条渠加宽延伸到大敦子以西的大片荒地，基本上可以满足垦荒灌溉的需要。但是为了不与民争利，王震提议从上户渠北边新开挖一条57千米的灌溉渠道。黑夜里，王震借着篝火在地图上画出一条红线，他要求十八团的将士要将这条红线变成造福一方的水渠。

1950年秋，十八团1000多人全力以赴投入挖渠战斗。严冬时节，挖渠部队在荒无人烟的戈壁荒滩上施工，住的是地窝子或帐篷，甚至在野外露宿。这里没有水，靠马从大敦子驮水。战士们不能刷牙，不能洗脸，饮水也限量供应。粮食供应紧张，吃了上顿找下顿，甚至吃高粱原粮，很难消化。但大家干劲十足，手上打起了血泡，腿疼得抬不起来，就跪着挖。当时挖渠没有机械，全靠人力开凿。工具很简单，只有十字镐、铁锹、坎土曼、红柳条编的抬耙和挑筐。冬季施工冻土仍然坚硬，非常难挖。就这样，战士们硬是用十字镐刨砾石，用杠子撬冻土块，一寸一寸地挖出了几十千米长的大渠。王震将军到工地时也与战士们一起劳动，极大地鼓舞了士气。

从一开始修建十八团大渠，王震就强调一定要维护群众利益，不与民争利。根据工程设计，渠道要穿过一家维吾尔族老乡的房屋和果园。为了协商搬迁，部队曾协同地方政府反复做动员解释工作，答应给他另盖房子，用最好的土地和他交换。但是老乡强调果园里的果树已经结了果子，坚持要用果园交换，否则不肯搬家。部队没有果园，无法交换，只好以民族政策大局为重，修改设计，让渠道从老乡宅院旁绕过，改道后仍让老乡利用渠水浇果园。此事在当地群众中引起了强烈反响，他们把解放军与旧军队作比较，交口称赞共产党好，解放军好。

经过8个多月的艰苦奋斗，一条长62千米的大渠修成了。1951年5月15日，由库尔勒军民7000余人参加的放水典礼隆重举行。王震偕同中央派来的水利专家参加典礼。王震在讲话中说："这条水渠的建成，是库尔勒地区军民的光荣！全民要团结起来，用自己的双手，辛勤地劳动，把库尔勒、焉耆建设成为富裕的农庄果园，建设成有电力机械设备的工业城市。我们要实现电气化，在铁门关建设水力发电站，还要开发塔里木下游垦区。我们要把山上的石头，江河湖泊的水利资源，都变成人民的物质财富！"王震将军还亲自为这条渠题名为"十八团渠"。

◎ 奇兵向边塞，春风度玉关

　　1954 年 10 月 7 日，新疆生产建设兵团正式成立。到 2004 年 10 月，兵团已发展成为拥有 14 个农业师、局、174 个农牧团、场，5000 多家企业，250 多万人的中国最大的农工商经济联合体。

　　图为新疆生产建设兵团一师 1960 年初进入塔里木盆地开垦荒芜的戈壁滩。（新华社照片）

十八团渠建成后，灌溉着新垦区和当地两个民族乡共 30 万亩土地，使这一带成为新疆巴音郭楞蒙古自治州重要的粮棉基地。

王震在高兴之余，又想到了更长远的问题：保卫新疆六分之一的国土和 6000 多千米的国境线，实现"把整个新疆变成粮棉基地，把戈壁荒滩变成美丽花园"的目标，需要大批戍边建设者，必须想办法让这些远离家乡的官兵在新疆扎下根来。而当时，整个驻疆部队 30 岁以上的未婚男女比例达到 300∶1，如果不解决大龄官兵的婚姻问题，就不可能让他们安心扎根新疆。

王震向中共中央反映了这一问题。不久中央做出决定，允许新疆军区从内地征招未婚女青年参军，支持新疆建设，解决大龄官兵婚姻问题。王震又向内地省份发出请求，很快得到了广泛的重视和支持。从 1950 年起，湖南、山东等省市的一批又一批的女青年进疆，加入屯垦部队的行列。以湖南为例，从 1950 年到 1952 年共招收女兵 7000 余人，被称为"八千湘女上天山"。她们满怀豪情，从山清水秀的家乡，来到荒凉的西部边陲。在恶劣的自然气候下，她们同男兵一样战天斗地，成为兵团屯垦事业的开拓者。至 1954 年，部队中的女性比例已经增长到约占全体人员的 40%，基本上解决了部队"剩男"的棘手问题。

纵观历史，在新疆屯田的军队也有不少，但全是"一代而终"。而新中国大西北的军垦事业，可以说真正结了果、扎了根。

1954 年 10 月，中国人民解放军第二、六军大部，新疆民族军和和平起义部队改编的二十二兵团，组成新疆生产建设兵团。新疆屯垦事业由原军垦农场开始逐渐转变为正规化国营农场，企业化生产代替原军队自给性生产。截至 1956 年 12 月底，兵团指战员全部办理复员转业手续。

60 年来，新疆生产建设兵团肩负屯垦戍边使命，和新疆各族人民一道团结奋斗，使西部边疆焕发出了勃勃生机。库尔勒市也已从当初的荒凉小镇，变为一座美丽的现代化城市，成为镶嵌在塔里木盆地上的一颗明珠。这一切，正如陶峙岳（曾任新疆生产建设兵团司令员）诗中所赞："奇兵向边寨，春风渡玉关……万里若金汤，漠野变良田"。

2.11

闻名全国的纺织女工

　　1951 年春天的一天，中国纺织工会全国委员会主席陈少敏正在办公室看报纸，秘书走进来，把一份报告放到她面前说："这是青岛国棉六厂送来的报告，说他们厂有个细纱工人叫郝建秀，连续 7 个多月，皮辊花率一直保持在 0.25%，创了全国纪录。"陈少敏一愣，放下报纸，抓过报告细细看起来。

　　当时，由于纺织设备没有现在这样先进，把粗纱变成细纱的过程中，总会出现一些皮辊花，这些皮辊花不能作为成品，只能进行回炉加工，浪费了不少财力和人力。而普通女工郝建秀却在日常工作中发明了独特的操作方法，使得出现皮辊花的概率大大降低。

　　在详细阅读了这份报告之后，陈少敏觉得郝建秀或许能成为新中国纺织业的一个标志人物。陈少敏开始派有关人员组织调研。全国纺织工会、青岛纺织工会、青岛纺织工业局组成一个 17 人的专家小组来到青岛国棉六厂，一连数天，对郝建秀的巡回时间、路线和每一个动作细节，进行一分一秒的测定，"郝建秀工作法"就这样诞生了。

　　到了 1951 年 8 月，"郝建秀工作法"已经出现在《人民日报》《工人日报》等各大报纸的头条，郝建秀成为了一名全国劳动模范，她的故事为人们所津津乐道。

郝建秀是苦孩子出身,家住青岛沧口,全家8口人都靠着赶大车的父亲养活,只上到小学三年级的郝建秀靠捡煤渣、赶海捉鱼补贴家用。1949年6月青岛解放后,原来的九大纱厂陆续收归国有,并依次更名为青岛国棉一厂至九厂。当年11月,14岁的郝建秀考入青岛国棉六厂,被分到细纱车间,成为一名挡车工。

挡车工的工作主要是来回巡视,给棉线接头,这是件很累的技巧活,一旦接不好棉线就变得粗细不均,成为皮辊花。由于年龄小,郝建秀刚开始找不到干活的技巧,清出来的皮辊花较多,常常受到批评。一次夜班,她独自看管300个纱锭,实在太累了,到后半夜靠在纺车车头上打起盹来,等到组长把她叫醒,半边车的皮辊都被白花缠住了。这次事故造成了不小损失,也让郝建秀挨了顿狠批。郝建秀哭了,她对同事说:"我不想拖集体后腿,一定要把技术搞上去。"

从此,郝建秀开始留心学习老师傅的手艺,动脑筋钻研工作技巧。每天下班回家后她会在小本子上涂涂画画进行总结,第二天再带着新想法到车间去实践。

有一次,郝建秀正在接断线头,身边忽然扬起一片花毛,花毛所到之处一下断了好几根线头。这个发现令郝建秀又惊又喜,经过反复观察,她很快证实了自己的判断。为此,她在值车的过程中随时清除花毛,保持车面清洁,断头大大减少,工作效率也提高了很多。

郝建秀一边工作一边琢磨,凭着一股不服输的劲头,终于在很短时间内熟练地掌握了纺车的性能和操作规律,摸索出一套多纺纱、多织布的高产、优质、低耗的工作方法。

1950年,在"红五月"爱国劳动竞赛中,工厂开始记录分台皮辊花数量,每个值车工的皮辊花都在当天做出记录。大家很快发现,郝建秀管的纺车皮辊花总是出奇地少。

陈少敏派来的专家组从接头动作、接头时间、清洁动作、清洁时间和动作顺序五个步骤上,总结出"郝建秀工作法":有正确的劳动态度,工作认真负责;虚心学习,肯动脑筋,提高技术;工作有计划,善于分配劳动时间,能分别轻重缓急进行操作;不浪费劳动时间与劳动力,做到一切以减少断头为中心,以少出皮辊花为目的。

据测算,这一方法在全国得到全面推广后,每年可为国家多生产4.4万件棉纱,相当于供400万人一年用布的棉纱。

随后,全国400多个纺织企业都开始学习、推广"郝建秀工作法",在各个车间掀起了创新工作方法的热潮。

◎ 纺织女工郝建秀

　　郝建秀是我国纺织工业的先进生产者。作为新中国成立初期纺织工业战线的一面旗帜，她创造的"郝建秀工作法"曾大大鼓舞了广大纺织职工的劳动热情和生产积极性，涌现了大批纺织工业劳动模范。

　　图为郝建秀早年的工作照（摄于1950年代，新华社资料照片）

1951 年国庆节，郝建秀作为全国纺织工业战线的劳模代表，出席了在北京举行的国庆宴会，宴会上周恩来还认出了她，"我认识你，你是郝建秀，你的工作法对中国纺织是一个很大的贡献，向你表示祝贺。"当郝建秀向周恩来索要签名的时候，周恩来风趣地回答道："我的字不好，咱们这儿有位大书法家，应该让他签字才对。"说着，放下酒杯，拉着郝建秀来到毛泽东身边，把自己的钢笔与郝建秀的笔记本一同递上去说："主席，郝建秀同志想让您签名留念。"而毛泽东的答复更是幽默："哦，是纺织模范，你们写给我的信看过了，我还没给你回信呐，签个字，就算打个收条吧。"说完，欣然提笔，写下了"毛泽东"三个字。

　　郝建秀后来不断学习进步，当上了国家纺织工业部部长，被誉为"新中国纺织大军的火车头"。在她的身上，反映了一个新时代的精神。新中国成立初期，在国民党留下的烂摊子上搞建设，恢复生产、发展经济是首要任务。要发展生产，就需要将旧工业的传统管理方式转变为科学管理。推广郝建秀实际上就是在生产的主体——产业工人中倡导科学态度和创新精神。当时涌现出一大批郝建秀式的能人、劳动模范，如一年完成了四年工作任务的王崇伦、被誉为"钻头大王"的倪志福、创全国最高采煤纪录的马六孩小组等。在他们的带动下，各行各业的工人迸发出前所未有的劳动热情和创造热情，为新中国在三年内实现国家财政经济状况好转做出了重要贡献。

　　1952 年 5 月 26 日，当时的中国纺织工业部和中国纺织总工会联合主持，在青岛国棉六厂召开了郝建秀小组命名大会。60 多年间，郝建秀小组始终保持着当年的风采，不断进行技术创新，成为一面不倒的旗帜。

第 三 章

光 荣 与 理 想

（1953—1956 年）

开始大规模经济建设，把中国建设成一个繁荣富强的现代化国家，是几代中国人一百多年来梦寐以求的理想。从 1953 年起，这场大规模经济建设在中国大地上终于热气腾腾地全面铺开。

1953 年 6 月，毛泽东改变了过去先进行 10 年到 15 年的新民主主义建设时期、再采取社会主义步骤的想法，首次提出过渡时期总路线的基本内容。8 月，中共中央明确宣布过渡时期的总路线："从中华人民共和国成立，到社会主义改造基本完成，这是一个过渡时期。党在这个过渡时期的总路线和总任务，是要在一个相当长的时期内，基本上实现国家工业化和对农业、手工业和资本主义工商业的社会主义改造。"

1953 年也是开始实行发展国民经济的第一个五年计划的第一年。第一个五年计划以苏联帮助中国设计的"156 工程"建设项目为中心，有限额以上的建设项目 694 个。它的中心环节是重工业，主要是能源、原材料、机器制造等空白和薄弱的工业。

经过三年的社会主义改造，到 1956 年，农民、手工业者劳动群众个体所有的私有制，基本上转变成为劳动群众集体所有的公有制。资本家所有的资本主义私有制基本上转变为国家所有即全民所有的公有制。在国民经济中，社会主义公有制经济已经居于绝对统治的地位，社会主义制度在中国建立起来。

经过五年的艰苦奋斗，到 1957 年底，"一五"计划的各项指标大幅度地超额完成。1957 年，工农业总产值达到 1241 亿元，比 1952 年增长 67.8%。尤其是重工业有了长足的发展，一大批旧中国没有的现代工业骨干部门建立起来，如飞机、汽车、发电设备等，初步改变了过去工业门类残缺不全的面貌。交通运输业发展很快，宝成铁路、鹰厦铁路、武汉长江大桥先后建成。除康藏公路外，青藏、新藏公路也建成通车。"一五"期间工业生产所取得的成就，远远超过旧中国的100年。增长速度同世界其他国家同一时期比，也是名列前茅的。

伴随着社会主义改造和"一五"计划的过程，国家其他各方面的工作都有了明显发展和改善。

政治上，《中华人民共和国宪法》颁布实施，人民代表大会制度在国家生活中正式实行，共产党领导的多党合作和政治协商制度继续发展，民族区域自治制度也逐步完善。

文化上，马克思列宁主义、毛泽东思想在全国的指导思想地位进一步加强。提倡"百花齐放，百家争鸣"，努力开创社会主义民族的、科学的、大众的文化建设工作。社会主义新型的社会关系及与此相适应的良好社会风气、社会道德规范正在形成。

国防和军队建设上，建设海军、空军等军兵种，实行义务兵役制、军衔制和薪金制，原来"小米加步枪"的单一兵种的人民解放军，正朝着拥有现代武器装备的、多军兵种组成的正规化、现代化的革命军队的目标迈进。

外交上，提出和平共处五项原则，参加日内瓦会议，参加在万隆召开的亚非会议，都对进一步发展有利于和平的国际环境、创造和睦的周边关系、保障经济建设产生了积极影响。

......

这是一段凯歌行进的岁月。中国人民通过自己的奋斗，创造了一个又一个奇迹，对未来的发展满怀信心。

3.1

城关乡的选举

　　1953 年夏天，山东省泰安县城关乡来了三个外地的年轻人挨家挨户宣传选举的事，其中之一就是日后的中国宪法学泰斗、人民大学教授许崇德。许崇德和他两个同事此行的目的是进行城关乡人民代表普选的试点工作，为普选的全面展开摸索经验。

　　新中国成立伊始，全国解放战争还未结束，经济也在恢复，不可能在全国范围内实行普选，中国人民政治协商会议代行全国人民代表大会职能，《中国人民政治协商会议共同纲领》起着临时宪法的作用。直到 1952 年底，中共中央开始统筹考虑进行普选、召开全国人民代表大会和制定宪法等问题。

　　1953 年 3 月 1 日，毛泽东以中央人民政府主席的名义，颁布施行了第一部《中华人民共和国选举法》。

　　当时，人民群众文化水平普遍比较低，在他们中甚至还存在着相当多的文盲。这是否会影响普选？针对这种疑问，周恩来总理明确指出："普选的关键决定于人民的觉悟程度和组织程度，并不决定于人民的文化程度，更不决定于国家的经济状况。"

　　普选的试点工作首先在山东、河南等地轰轰烈烈地开展起来。许崇德作为内务部借调的高校教师，和另外两位同事一起被派往泰安县城关乡"蹲点"。

在城关乡，太多从未听过的新名词让那些祖祖辈辈只知道种地的农民一头雾水。"普选"干嘛的？"人代会"干嘛的？老实巴交的村民们听不懂。至于"选民"、"资格"这样的新名词就更稀奇古怪听着发懵了。妇女们的困惑还要多些："锅前转锅后，啥也不知道，还能当代表？""啥事叫男人办不就妥啦？"

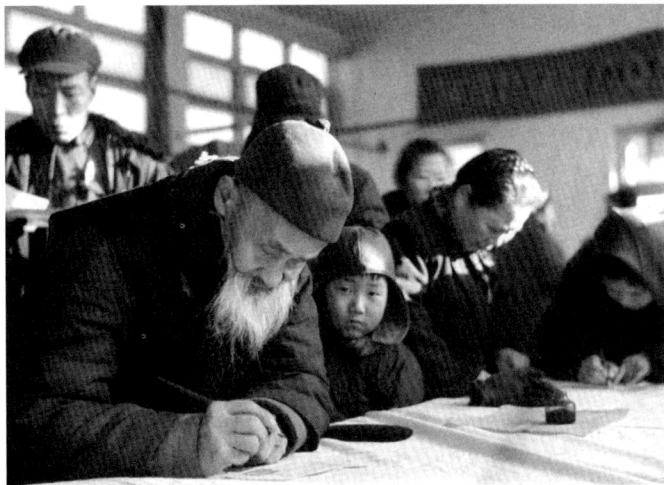

◎ 普选全面展开

图为北京市前罗圈胡同的 81 岁选民佘子昌在选举站认真写选票。参加第一次全国人民代表大会的 1226 名代表（实际到会 1210 名），是中国有史以来第一次经过普选产生的。（新华社资料照片）

乡里干部只有 4 个人，一个乡长、一个副乡长、一个干事、一个文书，单靠这点力量显然不够。许崇德他们就把乡里的青年团员召集在一起，组成宣传队。给宣传队培训的时候也不多讲，反反复复就几句话：选举就是人中选人、瓜中选瓜；人代会就是人民自己管理自己；选举的目的就是不让好人漏掉，坏人钻了空子；记住最关键的 4 个字：选民光荣！

宣传队迅速行动起来，走街串巷挨家挨户上门讲解。消息很快就传遍四邻八乡，就连那些住得最偏远的村民，也知道了选举的事。

宣传的效果在选民登记的日子里淋漓尽致地显现出来。登记点一早就排起了长长的队伍，连大半辈子没出过几趟远门的农村老大娘也撂下锅铲赶来了。她们中的许多人甚至连个名字也没有，许崇德帮多位老大娘起了名字：你叫李素贞，你叫王亚美……

登记工作并不算复杂，除了给大娘们起名字，再就是资格审查。依法尚未改变成分的地主、反革命分子没有选举资格，精神病患者也没有选举权。当然，这样的人为数极少，绝大多数村民都欢天喜地又充满自豪地领到了写有自己名字的选民证。

选民登记、酝酿候选人、张榜公示，一系列前期工作就绪之后，选民们敲锣打鼓，像过节一样迎来了选举的大日子。

按照《中华人民共和国选举法》的规定，全国、省、县和设区市的人大代表由其下一级人代会选举；而乡、镇、市辖区和不设区市的人民代表大会的代表，由选民直接选举（1979年后，普选的范围又进一步扩大到县一级）。选举的形式也分两种，县以上各级人民代表大会的选举，采用无记名投票方法。直接选举的地方可以采用无记名投票的方法，考虑到广大基层以文盲、半文盲居多，也可以举手表决。

城关乡的选民大会是在教养院里进行的。村民们连个坐的地方也没有，大家挤挤挨挨地站在一起，听大会主持人念完候选人的名字，同意的举手，不同意的不举手，这样就把乡人大代表选出来了。

城关乡的农民正是新中国亿万选民的缩影。他们是普普通通的劳动者，他们曾经生活在社会的最底层，也许祖辈大字不识一个，没有人重视他们的想法，了解他们的心愿。但如今，他们第一次有了当家做主的权利，有了说话作数的权利。这样的机会，他们格外看重和珍惜。所以，当基层选举结束时，全国共有2.78亿人参加了投票，占到登记选民总数的八成以上。

经过一年多的普选，在21万个基层选举单位、3.23亿登记选民中进行基层选举，共选出基层人民代表大会的代表566万余名，逐级召开了地方各级人民代表大会，在此基础上，共选出1226名出席全国人民代表大会的代表，其中党员668人，约占55%，党外人士558人，约占45%。

1954年9月15日，1200多名全国人大代表走进北京中南海怀仁堂，第一届全国人民代表大会第一次会议在这里召开。《人民日报》记者袁水拍在《六亿人民心花开》一文中，这样描述当时的情景："代表们走进了会场，坐上最高国家权力机关的席位。他们从车床边来，从田地里来，从矿井来，从海岸的防哨来，放下钳子，放下犁耙，放下镐头，放下笔杆、圆规……同他们所爱戴的党和政府的领导人们一起，商量着国家的大事。他们中有很多是对人民革命事业有杰出贡献的人，有很多是各个民主党派、各个民主阶层的代表者，他们是六亿人民的共同意志的表达者。"

9月20日，出席大会的代表经投票表决，全票通过了《中华人民共和国宪法》。宪法明确规定，中华人民共和国的一切权力属于人民，人民行使国家权力的机关是全国人民代表大会和地方各级人民代表大会。

第一届全国人民代表大会的召开，标志着人民代表大会制度作为新中国根本政治制度的正式确立，新中国的民主政治建设从此进入了一个新的历史阶段。此后60年的大部分时间里，特别是改革开放以来，基层选举成为中国人的政治生活中非常重要的内容。

毛泽东不同意以其名字命名第一部宪法

在杭州西湖西面的杨公堤上有一座美丽的园林，这就是号称西湖第一名园的刘庄。新中国成立后，毛泽东第一次到杭州就住在这里。1953 年底，毛泽东带着一个宪法起草小组来到刘庄，亲自主持起草新中国第一部宪法。

新中国成立时，由于条件的限制，由中国人民政治协商会议代行全国人民代表大会的职权，通过了具有临时宪法性质和作用的《中国人民政治协商会议共同纲领》。在《共同纲领》中，没有把中国的社会主义前途写进去。随着国家秩序逐步稳定，国民经济初步恢复，1952 年，全国政协向中央人民政府建议，应着手准备召开全国人民代表大会，制定宪法。1953 年 1 月，中央人民政府委员会决定成立以毛泽东为主席的中华人民共和国宪法起草委员会。

毛泽东对宪法起草工作非常重视。他一开始就提出了起草宪法的指导思想和原则：我们社会主义的宪法，一要坚持人民民主的原则，二要坚持社会主义的原则。他后来阐述了制定宪法的根本目的："用宪法这样一个根本大法的形式，把人民民主和社会主义原则固定下来，使全国人民有一条清楚的轨道，使全国人民感到有一条清楚的明确的和正确的道路可走，就可以提高全国人民的积极性。"

1953 年底，毛泽东刚刚完成过渡时期总路线的制定工作，就带领陈伯达、胡乔木、田家英等宪法起草小组成员，离开北京来到杭州。

在风景如画的西子湖畔，宪法起草小组开始了紧张的工作。他们总结中国革命斗争的历史经验，认真学习和比较世界上各种类型的宪法，反复讨论、研究新宪法草案条款。毛泽东参加了宪法草案每一章、每一节、每一条的讨论，他还在文字上做过多次修改，并在几个稿子上多次写下批语。

他提出的意见和主张在后来全国人大通过的宪法中基本上得到了贯彻落实。比如，宪法草案初稿设计全国人大的罢免权时，原先并没有规定可以罢免国家主席。毛泽东对此表示反对，他说："我们的国家主席、总理都是由全国人民代表大会产生出来的，一定要服从全国人民代表大会，不能跳出如来佛的手掌。"在毛泽东的一再坚持下，宪法草案增加了全国人大有权罢免国家主席、副主席的相关规定。

当然，毛泽东的意见也有不被采纳的。宪法草案初稿规定公民有"言论、出版、集会、结社、游行示威和宗教信仰自由的权利"。毛泽东在"游行示威"边上画了两条线，打一问号，并在上方批示："不写为好。"但最后通过的宪法仍然肯定了这一公民权利，这从一个侧面证明了当年制宪的民主性。

毛泽东和宪法起草小组的成员夜以继日地工作，先后向中央提交了宪法草案初稿、二读稿、三读稿和四读稿，于1954年3月中旬完成起草任务返回北京。

宪法起草委员会全体委员对宪法草案初稿进行认真讨论后，首先在全国政协、各民主党派、人民团体以及中央和地方领导机关中征求意见。

在6月14日中央人民政府委员会第三十次会议上，毛泽东做了《关于中华人民共和国宪法草案》的讲话。在讲话的最后，毛泽东解释了一个问题。他说："有人说，宪法草案中删掉个别条文是由于有些人特别谦虚。不能这样解释。这不是谦虚，而是因为那样写不适当，不合理，不科学。在我们这样的人民民主国家里，不应当写那样不适当的条文。不是本来应当写而因为谦虚才不写。科学没有什么谦虚不谦虚的问题。搞宪法是搞科学。"

毛泽东在这里说的删掉的条文是"中华人民共和国主席为国家之元首"这一条。所谓谦虚不谦虚的问题，是指傅作义在发言中做的说明："在召集人会议上，大家一致同意写上一条：中华人民共和国主席是国家元首。可是被毛主席抹去了。但是这并不能抹去亿万人民衷心的爱戴。愈谦逊愈伟大，愈伟大愈谦逊。"

6月14日会议结束的当天，《中华人民共和国宪法草案》正式公布，交付全国人民开展讨论。

在随后的两个多月里，全国各界共有1.5亿人参加了宪法草案的讨论。人们热烈

◎ 第一次真正的人民大会

　　新中国成立后的第一次全国人民代表大会，于 1954 年 9 月 15 日在北京中南海怀仁堂隆重
开幕，9 月 20 日，在全体大会上全票通过了第一部《中华人民共和国宪法》。图为毛泽东在投
票（新华社资料照片）

拥护这个宪法草案，又提出许多具体修改意见。当时国内出现特大洪灾，大水冲毁了公路、铁路，许多地方交通中断，当地政府就用飞机把讨论意见运送到北京。据最后统计，各个方面的意见有110多万条。宪法起草委员会博采众长，再次做了一些重要修改。

这期间，8月4日中共中央华南分局给中央发了一份电报，说广东省人民代表大会有代表提出提案，请全国人民代表大会授予毛泽东主席最高荣誉勋章。中共中央秘书长邓小平接到这份电报，立即送毛泽东。8月6日，毛泽东在这份电报上批示："邓小平同志：请即复不要通过此项提案。"在全民讨论中，还有人提议把这部宪法命名为"毛泽东宪法"，也被毛泽东拒绝了。

9月14日，毛泽东主持召开中央人民政府委员会临时会议，对第二天即将提交全国人民代表大会讨论的宪法草案做最后的审议。毛泽东首先讲话，对全国人大代表提出的两项修改意见做了说明。

第一条意见是，在序言中"第一届全国人民代表大会"的后面加上"第一次会议"，将"庄严地通过我国的第一个宪法"改为"庄严地通过中华人民共和国宪法"。

毛泽东说，这些修改都是属于文字性的，但不改不行。过去中国的宪法有9个，说这个宪法是"我国的第一个宪法"，不妥；说它是"中华人民共和国宪法"，则名副其实。这是属于文字性质的修改，但又是重要的修改，不改就不那么妥。

另一条意见是关于总纲中"各民族……都有保持或者改革自己的风俗习惯和宗教信仰的自由"的规定。西藏的代表提出，这样的说法不妥，说"改革宗教"还可以，说"改革宗教信仰的自由"，似乎是不要宗教了。语言学家也认为，"改革信仰"在文字上说不通。

毛泽东说："这些意见是有道理的。西藏人民信仰宗教，信得厉害，有风吹草动，他们就怕得很。把这一句改一改好不好？免得误会，免得重复，也免得文字不通。"最后，根据毛泽东的建议，把"和宗教信仰"5个字删去，改为"都有保持或者改革自己的风俗习惯的自由"。

会议一致通过了这两处修改。表决之后，毛泽东不失幽默地说："宪法不是天衣无缝，总是会有缺点的。'天衣无缝'，书上这样说过，但天衣我没有看见过，也没有从天上取下来看过。我看到的衣服都是有缝的，比如我穿的这件衣服就是有缝的。宪法，以及别的法律，都是会有缺点的，什么时候发现就及时修改。反正全国人民代表大会会议一年一次，随时可以修改……"

1954年9月15日下午3时，中华人民共和国第一届全国人民代表大会第一次会议在北京中南海怀仁堂隆重开幕。毛泽东在开幕词中宣布:"准备在几个五年计划之内,将我们现在这样一个经济上文化上落后的国家,建设成为一个工业化的具有高度现代文化程度的伟大的国家。"9月20日,在全体大会上全票通过了第一部《中华人民共和国宪法》。

中国各族人民经过长期的艰难的斗争,终于有了一部代表自己利益、体现民主原则和社会主义原则的宪法。1954年宪法是新中国诞生后的第一部宪法,也是中国几千年历史长河中的第一部社会主义类型的宪法。它在我国宪法史,以至在中国整个法制史上都占有重要的地位。在后来的宪法中,一些最根本的制度,例如人民民主专政制度、人民代表大会制度、民族区域自治制度、生产资料公有制等,都是从1954年宪法那里延续下来的。即使是宪法的体系结构,也是由1954年宪法首先奠定的。

3.3

粮 票 往 事

　　2004 年，中央电视台春晚有一个小品叫《粮票的故事》：严顺开扮演的老人患有健忘症，就喜欢给后代讲粮票的故事，给儿子讲了 300 多遍，给孙子讲了 30 多遍。为了不让老人伤心，儿子和孙子每次都故意装成第一次听，表现出很感兴趣的样子。粮票的故事已经不再是故事，而是成了烙在老人心里的一个印记。这个小品唤起了无数中国人对那个年代的深深回忆。

　　曾经有很长一段时间，花花绿绿的粮票成了人们攥在手里的宝贝，因为它关乎吃饭的大问题。人们如果需要买米、面、油，必须出示粮票才行。于是，有人把粮票形容为"吃饭的护照"。

　　那么，粮票是如何出现的呢？这还要从新中国成立时说起。

　　新中国成立后，面对长期战乱后几近崩溃的经济形势和粮食供应不足的局面，政府采取了发展生产、稳定物价等一系列措施，1952 年全国工农业产值和主要产品产值都超过了新中国成立前的最高水平。但是由于大规模经济建设的开展、农民粮食消费水平提高和人口不断增加，生活用粮和工业用粮都有很大增长，加上投机粮商囤积居奇等原因，粮食购销矛盾在1952 年下半年已趋于紧张，到 1953 年下半年已十分尖锐，甚至一度引发粮食危机。

◎ 用票证记录历史变迁

　　天津有一位收藏票证的达人，他就是陈嘉荣老人。陈嘉荣经过多年的搜集收藏了一千多种、近两万张不同时期、不同省市发行的各类票证，除了常见的粮票、布票外，他还珍藏了纺织票、工业票、鞋票、暖水瓶票、脸盆票、卫生纸票、洗衣粉票、肥皂票、火柴票、糕点票、烟囱票、白菜票、豆腐票、儿童糖票等现在看来稀奇古怪的票证，用票证记录了那段难忘的岁月。（2014 年 9 月 19 日摄，新华社照片）

为了从根本上解决粮食问题，中国共产党和政府决定改变只依靠市场收购粮食的办法，实行统购统销政策。1953年10月16日，中共中央做出《关于实行粮食的计划收购与计划供应的决议》，规定四项基本政策：在农村向余粮户实行计划收购（简称"统购"）；对城市人口和农村缺粮户实行计划供应（简称"统销"）；由国家严格控制粮食市场，对私营粮食工商业严格管制，严禁自由经营粮食；由中央统一管理，中央和地方分工负责。同年12月，除少数偏僻地区和某些少数民族地区外，全国各地开始实行粮食统购统销政策。随后，国家又陆续对油料、食用油、棉花、棉布实行了统购统销。

在实行粮食统购统销政策的初期，国家把主要注意力放在统购上，保证了购粮计划的完成，但在统销方面放得太宽，初始实行凭证买粮，由居民自订用粮计划报有关机关审批。有的居民重复购买，套购国家粮食，一些城市对居民粮食供应几乎没有管理，导致全国粮食销量出现了不正常的上升，许多农村出现了要求供应粮食的现象。

针对粮食统购统销的不完善之处，1955年8月25日，国务院又发布了《市镇粮食定量供应办法》和《农村粮食统购统销暂行办法》，规定对各类粮食供应对象实行凭票证定量供应，在农村实行定产、定购、定销的"三定"政策。城镇居民口粮标准规定为，体力劳动者每人每月23至50斤，机关团体公教人员平均不超过28斤，大中学生平均不超过32斤，一般居民不超过25斤，未成年人按年龄规定供应标准。从此，粮票等各种票证便逐步覆盖了整个社会生活。

从1955年到1982年，粮食部共印制了9种年版33枚全国通用粮票，还有军用粮票。全国24个省、市、自治区及下属县市也自行印发粮票，只限本地区使用。

在那个年代，国内的各个城市往往上演着这样的一幕幕相似的场景：粮店是仅次于电影院的热闹场所，每月的固定某几天，粮店的上级单位就会把粮票发放到粮店内，粮店再发给居民。每逢月底，粮店门前总要排起长长的队伍。

在那个年代，如果你要出差去外地，不仅需要准备钱，更重要的是准备粮票。由于全国各省的粮票都不相同，并且不能流通，所以到外地去时，必须用本地粮票兑换"全国通用粮票"。

在那个年代，对于有城市户口的居民来说，"粮食关系"是与城镇户口同等重要的。如果你想到另外一个城市去找工作，除了需要办理户口转移手续外，还必须办理"粮食关系"的转移，否则，你就无法吃饭。

1959年至1961年，中国进入三年严重经济困难时期，由于"大跃进"、农村人民公社化运动的错误，国民经济陷入严重困境，农业大幅度减产，粮食库存减少。全国上下都在为吃饭发愁，一些地区甚至饿死了人。在严峻的形势下，党和政府采取一切可能的措施来缓解粮食困难，实行严格的口粮、副食品和其他生活物资的控制在所难免。1960年7月，全国最后一个不收粮票的地区——北京也因粮油副食供应紧张，宣布饮食业将实行凭票供应。粮票变得越发珍贵了，甚至出现了最小面额为1钱的粮票。那是1960年南京发放的粮票。1钱能买什么吃呢？原来饭店卖炸油条，每根收3钱粮票，如果有人拿1两粮票买3根油条需要找他1钱粮票。

后来，最困难的时候过去了，江浙等鱼米之乡吃饭和买点心也可以不要粮票了，但每斤要加两角钱。无价的粮票似乎变成了有价的证券，于是有人开始倒腾粮票，赚取差价或换东西。农民往往拿鸡蛋跟城里人换粮票。

改革开放以后，随着农业生产的发展和国家经济形势的好转，国家关于粮食统销统购的政策出现了松动。1985年元旦，中央发布《关于进一步活跃农村经济的十项政策》，规定"粮食、棉花取消统购，改为合同定购。"统购改成定购，统销也逐渐转变为人们可以不用粮票买到议价粮了。20世纪80年代末，各种工业品以及油、肉、蛋、糖等先后放开供应。1992年，广东在全国率先全面放开粮价，取消粮票。到1993年底，全国95%以上的市县都完成放开粮价的改革。这样，粮票最终退出了历史舞台。

粮票对于今天的年轻人而言显得陌生而神秘，而对于经历过那段历史的老人而言，它却亲切而沉重。在粮食短缺的年代，粮票是带领中国人一步步走向富足的功臣。就是因为有了粮票，国家才能有计划地分配那些不是很多的粮食，才能使中国人免受更多的饥饿。

在新中国成立之前，美国国务卿艾奇逊曾经预言"共产党政权在不久的将来，会因粮食问题而垮台"，他的理由是"中国人口在18、19世纪里增加了一倍，因此使土地受到不堪负担的压力。人民的吃饭问题是每个中国政府必须碰到的第一个问题。一直到现在没有一个政府使这个问题得到了解决"。新中国60多年的事实证明，艾奇逊的预言破产了，中国共产党带领人民克服重重困难，最终解决了粮食问题。

3.4

"穷棒子社" 让人刮目相看

在国家博物馆收藏着一本 60 多年前河北遵化县西铺村农业生产合作社的土地入股登记簿，记载了这个合作社 1953 年全年的土地分红：全社共有 23 户，土地 229.45 亩，土地入股，按地五、劳五分红，应付地租 16334.5 斤（按原产量计算）。这件珍贵文物，从一个侧面真实反映了新中国农业合作化运动的一段历史。

河北省遵化县西铺村属于老解放区，过去是个山多地少、沙多土薄的穷村。解放前，西铺村的广大农民过着"糠菜半年粮，祖居破草房，全家一条被，三载着一装"的苦日子，有 20 多户常年靠讨饭度日，常有饿死人的事发生。1947 年，在共产党领导下西铺村搞了土地改革，每人分到 1.6 亩土地。村民们欢天喜地，敲锣打鼓庆贺。然而，由于缺乏资金、耕畜、农具和劳动力不足，生产仍面临许多困难，更经不起天灾人祸的冲击。尽管政府经常给予救济，有些村民还是吃不饱穿不暖。

1952 年 10 月，中共中央的农业合作化政策传到了遵化县长峪山麓的西铺村，共产党员王国藩带头成立了第一个农业生产合作社。大家选王国藩任社长，因此称为"王国藩合作社"。

"王国藩合作社"建社初期，只有 23 户贫农社员、200 余亩贫瘠山地。社里无资金、无种子、缺农具、缺口粮，记账无钱买纸，只好用玉米棒子皮替代。社里几户社员与社外群众合养着一头驴，只占这头驴四分之三的所有权，叫作"三条驴腿"。由于当地贬称穷人为"穷棒子"，所以当时许多人讥笑这个社是"穷棒子社"，断言："一帮吃救济粮，领救济寒衣的'穷棒子'凑到一块儿了，早晚得穷散了。"

面对冷嘲热讽，王国藩勉励大家："有人讥笑我们是'穷棒子'，我们就是'穷棒子'，咱人穷志不穷，难不倒，穷不散！眼下困难多，需要想办法一个个解决，咱只要发挥集体力量，把社办好，就自然听不到这种怪话了。"

有了雄心壮志，就有了迎战

◎ "穷棒子社"让人刮目相看

图中这只灰白色的小毛驴，就是当年河北遵化县23户贫农搞合作化时按驴股只有三条腿的那只毛驴。社员王国藩（中）对前来参观的人说："咱社就是靠这三条驴腿起家的。"（新华社王兰亭摄）

困难的勇气和办法。"穷棒子社"的社员打破了传统的旧习惯，变冬闲为冬忙，他们兵分两路：一路由少部分壮劳力带领妇女老少做好春耕准备，三条驴腿不够用，就肩不离担，手不离锹，送粪、搂石、整地；另一路以其余的壮劳力为主，组成一个19人的队伍，不顾天寒地冻，顶风冒雪，在隆冬季节远出三十里外的山上打柴，解决生产资料缺乏问题。他们在"没牛没马，从山上拉；没衣没米，从山上取"口号鼓舞下，苦干20多天。凭着19双勤劳的手，打回4万多斤柴，卖得430多元。打柴换来的钱，全部用在了添置生产资料上面，根据社内的迫切需要，买了1头骡子、1头牛、19只羊、1辆铁轮车，还有一部分零星农具。从此，"穷棒子社"出现了一派热气腾腾搞生产的动人景象。社员们你追我赶，互相竞赛，牲畜不够就用人拉犁，缺少种籽，社员们求亲靠友大伙往一块凑，合作社终于适时种上了地。

这一年，"穷棒子社"依靠自己的力量，克服重重困难，赢得了第一个丰收年。粮食亩产达到254斤，超过互助组上年平均产量将近一倍，粮食总产量45800多斤，扣除集体留粮以后，平均每户分配的收入达190多元。老贫农王生摸着满粮仓的粮食，激动得热泪盈眶，他说："这是走毛主席、共产党指引的路才得到的，这条路我是走定了！"

"穷棒子社"一年中发生巨大变化的事实，使西铺村更多的农民看到了合作社的优越性。"穷棒子社"生产大丰收，证明了合作社不但比单干强得多，而且比互助组优越，"穷棒子"们的生活大变样，证明了合作社能使农民摆脱贫困，走向共同富裕。因此，合作社好像磁石一样，强烈地吸引着社外农民特别是那些比较贫困的农民的心，他们迫切地要求入社。

1953 年，"穷棒子社"由 23 户扩充到 83 户，耕地由 200 余亩扩大到 930 亩，农具、牲畜等生产资料也进一步增加，1954 年，该社 148 户家家有千斤余粮（全村154 户）。

1955 年 4 月 30 日，《唐山农民报》发表了《书记动手，全党办社》，同年 5 月 4 日，《河北日报》又发表了《勤俭办社》。1955 年，毛泽东为了推进农业合作化运动，亲自编辑《中国农村社会主义高潮》一书，书中收入这两篇报道，毛泽东写下了按语："遵化县的合作化运动中，有一个王国藩合作社，23 户贫农只有三条驴腿，被人称为'穷棒子社'。他们用自己的努力，在三年的时间内，'从山上取来'了大批的生产资料，使得有些参观的人感动得下泪。我看这就是我们整个国家的形象。难道六万万穷棒子不能在几十年内，由于自己的努力，变成一个社会主义的又富又强的国家吗？"

从此王国藩和"穷棒子社"声名远扬，成为农业合作化运动中一面鲜红的旗帜。

1955 年，农业合作化运动进入高潮。到 1956 年底，全国 96.3% 的农户都加入合作社，基本完成了高级形式的合作化。尽管存在着速度过快、方式过粗的问题，但是农业合作化的完成，实现了中国土地的公有化，在广大农村建立起了劳动群众的社会主义集体所有制，完成对个体农业的社会主义改造。此后，通过合理规划土地利用，进行大规模的水利灌溉和农田基本建设，推广机械耕作、施肥、杀虫等农业科学技术，我国农业的生产条件大大改观了。

荣毅仁的选择

在江苏无锡西郊的东山有一座梅园,园内遍植梅树,风景如画,是江南著名的赏梅胜地之一。每当早春梅花竞放的时节,这儿的游人便络绎不绝。美丽的梅园现在是普通百姓休闲赏梅的场所,过去却是一座私家花园,它的主人就是号称"红色资本家"的荣毅仁。1955 年,荣毅仁把无锡荣氏梅园无偿捐献给国家。当时,他献给国家的不仅仅是一座梅园,还有荣氏家族在大陆的 20 多个企业。即使在今天看来,这也是极为艰难、痛苦的选择,它的背后到底有着怎样的故事呢?

荣家是在 20 世纪初崛起于无锡的中国最著名的现代工商业家族。奠定荣氏商业世家基础的便是荣毅仁的伯父荣宗敬和父亲荣德生。他们早年经营钱庄业,后贩面粉北销,创办面粉厂。1905 年又开设振新纱厂,随后陆续在上海、无锡、汉口开设申新纺织厂、福新面粉厂、茂新面粉厂。历经 20 多年,荣氏兄弟便进入了中国最大的民族资本家行列,成为名震工商业界的"面粉大王"和"棉纱大王"。

新中国成立前夕,荣氏家族不少成员和上海的其他资本家一样,纷纷离开大陆,而荣德生坚持留下来。他不愿在有生之年流落异乡,对新中国满怀期望,对中国建设的光明远景表示乐观。和荣德生一起留下来的,还有他 33 岁的儿子荣毅仁。

当时，荣氏的申新纱厂和福新、茂新面粉厂等都交给荣毅仁打理。解放前，棉纱、面粉行业均受到当时国民政府的严厉管制，产供销各渠道均受制于政府，面粉厂只能靠为国民政府和军队代加工作为生存依托，棉纺厂也只能为军需服务。风雨飘摇的偌大家业今后该何去何从？荣毅仁面临着巨大的考验。

其实不光是荣毅仁的申新公司，当时多数上海的私营企业都面临着生存危机，资产与原料被国民党政府、军队以及四大家族大批卷走。而上海的资本家们对共产党还不甚了解，面对变化的政治时局，对今后的生活充满了疑虑和不安。

新中国成立初期，人民政府十分注重团结工商业，采取了一系列措施来帮助私营企业发展，其中就包括大力扶植民族资本的棉纺织工业，鼓励他们进口外棉，免征进口关税。荣氏家族的申新总管理处成立后，按照当时的约定，其业务款项存储人民银行，由人民银行以专项贷款拨付。

新政府愿意贷款给申新各厂，以帮助其恢复生产，此消息传到香港后，原本逃出去的一些上海资本家很受感动，申新的好几位股东从香港汇回资金或运回原棉，荣氏的生意逐渐开始好转。

荣毅仁难以抑制感激的心情，对上海人民银行副行长孙更舵说："民族资本家在新中国成立前过得也很艰难，我父亲和伯父是在第一次世界大战帝国主义放松侵略中国时发展起来的。我父亲一辈子办工业，救国图强。父辈曾经把希望寄托在国民党身上。但蒋介石上台后的第一手竟是无端通缉我的伯父荣宗敬，还敲诈了 10 万银元。宋子文又想吃掉我们的企业。抗战胜利后，我父亲荣德生又遭淞沪警备司令部特务绑架，敲去了不少美元。我本来不关心政治，但是国家不强盛，企业发展就很艰难。共产党来的时候，本来我的流动资金已经枯竭了，政府让申新恢复了生产，我真的是很感激。"

共产党的廉洁、高效和亲民，给荣毅仁留下深刻印象，他十分庆幸当初跟随父亲留在大陆。然而，新的考验很快来了。1953 年，中共中央提出党在过渡时期的总路线，就是要在一个相当长的时期内，逐步实现国家的社会主义工业化，并逐步实现国家对农业、手工业和对资本主义工商业的社会主义改造。

过渡时期总路线公布后，许多资本家对自己的命运感到深深的不安。荣毅仁也曾彷徨："我很苦闷，究竟什么是工商业者的道路呢？我们的前途如何呢？"

陈毅为此专门开导荣毅仁说："共产党眼浅皮薄？看到你那些就想搞你？贪你那些？共产党气魄大得很，它要取得全世界，共产党是看到你们一批人还有用，欢迎你们来参加，这是真话。"

◎ 毛主席视察申新棉纺九厂

　　1956年1月，毛泽东在陈毅（右三）和荣毅仁（左三）陪同下，视察上海公私合营申新棉纺九厂。（新华社资料照片）

经过反复思考，荣毅仁想通了，开始积极地配合工作。1954 年，荣毅仁提出对申新纺织公司等荣氏企业进行公私合营。由此，荣氏积淀了半个世纪的产业，逐渐变为国家所有。

所谓公私合营，就是国家通过注入资金和委派干部，使社会主义成分同资本主义成分在企业内部合作，企业由私有变为公私共有，公方代表和工人群众结合在一起掌握企业的领导权，资本家则失去原有的支配地位。公私合营当时对于很多资本家来说，好比是一种撕心裂肺的痛。自己几辈人辛辛苦苦创办的家业就这样要交出去，很多资本家都不能理解，他们担心财产被全部充公，自己今后的生活无着落。荣毅仁劝他们说："社会主义是大势所趋，不走也得走。只要接受改造，大家都会有饭吃、有工作做，而且可以保留消费财产。"

1956 年初，毛泽东南下到申新棉纺织印染厂视察。他风趣地对荣毅仁说："你是大资本家，要带头。现在工人阶级当家做主了，老板换了。"随后他问："公私合营后生产怎么样？"荣毅仁回答说："比以前要好。"

几天以后，1 月 20 日，身为上海市工商联副主席的荣毅仁和盛丕华一起，代表全市私营工商业者向当时的曹荻秋副市长提交了上海市资本主义工商业公私合营申请书。那天，上海市举行庆祝活动，人们敲锣打鼓，扭秧歌，游行，欢呼"跑步进入社会主义"。

荣毅仁当时曾对新华社记者坦言自己的矛盾心理："我是一个资本家，但是我首先是一个中国人……对于我，失去的是我个人的一些剥削所得，它比起国家第一个五年计划的总额是多么渺小；得到的却是一个人人富裕、繁荣富强的社会主义国家。"

到 1956 年底，全国 99% 的私营工业企业和 82.2% 的私营商业企业实现了全行业公私合营，标志着国家对资本主义工商业的社会主义改造基本完成。

"顺应时代发展，把握自己命运。"这是毛泽东 20 世纪 50 年代时送给荣毅仁的一句话，而荣毅仁也亲身践行、印证了毛泽东的这句话。他历任上海市副市长、纺织工业部副部长、全国政协副主席等职。改革开放后被邓小平点将出任中国国际信托投资公司董事长兼总经理。在工商界东山再起，还被《财富》杂志评为世界 50 名知名企业家之一。1993 年任中华人民共和国副主席。直到他去世，人们才从中共中央发布的悼词中读到一条隐藏多年的信息——这位红色资本家已于 1985 年秘密加入中国共产党。

久置未穿的 "大元帅服"

　　在中国革命军事博物馆珍藏着一套精美的大元帅军服。海蓝色的军服胸前缀着金黄色的绶带和流苏，袖口、衣领和裤角绣有金黄色的边饰。绣制的肩章由国徽和元帅星徽图案组成，元帅星徽由一圈松枝环绕。可以想象，穿上这套军服的大元帅会是多么威风凛凛。然而，就是这么漂亮的大元帅服却从来没有人穿过，已经静静地搁置了50多年。

　　原来，这是1955年中国人民解放军首次实行军衔制时为毛泽东准备的。

　　在新中国成立之初，毛泽东就提出要大力促进军队的革命化、正规化、现代化建设。军衔制是军队指挥关系的直接体现，是人民军队革命化、正规化、现代化建设的重要标志之一，而中国人民解放军自1927年诞生后到全国解放，由于受战争环境的影响和艰苦物质条件的限制，一直没有实行军衔制。1952年底，军衔制工作提上中央军委的议事日程。

　　经过几年周密细致的筹备，1955年2月8日，全国人大常委会第6次会议通过了《中国人民解放军军官服役条例》，全军评定军衔的工作随即展开，总政治部主任罗荣桓和副主任萧华、傅钟等人为此忙得不可开交。给数以万计的功臣评定军衔，并非易事。在要评衔的人当中，许多是红军时期的老同志，也有不少抗日战争时期入伍的，还有少数民族干部和起义将领。同时，还要考虑到各个方面军干部的平衡问题等等。

在最初的方案中，毛泽东被推举为大元帅。根据《中国人民解放军军官服役条例》第二章第九条的规定："对创建全国人民武装力量和领导全国人民武装力量进行革命战争，立有卓越功勋的最高统帅，授予中华人民共和国大元帅军衔。"毛泽东当时是中共中央主席、中华人民共和国主席、中央军委主席，既是党的领袖，又是政府首脑，还是全国武装力量的最高统帅。而且，毛泽东是人民军队的缔造者，在过去20余年的革命战争中，他运筹帷幄、决胜千里，雄才大略、居功至伟。所以，按照规定的标准来衡量，只有毛泽东一人能够享受中华人民共和国大元帅军衔这项殊荣。

这也是借鉴了苏联的经验。根据苏联最高苏维埃主席团1945年6月26日的命令：授予武装力量最高统帅、国防人民委员斯大林以苏联最高军衔——苏联大元帅，以表彰他在伟大卫国战争中领导全国武装力量为苏维埃祖国建树的卓越功勋。

不久，总后勤部根据分工和最初拟定的授衔方案，组织军需生产部门参照苏联军队礼服和军装的样式，设计出了元帅、将、校、尉，乃至士兵的各种服装，并制出样装送中央军委审定，随即又被送进了中南海，放置在菊香书屋东面的勤政殿内，让毛泽东等中央领导们审看。

毛泽东对这些军服整体比较满意，但是对于那套漂亮的大元帅服一点也不感兴趣，他明确表示拒绝接受大元帅军衔和勋章。

这件事在一次人大常委会上引起热烈讨论。主持人大常委会议的刘少奇知道毛泽东不接受大元帅、不接受勋章的态度，因此他在会上表示"我也不能做结论"。有位民主人士提出："只要人大做出决定，毛主席个人也不好不遵从决议。"刘少奇说："人大可以做决定，但他是国家主席，还需要他下命令才行呀，他不下命令又怎么办？"最后刘少奇只好表示："去说服他，争取他的同意，这次会议不做决定。"

后来，彭德怀、罗荣桓等向毛泽东等中央领导汇报评衔授勋工作，毛泽东听完汇报说："你们搞评衔是很大的工作，也是很不好搞的工作。我这个大元帅就不要了，让我穿上大元帅的制服多不舒服呀！到群众中去讲话、活动多不方便呀！依我看呀，现在在地方工作的同志都不评军衔为好！"

毛泽东问坐在他旁边的刘少奇："你在部队里搞过，你也是元帅。"刘少奇当即表示："不要评了。"毛泽东又问周恩来、邓小平："你们的元帅军衔要不要评啊？"周、邓都摆手说："不要评了，不要评了。"毛泽东又转身问几位过去长期在军队担任领导工作、后来到地方工作的李先念、邓子恢、张鼎丞等："你们几位的大将军衔还要不要评啊？"这几位同志也都说："不要评了。"

毛泽东就这样坚持了自己的主张。毛泽东15岁的女儿李讷对此有些不理解。一次，毛泽东和子女们都在院子里，李讷问父亲："在苏联，斯大林是大元帅，下面才设元帅。你为什么不是大元帅呢？"当时毛泽东没有正面回答女儿的话，只是笑着拍了拍自己的肚子说："你爸爸肚子大，当大元帅要系大皮带，我的肚子受不了那个委屈呀！"众人一起大笑起来。

由于以毛泽东为首的一批中央领导同志主动提出不授军衔，使得评衔工作中的许多矛盾得以顺利解决，有些功勋卓著的将领也发扬风格，主动让衔。

最后军衔评定的结果是：没有评大元帅，只评了10名元帅、10名大将、55名上将、175名中将、802名少将。

1955年9月27日，中华人民共和国主席授衔典礼在北京中南海怀仁堂隆重举行。全国人大常委会副委员长彭真宣读了中华人民共和国主席授予中华人民共和国元帅军衔的命令。毛泽东将元帅军衔的命令状一一授予朱德等10人。之后，又将一级八一勋章、一级独立自由勋章、一级解放勋章，分别授予在土地革命战争时期、抗日战争时期、解放战争时期对革命有功的人员。

从这年国庆阅兵起，中国人民解放军三军官兵身着崭新的军服，佩戴军衔肩章、领章和军兵种勤务符号，展示威武严整的军容，受到了海内外的瞩目。只是那套大元帅服长期寂寞地躺在库房里，"中华人民共和国大元帅"成了我国历史上的一个空衔。

3.7

"解决国际问题不能没有中国和周恩来"

1954 年 4 月 24 日，一架银色的飞机缓缓降落在瑞士日内瓦宽特兰机场。从飞机上走下来的，是前来参加日内瓦会议的周恩来总理和他所率领的中国代表团。这是新中国第一次以大国身份参加重要国际会议，也是新中国领导人第一次正式亮相世界舞台。当时的西方各国媒体对周恩来和中国代表团表现出了极大的关注。人们都在揣测，新中国将在国际事务中发挥怎样的作用？这位总理将在世界舞台上如何表现？

20 世纪 50 年代，国际风云变幻，以美国为首的西方资本主义和以苏联为首的东方社会主义两大阵营之间的冷战激烈地进行。与此同时，战争的阴云依然笼罩在朝鲜和印度支那两个地区。朝鲜停战后，虽然中国人民志愿军主动从朝鲜撤出，但美国军队仍然驻扎在那里，继续加剧远东的紧张局势。法国军队也还在印度支那进行侵略战争。

为了和平解决朝鲜和印度支那问题，柏林四国外长会议做出决定，召开由苏、美、英、法、中及其他有关国家参加的日内瓦会议。

很快，中国方面收到了日内瓦会议的邀请。这对于被西方孤立和封锁的新中国来说，是一次全面打开外交局面的好机会。中共中央对此十分重视，决定派周恩来率代表团前往参加。经过充分的准备工作，以周恩来为首席代表，以张闻天、王稼祥、李克农为代表，近 200 人的中国代表团出发了。

◎ 周恩来总理抵达日内瓦

　　新中国成立初期，毛泽东曾提出"打扫干净屋子再请客"的外交方针，表达了新中国摆脱屈辱外交的决心和开展外交工作的基本方略。

　　1954年4月至7月，周恩来率团代表中国政府参加日内瓦会议。图为1954年4月24日，周恩来率团抵达日内瓦机场时向欢迎人群挥手致意。（新华社资料照片）

◎ 新中国第一次亮相国际舞台——日内瓦"破冰之旅"

    1954 年，新中国首次以五大国之一的身份出席了举世瞩目的日内瓦会议。图为日内瓦会议开幕时会场一角，第三排右起第三人为周恩来（1954 年 4 月 26 日摄，新华社照片）

这并不是一次轻松的旅程，因为当时美国实行封锁禁运、扩军备战的政策，根本不打算在日内瓦会议上达成任何有利于和平的协议，并且对中国参加会议持轻视的态度。如何排除障碍，达成某些协议，缓和国际紧张局势，同时打开我国外交工作的局面，是这些新中国外交家们身上肩负的重任。

这是一座被称为医治国际政治创伤的城市。第二次世界大战以来的各大国外交风云人物相继到达日内瓦，他们有美国国务卿杜勒斯、苏联外交部长莫洛托夫、英国外交大臣艾登、法国外交部长皮杜尔，还有越南民主共和国总理范文同、朝鲜外相南日等。

4月26日，日内瓦会议在国联大厦开幕。会议的第一个阶段首先讨论朝鲜问题。为了促进朝鲜的和平统一，周恩来、莫洛托夫和南日携手并肩，提出从朝鲜撤退一切外国军队，建立统一、和平、民主的朝鲜的主张。但美、韩两国代表顽固坚持不解决问题的立场，使讨论陷入僵局。美国甚至操纵参加侵朝战争的其他15个国家，在6月15日的会上发表了所谓《十六国共同宣言》，当场宣布"朝鲜问题破裂"。

历时51天的努力马上要付之东流，会议不欢而散似乎已成定局。这时，周恩来临危不惧，以过人的敏锐和智慧提出一个"两句话草案"：与会国应达成协议继续努力和平解决朝鲜问题，恢复谈判的时间和地点另行决定。

这个提案合情合理，令对方难以拒绝。在会场辩论中，周恩来又抓住机会，赞赏比利时外长斯巴克的发言表现了"和解的精神"，指出美国代表有意阻挠会议达成最低限度的和解。经过这一回合的较量，十六国铁板一块的局面被打破，美国阻挠、破坏日内瓦会议的真实面目暴露无遗。周恩来以其原则坚定、策略灵活的高超外交艺术，征服了与会代表，达到了我方的目的。

日内瓦会议的第二个阶段是讨论恢复印度支那和平问题。这一问题比朝鲜问题还要复杂。法国在1946年前后对越南、老挝、柬埔寨发动了殖民入侵，将这三国称为印度支那，并把战线推进到中越边界。印度支那三国人民组成印支联军进行抵抗。经过8年战争，法国在经济、政治上困难重重，想从印支脱身，美国这时却想趁机介入。

面对这种情况，中国代表团采取了尽可能争取法国等多数国家、着重反对美国破坏、大力把会议推向前进的做法。

周恩来在他下榻的花山别墅先后会见、宴请了苏联外交部长莫洛托夫、英国外交大臣艾登、法国总理孟戴斯·弗朗斯以及越南、柬埔寨、老挝等国的客人。通过多种形式的会外交流，周恩来为各方架起了一座沟通的桥梁，协调了他们的意见，逐渐打破印支停战问题的僵局。

在日内瓦会议上，周恩来不仅进行积极的外交斡旋，还抓住机会宣传中国的传统文化艺术和新中国的新气象。鉴于当时国际上对中国的正面报道和宣传很少，为了让世界更多地了解中国，周恩来指示中国代表团带去了《1952年国庆》《梁山伯与祝英台》等影片，并在记者招待会上放映。要让外国人接受中国的越剧《梁山伯与祝英台》似乎不太容易，周恩来想到了一个好办法，在请柬上注明"中国的《罗密欧与朱丽叶》"。结果，这部电影在日内瓦引起了轰动，赢得了各国代表和记者的一片赞誉。

在日内瓦会议休会期间，周恩来全力以赴为解决越南南北分界线问题而忙碌奔波。除到瑞士伯尔尼会见了法国总理孟戴斯－弗朗斯，到莫斯科与苏联领导人会谈外，周恩来还到广西柳州同越南民主共和国主席胡志明进行会谈。这两位领导人相识已有30年，有着深厚的交情，他们每次相见都异常亲热，永远有说不完的话。周恩来站在战略高度，用大量的事实说服胡志明等越南领导人用和平方式解决问题，并与他们就谈判的指导思想和具体方案达成共识。

经过周恩来的奔波斡旋，7月21日，有关各方终于签署了在越南、老挝、柬埔寨停止一切敌对行动的协议。在美国代表不参加签字的情况下，会议仍然通过了关于恢复印度支那和平的《日内瓦会议最后宣言》。一位美国外交官会后曾感慨地说："解决国际问题不能没有中国和周恩来。"

日内瓦会议是一次成功实践中国和平外交政策的会议。通过它，印度支那的战火终于熄灭了，亚洲的紧张局势得到了缓和。同时它打乱了美国从朝鲜、印度支那、台湾三线威胁中国的战略部署，巩固了新中国的安全。周恩来在会上所表现出的宽阔的政治家胸怀和高超的斗争艺术，给与会者及国际社会留下了深刻印象，使新中国在国际外交舞台上初露锋芒。从此，新中国在国际事务中的影响日益扩大，地位逐步提高。

3.8

周恩来在万隆力挽狂澜

1955 年 4 月 16 日，中国驻印度尼西亚使馆收到一封信，看到信的人都大惊失色。信的署名为"反省过来的暗杀队员"，信中说：台湾当局组织了一个 28 人的暗杀敢死队，参加者都是逃亡到印尼的前国民党军队中的中低级军官，准备谋杀周恩来和其他中国代表团成员。

使馆同志非常紧张，因为此时周恩来总理率领中国政府代表团已经在来印尼的途中，他们的飞机将于第二天到达万隆，参加在这里举行的亚非会议。此前 4 月 11 日刚刚发生台湾特务制造的"克什米尔公主号"事件，由于周恩来临时改变路线，才躲过一劫。现在，敌人的毒手又要在万隆伸向中国代表团，他们的首要目标当然还是周恩来。

使馆接到信后，立即通知印尼方面，请他们加强防卫。代表团到达后，使馆第一时间向周恩来总理、陈毅副总理等做了汇报。得知这个消息，陈毅在代表团内部做了动员。他说："代表团人人都要做保卫工作，当警卫员。就是我，也是总理的警卫员。"

人们都为周恩来的安全担忧，周恩来却始终保持沉着镇定。对于中国代表团在亚非会议中所处的复杂险恶环境，他已有心理准备。在"克什米尔公主号"事件发生的第二天，他给邓颖超的信中说："有这一次教训，我当更加谨慎，更加努力。文仗如武仗，不能无危险，也不能打无准备之仗，一切从多方面考虑，经过集体商决后行。"

这次亚非会议是从殖民主义压迫下取得独立的亚非国家第一次在没有殖民国家参加的情况下召开的大规模国际会议，由锡兰（今斯里兰卡）、缅甸、印度、印度尼西亚和巴基斯坦5个国家发起，共29个国家参加，旨在加强新兴国家之间的团结互助，维护地区的和平稳定。中国应邀参加这次会议，派代表团来到万隆，等待他们的却是错综复杂的形势。首先，参会国社会制度和意识形态各不相同，在民族、语言、文化、宗教信仰、历史背景和经济发展程度上都存在着很大差异，有的国家之间还存在不少问题和纠纷，有的国家还未完全摆脱美国的影响和控制。其次，只有7个参会国与中国有外交关系，不少国家对中国了解很少，甚至根本不了解，有的还对社会主义和共产主义抱有很深的敌意。再次，美国等西方国家企图利用亚非国家间存在的差异和分歧，以政治、经济等手段，在亚非国家中挑拨离间，以达到阻止会议召开的目的。"克什米尔公主号"事件和暗杀敢死队的出现都不是偶然的，显然背后有人指使和预谋。

1955年4月18日，亚非会议在万隆独立大厦开幕了。会议之初，总体上还是倾向于亲善和合作。大会发言中大多数代表谴责了殖民主义、种族主义，表示了促进亚非团结合作的良好愿望。但是，很快各种刺耳的杂音就出现了，将共产主义诬蔑为"新殖民主义"，要反对"一切形式的殖民主义"，甚至怀疑中国对邻国搞"颠覆"活动。人们发现，有的代表的发言，几乎可以从美国报纸的社论中找到蓝本。不能不让人警惕地预感到，一只破坏的黑手已经伸进了大会。

人们的目光都聚集到周恩来身上，以为他一定会拍案而起，予以反击。于是，就会像某些人所期待的那样，大会必然争论不休，以致最后陷于僵局，不欢而散。但是，人们注意到，周恩来一直在耐心地倾听各种不同意见，一副"任凭风浪起，稳坐钓鱼船"的神色，并且不时在纸上记录些什么。直到19日上午大会结束，他还没有发言。

19日下午，在其他国家代表都发言结束后，周恩来终于走上了讲台。他心平气和地告诉大家，他的大会正式发言稿已经分发给各位代表，现在只作一个简短的"补充发言"。会场上一片寂静，大家都竖起耳朵听"补充发言"将说些什么。谁也没有料到，周恩来的第一句话竟是："中国代表团是来求团结而不是来吵架的。"接着，他又直截了当地告诉大家："我们共产党人从不讳言我们相信共产主义和认为社会主义制度是好的。但是，在这个会议上用不着来宣传个人的思想意识和各国的政治制度，虽然这种不同在我们中间显然是存在的。"他进一步坦率地说明："中国代表

◎ 万隆会议

1955 年 4 月 19 日，周恩来总理在亚非会议全体会议上作补充发言。这 18 分钟"求同存异"的补充发言征服了全场，树立了新中国真诚友好的形象。(新华社照片)

团是来求同而不是来立异的。在我们中间有无求同的基础呢？有的。那就是亚非绝大多数国家和人民自近代以来都曾经受过，并且现在仍然受着殖民主义所造成的灾难和痛苦。这是我们大家所承认的，从解除殖民主义痛苦和灾难中找共同基础，我们就容易互相了解和尊重、互相同情和支持，而不是互相疑虑和恐惧、互相排斥和对立。"

周恩来 18 分钟的精彩演说缓解了紧张的气氛，把会议拉回到预定主题上，全场报以雷鸣般经久不息的掌声。两天来笼罩在人们心头的乌云驱散了，会议绕过美国等西方国家设置的暗礁，走向了坦途。

此后，周恩来顺利解决了有关国家一次次意想不到的刁难。4 月 24 日，亚非会议本着求同存异的精神，综合各国意见，一致通过《亚非会议最后公报》。其中"关于促进世界和平与合作的宣言"提出了与和平共处五项原则相一致的、促进世界和平和合作的十项国际关系原则。最后公报中所反映的亚非各国人民团结一致，为维护民族独立、保卫世界和平和促进友好合作而共同斗争的精神，被称为"万隆精神"，在以后产生了深远影响。

亚非会议结束后，周恩来应印尼总统苏加诺的邀请，率中国代表团到印尼首都雅加达作了两天正式访问。他们于 4 月 28 日平安地回到祖国。

亚非会议上中国代表团的工作，特别是周恩来的外交智慧和风采，赢得了普遍赞誉和推崇。印尼《民族使者报》发表评论说："周恩来总理所表现的希望友好和避免不愉快的争论，对于这次历史意义的会议贡献不小。"缅甸总理吴努也在返回仰光举行的记者招待会上说："会议获得胜利应归功于那些态度诚恳、耐心谋取和解的人。周恩来总理对会议的成功贡献了很大的力量。"就连美国国务院情报机构也这样评价周恩来："共产党中国在万隆会议上留下的普遍的有益形象"得"归之于周恩来精湛的外交艺术"。

中国代表团在亚非会议上的表现，使得很多亚非国家了解了社会主义的中国。所以，在亚非会议后，中国的和平外交又取得了新的进展。至 1959 年，中国先后与挪威、荷兰、南斯拉夫、阿富汗、尼泊尔、埃及、叙利亚、也门、锡兰等国建立了大使级外交关系。从日内瓦会议到万隆会议表明，新中国在国际上的地位日益提高，并逐步走出"一边倒"的外交格局，在世界舞台上扮演着越来越重要的角色。

3.9

钱学森归国

1955 年春，毛泽东就美国总统艾森豪威尔拟对中国和东方红色阵营实行"大规模报复"的核讹诈演说，问周恩来："在原子弹和导弹研制方面，我们的人才如何？"

周恩来胸有成竹地答道："我们有这方面的人才优势，钱三强与诺贝尔奖获得者约里奥·居里夫人同在一起工作过，杨承宗和彭桓武是从法国、英国回来的著名放射物理学家，另一位在美国"火箭之父'冯·卡门博士门下工作过的导弹专家钱学森教授，我们正在通过各种途径，争取让他早日归国。"

钱学森，1911 年出生于上海，1935 年自上海交通大学毕业后，考取清华大学公费留美，学习航空工程和空气动力学。经过 10 多年的钻研，成为加州理工学院最年轻的正教授，也是美国当时一流火箭专家。由于发表了"时速为 1 万千米的火箭已成可能"的惊人火箭理论而誉满全球。在"二战"期间，跟其导师冯·卡门参与了当时美国绝密的"曼哈顿工程"——导弹核武器的研制开发工作。

1949 年当中华人民共和国宣告诞生的消息传到美国之后，钱学森和夫人蒋英按捺不住内心的喜悦，商量着早日回到祖国，为自己的国家效力。当时，回国效力是成千上万海外学子的共同心声。他们从新中国的成立看

◎ 钱学森归国

1955 年 10 月 12 日，钱学森从美国归国到达上海，钱学森（右三）和家人在上海家中合影（新华社资料照片）。

到了民族振兴的曙光，毅然放弃获得舒适生活待遇和优越工作环境的机会，迫不及待地要求返回祖国的怀抱。钱三强等科学家很快如愿回国，并在国家建设中担当重任，而钱学森的回国之路却格外坎坷。

当时的美国，以麦卡锡为首对共产党人实行全面追查，并在全美国掀起一股驱使雇员效忠美国政府的狂潮。钱学森因被怀疑为共产党人，被美国军事部门突然吊销了参加机密研究的证书，这使他非常气愤。钱学森以此作为要求回国的理由。然而钱学森万万没有想到，他的回国夙愿竟酿成了一场劫难。美国海军部次长恶狠狠地说："他知道所有美国导弹工程和核心机密，一个钱学森抵得上 5 个海军陆战师，我宁可把这个家伙枪毙了，也不能放他回红色中国去！"

从此，美国对他的政治迫害接踵而至。移民局抄了他的家，在特米那岛上将他拘留 14 天，直到收到加州理工学院送去的 1.5 万美元保释金后才释放了他。后来，海关又没收了他的行李，包括 800 千克书籍和笔记本，他们硬说里面有机密材料。其实，在打包之前，钱学森已交他们检查过。美国检察官再次审查了这些材料后，证明钱学森是光明磊落的。

美国当局的蛮横阻挡并没有锁住钱学森的归国之心，他和夫人蒋英继续采取各种方式进行抗争。

回到加州理工学院后，钱学森便潜心进行工程控制论的研究，1954 年在美国公开出版了 30 余万字的英文专著《工程控制论》。钱学森之所以进行这项研究，一方面是希望回国以后能够发挥作用，另一方面则是要让美国当局看到他已经改变了原来致力喷气推进的研究方向，消除他们不让他回中国的借口。

1955 年 6 月，钱学森摆脱特务的监视，在一封写在小香烟纸上寄给比利时亲戚的家书中夹带了一封给时任全国人大常委会副委员长陈叔通的信，恳切要求中国共产党和政府帮助他回国。信件很快转送到了周恩来总理的手上。周总理看过信后大喜过望，马上向准备参加中美大使级会谈的王炳南作了部署。

1955年8月1日，中美两国在日内瓦举行大使级会谈，就两国侨民问题进行了具体的商谈。会谈时，王炳南按照周总理的设计，首先提出我国将遣返11名被扣留的美国人，接着希望美方允许钱学森回国。美方代表听后，故作惊讶道："钱学森，我知道，可是他自己表示不愿意回中国。"王炳南当场出示钱学森的信："这可是他亲笔所写呀。"在事实面前，美方代表无言以对，只得马上向国内汇报。

几天后，钱学森意外地接到了美国移民局放行的通知。1955年9月17日，钱学森和夫人蒋英，带着他们的两个孩子，同22位中国留美科学家一起乘"克利夫兰总统号"邮船离开美国回国。10月8日踏上祖国大陆时，钱学森对接待他的同志说了一句万分感慨的话："我一直相信：我一定能够回到祖国，今天，我终于回来了！"

从此，钱学森开始了他伟大人生的新的旅程。他参加并领导新中国的火箭、导弹的设计、研究与制造、发射工作，为新中国国防科研事业献出自己的全部智慧和心血。

钱学森后来回顾在美国的经历时说："我从1935年去美国，到1955年回国，在美国待了20年。20年中，前三四年是学习，后十几年是工作，所有这一切都在做准备，为了回到祖国后能为人民做点事。我在美国那么长时间，从来没想过这一辈子要在那里待下去。我这么说是有根据的。因为在美国，一个人参加工作，总要把他的一部分收入存入保险公司，以备晚年退休之后用。在美国期间，有人好几次问我存了保险金没有，我说一块美元也不存，他们感到很奇怪。其实没有什么奇怪的，因为我是中国人，我根本不打算在美国住一辈子！"

由于钱学森的回国效力，中国导弹、原子弹的发射至少向前推进了20年，钱学森也因此被西方人誉为中国的"导弹之父"。

新中国成立初期，像钱学森一样的海归学子还有很多。他们广泛分布于教育、科研、生产和国防建设等各条战线，满怀对祖国、对民族、对人民的赤胆忠心，始终无怨无悔、兢兢业业地工作，无私地奉献着自己的知识和才华，在国家建设中担当重任，成为各个领域的骨干中坚和学术带头人。1955年，中国科学院首届172位学部委员中有158人是归国学者，后来荣获"两弹一星"功勋奖章的23人中有21人是归国学者。这些海归学子汇聚成一股强大的科技力量，推进了新中国社会主义建设事业的发展。

3.10

从《歌唱二郎山》到《天路》

"二呀二郎山，高呀么高万丈。古树荒草遍山野，巨石满山岗，羊肠小道难行走，康藏交通被它挡……解放军，铁打的汉，下决心坚如钢，要把那公路修到西藏。不怕那风来吹，不怕那雪花飘，起早睡晚忍饥饿，个个情绪高，开山挑土架桥梁，筑路英雄立功劳……"

这首曾经唱响全中国的《歌唱二郎山》，作于 1951 年年底，表达了新中国成立初期人民解放军建设西藏、保卫西藏的决心，也饱含着人民解放军对藏族同胞的深情厚谊。

歌中提到的二郎山位于四川盆地和青藏高原横断山系之间的狭长过渡带上，是夹金山脉上的一座山峰。海拔 3200 多米的二郎山陡峭险峻，地质条件复杂，是内地通往青藏高原的第一道屏障。

尽管地势陡峭，这里却一直是藏汉民族南路茶马交易的中心。藏汉贸易自古兴旺，古时即有从成都通往二郎山的道路，后来这条路被历史学家们考证为"南丝绸之路"的初始段，而二郎山恰恰凭借山脉屏障和沟谷走向成为这条汉藏古道上的重要枢纽。为了互市，人们在二郎山崎岖的山道间开辟了一条蜿蜒小路。路窄，无法通车，背夫们便在岭谷起伏的横断山脉间迂回上下，历尽艰辛，把茶包运往藏地门户——打箭炉（今康定），再从那里分运至藏区各地。背夫风餐露宿，每日行程最多二三十里。每

◎ 解放军战士修建康藏公路

　　1953 年，修筑康藏公路的解放军战士在悬崖上劳动。

　　这是一条用鲜血和生命铺筑的天路，全长 4360 公里的公路沿线，长眠着为修路献出生命的 3000 多位烈士。(新华社资料照片)

年春、冬大雪封山时，则只能停运。

征服二郎山，征服天堑越通途，一直是西藏人的梦想。直到1950年，这个梦想才开始付诸实现。解放军进藏之初，毛泽东就发出了"一面进军，一面建设"的号召，康藏公路（后来称川藏公路）、青藏公路由此开始投入建设。

康藏公路要从四川雅安修到西藏拉萨，工程十分艰巨。高山险峻、河流湍急、氧气稀薄，施工条件之艰难为常人难以想象，二郎山更是横在筑路大军面前的一道特殊难关。

那时没有现代化的施工机械，只能靠手挖肩扛，工具也很简单，只有钎、镐、筐、扁担、钻和炸药。参加修路的解放军第十八军官兵们穿着单薄的棉衣，经常身上捆绑着绳子吊在半山腰作业。多数时间靠一个人扶着钎子，一个人挥着铁锤，一下一下开凿道路。危险无处不在，开山的炸药、山上突然滚下的岩石、过度的劳累、不能适应的高原反应……一些战士就这样无声地倒在了高原上，长眠在路边。据后来统计，2200多千米的康藏公路每向前延伸1千米就有一位战士付出生命的代价。

但是，筑路大军没有在困难面前屈服。康藏线的筑路工地上到处可以听到《歌唱二郎山》那激昂的旋律。为了将歌中所唱的"公路通了车，运大军，守边疆，开发那福源，人民享安康"变为现实，他们的血肉之躯里迸发出无穷的斗志和力量。60多年后，很多筑路者已经成为白发苍苍的老人，可是他们还能完整地唱出这首表达心声的《歌唱二郎山》。

在4年多的时间里，康藏公路穿越整个横断山脉的二郎山、折多山、雀儿山、色季拉山等14座大山；横跨岷江、大渡河、金沙江、怒江、拉萨河等众多江河；横穿龙门山、青尼洞、澜沧江、通麦等8条大断裂带，战胜种种困难。工程的巨大和艰险，在世界公路修筑史上是前所未有的。

1954年12月25日，举世闻名的康藏、青藏公路建成通车，西藏没有公路的历史宣告结束。为了修筑这两条公路，11万军民付出了无比艰辛的劳动，3000多军民献出了宝贵的生命。毛泽东的题词表明了筑路的意义所在："庆贺康藏、青藏两公路的通车，巩固各民族人民的团结，建设祖国！"

两路通车后，各种生产、生活物资被源源不断地送到西藏，而西藏丰富的土产、特产和畜产品，也可以销往内地。西藏还第一次建起了汽配厂、地毯厂、发电厂、硼砂厂等工矿企业，揭开了发展现代工业的帷幕。

今天，人们记忆中那个贫穷落后、封闭停滞的西藏已经不见了，高原上正在崛起一个初步繁荣昌盛的新西藏。二郎山已经不再是交通屏障，而成为川藏线上的一道美丽风景线。2001 年 12 月,运用现代化机械设备修筑的二郎山公路隧道竣工。有了这条隧道,人们不用再担心翻山越岭有危险了,5 分钟就能穿越二郎山。走在新的川藏线上,人们没有忘记当初道路开拓者的顽强和坚毅。二郎山隧道口的巨石上,依然刻着《歌唱二郎山》的曲谱与歌词。

2006 年 7 月 1 日,青藏铁路正式通车运营。另一首歌唱遍了大江南北,那就是《天路》:"黄昏我站在高高的山岗,看那铁路修到我家乡,一条条巨龙翻山越岭,为雪域高原送来安康,那是一条神奇的天路,把人间的温暖送到边疆,从此山不再高路不再漫长,各族儿女欢聚一堂……"

青藏铁路的开通,交通运输条件的改善,无疑为西藏经济、社会的腾飞插上了金色的翅膀。在祖国大家庭的怀抱中,西藏从黑暗走向光明,从落后走向进步,从贫穷走向富裕,从专制走向民主,从封闭走向开放,正展现出无比美好的发展前景。

◎ 青藏、康藏公路建成通车

1954 年 12 月 25 日,康藏公路和青藏公路正式通车。这是通车典礼上,西南公路工程局的文工队在演出采茶舞。(新华社资料照片)

3.11

库尔班大叔见到了毛主席

1958 年 6 月 28 日下午，75 岁的库尔班·吐鲁木同其他全国劳模一起来到中南海的怀仁堂，受到毛泽东的亲切接见。库尔班大叔握着毛泽东的手，久久地舍不得松开，瞬间，一张珍贵的照片永远地凝固在历史的记忆当中。然而解放前，库尔班却度过了 60 多年牛马不如的悲惨生活。

库尔班·吐鲁木是新疆和田地区于阗县的农民，他从小就失去了父母，是在地主的牛圈里长大的，后来就给地主当长工，在地主的压榨下过了几十年。

在新疆和平解放之前，库尔班·吐鲁木全家除了一条被毡子、一把破铜壶外，便是一身沉重的债务。

1949 年 9 月，中国人民解放军第一野战军在解放甘肃、青海、宁夏等地后，继续向新疆进军。国民党新疆警备司令陶峙岳、新疆省主席包尔汉响应中共中央号召，分别通电起义，新疆宣告和平解放。接着，王震将军率领中国人民解放军第一野战军第一兵团进驻新疆。12 月，新疆省人民政府正式成立，新疆各族人民迎来了一个和平、民主和解放的新时代。

1950 年 2 月，新疆省人民政府颁布《施政方针》，提出："坚决执行人民政协共同纲领中所规定的民族政策，新疆境内各民族一律平等，实行团结互助。"并明确提出在新疆实行民族区域自治。

1952 年 8 月，就在《中华人民共和国民族区域自治实施纲要》颁布后不久，新疆省召开各族各界人民代表会议，组成新疆省推行民族区域自治筹备委员会，由包尔汉·沙赫德拉担任主任。

9 月 15 日，新疆农业区的第一期土地改革运动也相继开展。到 1953 年底，新疆广大农业区基本完成土改。

而此时的库尔班大叔也分到了 14 亩耕地和一间房子以及一头毛驴，彻底摆脱了地主的奴役和压榨。政府的各种放宽性政策又使他的生活越来越

◎ 库尔班大叔见到了毛主席

　　1958 年 6 月 28 日下午 6 时，75 岁的全国劳动模范库尔班·吐鲁木来到北京，受到了毛主席的亲切接见，终于实现了他一生最大的愿望。

　　库尔班·吐鲁木和毛主席握了二次手还舍不得离开。（新华社记者侯波摄）

富裕。老人知道，是毛主席使他翻身解放，回到人间，过上了幸福生活，便执意要到北京去见恩人毛主席。用他的话说："能让我亲眼见见毛主席，我这辈子也就心满意足了。"他似乎一点也不知道北京有多远，世界有多大，前方的道路有多难走！

有许多像库尔班大叔一样的农民，有生以来第一次拥有了属于自己的房产和土地，他们内心充满了对共产党、对毛主席的热爱和感激之情。

更让新疆翻身农牧民喜悦的是，他们第一次有了自主管理本民族、本地区事务的权利。截至 1954 年 11 月，新疆一共建立了 27 个民族自治地方，包括 10 个乡级、6 个区级、6 个县级、4 个专属级和 1 个行署级。

在新疆帕米尔高原上的克孜勒苏柯尔克孜族自治州，有一个叫瓦孜腰卡的村子。这个村子居住着 30 多户柯尔克孜族和维吾尔族农民，他们共同使用一眼泉水，并灌溉全村 12 公顷耕地。新中国成立以前，由于封建统治者的挑拨离间，两个民族的群

众常因争水而闹纠纷，怨仇越结越深。后来洪水冲坏泉眼，他们互相推诿，谁也不去修理，12公顷土地荒芜了，村里的维吾尔族搬到其他地区去了。克孜勒苏柯尔克孜族自治州成立之后，党的民族平等、民族团结政策深入人心，原来搬走的维吾尔族人又搬回到瓦孜腰卡村，两个民族的农民共同出工，修整了毁坏的泉眼，把荒芜了的12公顷农田重新耕种起来。在克孜勒苏柯尔克孜族自治州，像这样不同民族和睦相处，共同劳动和生活的情景比比皆是。

1955年，新疆开始筹备省级自治区的成立，并经过热烈的讨论，命名为"新疆维吾尔自治区"。

9月12日，全国人大常委会通过了《关于成立新疆维吾尔自治区，撤销新疆省建制的决议》。

9月20日至9月30日，新疆省第一届人民代表大会第二次会议在乌鲁木齐天山饭店举行。选举产生了新疆维吾尔自治区人民委员会组成人员，正式成立了中华人民共和国新疆维吾尔自治区。

而为了能尽快见到毛主席的库尔班大叔，想尽各种办法，几次背上干粮到公路上拦挡汽车，要求司机把他带到北京，又先后寄出7封信，还给毛主席寄了杏干和桃干，甚至做了近百斤馕，打算骑着毛驴上北京，在干部和乡亲们的一再劝说下，才没有成行。

就在老人一筹莫展的时候，毛泽东和中央办公厅先后给他来了四封信，并寄来毛泽东的照片，而此时又传来了一个激奋人心的消息，毛泽东邀请他和全国劳模一起到北京。

1958年6月28日，库尔班·吐鲁木最幸福的时刻来到了，他终于见到了日夜思念的亲人毛主席。这不仅让库尔班大叔激动万分，也让全新疆的老百姓欢欣鼓舞。

新疆自治区的成立，揭开了新疆几千年历史崭新的一页。在中国共产党民族政策的光辉照耀下，新疆各族人民团结奋斗，开拓进取，不断创造改写历史的辉煌篇章！

新中国第一辆国产汽车的诞生

1953 年 7 月 15 日，在吉林长春西南郊的一片荒芜土地上，举行了隆重的第一汽车制造厂奠基典礼。6 名青年中共党员抬着刻有毛泽东亲笔题写的"第一汽车制造厂奠基纪念"的汉白玉奠基石步入会场中心。伴随着乐声和掌声，这块奠基石被置入黑土地中。

从这一刻起，中国汽车工业发展的序幕拉开了。

这一刻，对中国来说有着非同寻常的意义。在这以前，中国没有自己的汽车工业，所需车辆完全依赖进口，连毛泽东、周恩来所坐的专车都是苏联赠送的。当时的中国，落后的岂止是汽车工业。20 世纪 50 年代，毛泽东曾感慨地说，现在我们能造什么？能造桌子椅子，能造茶碗茶壶，能种粮食，还能磨成面粉，还能造纸，但是，一辆汽车、一架飞机、一辆坦克、一辆拖拉机都不能造。

一个没有现代工业的国家是永远强大不起来的，而实现工业化已经是中国人追求了一个世纪的梦想。

正是从 1953 年开始，新中国在工业化的道路上迈出关键的一步。1 月 1 日，《人民日报》发表社论指出，1953 年将是我国进入大规模建设的第一年，开始执行国家建设的第一个五年计划。这篇社论还说："工业化——这是我国人民百年来梦寐以求的理想，这是我国人民不再受帝国主义欺侮不再过穷困生活的基本保证，因此，这是全国人民的最高利益。"

第一个五年计划规定的基本任务是：以苏联帮助中国建设的 156 个项目为中心，以 694 个大中型项目为重点，以发展重工业为主，建立我国社会主义工业化的初步基础。

长春第一汽车制造厂就是 156 个项目中的重中之重。苏联承诺给予大力援助，提供成套设备和设计图纸，我们要做的则是准备各种原材料、建厂、安装和生产。这在当时一穷二白的条件下，仍面临重重困难。

1953 年 5 月 27 日，第一机械工业部向毛泽东、党中央就苏方三年建成汽车厂的建议和我国的筹备情况提交了专题报告，其中指出："按我部现有力量，四年完成犹有困难，三年完成更无把握……"

中共中央政治局专门召开会议讨论一机部党组报告。毛泽东、刘少奇、周恩来、朱德、邓小平等在会上一致支持汽车厂三年建成出车，并议决向全党发文，指示举全国之力兴建汽车厂。

1953 年 6 月 9 日，毛泽东签发了《中共中央关于力争三年建设长春汽车厂的指示》。《指示》指出："中央认为有必要通报全国，责成有关部门，对长春汽车厂的建设予以最大的支持，力争三年内建成。"并对干部调配、设备制造、材料和物资供应、交通运输等一一做出了具体规定。中央专为一个工厂的建设发出文件，在中国共产党的历史上还是第一次。

一场规模空前宏大的建设工程迅速展开。全国 20 多个省、市给予人力、物力的大力支援。从各地抽调的优秀干部、专家，刚刚走出校门的学生，来自各地的技术工人及农民们，组成了上万人的建设大军，为实现三年建厂的目标忙碌着、奋斗着。数以万计种规格、型号的材料、设备，从各个省市和 70 个重点厂矿运来，最多时一天有二三百节车皮的运量输往一汽工地。

为了学习掌握有关设备安装、汽车生产技术，当时还先后派遣 500 多人到苏联莫斯科斯大林汽车厂实习。江泽民是 1954 年从上海机电所调来一汽后赴苏的，李岚清是最后一批赴苏实习生的团长……

经过三年的艰苦奋斗，到 1956 年，一座座新厂房拔地而起，安装工程也相继就序。创业者们用辛勤汗水浇灌出一串闪光数字：三年完成建筑面积 37 万平方米的厂房，铺设各种管道 8 万多米，安装设备 7000 多台，修建铁路 30 多千米……

1956 年 7 月 13 日，在长春第一汽车制造厂崭新的总装线上，被毛泽东命名为"解放"牌的第一辆汽车试制成功。在欢声笑语和雷鸣般的掌声中，首批 12 辆解放牌汽车缓缓驶下装配线。这标志着第一汽车制造厂的三年建厂目标如期达到，也结

◎ 国产"解放"牌载重汽车试制成功

1956 年 7 月 15 日，试制成功的第一批国产"解放"牌汽车排成长列开出长春第一汽车制造厂，全厂职工夹道欢呼。

"解放"牌汽车的试制成功，结束了中国不能制造汽车的历史。(新华社记者袁苓摄)

束了中国不能批量制造汽车的历史。

12 辆报喜车绕厂一周后，浩浩荡荡驶向市区。驾驶第一辆国产汽车的老师傅马国范非常激动，女司机王立忠更是引来人们羡慕的目光。后来人们专门编了一首《老司机》的歌曲来表达当时的喜悦心情："五十岁的老司机，我笑脸扬，拉起了手

◎ 国产"解放"牌载重汽车试制成功

长春市各界群众与驾驶第一批国产"解放"牌汽车的司机握手祝贺（新华社记者胥志成摄）。

风琴，我们唠唠家常，想当年我十八岁学会了开汽车呀，摆弄那外国车呀，我是个老内行啊，可就是呀没见过呀，中国车呀，啥模样啊，盼星星盼月亮，盼的那国产汽车真的出了厂，哟嗬嗬……"

第一批下线的 CA10 型"解放"牌汽车是以苏联生产的吉斯 150 型汽车为蓝本制造的。C 既有长春的意思，也有中国的意思，A 是第一的意思。卡车自重 3900 千克，装有 90 匹马力、四行程六缸发动机，载重量为 4 吨，最大时速 65 千米，全车由 2600 种、11000 个零件组成。整车结构较苏联 1955 年以前生产的汽车做了部分改进。这种汽车具有发动机开动后均匀性好、结构坚固、刹车系统安全可靠、使用寿命长等特点。它不仅适合当时中国的道路和桥梁的负荷条件，而且还能根据需要改装成适合各种特殊用途的变型汽车。

第一汽车制造厂自建厂开始就严把质量关，无论是厂房建设还是生产中的各项工作都是如此。以至在后来汽车投产时，连苏联专家都禁不住称赞说，一汽生产出来的汽车质量比我们生产的还好。

第一批下线的解放牌卡车，参加了 1956 年的国庆阅兵式。之后一部分汽车在天安门被展出，无数群众争相目睹国产汽车的风采。10 月 15 日，"解放"牌卡车正式投产，年产 3 万辆。从此，揭开了中国汽车制造工业的崭新一页。

"一五"期间，在新中国工业史上占有重要地位的诸多工业产品被制造出来。除了汽车外，1953 年，鞍山钢铁无缝钢管厂成功轧出中国历史上第一根无缝钢管；1954 年"初教 5"飞机试飞成功，标志着中国航空工业由修理阶段跨入了制造阶段；1956 年，国产 B2-34 中型坦克发动机问世，结束了中国不能制造坦克发动机的历史……

到 1957 年底，"一五"计划的各项指标大都超额完成了。一大批旧中国没有的现代工业骨干部门建立起来，我国的工业生产能力得到大幅度提高，工业布局不合理的局面得到初步改变。

《十五贯》一出戏救活一个剧种

2014 年 6 月 25 日，为庆祝中法建交 50 周年，中国昆曲经典剧目《牡丹亭》登上巴黎皮尔卡丹剧院的舞台。作为北京非物质文化遗产展的一部分，唱腔优美、身段典雅、剧情缠绵的《牡丹亭》，尽显中国传统戏曲之美，深深地打动了现场的中法观众。一部《牡丹亭》让昆曲走向了世界。而 60 多年前，另一部经典剧目则让濒临绝迹的昆曲重新焕发了青春，那就是《十五贯》。

昆曲是中国传统戏曲中最古老的剧种之一，诞生于元朝末期，曾唱红了太湖流域，声播远方。可是到了 20 世纪三四十年代，这个集词、曲、唱、演之大成的高雅艺术渐趋衰落，到了解放前几乎奄奄一息。很多昆曲戏班都解散了，勉强维持的只有民间艺人自发组成的一个小戏班，后来起名为国风苏昆剧团，他们在江、浙一带农村集市上的草台、茶店、庙宇、蚕房以及墙隅院落演出。演戏的收入只够糊口，连戏服都买不起，只好用零料旧衣拼凑。每到一地，挨家挨户求人看戏，人们叫他们"讨饭戏班"。

新中国成立后，昆曲艺人的命运开始有了转机。1951 年，毛泽东为中国戏曲研究院题词："百花齐放、推陈出新。"伴随着这一方针而进行的戏曲改革政策，中心内容是"改戏、改人、改制"，一大批新编和改编的剧目在舞台上亮相争辉。为了配合抗美援朝运动，国风苏昆剧团排练了岳飞抗金的《光荣之家》，1953年初受邀到杭州演出。在政府的关心下，剧团就留在了杭州，从此有了固定的演出场所，不用再到处奔波。然而，一向在农村跑码头的戏班，要在大城市站住脚，还是困难重重。当时，观众寥寥无几，演员收入微薄，条件仍然艰苦，他们吃住在剧场，没有床，无论酷夏寒冬只能打地铺。

1954年的一天，一直关心戏剧改革的浙江文化局副局长黄源陪客人来国风苏昆剧团看演出。这天演出的正是传统剧目《十五贯》。黄源看完后大有触动心灵之感，非常兴奋。

《十五贯》又名《双熊梦》，故事情节主要来源于宋代话本小说《错斩崔宁》和冯梦龙改作的传奇《十五贯戏言成巧祸》。剧中熊友蕙因邻居侯三姑家中十五贯钱被鼠叼丢失、其夫误食毒物身亡而受牵连，被县令过于执误判为通奸杀人打入死牢。熊友蕙的哥哥熊友兰在外帮工，得此消息，借钱十五贯回去营救，途遇苏戌娟结伴同行，恰逢苏之父尤葫芦被盗贼娄阿鼠行窃所杀，所丢钱数亦是十五贯，熊、苏二人又被过于执误断为通奸杀人判以死刑。知府况钟复审两案，发现疑点，乃连夜求都察御史请准暂缓行刑，亲自赶往实地仔细勘察，又假扮算命先生微服私访，几经周折，终于使案情真相大白，真凶落入法网，熊氏兄弟被释放。原作剧情驳杂冗长，全本26折需演12个小时，国风苏昆剧团删减为11折演出。

当时，黄源正在为国风苏昆剧团将要赴京演出准备剧目。他从《十五贯》敏锐地联想起毛泽东在肃反运动中强调的提高警惕、防止偏差的方针，以及毛泽东所倡导的调查研究、实事求是的精神，决定改编这部戏。黄源领导成立一个剧本改编小组，从升华主题思想、精简情节结构、突出人物形象三个方面对剧本进行改编、加工。

经过艰辛的排练和在杭州、上海的试演，1956年4月，国风苏昆剧团带着《十五贯》从杭州赴北京演出。此时这个剧团已经正式改为国营，更名为浙江省昆苏剧团。由于经费拮据，从团长到演职员全部要坐两天两夜的硬座。虽然路上十分辛苦，但是所有人都激动不已，因为这是他们第一次进京演出，而且是受文化部的邀请。这对于曾经颠沛流离、饱受歧视的昆曲演员来说，是莫大的荣誉和幸福。

到北京后，从4月10日起正式对外公演《十五贯》。由于北京多年没有昆曲演出，观众感到陌生，开始上座并不好，位于前门闹市区可容1000多人的广和剧场，第一天只卖出40几张票。可是看过的人无不被它引人入胜的情节、生动典型的人物形象、富于特色的精湛表演，尤其是鲜明的主题思想和强烈的现实意义所打动，觉得确实是一出难得的好戏，辗转相告。田汉、梅兰芳等戏剧行家对《十五贯》评价非常高。梅兰芳每场自己掏钱买十几张票，分送亲友，广为宣传。田汉看完戏后回家连夜写成了《看昆苏剧团的〈十五贯〉》一文，发表在《光明日报》上，要求北京戏剧界以及话剧界的同志们具体地学习他们整理、继承遗产方面的"先进经验"。

《十五贯》在小范围内受到欢迎，而真正让它"火"遍全国的，则是毛泽东的观看和肯定。4月17日，昆苏剧团应召进中南海礼堂作专场演出，毛泽东、刘少奇、彭德怀等中央领导出席观看。

"见都"一场戏，犯人到凌晨就要杀头了，况钟却发现了判决有误，想让都察御史刀下留人，这边况钟是心急如焚，而另一边御史大人慢慢吞吞、按部就班，两相对比把官僚做派表现得淋漓尽致。毛泽东大笑了好几次。戏演完以后，毛泽东站起来，双手举过头鼓掌。

第二天，毛泽东派人到剧团传达三条指示：第一，祝贺《十五贯》的改编和演出，都非常成功；第二，要推广，凡适合演出的，都可以根据各剧种的特点演出；第三，对剧团要奖励。4月25日，《十五贯》在国务院直属机关礼堂演出，毛泽东又亲自去看了一次。4月27日，在中央政治局的扩大会议上，毛泽东听取陆定一关于学术问题应当容许自由讨论的发言时，插话说："《十五贯》应该到处演，戏里边的那些形象我们这里也是很多的，那些人现在还活着，比如过于执，在中国可以找出几百个来。"

4月17日毛泽东看戏时，周恩来不在北京，两天之后从外地回来，就直接来到广和剧场，与普通观众一起观看了《十五贯》。散场后他来到舞台底下简陋的化妆间，与演员及后台工作人员一一握手，头一句就说："你们浙江做了一件好事，一出戏救活了一个剧种。"周总理随和地与演职员一起挤坐在长条木凳上，亲切交谈了50多分钟。这做梦也想不到的情景，成为从旧社会走来、饱尝辛酸的昆曲艺人终生难忘的记忆。

5月18日，《人民日报》发表了田汉执笔的题为《从"一出戏救活了一个剧种"谈起》的社论，把昆曲和《十五贯》推到了舆论的焦点。

浙江省昆苏剧团受到了前所未有的欢迎。在北京连演47场，场场爆满，形成"满城争说十五贯"的热闹景象。北京演出之后又巡演8个省市。《十五贯》和浙江省昆苏剧团由此红遍大江南北。最后上海电影制片厂专门拍摄了彩色戏曲电影《十五贯》。到1956年底，《十五贯》还到莫斯科去演出。《十五贯》的成功大大改变了昆曲的境况，昆曲艺人们的收入增加了，地位提高了，昆曲表演艺术也得到了传承。

就在《十五贯》在京演出期间，毛泽东在中央政治局会议上就文艺工作的讨论做了总结："'百花齐放、百家争鸣'，我看这应该成为我们的方针。"这一方针在中共八大上正式载入党的文件，从此成为中国共产党指导文艺工作的基本方针，推动了我国艺术的繁荣。

3.14

五老村：爱国卫生运动中的模范村

    在南京市秦淮区有一个五老村街道，这里高楼大厦林立，车水马龙，是南京市中心最繁华的地区之一。可解放前的五老村却是另外一番景象：150 多户贫民聚居在这里，在 1.3 万平方米的地区内，有四分之三都是纵横交错的臭水沟和臭水塘。几尺高的垃圾堆有 20 多个。到了夏天，五老村就成了苍蝇、蚊子、蛆、臭虫的大本营……因为住的地方不干净，村里人常常生病。当时，五老村曾流传这样一首歌谣："五老村，苦恼村，垃圾污水臭气熏死人；蛆成堆、蝇成群，灶上爬、碗上飞，蚊子碰人脸，屎球随水滚；瘟神赶不走，疫病不离身。"

    新中国成立后，五老村的面貌开始悄然发生变化。先是 100 多贫困户都受到了救济，生活得到改善。1951 年，政府在五老村修建了全长 260 米的下水道，改造了 20 多条容易积水的低洼小路，其中最长的一条有 400 多米。

    1952 年春，美国在朝鲜战争中，置国际公法于不顾，对朝鲜和中国发动了"细菌战"。为了对抗细菌战，同年 3 月政务院成立了中央防疫委员会，周恩来任第一届主任。全国迅速掀起了群众性卫生运动的高潮，人们称之为"爱国卫生运动"。

    爱国卫生运动开展后不久，五老村进驻了区里派来的民政人员、民警、宣传组等。他们的任务是发动群众搞卫生。开始的时候，工作进行得不很顺利。让居民打苍蝇蚊子，有人说："苍蝇、蚊子都是神虫，怎能打尽？"让居民进行打扫，有人就说："在臭水坑里活了这么多年了，现在要讲卫生，那不是自找麻烦吗？"甚至有人说："谁要讲卫生，搬到太平路（商业区）去住好了。"但是工作人员挨家挨户宣传教育，耐心讲道理，居民们逐渐认识到环境卫生与疾病之间的关系，认识到爱国卫生运动的政治意义，再加上村里党员干部、积极分子的带头示范，情况就完全改变了。

居民们很快行动了起来，从填塞蚊蝇的寄生点——臭水沟、臭水塘入手进行大扫除。一位叫李连汉的民警，是区里派来的，他不怕脏不怕累，带头跳下水排污。看到这一幕，居民们深受感动："人家不住在这里都这么尽心尽力，住在这里的人还有啥说的。"居民们在李连汉的带领下，苦战一昼夜，填平了一条长700多米、宽5米、深1.7米的最大臭水沟。后来，毛泽东主席在北京接见了李连汉，鼓励五老村居民"大干一场，用勤劳双手创造幸福生活"。

五老村居民的热情被调动起来，纷纷投入了填沟平塘、清扫环境的工作中，每天参加劳动的有190多人。不到5个月时间，全村填平了大小50多个臭水沟，运走上千吨垃圾，修起了6条大道、11条小道、3000米以上的下水道，种植了5000棵花草树木，修建了公共厕所，环境卫生面貌焕然一新。

接着，爱国卫生运动从室外发展到室内，从公共发展到个人。全村订立了卫生标准，组织家庭卫生评比，要求做到"五清六净"（屋顶清洁，地面清洁，墙壁清洁，门窗清洁，角落清洁；身体饮食干净，衣服被褥干净，箱笼橱柜干净，桌椅板凳干净，锅碗瓢勺干净，缸坛瓮罐干净）。为了保障妇女打扫卫生的时间，村里还成立了幼儿园，请专人照顾小孩。那段时间，妇女们只要有空闲时间，无不手拿扫帚，清理院子、街巷、花坛，地上干干净净，十分整洁。

卫生工作搞好以后，生病的人明显减少了。村上的老人都说："我今年没生病，就是因为讲了卫生。"做工的、蹬三轮车的也都说：卫生搞好了，精神就爽快了，做起事来真有劲。体会到讲卫生的好处，人们投入爱国卫生运动的热情更高了，特别是很多家庭妇女成了这场运动的骨干。卫生知识的普及也影响着孩子们，在五老村幼儿园，孩子们养成了饭前便后洗手的好习惯，而且还相互检查谁的手最干净。

五老村的卫生工作长期坚持下来，做到了经常化。每天上午9点以前，收交苍蝇老鼠。早上，居民互助组把"包干"地区打扫干净，下午由民主妇女联合会的检查小组进行检查。每星期过一次"爱国卫生日"，开一次积极分子联席会。至于卫生宣传教育，成为读报组、识字班的经常工作。

就这样，五老村的爱国卫生运动改变了人们的生活。1952年12月1日，全国爱国卫生运动模范评选揭晓，南京市被评为乙等模范单位，五老村被评为甲等模范单位。1952年12月，《人民日报》报道了五老村翻天覆地的变化，国家卫生部奖励给五老村壹仟万元（旧币）。

1956年1月12日，《人民日报》发表了题为《除四害》的社论，号召全国人民行动起来消灭老鼠、麻雀、苍蝇、蚊子。五老村因为连续多年杀灭"四害"，保证卫生无死角，被评为全国第一个"四无地区"。

1960年，周恩来总理陪同柬埔寨西哈努克亲王视察了南京五老村，西哈努克亲王对这里的卫生工作非常赞赏。

五老村不再是当年的"苦恼村"，变成了人人喜爱的"欢乐村"。当时，像五老村这样经过爱国卫生运动改变面貌的村庄、街道，在全国还有很多。

新中国的爱国卫生运动没有走过场，而是坚持多年，扎扎实实，调动群众的积极性，形成长效机制。其实际效果也是很明显的，在较短时间内消灭或基本消灭了天花、鼠疫等重大的传染性疾病，使得城乡的卫生环境大为改善，人民群众健康水平不断提高。

3.15

"明月依然在，何时彩云归"

1955 年 4 月 11 日，作为中国政府出席亚非会议代表团的包机的"克什米尔公主号"，在从香港前往印度尼西亚万隆的途中爆炸坠毁，机上中国和越南代表团工作人员及随同前往的中外记者 11 人全部遇难。如果不是因为应邀到缅甸访问，临时秘密改变行程，周恩来总理应当正在这架飞机上。事后查明，这是台湾特务机关针对亚非会议、以周恩来为目标制造的一起政治谋杀案。

"克什米尔公主号"事件震惊了世界，台湾特务的险恶行径遭到舆论的谴责，人们都在猜测中共方面将会对台湾采取怎样的武力报复手段。

然而，4 月 23 日，周恩来在万隆亚非会议上宣布：中国人民同美国人民是友好的。中国人民不要同美国打仗，中国政府愿意同美国政府坐下来谈判，讨论和缓远东紧张局势的问题，特别是和缓台湾地区的紧张局势问题。

周恩来以大局为重、不计前嫌的举动，充分体现了中国政府谋求和平的诚意，得到各国代表的普遍赞誉。随后，美国国务卿杜勒斯也表示，美国不排除同中国进行谈判的可能，一度极为紧张的中美关系出现转机。

中美关系的主要障碍就是台湾问题，而解放台湾，完成祖国统一大业，一直是中国各族人民的强烈愿望。新中国成立之初，毛泽东和中共中央就筹划部署解放台湾。1950 年 6 月朝鲜内战爆发后，美国派第七舰队入侵台湾海峡。1953 年《朝鲜停战协定》签字后，由于国内大规模经济建设急需大量经费，解放台湾的计划被搁置下来。1954 年日内瓦会议前后，出现了美国进一步插手台湾事务、美蒋联手阻止中国人民解放台湾的严重事态。中国进行了保卫领海领土领空的斗争，反对美台订立《共同防御条约》，并取得了解放浙东沿海岛屿的重大胜利。

1954 年 12 月美台《共同防御条约》的签订，显露出美国长期霸占台湾的企图，引起国际社会的普遍关注，希望中美两国坐下来谈判以和缓台湾海峡紧张局势的呼声越来越强烈。

正是在这种情况下，周恩来代表中国政府在万隆会议上发表了愿意"坐下来谈判"的声明。

1955 年 5 月，周恩来在第一届全国人大常委会第十五次会议上又提出：中国人民解放台湾有两种可能的方式，即战争的方式和和平的方式，中国人民愿意在可能的条件下，争取用和平的方式解放台湾。这是中国政府第一次正式、公开地提出和平解放台湾的主张。

这段时间，毛泽东也在不同场合表示我们跟台湾要"和为贵"，爱国一家。

1956 年春，在周恩来的具体安排下，章士钊（曾为 1949 年北平和谈南京政府代表团成员）带着中共中央给蒋介石的信来到香港，会见了国民党驻香港负责文宣工作、主持《香港时报》的许孝炎。许孝炎立即从香港飞往台北，亲手将信交给蒋介石，并将他与章士钊的会谈情况向蒋做了汇报。蒋介石展开中共中央的信件，反复看了几遍，沉默无语，没有做任何表示。

就在章士钊在香港斡旋之时，一位神秘人物来到北京，引起毛泽东、周恩来等中央领导人的浓厚兴趣。他，就是曹聚仁。曹聚仁是个有一定政治活动能力的文化人，过去与共产党和国民党的上层人物都有密切接触。抗战时期常到新四军驻地采访，成为叶挺的座上宾，并与陈毅结成至交，同时，他又是蒋经国的挚友。曹本人对国共两党也表现出一种不偏不倚的态度，新中国成立以后一直居住在香港。

7 月 16 日，周恩来在颐和园接见了曹聚仁。周恩来指出："国民党和共产党合作过两次，第一次合作取得北伐战争的胜利，第二次合作取得抗战的胜利，为什么不可以有第三次合作呢？我们对台湾绝不是招降，而是要彼此商谈。只要政权统一，其他都可以坐下来共同商量安排。"

曹聚仁以周恩来的谈话为内容写成文章，发表在 1956 年 8 月 14 日的《南洋商报》上，正式向海外传递了国共可以第三次合作的信息，在海内外引起了强烈震动。

10 月 3 日，毛泽东在中南海专门接见了曹聚仁，对国共第三次合作问题提出了许多建设性的打算。毛泽东表示，蒋介石在中国现代史中起的积极作用是应该肯定的，他还让曹到各处去走走看看。

回到香港后，曹聚仁立即将详细情况转告国民党方面。此后，他多次往返于大陆与港台之间，为国共两党的沟通而奔忙。1957 年，蒋介石又派他的心腹宋宜山到大陆了解情况。

经过多次沟通，国共双方在一些重要问题上有了一些共识，比如，国共两党都坚持一个中国，都维护祖国统一；国共两党也都有了和平解决台湾问题的意愿。

1958 年，炮击金门后不久，毛泽东和周恩来在北京会见曹聚仁并请他吃饭。在这次谈话中，毛泽东告诉曹聚仁："只要蒋氏父子能抵制美国，我们可以和他合作。我们赞成蒋介石保住金、马的方针。如蒋撤退金、马，大势已去，人心动摇，很可能垮。只要不同美国搞在一起，台、澎、金、马都可由蒋管，不管多少年，但要让通航，不要来大陆搞特务活动。台、澎、金、马要整个回来。"毛泽东还说："我们的方针是孤立美国。他只有走路一条，不走只有被动。要告诉台湾，我们在华沙不谈台湾问题，只谈要美国人走路。蒋不要怕我们同美国人一起整他。"当在场有人提出，美国人一走，美国对台湾的军援会断绝时，毛泽东说："我们全部供应。他的军队可以保存，我不压迫他裁兵，不要他简政，让他搞三民主义，反共在他那里反，但不要派飞机、派特务来捣乱。"曹聚仁问："那么，台湾人民还可以保留原来的生活方式吗？"毛泽东答道："照他们自己的生活方式。"

20 世纪 60 年代初期，毛泽东把曾经提出的对台政策加以细化，又增加了一些新的内容，形成了和平统一祖国的总体构想。后来周恩来把毛泽东的这些构想概括为"一纲四目"。毛泽东、周恩来都向曹聚仁谈了"一纲四目"。他们怕蒋介石不放心，还于 1963 年通过过去与蒋介石、陈诚二人关系都比较好的张治中致信陈诚，在信中转达了"一纲四目"的基本内容。

"一纲"：只要台湾回归祖国，其他一切问题悉尊重总裁（指蒋介石）与兄（指陈诚）意见妥善处理。"四目"：第一，台湾回归祖国后，除外交必须统一于中央外，所有军政大事安排等悉由总裁与兄全权处理；第二，所有军政及建设费用，不足之数，悉由中央拨付；第三，台湾之社会改革，可以从缓，必俟条件成熟，并尊重总裁与兄意见协商决定，然后进行；第四，双方互约不派人进行破坏对方团结之事。

1965 年，蒋经国将曹聚仁接到台北面见蒋介石。曹详细介绍了中共方面提出的"一纲四目"，并带去毛泽东亲笔题写的词句："明月依然在，何时彩云归。"蒋介石、蒋经国、陈诚等国民党高层领导人经过一番研究，提出他们的一些条件。这些条件，有与中共提法一样的，也有与中共提法不太一样的。曹聚仁又将这些条件向中共中央做了报告。经过一番努力，双方在一些重要问题上基本达成了一致。

然而，此事正在进行之际，1966 年，大陆发生了"文化大革命"。蒋介石对国共重开谈判产生了疑虑，从而改变了主意，国共两党重开谈判之事搁浅了。

20 世纪 70 年代初，中华人民共和国取代台湾坐进了联合国的席位，中美上海"联合公报"的发表、中日关系的改善等重大事件使台湾的处境急转直下，形势对大陆十分有利。因此，毛泽东和周恩来又把和平解决台湾的问题提到了议事日程上。

1973 年春，毛泽东把和台湾当局沟通的特殊任务交给了 92 岁高龄的章士钊（曹聚仁已于 1972 年病逝）。1973 年 5 月 25 日，章士钊飞抵香港。抵港的翌日，章士钊就开始约见旧友。可惜天不假年，一个半月后，7 月 1 日，章士钊在香港病逝。

章士钊虽然出师未捷身先死，但他在香港的活动却产生了很大影响。由于中国共产党多次发出和谈建议和邀请，也出于对台湾前途的考虑，蒋介石又动了与中共重开谈判的念头。

1975 年春节期间，蒋介石将这一使命交给了抗战前曾主持过国共秘密谈判的国民党元老陈立夫。陈立夫接受任务后，即通过秘密渠道向中共中央发出邀请毛泽东到台湾访问的信息。

然而，毛泽东和蒋介石都没有能够看到国共再次合作局面的出现。蒋介石于这年 4 月 5 日去世。第二年的 9 月 9 日，毛泽东也与世长辞。

历史尽管留下深深的遗憾，但也为后来人指明了方向，奠定了路基。几十年来，虽然历经曲折，但在"一个中国"原则下，两岸关系不断改善和发展。我们相信，祖国和平统一大业终有一天会实现。

第 四 章

急 于 前 行

（1957—1961 年）

社会主义改造完成后，新中国开始了社会主义建设道路的探索。

1957年2月，毛泽东发表《关于正确处理人民内部矛盾的讲话》，明确提出必须正确区分和处理社会主义社会两类不同性质的矛盾，把正确处理人民内部矛盾作为国家政治生活的主题。同年4月，中共中央发布《关于整风运动的指示》，决定在全党进行一次以正确处理人民内部矛盾为主题，以反对官僚主义、宗派主义和主观主义为内容的整风运动。但是后来整风扩大化，把一大批人错划为"右派分子"。

1958年5月，中共八大二次会议通过了鼓足干劲、力争上游、多快好省地建设社会主义的总路线，通过了十五年赶上和超过英国的目标以及"苦干三年，基本改变面貌"等口号。"大跃进"运动在全国范围内展开。

"大跃进"片面追求工农业生产和建设的高速度、高指标，并推动生产关系急于向所谓更高级形式过渡。1958年夏，毛泽东肯定办人民公社把工、农、商、学、兵合在一起的做法。随后，各地竞相建立起人民公社。

"大跃进"、人民公社和社会主义建设总路线，合起来称为"三面红旗"，一时被看作走出了一条中国自己的可以取得成功的新路。

很快，"共产风""浮夸风""强迫命令风""干部特殊风""对生产瞎指挥风"五风盛行，全民参与到大炼钢铁运动中，一些地方急于向共产主义过渡。

1958年秋冬之间，中共中央和毛泽东开始觉察到"大跃进"和人民公社运动中出现了问题。1958年11月，第一次郑州会议着手纠正错误。

经过八九个月的努力，形势开始向好的方面转变，但"左"倾错误没有彻底纠正。在 1959 年七八月召开的庐山会议后期，又错误地批判了彭德怀等人，随后开始了"反右倾"斗争，继续"大跃进"，高指标、浮夸风再度泛滥。

随之而来的是 1959 年至 1961 年三年困难时期。农业严重减产，粮食极度缺乏，全国城乡农产品供应出现了全面紧张的状况，人民生活陷入新中国成立后从未有过的困难境况，一些地方出现了饿死人的现象。

与此同时，中苏关系急剧恶化。1959 年 6 月，苏联政府单方面撕毁了中苏双方签订的关于国防新技术的协定，拒绝向中国提供原子弹的技术资料。1960 年 7 月，苏联政府照会中国，单方面决定召回在中国的 1390 名专家，撕毁和中国签订的 343 个建设合同，废除 257 个科学技术合作项目。这对于正处在严重困难中的中国经济，又是一个巨大的打击。

在那样困难的时刻，中国人民始终同心同德地支持中国共产党和人民政府，咬紧牙关，共渡难关。社会秩序稳定，社会风气良好。

面对"大饥荒"的事实，领导人的头脑逐步清醒过来。1961 年 1 月，中共八届九中全会决定实行"调整、巩固、充实、提高"的八字方针，国民经济开始转入调整的轨道。

在这次全会前后，毛泽东多次发表讲话，强调要恢复实事求是的优良传统，号召"大兴调查研究之风"，提出要"搞一个实事求是年"。

通过深入的调查研究，纠正错误，调整政策，为扭转困难局面，开展全面调整准备了条件。

4.1

一个窝头引发的思考

1957 年 12 月，毛泽东警卫队的一位战士探家回来，不但写了调查报告，还带回一个又黑又硬的窝头交给毛泽东说："我们家乡的农民生活还很苦，他们就是吃这种窝头，我讲的是实话。"

毛泽东接过窝头时，手有些发抖，眼圈一下子就红了。他一边掰一块窝头放嘴里，一边分给身边工作人员："吃，你们都吃一块。这就是我们农民的口粮，这就是种粮的人吃的粮食啊……"

那天，毛泽东失眠了，嘴里不断喃喃着："为什么是这样呢？为什么？……人民当家做主了，不再是为地主种田，是为人民群众自身搞生产，生产力应该获得解放嘛……"

以后很长时间，无论散步、吃饭还是睡觉，毛泽东都在思考着这个问题。他多次自言自语："我们是社会主义嘛，不该是这样。要想个办法……"

如何加快社会主义建设的步伐，使人民尽快过上富裕日子，是社会主义改造完成后毛泽东一直在思考的问题。1957 年 11 月，毛泽东到莫斯科参加十月革命胜利 40 周年的庆祝活动，苏联领导人赫鲁晓夫对毛泽东说："我们 15 年后可以超过美国。"毛泽东回答："我们 15 年后可以超过英国。"当时，苏联刚刚成功地发射了世界上第一颗人造卫星，苏联建设的巨大成就给毛泽东留下了深刻印象，也深受鼓舞。他相信社会主义完全可以更有效地集中人力和财力，加速推进经济发展。

回国后，这个又黑又硬的窝头给毛泽东的触动很大，他对中国的经济发展方式有了新的想法，那就是生产上来一个大跃进。

1958年5月，中共八大二次会议在北京召开。根据毛泽东的建议，会议通过了鼓足干劲、力争上游、多快好省地建设社会主义的总路线，通过了十五年赶超英国的目标以及"苦干三年，基本改变面貌"等口号。

当时，赶超英国的主要指标是重工业的象征——钢铁的产量。于是，在工业领域提出了"以钢为纲""钢铁挂帅"的口号。1958年8月定下了当年的钢产量要比上一年翻一番，达到1070万吨，而当时的实际产能离这个指标有很大差距。靠什么来完成这个目标呢？

从这年9月开始，一场全民炼钢的运动在全国各地展开。"小"（小高炉）、"土"（土法炼钢）、"群"（群众运动）被视为钢铁生产的"法宝"。不仅钢铁厂加班加点努力生产，机关干部、学生、居民、职工家属都动员起来参加建设小高炉"炼"钢。到这一年年底，全国参与大炼钢铁的人数达到9000多万，修建了土高炉100多万座。炼钢铁的原料不够，就号召收集废铜烂铁。人们的热情很高，居民把自己家里的铁锅、香炉、铜壶都拿出来，有的单位甚至把大炉、铁门、铁皮房、保险箱都拆下来。可是，最后炼出的钢铁，大多是不能用的。

为了集中人力物力搞大规模的生产，农村中的农业合作社开始合并成更大的社，而且在体制上基本取代了原来的乡，成为一种新的农村基层组织。1958年4月，河南遂平县查岈山把4个乡27个农业合作社合并在一起，成立中国第一个人民公社，当时，他们叫卫星社。在社里，实行"组织军事化，行动战斗化，生活集体化"，公社举办公共食堂、托儿所、养老院等，分配上采用部分的供给制。

这种做法很快蔓延开来，但名字却五花八门，有叫卫星社的，有叫公社的，有叫集体农庄的。8月初，毛泽东来到河南新乡七里营视察，他看到"人民公社"的牌子，点头称赞："人民公社名字好。"从此，人民公社的名字就传扬开了。到1958年11月，全国74万个农村合作社并成了2.6万个人民公社。

为尽快改变国家的落后面貌，毛泽东号召人民破除迷信，解放思想，发扬敢想、敢说、敢做的创造精神。可是由于忽视了客观经济规律，"敢想、敢说、敢做"在现实中变味成了"浮夸风"。在"人有多大胆，地有多大产"的口号声中，小麦、玉米、棉花等农作物产量一路攀升，人们把这种情况叫"放卫星"。有的地方说稻子亩

◎ 1958 年:"急急忙忙往前闯"

　　1958 年 9 月,在"以钢为纲""钢铁挂帅"口号的指引下,一场轰轰烈烈的全民大炼钢铁群众运动在全国各地展开。

　　河南宝丰县响应党中央关于全民办钢铁的号召,决定到 1958 年年底全县要生产 9 万吨钢铁,并在全县掀起一场群众性大办钢铁运动。图为人们正在用小高炉炼铁(1958 年 10 月 14 日摄,新华社照片)。

产达到 6 万多斤，不久另一个地方就说，他们的稻子亩产达到了 13 万斤。

不断攀升的产量使人们误认为，生产水平已经达到了相当高的程度，一些地方越来越急于改变生产关系。河北省徐水县在上级的启发和帮助下，规划了一个方案。在这个方案中，按劳分配的原则被取消，工资制也不再实行，所有的人都有一份津贴，而日常生活，从衣食住行到生老病死，甚至理发、洗澡、看电影，一切都由公社包下来，并准备在 5 年之后，即 1963 年进入共产主义社会。结果，不到三个月时间，徐水的老百姓不但不能放开肚皮吃饭了，基本的生活用品也难以兑现。

1958 年秋冬之间，中共中央和毛泽东通过调查研究，开始觉察到"大跃进"和人民公社运动中出现了"共产风"等问题。1958 年 11 月，第一次郑州会议着手纠正错误。毛泽东在会上批评徐水急于过渡，说他们是"急急忙忙往前闯"，并批评徐水的浮夸风说："徐水把好猪集中起来给人家看，不实事求是。" 1958 年 12 月，中共八届六中全会做出《关于人民公社若干问题的决议》，着重纠正急于向全民所有制和共产主义过渡的倾向，以及过早地取消商品生产和商品交换的倾向，同时决定开展整顿人民公社的工作。

经过八九个月的努力，形势开始向好的方面转变，但"左"倾错误没有彻底纠正。在 1959 年七八月召开的庐山会议后期，又错误地批判了彭德怀等人，随后开始了"反右倾"斗争，造成整个形势的逆转。

随之而来的是三年困难时期，有些地方的农民连窝头都吃不上了，还出现了饿死人的现象。毛泽东从良好愿望出发，希望发挥人民群众的积极性和创造精神，力图在探索中国建设社会主义道路上打开新的局面。但是由于决策本身的失误和执行中的偏差，急于求成的努力不但没有达到预期目的，反而对社会生产力造成破坏，给国家和人民带来了灾难性的损失。

4.2

"鸭绿江一号"拖拉机驶进天安门广场

2002 年 10 月，辽宁五一八内燃机配件有限公司收到中国国家博物馆一件文物征集函，函中写道："……此拖拉机是见证我国建国初期生产力发展的重要实物。国家博物馆真诚向贵公司征集'鸭绿江一号'轮式拖拉机，作为珍贵文物永久收藏。"国家博物馆为什么要向远在辽宁丹东的这家公司征集文物呢？"鸭绿江一号"拖拉机的背后有着怎样的故事呢？

原来，辽宁五一八内燃机配件有限公司的前身是辽宁安东机械厂。安东机械厂始建于 1952 年，最初是为抗美援朝战争而成立的一个小型修理厂，几间破民房，4 台旧车床，只能做些零修零配的杂活。抗美援朝战争结束后，工厂由军需转为民用。到 1955 年，虽然生产有了很大的发展，工厂的人员增加了十倍，但是设备仍然非常简陋：苇席和木板搭的厂房，许多车间在露天作业，300 来人操纵着 30 多台老掉牙的皮带机床，没有一个工程师，连个正式技术员也没有。在很长一段时间内，因为生产任务不足，工厂经常处于停工待料状态，有时连工资都发不出。

就在全厂为今后的生计发愁时，毛泽东的一篇报告让他们看到了希望。1955 年，毛泽东在《关于农业合作化问题》的报告中，向全党发出要用四五个五年计划实现农业机械化的号召。这给正处于困境中的安东机械厂指明了新的发展方向，就是要面向广大农村，为农业生产服务。

适应新的形势，安东机械厂为农村生产了大批耕种、排灌、运输等农业机械。后来，厂领导和工人又进一步设想：能不能让农民从牛背上跨到机器背上，耕地不用牛？他们不约而同地想到了搞拖拉机。在一无资料、二无设备、三无厂房的情况下，这无疑是个大胆的想法，面临的困难可想而知。但他们没有妄自菲薄，下定决心攻关，凭着强烈的责任感和进取心，开始了艰辛的研制。

工人们废寝忘食，昼夜苦战，就连除夕之夜也是在车间里度过的。没有厂房，就在院子里搭起临时苇棚；没有图纸，就赴外地请教，将进口拖拉机的零部件逐一进行拆卸测绘；没有滚齿和插齿机，就用普通立式铣床做齿轮粗加工，再用锉刀进行细加工；没有热处理设备，就用木炭和牛骨加热对齿轮进行渗碳处理。从毛料的铸造、锻造到零部件的加工，从零件的装配到部件的总装配，他们克服了许多难以想象的困难。功夫不负有心人，经过 100 多天的连续奋战，1957 年 2 月 16 日，我国第一台轮式拖拉机终于在鸭绿江畔诞生，研制的工人们激动地将它命名为"鸭绿江一号"。

1958 年春，"鸭绿江一号"参加了在北京举行的农业机械展览会。但是，在遴选参加"五一"国际劳动节拖拉机游行车队的机车时，"鸭绿江一号"却因外形不太美观而落选了。可是，5 月 1 日早晨，戏剧性的一幕发生了！原定参加游行的四台拖拉机中的一台，因技术不过关开到半路就出了故障，于是"鸭绿江一号"就代替它与其他三台拖拉机一起驶进天安门广场，接受了党和国家领导人的检阅。

后来，国家计委递交报告，叙述了安东机械厂工人克服重重困难试制"鸭绿江一号"拖拉机的经过。毛泽东对这份报告很感兴趣，就在报告的空白处写下了"卑贱者最聪明，高贵者最愚蠢"12 个大字，并写了近 300 字的批语，给予极大肯定。

毛泽东的批示，被列为中共八届二次会议文件之一，发给大会代表阅读。当这个消息传到安东机械厂，全厂沸腾了，工人们沉浸在欢庆的喜悦中，很多人激动得热泪盈眶。此后"鸭绿江一号"投入批量生产，并几经完善，受到广大农民的喜爱。

1959 年，毛泽东针对当时农业的实际情况，提出"农业的根本出路在于机械化"的著名论断。在毛泽东的重视和倡导下，后来中国的农业机械化道路贯彻实行了"三为主"的方针，即农机制造以地方为主，农机产品以中小型为主，农机购买以集体为主。实践证明，这一战略非常符合我国人多地少、精耕细作、技术落后的国情，取得较好效果。一大批以制造农业机械为主要方向的地方中小型企业迅速崛起。到 20 世纪 70 年代末，全国县以上农机制造厂 1900 多个，县农机修造厂 2400 多个，共有职工 145 万人。同时形成了上海、北京、天津等八大农业机械生产基地，中国的农机制造企业已经能够制造多种型号的拖拉机和农具。与此相应，全国机耕土地面积也从 1957 年的 264 万公顷快速扩大到 1979 年的 4222 万公顷，机耕面积与总耕地面积的比例从 24% 增加到了 42%。

辽宁安东机械厂后来不断发展壮大，现已发展成为辽宁五一八内燃机配件有限公司，员工有 2000 多人，是中国大马力发动机曲轴和模锻件专业生产厂，中国船用发动机曲轴骨干生产企业，也是国家高新技术企业。

"鸭绿江一号"拖拉机一直存放在辽宁五一八内燃机配件有限公司，直到 2002 年国家博物馆发来文物征集函。2003 年 9 月，"鸭绿江一号"在时隔 45 年的时候重返京城，作为珍贵文物陈列于中国国家博物馆。尽管与今天各种先进的农业机械比，它显得太初级了，但它真实记录了那段艰辛创业、勇于奋斗的岁月。

4.3

十个月建成人民大会堂

1958 年 9 月初，国内 30 多位建筑界顶级专家先后收到一份内容几乎相同的加急召集文件。文件发自北京市政府，要求名单所列人员迅速赶到北京。

30 多位专家星夜赶路，到京后才知道他们此行的目的：用最短的时间设计一座属于人民的大会堂。

原来，1958 年 8 月，中共中央政治局扩大会议就做出决定：为迎接新中国成立 10 周年，要在北京建设一批重点工程，时称十大建筑。人民大会堂是重中之重。

关于人民大会堂建设，中央提出的基本要求是"一万人开会，五千人用餐，十个月建成"。这听来似乎是不可能完成的任务。因为 20 世纪 50 年代可容纳万人开会的礼堂不仅在中国没有，在世界上也没有，根本没有任何先例可循。苏联的克里姆林宫号称当时最大的宫殿，也只能容纳 6000 人集会。10 个月完工，更是不可想象的。包括苏联克里姆林宫、英国白金汉宫、美国白宫在内的大型建筑都是用了几十年甚至上百年才完工的。我们的大会堂不仅要求最快的速度，还要保证绝对牢固和安全，按周恩来的说法"它的寿命要比故宫和中山堂长，起码不应少于 350 年"。

这真的可能实现吗？

当时的中国人从上到下都憋着一股干劲。近代以来中华民族在世界上

◎ 人民大会堂外景

　　2017年3月5日，第十二届全国人民代表大会第五次会议在北京人民大会堂开幕。图为大会开幕前的人民大会堂。（新华社记者燕雁摄）

落后挨打，经过多少屈辱和抗争，付出多少血和泪的代价，才赢得民族独立和国家主权，人们分外珍惜和平的建设环境，一心要为加快国家发展贡献力量。建国近10年来的成就也给了人们巨大鼓舞，第一个五年计划提前完成，各项事业欣欣向荣。北京市副市长、北京市国庆工程总指挥万里的话，代表了当时很多中国人的心声："不是有人不相信我们能自己建设现代化国家吗？老认为我们这也不行那也不行吗？我们一定要争这口气，用行动和事实做出回答。"

　　1958年9月10日，梁思成、杨廷宝、张开济、吴良镛等建筑专家齐聚北京。他们在5天时间内拿出第一稿方案，之后又根据各方意见反复修改，先后形成7稿方案。直到10月14日，周恩来审查了建筑专家组送交的由清华大学、北京建筑设计院和北京市规划局设计的三套方案。其中北京市规划局的方案有两大特点：一是总建筑面积从原定的7万平方米扩大到17万余平方米，显得气势非凡；二是在大会堂的中心安排了宽敞的中央大厅，既可作为休息大厅使用，还能举行纪念活动。据说就是这两个特点吸引了周恩来，他亲自拍板："就用这个！"设计方案虽然通过了，但也只是个基本"轮廓"，内部结构还几乎是一片空白。为赶在 10 周年大庆前完工，大会堂只能是"边设计、边供料、边施工"。

　　建筑专家们忙于设计时，天安门广场已经开始了拆迁工作。因大会堂工程占地达 15 万平方米，需要拆迁单位 67 个，房屋 1823 间；迁移居民 684 户，拆房 2170 间。按正常情况至少需要半年至一年时间才能完成拆迁。但群众的自觉性和积极性非常高，只用了 10 天左右时间，1958 年 10 月 10 日居民和单位就全搬走了。

　　1958 年 10 月 28 日，天安门广场上响起一阵机器轰鸣声——人民大会堂破土动工了。23 个省、市为人民大会堂的建设提供了各种建筑材料。北京 30 多个单位 1 万多人和来自全国 17 个省、市的建设者参加了人民大会堂的建设。首都机关干部、学校师生、市民群众等利用业余时间来到大会堂建筑工地参加义务劳动。有些在北京火车站乘车的旅客也利用候车的一点时间赶到工地上挖锹土、搬块砖。他们没有要一分工钱，也没有留下姓名，却为能在大会堂的工地上辛苦流汗感到无上光荣。据后来统计，先后有 30 多万人次参加了大会堂工地的义务劳动。热火朝天的劳动场

◎ 人民大会堂内景

　　2017 年 3 月 15 日，第十二届全国人民代表大会第五次会议在北京人民大会堂举行闭幕会。（新华社记者兰红光摄）

面，反映了当时人们强烈的主人翁意识和建设国家的巨大热情。

1959 年 5 月，宴会厅和人大常委会办公楼两大主体工程都已进入到外部装修阶段。万人大礼堂里却因为结构复杂、空间范围大，仍然在进行结构施工。如何形成无遮挡视觉效果的问题就使设计人员犯了难。经反复研究，设计人员决定，采用大跨度的钢桁架代替柱子进行支撑。这意味着要在东西两侧大墙上安装 12 榀 7 米高 60.9 米跨度的大钢架。可问题随之而来，以当时的条件，这样的"庞然大物"如何吊装到几十米的高空？几天的冥思苦想后，一位有经验的老起重工想了个"土办法"：将两个人字形支架立在人民大会堂的两面墙上，以墙体为支撑点，进行吊装。老工人哨子一吹，两边工人们一同协作，大钢架缓缓起吊成功了！

有了钢架，紧接着就涉及到屋顶的设计。周总理来现场视察内部装修模型时，对屋顶的设计风格提出的要求是：水天一色。设计方案新鲜出炉。屋顶呈穹隆状，内部设计三圈带有水波形状的暗灯槽，上面分布 500 个灯孔。穹顶与墙壁均设计成淡青色，两者之间圆角自然过渡，浑然一体。打开顶灯，人仿佛置身浩渺星空，顿生"天人合一"之感。

1959 年 5 月下旬，距离工程竣工仅剩下三个月。万人大礼堂进入内部装修阶段。按照一般程序，纷繁复杂的内部装修根本无法在不足 100 天内完成。要成就奇迹，就必须在施工空间上想办法。工人们利用钢桁架搭出悬空的架子，将万人大礼堂分成从上到下的八层空间。4000 多名工人分布其中，忙碌却有条不紊。铺地面、安楼板、吊天棚……十多个工段平行流水、立体交叉，同时高速作业。

7 月 25 日，大会堂验收委员会成立，随即对大会堂的各个部位进行了严格检查和验收，以确保安全投入使用。9 月 9 日，毛泽东亲自来到工地视察。万里陪同视察，他对毛泽东说："这座建筑到现在还没有命名。过去周总理曾讲过，需要请毛主席命名。"毛泽东问："你们现在怎么叫这座建筑？"万里回答说："我们一般叫'大会堂'或'人民大会堂'。"毛泽东说："那就叫'人民大会堂'吧！"从此，这一伟大的建筑有了自己的正式名称。

1959 年 9 月 10 日，人民大会堂正式竣工并交付使用。从 1958 年 10 月 28 日正式动工，历时 10 个月零 13 天。从此以后，中国共产党和国家的重要会议都在这里举行。

经过近 50 年风雨的检验，人民大会堂——这座世界上最大的会堂建筑已经成了中国建筑史上当之无愧的经典，成了北京这座古老城市的地标之一。

拒绝与苏联合资建长波电台以后……

1958 年 4 月 18 日，一封特殊的信函送交到时任中华人民共和国国防部部长彭德怀的手中。苏联国防部部长马利诺夫斯基在信中提出和我国合作，在中国建设一座大功率长波电台和远程收信中心，技术力量全部由苏联方面提供，并承担 70% 的建设费用。

那时没有卫星，长波电台是远航舰船通信、导航必不可少的工具。一个国家只有建立长波电台，岸上指挥所才能对远航舰船编队，特别是对潜艇实施有效的指挥。苏联提出在中国建设长波电台，主要想借助中国漫长的海岸线指挥苏联在太平洋地区活动的潜艇，军事意图十分明显。另一方面，早在 1954 年，中国人民解放军的第一支潜艇部队诞生，中国海军已经着手长波电台的建设，先后在青岛、宁波、湛江地区建起了 3 座小型长波电台。可是这 3 座电台功率太小，不能适应我海军部队发展的需要，中方也急需建设一座大功率的长波电台。

然而，1958 年 6 月 12 日，中共中央军委以彭德怀的名义复函苏联国防部，婉言拒绝了中苏共同出资建设长波电台的提议。其中的原因就在于马利诺夫斯基信中提到的一个条件——长波电台建成后要中苏两国共同使用，即各享有 50% 的所有权。这明显触及了中国的主权，让人产生苏联在中国领土上建军事基地的不愉快联想。不久，苏联方面又提出中苏两国建立"共同核潜艇舰队"的要求，更是触到了中国的底线，伤害了民族感情。毛泽东非常气愤，紧急约见苏联驻华大使尤金，历数苏联对待中国的老子党作风和大国作风。

毛泽东的态度，使赫鲁晓夫感到问题严重，他于7月底秘密来华向毛泽东解释。经过四次会谈，赫鲁晓夫收回了原来的不合理要求，同意按中国的意愿解决长波电台等问题。8月3日，中苏双方签订了《关于建设、维护和共同使用大功率长波无线电台发射台和专用远距离无线电收信中心的协定》，其主要内容有两点：一是长波电台由中国自己建设，主权属于中华人民共和国；二是苏联在设计和建筑等技术方面给予帮助，通过订货方式解决，一切费用均由中国通过贸易账户解决。同年11月，中苏两国又签订了关于提供设备、器材，派遣专家的合同。

很快，千军万马开进了荒凉的黄土高原，在一片没有人烟的盐碱地上，长波电台工程上马了。当时中国国民经济处于困难时期，很多工程被压缩，长波电台建设却是个例外。

一列列火车将成百上千的木箱子陆续运到高原小站，收件人的名字一律写着"刘巨扬"。不明就里的当地老百姓有点纳闷：刘巨扬是什么人物？怎么那么富？运来的东西咋这样珍贵，还请带枪的公安护卫？原来刘巨扬是长波电台的副台长，木箱子里装的全是长波电台建设所需的器材设备和工程材料。

表面看起来很富有，实际上长波电台工地条件十分艰苦，住的是四面透风的简易房，吃的粮食也没有充足供应。参建人员常常饿着肚子抢建工程，甚至去挖老鼠洞找粮食吃，有的人身上出现了浮肿。土建施工和装卸器材都没有现代化机械设备，基本是靠人力。单是把一个个巨大的木箱从火车上运到工地，就费了建设者们很大力气。没有吊车和起重机，就靠滚杠、撬棍和一双双长满老茧的大手，把箱子平安地运上汽车，再运到工地，很多人的肩压肿了，背磨破了，手挤烂了，腿撞伤了。尽管吃住条件差，劳动繁重，可是没有一个人叫苦叫累，因为大家都只有一个信念，就是为中国人争口气，为我们的海军建设出力。

从1958年8月长波电台立项建设开始，两年间中苏两党的分歧逐步公开，发展为国家关系的恶化。1960年7月16日，苏联政府突然单方面撕毁同中国签订的600多个专家合同和科技合同，此后撤走了全部在华专家，中国的长波电台工程也因此搁浅了。

钱花掉了，建设大军铺开了，到货的设备躺在仓库里，可苏联工程师们走了。设备如果安装不起来，就是一堆破铜烂铁，将给国家造成巨大的浪费。

◎ 毛泽东和赫鲁晓夫交谈

　　中苏会谈举行签字仪式后，毛泽东主席和苏联政府代表团团长、苏联共产党中央委员会第一书记、苏联最高苏维埃主席团委员尼·谢·赫鲁晓夫谈话。（新华社记者齐观山摄）

经过反复讨论调研，考虑到中国海军发展的迫切需要，考虑到我们过去有建小型长波电台的经验，且我们的电子工业也有一定基础，有关领导及全体建设人员形成共识：工程不能下马！依靠我们自己的力量把它建起来！在各种压力和困难面前，中国人的拼命精神也被最大限度地激发出来。

虽然苏联单方面撕毁了合同，但仍然将我方订购的设备陆续发来。当时，中国建设人员深知这些器材的珍贵，是全国人民节衣缩食从牙缝里挤出来的，运输时小心翼翼，宁愿自己受伤，也绝不让器材受损。然而，令他们没有想到的是，运到工地打开木箱后发现很多器材已经损坏了。原来苏方在装箱时，未加任何保护措施，将娇贵的电子管、闸流管，与其他笨重的器材混装在一起，长途运输颠簸之后，多数已损坏报废，无法使用。还有些器材，苏方发出来之前就是不合格产品。

外贸部部长李强怒不可遏地找到苏联驻华设备参赞，当面叫他们退赔。1962年11月20日，国务院总理周恩来听了海军司令员萧劲光的汇报后，愤怒地提出抗议，并指示邮电部、广播事业局、三机部等单位协助海军攻克难关，组织国内力量研制长波电台所需设备器材。在各部门的大力支持下，设备器材问题在较短时间内得到有效解决。

边设计，边施工，边安装，长波电台工程有条不紊地继续进行。1965年10月，终于克服重重困难，完成长波电台安装工作，进入整机调试阶段。

1965年10月24日下午，大洋深处中国潜艇蓝鲸号正在潜行，我们的工程技术人员携带检测设备随潜艇出海测试长波电台信号，伴随着"蓝鲸"号不断下潜，中国的长波电台第一次发出呼叫，信号穿透陆地和海水，不同的距离、不同的水深、不同的流速，信号都清晰可辨。我国第一座大功率长波电台顺利通过测试，顺利峻工。

1966年2月16日，长波发信台首次正式担负对潜艇通信保障和试验任务。

长波电台的建设成功，反映了新中国在维护国家主权和领土完整上的坚定原则，也显示了中国人建设、保卫自己国家的志气和骨气。中苏在长波电台和联合舰队问题上的争执，是中苏同盟关系从鼎盛走向破裂的开始。之后，历经了30余年的对立、对抗，直到1989年，中苏两国才实现了"不结盟、不对抗、不针对第三国"的关系正常化。

4.5

电影《农奴》背后的故事

　　1964 年，由八一电影制片厂拍摄的电影《农奴》在中国大地引起轰动，赢得无数人的热泪。影片讲述了西藏一个普通农奴的故事。主人公强巴一家世代为奴，性格倔强的强巴从小就遭受非人的奴役和虐待，西藏和平解放后，他开始反抗农奴主的压迫，多次逃跑。扮演强巴的藏族演员旺堆准确地表现了人物深沉复杂的内心世界，出色地塑造了这个农奴形象，特别是他那双喷吐烈火的眼睛把对农奴主的仇恨展现得淋漓尽致。旺堆为什么演得那么真实、动情呢？后来人们才知道，演员旺堆在现实生活中曾做过 17 年的农奴，当了 8 年的贫苦喇嘛，影片中的大部分情节就是他的亲身经历。

　　西藏从公元 13 世纪起就实行封建农奴制度。这是一种落后而残酷的制度，官家、贵族、上层僧侣三大领主虽然只占总人口的不到 5%，但几乎占有了西藏的全部土地、草场、山林和牲畜，而占人口 95% 以上的农奴却一无所有。

　　西藏的农奴分为"差巴""堆穷"和"朗生"三个阶层，都受农奴主的压榨，没有人身自由。电影《农奴》中的强巴属于农奴中的最下等级——朗生。朗生的社会地位最低，生活条件最苦，近于奴隶。他们终生替主人干活，子女长大了仍然要做农奴主的朗生。主人可以任意对朗生打骂、处罚、出卖、赠送，甚至监禁、处死，在他们的眼里，朗生只是"会说话的牲口"。

不堪重负的农奴被迫逃亡、要饭，无数的人倒毙在路旁。拉萨、日喀则等城镇中，到处可以看到要饭的老人、妇女和儿童。1951年西藏和平解放前，不到3万人口的拉萨竟然有四五千个乞丐。

旺堆的祖辈是拉萨次角林寺庄园的"属民"，他一生下来就成了小农奴，后来经历过三次惊险的逃亡。西藏和平解放前各种税收多如牛毛，旺堆的童年记忆是："到年底，粮食、牛羊，几乎所有的东西全部被抵债了，债却越欠越多。""为了躲债，我们全家人逃跑了，但逃到哪里都要受剥削和压迫，生活很艰难，我们只能又回家了，但唯一的破房子也被农奴主没收了，我们一家人只好被迫分开，借住在亲戚家。"13岁的旺堆被迫到庄园去当差，负责放牧牛羊。由于吃不饱饭，最惨的时候还去捡别人家过年时驱鬼扔的祭品吃。

旺堆为第一次逃亡做了很久的准备，当时庄园有两个农奴逃到寺庙当僧人，半年后也没被抓回来，年长的农奴偷偷告诉他：寺庙里的人老爷是没权抓的。旺堆暗喜，从此开始搜集拉萨各大寺庙的消息。

20岁那年，他碰上了千载难逢的机会。庄园里的老爷为让农奴早点干完活，给农奴放3天假让他们到拉萨蔡公堂看表演。旺堆趁此机会，冒着被挖眼睛、砍脚的危险，坐着牛皮筏子穿过拉萨河，逃到了色拉寺。

在色拉寺，旺堆如愿成为一名僧人，但生活依然艰辛。那时的僧人也有等级之分，他不过是一名每天打扫卫生、擦地的最底层僧人，没有机会学习。严厉的师傅常常一个耳光就打过来，挨打几乎是家常便饭。

寺庙的生活让旺堆非常失望，他决定脱掉袈裟重新穿上俗人的衣服。冒死逃离寺庙后，他来到人民解放军的"七一"农场干活，拉粪、给土地施肥，解放军战士手把手地教他赶马车。

"那是我最快乐的时光，没人欺负，能吃饱穿暖。"旺堆第一次感受到了人生的温暖。但他也有很多顾虑，那时西藏已经和平解放了，但农奴制度依然存在，他总担心会被农奴主抓走，越过农场边上的拉萨河就是他主人待的寺庙。

1958年，旺堆26岁，他得到了到咸阳西藏公学（现西藏民族学院）上学的机会，这是他人生的第三次逃亡。"我想得挺简单，你们农奴主不可能到内地去抓我吧！"

当时，像旺堆一样逃到解放军那里的农奴还有不少。西藏的和平解放，为农奴展示了一个全新的未来，人民政府和金珠玛米（解放军）带来了他们从未体验过的平

◎ 拉萨河畔拍《农奴》

"八一"电影制片厂正在摄制一部以西藏农奴解放为题材的故事片《农奴》中的一个场面:贵族老爷把农奴强巴(旺堆饰)当作上马的"垫脚石",任意折磨和污辱!(新华社记者任用昭摄)

等、幸福和温暖，他们从心底盼望着新的生活和彻底的解放早日到来。可是西藏上层中的一部分顽固分子坚决反对改革，他们认为农奴制度是最美好的制度，能够保障他们的地位和权力，农奴们对自由的渴望对他们是最大的威胁。

为了维护封建制度"永远不变"，1959年3月10日，西藏上层反动集团在国外反动势力的支持下，公然撕毁西藏和平解放的"十七条协议"，在拉萨发动了全面武装叛乱。叛乱分子在拉萨制造各种恐怖活动，杀害爱国的藏族人士，并修筑了军事工事，向驻拉萨的党政军各机关发动武装攻击。

3月28日，国务院宣布："为维护国家统一和民族团结，除责成中国人民解放军西藏军区彻底平息叛乱外，特决定自即日起，解散西藏地方政府，由西藏自治区筹备委员会行使西藏地方政府职权。"解放军驻藏部队遵照中央的命令对叛乱武装发起反攻，平定了这场叛乱。

平叛的胜利，为西藏进行民主改革创造了条件。6月28日，西藏自治区筹委会召开会议，通过民主改革的决议，明确提出民主改革的任务是废除剥削制度，变封建农奴主所有制为农牧民个体所有制，变封建农奴主的西藏为人民的西藏。同时，对没有参加叛乱的农奴主的土地实行和平赎买政策。

百万农奴终于迎来了翻身解放的一天！他们不仅获得了人身自由，还分到了土地、房屋、农具和牲畜。

这一年，在咸阳读书的旺堆从广播里听到西藏民主改革的消息，终于长叹一口气，这一辈子再也不用逃亡，再也不用害怕了。旺堆在29岁时回到已发生翻天覆地变化的新西藏，他从一名农奴变成了西藏自治区话剧团一名演员，很快迎来了人生中最辉煌的时刻——在中国第一部西藏题材的电影《农奴》中扮演男主角强巴。

影片《农奴》在1981年获菲律宾马尼拉国际电影节金鹰奖，1994年获国家民委少数民族"腾龙奖"纪念奖。旺堆也从此成为西藏最耀眼的明星。

旺堆和西藏所有翻身农奴一样，喜爱唱这首歌："喜马拉雅山啊，再高也有顶；雅鲁藏布江啊，再长也有源；藏族人民再苦也有边，共产党来了苦变甜……"

4.6

容国团：开启世界冠军之门

　　1958 年春的一天，中国国家乒乓球队按照惯例召开一年一度的誓师大会，要求队员们制定各自的奋斗目标。会上，21 岁的运动员容国团表示："我要在三年之内取得世乒赛男子单打冠军。"这让与会者都有些震惊。会后，很多运动员私下议论："这小子真能吹，也不怕把房顶吹破了。"当时，中国运动员参加国际大赛的机会很少，还从来没人获得过世界冠军，人们不太相信容国团的雄心壮志能实现。

　　容国团，祖籍广东中山县南屏乡，1937 年 8 月 10 日生于香港。容国团从小喜爱乒乓球运动，15 岁时即代表香港工联乒乓球队参加比赛。1956年容国团以 2：0 击败来港访问的世界乒乓球团体冠军日本队的主力队员荻村伊智朗。次年，他代表工联乒乓球队参加全港比赛，一举夺得了男子单打、双打和男子团体三项冠军。1957 年 9 月，容国团到北京参加省港澳乒乓球运动员友谊赛。当时他又高又瘦，还患有肺结核病，却出人意料地以独创的球技，打败了全国冠军王传耀。

　　这匹黑马被时任国家体委主任贺龙看中了。应贺龙的邀请，容国团于1957 年 11 月离开香港，进入广州体育学院学习。

　　回到大陆，容国团心情十分激动，他在日记中写道："这是我走向新生活的一天。当我踏入广州体育学院所在地时，和我早已在球赛中认识的乒

◎ 中国第一个世界冠军容国团

1959年4月，容国团在德国多特蒙德进行的第25届世界乒乓球锦标赛上夺得男子单打冠军，为中国赢得第一个世界冠军。图为1959年4月22日，容国团载誉归来。（张赫嵩摄，新华社照片）

乒球运动员纷纷向我握手问好，表示了热烈欢迎。这时候我心里充满了幸福的感觉。很久以前我就想成为他们当中的一个，现在终于如愿以偿。"

容国团一回来，就享受到了前所未有的"特殊关照"。他当时每月的工资是86.5元，在运动员中是罕见的。有关部门花了很大力量为他治病，并且为他制定了详细的训练计划。几个月下来，容国团的肺病明显好转，身体也强壮起来。

1958年，容国团代表广东省乒乓球队参加全国乒乓球锦标赛，获男子单打冠军。随后，被选为国家队队员，备战即将在西德多特蒙德举行的第25届世界乒乓球锦标赛。

在鸦片战争后的一个世纪里，中国因封闭和贫弱而长期无缘世界赛场，1949年新中国成立后，又因政治因素遭遇了西方的敌视和孤立。20世纪50年代末，中国体育经过近10年举国体制的锻造，有了很大进步。一些运动员在国内比赛或与苏联队比赛中取得较好成绩，有的还打破世界纪录，如举重运动员陈镜开、女子跳高运动员郑凤荣等。但是总体说来，中国体育尚处在一个相对封闭的国际环境中，中国运动员创造的世界纪录多数不被承认。于是，在真正的国际大赛赛场上升起中华人民共和国国旗，奏响中华人民共和国国歌，成为中国人梦寐以求的愿望。

面对即将到来的国际乒坛最高赛事，国家队运动员都有争取好成绩的想法，但是没人敢明确提出夺冠，只有容国团表达了他的雄心壮志。他说："人生能有几回搏，我在25届世乒赛上，不拿世界冠军死不瞑目！"

为了实现为国争光的愿望，容国团的训练更加刻苦了。他找来多种打法的陪练，苦练抽、杀、削、吊、拉、搓、推、挡等球技。

1959年3月21日，中国乒乓球队赶赴多特蒙德，容国团是11名参赛队员之一。这是中国队在世乒赛上的第三次出场。首度亮相是在1953年。两次参加世乒赛，男队最好成绩是第一级第10名，女队最好成绩是第二级第3名。

赛事前半程进行得顺风顺水，男团首次闯入四强，男子单打前八名中也有一半是中国人。贺龙发贺电鼓励，周恩来每天无论多晚都要亲自过问比赛情况。巨大的压力下，在单打八进四的比赛中，队员纷纷落马，容国团成为"硕果仅存的一颗"。

半决赛中，容国团对阵美国老将迈尔斯。前两局容国团0：2落后，队友们都为他捏着一把汗。容国团毫不气馁，顶住压力，利用推挡和多变的搓球打法最终击败了迈尔斯，进入了决赛。王传耀回忆："最后迈尔斯打到什么程度呢，比分21分都没有到，他主动到容国团那儿握手认输，不打了！"

1959年4月5日，争夺世界冠军的时刻来临了。容国团的对手是曾9次获得世界冠军的匈牙利老将西多。比赛开始前，匈牙利队已经买好鲜花放在旁边，就等西多赢了上去献花。比赛开始后，容国团在先失一局的情况下，运用自己独创的绝技，以搓为攻，攻守多变，使西多难以招架。4局激战，容国团以3：1打败了西多。最后一个球打过去，容国团攥紧了拳头跳了起来。他真的实现了自己的誓言，为中国赢得了第一个世界冠军！多特蒙德威斯特代里亚体育馆里升起五星红旗，奏响了中华人民共和国国歌。海内外的中国人为之欢呼雀跃，热泪盈眶。

正值建国十周年，容国团这枚金牌来得恰逢其时，国人的热情空前高涨。比赛一结束，国内各部门的贺电就已抵达使馆。容国团手捧鲜花、奖杯的照片迅速登上所有华人媒体的头版。

4月6日《人民日报》发表社论说："容国团夺得的这枚金牌，结束了中国没有世界冠军的历史。通往世界体育冠军厚重的大门，从此向中国徐徐打开。"陈毅副总理在中央人民广播电台演讲中说："中国人民从来是勇敢，顽强，不示弱，不落人后。容国团等体育健儿取得的光荣成绩，将载入世界体育运动史册，中国体育上的屈辱日子一去不复返了。"《日内瓦日报》评论说："中国运动员在世界上以优秀选手的姿态出现，这件事看来比容国团个人的胜利更加重要得多。"

容国团用一个世界冠军，开启了一个民族情感爆发的阀门，带给国人巨大的精神鼓舞，新中国体育也由此翻开了崭新的一页。继容国团之后，几代体育健儿奋发图强、团结拼搏、勇攀高峰，取得一项又一项令人瞩目的成绩，捧得了一个又一个世界冠军的奖杯。中国体育蓬勃发展，大踏步地走向世界，向世界体育强国迈进。

4.7

"世界上有人怕鬼，也有人不怕鬼"

　　1961 年 2 月，人民文学出版社出版发行了一本书——《不怕鬼的故事》。编者为中国科学院文学研究所，全书包括何其芳署名的序文和 60 则古代笔记小说中不怕鬼的故事。全书共 106 页，70 个故事，6.3 万字。从表面上看，它只是一本小册子，并无惊世骇俗之处，但在当时却产生了非同一般的影响。国内主要媒体及部分对外宣传报刊都对此书做了介绍，发表了大量评论、辅导、学习体会之类的文章。书店内此书为畅销书，各级干部、群众、学生争相阅读。中学语文课本及时选用了书中部分篇目作为教材。

　　这本《不怕鬼的故事》为什么如此受欢迎？它到底有哪些特别之处呢？这还要从 20 世纪 50 年代末 60 年代初中国面临的一系列困难说起。在国内，"大跃进"和人民公社化运动急于求成的严重后果逐渐显现出来，经济形势一步步恶化，天灾人祸的三年困难时期到来了。国际上，1957 年底，中美之间关于相互放弃使用武力的外交会谈中断，台湾国民党军队加紧对大陆骚扰破坏；1958 年 8 月，毛泽东下令炮击金门，美国增兵台湾海峡；1959年，西藏发生反动武装叛乱，中印边界纠纷渐趋尖锐；1960 年，苏联单方面撕毁经济技术合作协议，中苏论战爆发；国际社会主义阵营出现分裂危机，一些国家加入了反华大合唱……随着多事之秋的来临，人们少了"大跃进"时的意气风发，取而代之的是各种议论和担忧。作为国家领袖，毛泽东当时考虑得比较多的，就是以什么样的精神状态来应对这些挑战，渡过难关。

从 1959 年春天开始，毛泽东在不同的场合经常讲古代笔记小说中的一些不怕鬼的故事。4 月 15 日，毛泽东在第十六次最高国务会议上通报当前的形势和党的大政方针时说："我看要奋斗下去，什么威胁我们都不怕。"他还讲起古代小说里不怕鬼的故事：《聊斋志异》里有一个狂生，晚上坐着读书，有个鬼吓他，从窗户口那个地方伸一个舌头出来，这么长，它以为这个书生就会吓倒了。这个书生不慌不忙，拿起笔把自己的脸画成张飞的样子，画得像我们现在戏台上的袁世凯的样子，然后也把舌头伸出来，没有那么长就是了。两个人就这么顶着，你望着我，我望着你。那个鬼只好走了。《聊斋志异》的作者告诉我们，不要怕鬼，你越怕鬼，你越不能活，它就要跑进来把你吃掉。毛泽东讲得绘声绘色，引得会场上笑声不断。这是毛泽东在郑重的会议上第一次讲不怕鬼的故事。在毛泽东看来，一切敌人、对手和困难都属于"鬼"，只有不怕它，才能战胜它，克服它。

同年 5 月 6 日，毛泽东、周恩来、陈毅在中南海紫光阁接见 11 个国家的访华代表团和这些国家的驻华使节。毛泽东介绍了西藏分裂分子武装叛乱和中印关系的紧张情况，随即把话题引向不怕鬼的问题："世界上有人怕鬼，也有人不怕鬼。鬼是怕它好呢，还是不怕它好？经验证明，鬼是怕不得的，越怕鬼就越有鬼，不怕鬼就没有鬼了……今天世界上鬼不少。西方世界有一大群鬼，就是帝国主义，在亚洲、非洲、拉丁美洲也有一大群鬼，就是帝国主义的走狗、反动派。"在这次谈话中毛泽东特别说道："中国小说里有一些不怕鬼的故事，我想你们的小说里也会有的。我想把不怕鬼的故事、小说编成一本小册子。"

毛泽东后来说到做到，指示一位中央书记处书记专门落实这项工作。这位领导同志把任务交给了当时属于中国科学院的文学研究所，并由所长何其芳具体负责。

这年夏天《不怕鬼的故事》基本编成了。该书主要选自《列异传》《语林》《聊斋志异》等古代笔记小说，所选篇目短小精悍，形象生动地描绘了各种各样的人不怕鬼，并且与鬼斗智斗勇的故事。在后来召开的一次中央工作会议上，毛泽东选了这本书的一部分故事，作为会议文件印发给与会同志。

1960 年，毛泽东指示何其芳将初稿精选充实。全书定稿后，何其芳请毛泽东写个序言，以说明在这个时候编选出版这本书的用意，引导读者结合现实更好地阅读。毛泽东让何其芳先起草一个，再给他看。这样，何其芳几易其稿，写了一篇近万字的序言。"序言"说："我们编这个小册子，目的不在于借这些不怕鬼的故事来说明我国古代的唯物主义思想。我们主要是想把这些故事当作寓言、当作讽喻性的故事来介绍给读者们。如果心存怯懦,思想不解放,那末人们对于并不存在的鬼神也会害怕。如果觉悟提高,迷信破除,思想解放,那末不但鬼神不可怕,而且帝国主义,反动派,修正主义,一切实际存在的天灾人祸,对于马克思列宁主义者来说,都是不可怕的,都是可以战胜的,都是可以克服的。"

何其芳把这篇序言呈送给毛泽东。毛泽东看后,于1961年1月4日在中南海约见了何其芳。谈话中,毛泽东讲道:"除了战略上藐视,还要讲战术上重视。对具体的鬼,对一个一个的鬼,要具体分析,要讲究战术,要重视。不然,就打不败它。你们编的书上,就有这样的例子。《聊斋志异》的那篇《妖术》,如果那个于公战术上不重视,就可能被妖术害死了。还有《宋定伯捉鬼》。鬼背他过河,发现他身体重。他就欺骗它,说他是新鬼。'新鬼大,旧鬼小',所以他重嘛。他后来又从鬼那里知道鬼怕什么东西,就用那个东西治它,就把鬼治住了。你可以再写几百字,写战术上重视。"

何其芳回去后,根据毛泽东的意见对序言做了修改,并寄给毛泽东。同年1月23日下午,毛泽东又约见何其芳。毛泽东对何其芳说:"你写的序文我加了一段,和现在的形势联系起来了。"说完,毛泽东把他加上的那一段念给大家听,其中有几句把他提议编选该书的现实意义表达得格外直接:"读者应当明白,世界上的妖魔鬼怪还多得很,要消灭它们还需要一定时间,国内的困难也还很大,中国型的魔鬼残余还在作怪,社会主义伟大建设的道路上还有许多障碍需要克服,本书出世就显得很有必要。"何其芳看到毛泽东的修改稿,发现除加写了最后一段外,毛泽东还在好几处地方做了修改。其中有两处是加写了这样的两句话:"难道我们越怕鬼,鬼就越喜欢我们,发出慈悲心,不害我们,而我们的事业就会忽然变得顺利起来,一切光昌流丽,春暖花开了吗?""事物总是在一定条件之下向着它的对方交换位置,向着它的对方转化的。"

《不怕鬼的故事》于1961年2月由人民文学出版社出版。付印前,毛泽东批示把清样送给刘少奇、周恩来、邓小平、周扬、郭沫若审阅,询问意见;出版时,指示将序言在《红旗》和《人民日报》上登载,把全书译成几种外文;出版后,又推荐给参加整风的干部们阅读。毛泽东亲自提议、指导、关心和主持编辑出版一本书,这种情况并不多见,显然用意深远。

《不怕鬼的故事》在当时给人们以深刻的启发和教育,对于全国人民坚定信心,渡过困难时期起到了积极作用。这本书后来又多次再版,直到今天依然放射出思想的光芒。书中所提倡的不怕鬼精神没有过时,只要我们不断赋予其崭新的时代内涵,给予其新的诠释,则必能跨越时代而常读常新。

"鞍钢宪法在远东，在中国出现了"

　　1960 年 3 月 22 日，一份题为《关于工业战线上的技术革新和技术革命运动开展情况的报告》摆在了毛泽东的案头，引起他极大的兴趣。毛泽东读了又读，在这份由鞍山市委呈交的报告上洋洋洒洒地写下了近千字的批示，欣喜之情跃然纸上："这个报告很好，使人越看越高兴，不觉得文字长，再长一点也愿意看。因为这个报告所提出的问题有事实，有道理，很吸引人。"

　　这段批示，充分肯定了鞍钢工人发明并总结出的企业管理运营模式，著名的"鞍钢宪法"由此被推广到全国的工业企业。

　　1948 年 2 月，鞍山解放。同年 12 月 26 日，重新回到人民手中的新鞍山钢铁公司成立。当时，这一始建于 1916 年的钢铁企业的情况并不乐观，日本人 1945 年战败从中国撤退时曾断言"在这块土地上，以后只能种高粱"。在国民党的手中，由于经营管理不善，鞍钢的产能大大退化。到鞍山解放前夕，鞍钢高炉炉体及动力机械设备几乎被洗劫一空，只剩下一副已不能运转的骨架。

　　新中国成立之初，百废待兴，各方面的建设都处于起步阶段，对钢铁的需求量急剧增加。然而，当时的钢铁企业却少得可怜，仅有的几个也已被战火摧残得破败不堪。在这样的背景下，为了迅速恢复生产，鞍钢的老

◎ 鞍钢宪法

1953 年年底，我国第一座无缝钢管厂——鞍钢无缝钢管厂投入生产。这是当工人们生产出第一根无缝钢管时，大家满怀喜悦，争相观看。（新华社资料照片）

工人孟泰积极组织工人在厂区挖掘、搜寻器材，并加以整理、分类、修复，建立了全国知名的"孟泰仓库"。正是有了这样的奋斗精神，鞍钢终于在 1949 年 6 月 7 日，为成立在即的中华人民共和国奉献了第一炉铁水，也使鞍钢成为解放后最早恢复生产的特大型钢铁联合企业。

从此以后，鞍钢的工人以主人翁的姿态积极投身生产建设工作，并自发掀起了技术革新和技术革命，提合理化建议（简称"两革一化"）等活动。1953 年，第一个五年计划开始后，鞍钢胜利完成了无缝钢管厂、大型轧钢厂、第七号炼铁炉三大工程，被毛泽东认为"是 1953 年我国重工业发展中的巨大事件"。

这三项工程，均是由苏联提供设计及成套设备，由我国自行建设安装的机械化和自动化程度较高的大型现代化工程。当时，苏联专家成批地来到中国，参与中国各个领域的建设。他们带来的不仅有生产技术，还有苏联企业的管理理念。

马格尼托哥尔斯克冶金联合工厂是当时苏联最大的钢铁联合企业。这家企业总结出了一套独特的管理办法，即实行集权化管理，搞物质刺激，依靠少数专家和烦琐的规章制度，不搞群众性的技术革命。这一管理规范得到了苏联的高度认可，成为著名的"马钢宪法"。

苏联专家到来后，鞍钢开始执行"马钢宪法"，但"马钢宪法"中的集权化管理和仅仅依靠少数专家等所谓成功经验并未在中国开花结果。鞍钢干部职工对其引发的官僚主义很不满意。"一五"结束后，鞍钢在深化"两革一化"的基础上，开始尝试摸索一套符合中国实际的，科学化、民主化、人文化的管理模式。

负责鞍钢第二初轧厂筹建工作的宋必达，当时年仅 34 岁。在了解到工人们对"马钢宪法"的不满情绪后，他深有感触。在攻克初轧机超压下作业的难关时，他率先提出以"两参一改三结合"的形式开展技术革新活动，即干部参加劳动，工人参加管理，干部、工程技术人员、工人联合攻关，开展技术革新活动，把"人"的因素与技术工作和管理工作结合起来，立足技术革新为突破口，通盘考虑以人为本的原则。这一尝试得到了鞍钢各级领导的大力支持，也受到了周恩来总理等高层领导的关注。

不过，宋必达的创新并非个案，从苏联留学归来的马宾也在为此孜孜探索。马宾曾在东北解放后出任鞍钢总经理，苏联留学归来后，却执意要担任总工程师。他每天在生产一线与工人一起操作、攻关，思索着管理创新、技术创新的课题。

"一五"期间，鞍钢在技术创新等方面取得丰硕成果。"两革一化"活动不断深入，年平均提合理化建议 19246 条，创造价值 939.5 万元。实践证明了鞍钢探索的管理经验和群众性的"两革一化"活动的正确性，这让鞍钢上上下下备受鼓舞。

1960 年 3 月中旬，中共鞍山市委以鞍钢的"两革一化"活动为主要内容，由马宾执笔，给中共中央写了前面所述的《关于工业战线上的技术革新和技术革命运动开展情况的报告》。

一直关注着鞍钢发展的毛泽东看到报告后十分高兴，并随即做出前面讲的那段批示："这个报告，更加进步，不是马钢宪法那一套，而是创造了一个鞍钢宪法。鞍钢宪法在远东，在中国出现了。"

毛泽东在批示中提出了管理社会主义企业的基本原则：坚持政治挂帅，加强党的领导，大搞群众运动，实行"两参一改三结合"，开展技术革新和技术革命运动。"两参一改三结合"指的是干部参加劳动、工人参加管理，改革不合理的规章制度，领导干部、技术人员和工人群众三结合。人们把毛泽东的这一批示概括为"鞍钢宪法"五项原则。

"鞍钢宪法"在此后很长一段时间里，成为中国共产党领导工业企业的指导方针。"鞍钢宪法"的实质是工人和知识分子对企业管理权的要求，也是在经济、技术领域对"人"的价值的肯定。但是，由于时代背景特殊，在执行过程中，"鞍钢宪法"染上了强烈的政治色彩，逐渐偏离了本意。在企业管理方法层出不穷的今天，全面、客观、正确地认识"鞍钢宪法"这一我国企业管理的早期探索成果，相信将为现代企业制度，尤其是国有企业改革，带来一定的借鉴。

4.9

"搞一个实事求是年"

毛泽东一贯生活简朴，向来反对别人为他祝寿，从不摆生日宴。然而 1960 年 12 月 26 日生日这一天，毛泽东破例请来林克等 6 位身边的工作人员一起吃饭，在座的还有中央办公厅主任汪东兴。饭菜非常简单，没有肉。吃饭时，毛泽东神情严肃，他语重心长地说："现在全国人民遇到了灾难，人民生活很困难，我很不放心。除了汪东兴同志外，你们 6 人都下去，和群众打成一片，实行同吃、同住、同劳动，了解真实情况。农村人民的生产、生活有什么困难和问题，群众有什么意见，都如实地反映上来，不要隐瞒。"

原来 1960 年下半年，国民经济的困难开始明显暴露出来，全国城乡严重缺粮，很多地方发生了浮肿病，有些省份出现了非正常死亡。"大跃进"、人民公社化运动本来是想把建设搞快一些，让人民早些过上好日子，最后却是这样的结果。毛泽东心情沉重，忧心如焚。他这时才深切

意识到之前很多形势一片大好的信息都是不准确的，决心派与自己接触最多的身边工作人员下去搞调查研究，了解最真实的情况。生日晚宴后，林克等6人带着毛泽东的嘱托，去了不久前发生饥荒的河南信阳。

步入 1961 年，中共中央的头件大事就是召开八届九中全会，研究克服经济困难问题。在 1 月召开的这次会议上，中央正式把"调整、巩固、充实、提高"确定为调整国民经济的基本方针。为了落实这个八字方针，毛泽东在会议上说，前几年犯错误的原因是调查研究做得少了，他希望全党"大兴调查研究之风"，提出要"搞一个实事求是年"。

◎ 1961 年："搞一个实事求是年"

1961 年 1 月，毛泽东在北京举行的中共八届九中全会上讲话，要求全党大兴调查研究之风，1961 年要搞个实事求是年。（新华社资料照片）

◎ 1961 年："搞一个实事求是年"

　　1961 年 1 月，毛泽东在北京举行的中共八届九中全会上讲话，要求全党大兴调查研究之风，1961 年要搞个实事求是年。（新华社资料照片）

　　会议一结束，毛泽东便亲自组织 3 个调查组分别去了浙江、湖南和广东。接着周恩来去了河北邯郸，朱德去了四川，陈云去了上海青浦，邓小平和彭真去了北京郊区顺义。几乎所有的中央主要领导人都深入农村，就人民公社管理体制中的公共食堂、供给制、家庭副业、自留地、集市贸易等问题进行调查研究。

　　刘少奇（1959 年当选为国家主席）回到了阔别多年的故乡湖南宁乡县，在农民中间住了一个多月。刘少奇首先抓住公共食堂问题展开调查。他先后召开大队干部、小队干部和农民群众座谈会，听取意见。为打消大家的顾虑，刘少奇说："解放思想，一点顾虑都不要，一点束缚都不要，愿意讲的话都讲，讲错了也不要紧，不戴帽子，不批评，不辩论。"讨论的结果是，干部都主张办公共食堂，而群众都不敢说要解散食堂，只是说不办食堂时的生活比现在好。

　　宁乡县花明楼公社有一个 10 岁的小学生，经常饿肚皮。爸爸被公社调去修水库，很少回家，妈妈又得了浮肿病，躺在床上走不动。为了能够吃一顿饱饭，他到公共食堂打饭时就悄悄多拿了一钵饭，又写了一张"我们饿肚皮，只怪刘少奇。打倒刘少奇！"的白纸条，贴在路边的电线杆上。民兵们"破案"以后，说这是反动标语、现行反革命行为，要把他挂牌游乡坐牢房，并要对班主任和校长进行严肃处理。刘少奇见到那个纸条，对工作人员说："写这种东西，只是反映了群众的一种意见，一种情绪，算不得是反动标语。这几年我们犯了错误，群众当然不满。你还不许人家骂娘？小孩子吃不饱饭，就有怨气。不要开除他的学籍；更不要责怪校长和班主任，不要停职反省。如果我们有意制造一种压抑的政治气氛，今后谁还敢说话呀！"接着，刘少奇又派人把这个小学生找来，并笑着把他拉到身边问："你说说心里话，为什么要写那张纸条？"孩子讲了妈妈的病情和自己的委屈。刘少奇又问："你说，公共食堂好不好？"孩子说："好个屁！背时的食堂，害人的食堂，砍脑壳的食堂！"刘少奇听罢，苦涩地笑了起来，并对周围工作人员说："好了！这恐怕是我们下乡以来听到的最没有遮掩的真话了！小孩子天真无邪，把群众不敢说的话和盘托出，宝贵得很呀！"

目睹耳闻刘少奇真心实意地访贫问苦、自律自责、忧国忧民的言谈举动，农民们打消了顾虑，开始讲心里话。一位老农告诉刘少奇："去年（1960年）粮食减产，干旱有一点影响，但不是主要的，我讲直话，三分是天灾，七分是人祸，是'五风'刮得咯样！"（"五风"即官僚主义、强迫命令、瞎指挥、浮夸风、共产风）

"三分天灾，七分人祸"这句振聋发聩的实话，使刘少奇陷入了深刻而沉痛的内疚和思考。

4月14日，正在湖南韶山调查的胡乔木（当时任中共中央书记处候补书记、毛泽东秘书）给毛泽东送交关于韶山公共食堂问题的报告，指出："大多数食堂目前实际上已经成了发展生产的障碍，成了党群关系中的一个疙瘩。""在这种情况下，大多数食堂势在必散，而且散并没有损失，反而对整个工作有利。"这是毛泽东收到的第一个主张解散食堂的正式报告。4月16日，毛泽东在长沙召集刘少奇、陶铸、王任重、胡乔木等开会。在谈到食堂问题时，大家都认为这是脱离群众、最不得人心的一件事。4月26日，中央转发了胡乔木的报告。在全党统一认识的基础上，1961年6月，中央正式规定，在生产队办不办食堂完全由社员讨论决定，实行自愿参加、自由退出的原则。此令一出，各地的公共食堂纷纷解散了。1962年2月，在毛泽东的提议下，中央又做出了将公社的核算单位下放到生产队的决定。这样一来，农民可以自己养猪，自己种菜，搞家庭副业；参加生产队的劳动，每天评工记分，按劳取酬。农民最关心的食堂和分配制度问题得到解决，农民的生产积极性被调动起来了。

由于毛泽东的大力倡导和高级干部的率先垂范，1961年调查研究在中国共产党内蔚然成风，使这一年成为名副其实的实事求是年、调查研究年。这为扭转困难局面，实现国民经济逐渐好转准备了必要条件。

4.10

扎根农村的邢燕子成为年轻人的偶像

    1960 年 10 月,《人民画报》第 20 期的封面人物是一位英姿飒爽的姑娘,她就是放弃城市优越生活、自愿献身农村建设的邢燕子。很快,邢燕子的事迹被广为传颂,年轻人都把她当作偶像。短发、皮肤黝黑、充满激情的邢燕子,被认为是那个时代最美丽的女性,深深影响了一代人。

    1958 年 7 月的一天,17 岁的邢燕子在初中毕业典礼上对同学们说,自己不打算回天津和父母团聚了,她要去农村。

    当时,尽管学校也号召同学们"到农村去安家立业","立志做祖国第一代有文化的农民",但真正选择去农村的人毕竟是少数。邢燕子的父母都在天津市工作,父亲是一个工厂的副厂长,她居然选择去农村,这让同学们有些吃惊。

    没过几天,邢燕子就回到了老家河北省宝坻县司家庄村,回到了不愿意离开故土的爷爷身边。但当她见到爷爷时,邢燕子才真正意识到,她将面临怎样的困难。

    司家庄村太穷了,乡亲们都是勉强糊口,生产队连窗户纸都买不起。爷爷劝邢燕子回城里找工作,但倔强的邢燕子没有改变自己的主意。第二天,她就找到了村支书,要求派任务给她。看这个城里来的姑娘热情很高,村支书就安排邢燕子到村里的食堂去帮忙。

邢燕子由此闹出了笑话：让她守着大锅烧稀饭，她看到稀饭马上就要沸出来了，却只会急得乱叫："快来人啊，粥要跑了！"旁边有个老大爷和她逗趣："闺女啊，快跪下来给粥磕头吧，磕了头它就不跑了。"单纯的邢燕子真的照做了。

连一锅稀饭都看不好，这让邢燕子羞愧不已。但司家庄的人们却记住了这个给稀饭磕头的傻姑娘，他们相信，这个城里来的姑娘真的是希望为村里出点力气。于是，邢燕子有了很多老师教她下厨做饭、下地干活。很快，邢燕子学会了一些家务基本常识和简单农活。

◎ 扎根农村的邢燕子

新中国最早树立的知识青年建设社会主义新农村的典型邢燕子（摄于1960年，新华社资料照片）。

就在邢燕子回来不久，司家庄遭了灾。稻子播种时30多天连续大旱，好不容易播了种，又是连续三天三夜大雨，秋收的时候，全村只收获了一些高粱。这不光使全村来年的粮食不够吃，而且连来年买种子、化肥的钱都没了着落。真正难熬的日子开始了。

邢燕子下定决心要和乡亲们共渡难关。她扛着农具和村里人一起来到地里，开始了秋耕。

盐碱地烧死了庄稼，他们就把泥沙下面的土翻上来；没有肥料，就把秸秆和着村里的生活肥料一起撒进田里；没有牲口，就把缰绳套在自己的肩上，双肩常常拉得满是血泡。

一个多月的苦干之后，来年的庄稼总算都种上了。但远水不解近渴，此时，司家庄的仓库里只剩下最后一点高粱，全村300口人连过冬都困难。

思前想后，邢燕子拉来了5个姑娘，打算一起搞一点副业，帮全村人解决吃饭的问题。她们想到了打鱼卖钱。女人结网捕鱼是司家庄人从来都没有听说过的事情，姑娘们却真的怀揣着干粮，连续干了好几个傍晚。冬天的河水冰冷异常，河面风也大，姑娘们的双脚常常冻得没有知觉，而且稍有不慎就会滑进为了捕鱼而凿开的冰洞。

就是凭着这股干劲，6 个姑娘硬是从河里打回了几百斤鱼虾。

白天捕鱼，晚上还要打苇帘，往往一天只能睡五六个小时。不到三个月，姑娘们就挣了 3000 多元，帮助全村人买回过冬的粮食和来年的种子，度过了那个艰难的冬天。

1960 年，邢燕子带领的姑娘队已经有 16 个人了。这一年，她们开垦了 560 亩荒地，秋后多收了 8 万斤小麦。在三年困难时期，司家庄不但养活了自己，还有余粮上缴国家。邢燕子不再是一个对农活一窍不通的还乡青年，成了农业生产的行家里手。

1960 年，正是中国农村遭受天灾人祸最困难的年头，许多回乡知识青年与农民纷纷流入城市躲避饥荒，这时正需要树立一个"发奋图强，扎根农村"的青年典型，邢燕子迅速引起了媒体的注意。于是，《河北日报》《中国青年报》《人民日报》等先后报道了她的事迹，各大报纸、电台纷纷跟进，在全国形成空前的宣传声势。郭沫若还专门为她写了一首《邢燕子歌》："邢燕子，好榜样。学习王国藩，学习铁姑娘。全家都在城，自己愿留乡……吃苦在前享乐后，一切工作服从党。北大荒变成金银窝，燕子结成队，奋飞过黄河……"这首歌在当年非常流行。

1961 年后，根据当时经济调整、压缩城市人口的需要，中共中央大力组织城乡中小学毕业生回乡或下乡参加农业生产，并形成一个高潮。这期间媒体对邢燕子的报道一直未间断，她也不断在报刊上发表文章鼓励知识青年上山下乡。1962 年 5 月 15 日在《天津日报》发表公开信《欢迎新战友，参加农业战线》，还写信给北京女知青侯隽，赞扬她到宝坻县农村插队落户。这时，邢燕子已与同村青年王学芝结婚，再一次表明她永远扎根农村的决心。

1966 年之前，像邢燕子一样自愿下乡的青年还是少数，全国不过几十万。而到了"文化大革命"时期，由于政治、经济等复杂原因，知识青年上山下乡则演变成一场全国规模的、声势浩大的运动。"学习邢燕子，发奋建设社会主义新农村""农村是一个广阔的天地，在那里是可以大有作为的"成为当时流行的口号。1976 年 9 月，邢燕子再次成为《人民画报》封面人物。这距离她来到农村已经过去了 18 年。"文革" 10 年间，全国共有 1400 多万知识青年上山下乡，他们把一生中最宝贵的年华献给了农村、边疆，在各自立足的土地上留下了奋斗的足迹。正如习仲勋所说："从动乱中走过来的一代青年，受过毒害和创伤，也得到了其他时期所得不到的磨炼。"

自 20 世纪 70 年代末 80 年代初开始，随着大批知识青年陆续返城，邢燕子和"知青"一起作为历史上的一页，逐渐淡出了人们的视野。

第 五 章

柳 暗 花 明

（1962—1965 年）

　　中国的社会主义建设刚刚起步，就遭遇了严重的挫折。人们逐渐认识到，搞社会主义建设单靠热情和干劲还不行，必须按客观规律办事。

　　1962 年初，在扩大的中共中央工作会议（又称"七千人大会"）上，刘少奇代表中央提出书面报告，在肯定成就的基础上分析了"大跃进"以来工作中的缺点、错误及其原因，指出"首先要负责的是中央"。毛泽东带头做了自我批评，他说："第一个负责的应当是我。"

　　七千人大会结束后，中央制定了一系列政策和措施，对国民经济进行坚决的全面的调整：大力精简职工，减少城市人口；压缩基本建设规模，停建缓建大批基本建设项目；缩短工业战线，实行必要的关、停、并、转；进一步从人力物力财力各方面加强和支援农业战线，加强农村基层的领导力量。

　　同经济调整相配合，对社会政治关系、知识分子政策、科学教育文化政策也做了进一步调整。为"反右倾"运动中被错误批判的大多数同志进行了甄别平反，还检查纠正在统战和民族工作中的错误。1962 年 3 月，周恩来作《论知识分子问题》的报告，肯定中国知识分子的绝大多数已经是属于劳动人民的知识分子。

　　调整工作在短期内取得明显效果。到 1962 年底，国民经济形势开始好转。又经过两年的调整，1964 年 12 月，周恩来在第三届全国人民代表大会第一次会议上宣布：调整国民经济的任务已经基本完成，整个国民经济已经全面好转。今后发展国民经济的主要任务，"就是要在不太长的历史时期内，把我国建设成为一个具有现代农业、现代工业、现代国防和现代科学技术的社会主义强国，赶上和超过世界先进水平"。

1964年10月，中国第一颗原子弹成功爆炸。这对中国的安全和发展具有重大战略意义。

在摆脱困境、调整经济过程中，中国大地上涌现出无数艰苦创业、勇于拼搏的英雄。被誉为铁人的王进喜、具有愚公移山精神的红旗渠建设者、战天斗地的大寨人、党的好干部焦裕禄、全心全意为人民服务的雷锋……他们是那个时代无数社会主义建设者的代表，谱写了中华民族百折不挠、自强不息精神的新篇章。

20世纪60年代前期，经济建设速度上的急于求成得到扭转，但是，在政治领域和思想文化领域内"左"的错误仍然存在，并且越演越烈。在1962年9月中共八届十中全会上，毛泽东重提阶级斗争，批判了"黑暗风""单干风""翻案风"。1963年，以城市"五反"（反贪污盗窃、反投机倒把、反铺张浪费、反分散主义、反官僚主义）、农村"四清"（清账目、清仓库、清财物、清工分）为主要内容的社会主义教育运动，在全国陆续开展起来。1965年，中央工作会议制定"二十三条"，将城市和乡村的社会主义教育运动统一规定为"四清"：清政治、清经济、清组织、清思想。"左"倾错误的发展，最终导致了"文化大革命"的灾难。

5.1

毛泽东把《卜算子·咏梅》印发给会议代表

　　1961 年 11 月 6 日早上 6 点多，秘书田家英收到毛泽东写来的一个便条："请找宋人林逋（和靖）的诗文集给我为盼，如能在本日下午找到，则更好。"

　　毛泽东酷爱读书，像这样突然要秘书帮他找某种书的情况时有发生，田家英也没觉得有什么特别。林逋是北宋著名词人，恬淡好古，不慕荣华富贵，晚年隐居杭州西湖，终身不仕不娶，喜欢赏梅养鹤，人们称他"妻梅子鹤"。他的咏梅名句"疏影横斜水清浅，暗香浮动月黄昏"，为读书人所熟知。田家英很快将林逋的诗文集找到并及时呈送给毛泽东。

　　完成任务的田家英刚松了口气，8 点多，又收到毛泽东的一张便条："有一首七言律诗，其中两句是：雪满山中高士卧，月明林下美人来，是咏梅的，请找出全诗八句给我，能于今日下午交来则最好。何时何人写的，记不起来，似是林逋的；但查林集没有，请你再查一下。"田家英急忙去查找，还在翻阅有关诗词集，毛泽东的第三个便条来了，上面写着："又记起来，是否是清人高士奇的。前四句是：琼枝只合在瑶台，谁向江南到处栽。雪满山中高士卧，月明林下美人来。下四句忘了。请问一下文史馆老先生，便知。"

　　一个上午，毛泽东连写三张便条要找一首咏梅的诗，这种情况倒是非常少见。经过一番努力，田家英终于查清楚了，原来这是明代诗人高启的《梅花九首》之一。全诗是：

> 琼姿只合在瑶台，谁向江南处处栽。
> 雪满山中高士卧，月明林下美人来。
> 寒依疏影萧萧竹，春掩残香漠漠苔。
> 自去何郎无好咏，东风愁寂几回开。

前人称这首诗"飘逸绝群，句锻字炼"。诗题为咏梅，实是诗人心灵的自白，表现了高洁的品格和精神，艺术性非常高。毛泽东当天就用草书写下全诗，在右起写了几个大大的字："高启，字季迪，明朝最伟大的诗人。"在"伟大"下面，他还重重画了一道横线以示强调。

那段时间，毛泽东似乎是对咏梅诗词着了迷，找来一首又一首，反复吟诵，似心有所感。

不久，田家英终于明白毛泽东为什么对古人的咏梅诗词那么感兴趣，因为毛泽东自己创作了一首《卜算子·咏梅》：

> 风雨送春归，飞雪迎春到。已是悬崖百丈冰，犹有花枝俏。
> 俏也不争春，只把春来报。待到山花烂漫时，她在丛中笑。

1961年12月27日，毛泽东把这首词作为文件批给在北京参加中央工作会议的人们看，并将南宋诗人陆游《卜算子·咏梅》附后，且加注说明："陆游北伐主张失败，投降派打击他，他消极颓废，无可奈何，因而作此词。"

陆游的《卜算子·咏梅》历来深受人们的喜爱：

> 驿外断桥边，寂寞开无主。已是黄昏独自愁，更著风和雨。
> 无意苦争春，一任群芳妒。零落成泥碾作尘，只有香如故。

然而和毛泽东的咏梅词两相对照，人们就发现二者格调迥然不同：一个是凄凉抑郁、清高骄傲、孤芳自赏；一个是泰然自若、慷慨豪迈，自信自强。陆游的咏梅词写得消极悲观，流露出封建士大夫报国无门的无可奈何情绪。毛泽东"反其意而用之",用"已是悬崖百丈冰,犹有花枝俏"来比喻身陷困境而绝不屈服的高贵品质;用"待到山花烂漫时,她在丛中笑"来喻示道路曲折而前途光明,表达最后胜利的春天一定会到来的信念。

毛泽东为什么要在 1961 年写这首《卜算子·咏梅》,还将其作为会议文件下发?诗言志,当时中国遭受严重经济困难,粮食等农产品严重短缺,苏联又单方面撕毁同我国签订的合同和协议,撤回全部在华专家,中苏关系严重恶化,使我国经济状况雪上加霜。面对内忧外患的严峻形势,如何鼓励全党和全国人民团结一致,发愤图强,勇往直前,排除万难,去争取胜利,是毛泽东思考和关切的一个问题。

郭沫若后来在《待到山花烂漫时》一文中这样解读:"在这样的时候,我们的处境好像很困难,很孤立,不从本质上来看问题的人便容易动摇。主席写出了这首词来鼓励大家,首先是在党内传阅的,意思就是希望党员同志们要擎得着,首先成为毫不动摇、毫不害怕寒冷的梅花,为中国人民做出好榜样。"

毛泽东把《卜算子·咏梅》批给参加中央工作会议的人们之后十余天,即 1962 年 1 月 11 日至 2 月 27 日,中共中央在北京举行了扩大的工作会议。参加会议的有中央、各中央局、各省市自治区党委及地委、县委、重要厂矿企业和部队的负责干部 7000 多人。这次大会又称为"七千人大会",是一次团结的大会、鼓劲的大会,对统一全党认识和克服困难,促进国民经济的恢复和发展起了积极作用。正如毛泽东 1947 年在《目前形势和我们的任务》中所指出的:"当着天空出现乌云的时候,我们就指出:这不过是暂时的现象,黑暗即将过去,曙光即在前头。"毛泽东咏梅词中的革命乐观主义精神,激励着全党、全国人民克服困难,渡过难关。

一年之后,1962 年 12 月 26 日,毛泽东又创作了一篇《七律·冬云》,再次对传统文化中高洁人格化身的梅花进行赞颂:"梅花欢喜漫天雪,冻死苍蝇未足奇。"与陆游、高启等古人的咏梅诗不同,毛泽东笔下的梅花被赋予了挺立风雪的俏丽形象、乐观的态度、独特的性格和惊人的气度,创出一种新的气象与景观,令人耳目一新、欢欣鼓舞。

毛泽东的《卜算子·咏梅》虽是针对特定的历史现象写的,但作品创造的独特意境、动人的艺术魅力一直给人们以美好的精神享受。特别是词中赞颂的那种理想信念的坚定、逆境中的不屈不挠,具有超越时代的永恒精神价值。

5.2

关于瓦弄战役的回忆

　　2012 年 11 月 16 日，200 多位白发苍苍的老人来到新疆乌鲁木齐市六道湾路一家酒店，参加一次特殊的聚会。原来他们都是中国人民解放军 54 军 130 师的战友。50 年前，130 师作为解放军当时的王牌部队之一，于 1962 年 11 月 16 日参加了中印边境自卫反击战的瓦弄战役。反击战结束后，130 师的 3000 余名战士分批来到新疆屯垦戍边，扎根在了新疆。在纪念中印边境自卫反击战 50 周年的日子里，这些分散在新疆各地的老战士齐聚首府，重叙战友之情。共同的记忆又把他们带回到那战火纷飞的日子里……

　　从 1961 年起，印度总统尼赫鲁自认为看准了中国国内经济困难的虚弱，在中印边境推行"前进政策"，不断以军事行动蚕食中国领土，破坏边界现状。到 1962 年年中，在中印边界西段，印军在一直由中国管辖和控制的地区设立了 43 个据点；在中印边界东段，印军沿"麦克马洪线"建立了 24 个新哨所。在中国付出了极大的和平努力及周恩来总理的多次诚恳协商无果之后，中印边境战争已如箭在弦上，蓄势待发了。

　　1962 年 10 月 12 日，尼赫鲁在一次公开讲话中宣称，他已下令把中国军队从塔格拉山脊"清除掉"。随后，印度国防部长梅农命令印军于 11 月 1 日前完成这一任务。10 月 17 日，印军在中印边境东段和西段同时向中方进行猛烈炮击。在这种情况下，中共中央做出实施自卫反击的决定。当天，中央军委下达了《歼灭入侵印军的作战命令》。10月20日至28日，中国西藏边防部队集结了1万多人的兵力，对印军第7旅实施自卫反击。为了增强反击作战的兵力，中央军委决定再调54军的1个师进藏。

54军130师接到参加对印自卫反击战命令时，正在四川开荒生产，他们以最快的速度集合，动员，做好弹药、物资准备。将士们乘坐800多辆汽车，分别从雅安、夹江、犍为等驻地出发，沿川藏公路线浩浩荡荡地向西藏高原进军。

10月29日，130师赶到西藏扎木，收到西藏军区转来的电报，上面有毛泽东的指示："调130师迅速攻歼瓦弄之敌。"

到了前线指战员们才知道，瓦弄地区位于中印边界东段传统习惯线以北的喜马拉雅山脉南麓，为典型的高山、峡谷、密林地区，作战条件异常艰苦。印军不仅熟悉地形，还在必经之路上设置了诸多火力点。当时驻防瓦弄的印军第11旅隶属于印度王牌军第四师，2000余名官兵中有不少参加过第二次世界大战，年龄最大的45岁。而我方战士平均年龄不到20岁。

1962年11月16日北京时间凌晨2时，130师正式发起了总攻。

他们要攻克的第一道天险是察隅河。由于河水湍急，横跨在河面上的一道索桥成为了渡河的唯一通路。130师388团的战士们作为主攻团，在昌都军分区153团的掩护下开始渡河。

随着冲锋号响起，信号弹开始在空中炸开。索道仅容一个人通过，战士们开始鱼贯而过。

此时，除了河对岸的火力点开始持续射击外，河背后原本静默的05高地也从山腰和山顶喷射出子弹、炮弹，战士们只能在间隔的一两秒内在桥上向前猛冲。

冲到最前面的战士即使中弹依然艰难前行，以挡住更多的子弹，为后面的战友争得生机。在众多"人墙"的掩护下，388团的大部分主力安然渡过了察隅河，并迅速端掉了河边的火力点。

紧接着，我军又发起了对"07高地"的进攻。

头顶是密集的炮火，面前是近乎直角的陡峭悬崖，战士们开始攀爬。在战斗中，排长周天喜带领一个加强班冲在最前面，经3小时苦战，打下了印军第一个地堡群，当向印军第二个地堡群冲击时，周天喜不幸牺牲。战士陈代富奉命执行摧毁地堡任务，当他将爆破筒塞入地堡时，被印军推了出来，在危急时刻，他爬上地堡，扒开堡顶积土，将爆破筒从顶盖圆木间隙插入，并用胸口顶住爆破筒，不让印军推出，当爆破筒即将爆炸的一瞬间，他迅速滚出了地堡，地堡被炸毁了，打开了部队前进的道路，后来人们称赞他是活着的黄继光。

经过 10 小时激烈战斗，印军前沿主阵地绝大部分被攻克。印军 11 旅旅长等人见势不妙，下令全线撤退，旅长本人乘飞机仓皇逃跑，部队大部溃散。17 时许，130 师进占瓦弄。随后开展追击和搜剿战斗，我军直逼至中印边境传统习惯线附近。

为了表示和平解决边界问题的诚意，中国政府于 11 月 21 日宣布，从次日零时起，中国边防部队在中印边界全线停火，并且自 12 月 1 日起从 1959 年 11 月 7 日双方实际控制线单方面后撤 20 千米。

130 师接到命令后立即停止追剿，后撤到指定地点。至此，瓦弄地区自卫反击战胜利结束。我军歼灭印军 1200 多人，使号称参加过二战，曾击败"沙漠之狐"隆美尔军团的印度荣誉部队威风扫地。瓦弄战役是中印战争中最关键一战，也是最后一战。

130 师取得瓦弄大捷的同时，西段入侵印军据点也被我军其他的边防部队全部清除，历时仅一个来月的对印自卫反击作战胜利结束。这次自卫反击战沉重打击了印度扩张主义的野心，维护了中国的领土和主权，大扬了国威军威，给中印边界带来了数十年的安宁。

5.3

神秘的 "596 工程"

在中国青海省海北藏族自治州海晏县有一片叫金银滩的草原，方圆 1000 多平方千米。著名音乐人王洛宾创作的歌曲《在那遥远的地方》唱出了这片草原的美丽，然而它还有不为人知的另一面：平均海拔 3100 米，气压低，氧气稀薄，年平均气温不到零摄氏度，经常风雪交加，冰雹大作，自然环境相当恶劣。在 1958 年以前，这片草原一直荒无人烟，与世隔绝。

1958 年冬天，沉寂千年的金银滩草原突然来了一群人，他们冒着风雪搭起了工棚，开始建筑施工。第二年春天以后，又陆续来了两三千人，还在草原上长期住了下来。他们到底要在这荒凉的草原上做什么？没有外人知道，一切都是极为保密的。

直到多年以后，这个秘密才被揭开，原来草原上悄然建起的是一座核武器科研基地（开始称二二一厂，后称第九研究院）。来自全国各地的建设者和研究者们就是在这里开始了中国第一颗原子弹的实际研发工程。

第二次世界大战结束后，国际形势的发展开始从东西两大阵营的对峙逐渐演变为两个超级大国之间的核军备竞赛，乃至对周边国家的核讹诈。20 世纪 50 年代，在朝鲜战争及两次台海危机中，中国均受到了美国的核威胁。毛泽东深有感触地说："不但要有更多的飞机和大炮，而且还要有原子弹，在今天的世界上，我们要不受人家欺负，就不能没有这个东西。"1955 年 1 月，中共中央做出了研制原子弹的战略决策。

就在各项工作紧锣密鼓进行的时候，一场突如其来的国际风波使原子弹研制工作遭遇了巨大的困难。1959 年 6 月 20 日，苏共中央致电中共中央，借口苏联与美国正在日内瓦谈判关于禁止核试验的协定，打算中断向中国提供有关原子弹研制的一切技术资料。第二年 8 月，在核工业部系统工作的苏联专家全部撤回国，并把重要的图纸资料全部带走，停止了原料、设备的供应。这种情况下，中共中央果断决定，自力更生，自己动手搞原子弹。正是由于 1959 年 6 月的那封电报，中国的第一颗原子弹有了一个代号"596"，以示不忘"国耻"。

在金银滩草原上的第九研究院，原子弹研制工作没有因为苏联专家的撤走而停止，科技人员没有灰心丧气，还是热火朝天忙碌着。后来，有亲历者这样形容那时的状态："整个研究院的人员，像蒸汽机车一样，加上点煤、水，就用尽全力向前奔驰。"

当时正是国家经济困难时期，粮食定量供应，副食品短缺。第九研究院的科技人员同样度过了每天挨饿、身体浮肿的艰苦时期。科研人员每天在食堂都吃不饱，但回到研究室立刻开展工作，两个多小时后，肚子抗议了，于是有的人拿出酱油瓶冲一杯汤，有的人挖一勺糖冲一杯糖水，还有的拿出一颗枣含在嘴里。"加餐"后立即又埋头科研工作，就这样坚持到下班。

面对苏联专家撤走后留下的残缺不全的核爆大气压数字，院长邓稼先带头攻关，领导设计部科研人员用 4 台老式手摇计算机，对原子弹爆炸时的物理过程进行了九次模拟计算和分析。后来在物理学家周光召的帮助下，推翻了苏联专家撤走时留下的原有结论，解决了中国原子弹试验成功的关键性难题。

很多科研人员都是隐姓埋名来到金银滩的。核物理学家王淦昌就是其中的一个。此前，他首先发现了荷电反超子，引起世界上的科学家同行的高度关注，但他却神秘地消失了。王淦昌离开家的时候，家里人都不知道他要去哪，他只是说："我有事，你们也别问了，到时候我回来就回来，其他的就别管了。"他这一走就是 17 年，名字也改成了"王京"。对于有精神追求的人来说，放弃优越生活条件和荣誉地位也许不算什么，但忍受长期与亲人分离的痛苦绝对是巨大的牺牲。为了中国的原子能事业，有多少像王淦昌这样离开温暖的家，常年在人烟稀少的荒漠、深山、草原默默奋斗的工作者啊！

到了 1961 年下半年，原子弹研制到了关键技术的攻关阶段，需要的投入也越来越大，而国家的经济困难也更为严重。这时出现了"上马"与"下马"的激烈争论。

这年 7 月，中央军委在北戴河召开国防工业会议。会上有人说：苏联公开宣布停止援助，搞尖端武器我们不仅技术上有很多困难，而且现有的工业基础太过薄弱，不足以保证原材料的供应。国家整个经济形势困难重重，各方面都要钱，而尖端武器花钱太多，如果硬搞，不仅影响常规武器的研制生产，而且会拖累国民经济的发展。最好的办法是暂时下马，等国家经济好转后再上。另外一部分人则是从国防战略上看问题，认为值得为长远的核盾牌多些投入。暂停只会使已经建立的基础废弃，队伍解散，再上马等于从头再来，这并非解决问题的办法。两种意见形成尖锐对峙。

中央政治局会议讨论这个问题时仍然是意见相左，主持经济工作的"大管家"们主张原子弹下马，而老帅们则坚决要上。性格豪爽的陈毅说："就是当了裤子也要搞原子弹。有了这个东西，我这个外交部长的腰杆子就硬了！"

上马还是下马，一时间双方各执一词。最后国家主席刘少奇说，先派人下去调查调查再说，政治局委员们都表示同意。这个重任落到了人民解放军副参谋长张爱萍身上。

经过对西部一些工厂、矿山、研究所的扎实调研，同核工程专家和技术人员的认真交流，一个月后，张爱萍向中央递交了一份长达 5000 字的调查报告——《关于原子能工业建设的基本情况和亟待解决的问题》。报告分析认为，这项重大工程，看起来盘子很大，但实际上很多东西都蕴含在国民经济的各个部门之中。所以说，关键不在投入多少，而在于挖掘各部门潜力。

报告说，在全国调查到的有 50 多个重点单位、3000 多名工作人员参与这项工作。原子能工业建设总的情况是好的，各项工作都有很大进展，若组织得好，抓得紧，有关措施能及时跟上，在 1964 年制成核武器和进行核爆炸是可能实现的。

最后，毛泽东一锤定音，决定"对尖端武器的研究试制工作，仍应抓紧进行，不能放松或下马"，并且决定在 1964 年试爆中国第一颗原子弹。

1962 年，原子弹的研制工作进入了最紧张的阶段。10 月 30 号，时任中国人民解放军总参谋长的罗瑞卿向毛泽东和党中央递交了一份报告，提出实现原子弹爆炸必须取得全国在人力和物力上的大力支援，建议成立一个专门委员会，以加强对原子能工业的领导。毛泽东很快做出批示："很好，照办，要大力协同做好这件工作。"

11月3日"专门委员会"成立。也就是从这一天开始，原子弹不再由国防科委牵头，而成为全国性的大战略。全国20多个省市自治区、26个相关部委、900多家工厂高校和研究机构，为了原子弹研制紧密协调，形成通力合作的良好局面。

1964年10月16日15时，新疆罗布泊戈壁滩发出一声惊天动地的巨响，一朵巨大的蘑菇云升腾而起。同日，中华人民共和国政府发表声明，宣布中国爆炸了一颗原子弹，成功进行了第一次核试验。还郑重表示："中国在任何时候、任何情况下，都不会首先使用核武器。"

24年后，1988年邓小平在一次讲话中说："如果60年代以来中国没有原子弹、氢弹，没有发射卫星，中国就不能叫有重要影响的大国，就没有现在这样的国际地位。这些东西反映一个民族的能力，也是一个民族、一个国家兴旺发达的标志。"

◎ 我国第一颗原子弹爆炸成功

1964年10月16日15时，我国第一颗原子弹爆炸成功，"东方巨响"震惊了世界。这一成就集中代表我国科学技术当时所能达到的新水平，有力地打破了超级大国的核垄断和核讹诈，提高了我国的国际地位。

图为爆炸后升起的蘑菇状烟云。(新华社照片)

5.4

音乐舞蹈史诗《东方红》引起轰动

1965 年 10 月 18 日，英国《每日快报》刊载了一篇通讯，是一位英国记者谈他在中国广州观看音乐舞蹈史诗《东方红》后的感想。其中写道：

五十个像向日葵一样鲜艳的漂亮中国姑娘，把舞台变成了美的化身。两百人的合唱队形成了怒放的花瓣，齐声歌唱。

……

我认为无论如何，开头的合唱是我听过的最动人、感情最充沛的歌曲之一。

……

但是，这还只是整个辉煌演出的一个小部分。

舞台、灯光、音乐效果——还有一个漂亮的西藏姑娘，她的女高音的音域在技术上可以同卡拉斯（意大利著名歌剧女演员）媲美——一切都美妙到极点，我相信任何西方剧院都无法相比。

如果你忘掉政治——由于我只懂二十个中国字，做到这一点并不难——音乐、音乐、才旦卓玛的高唱入云的女高音歌曲，使我这个到现在对中国了解已经很多从而不能完全没有微词的记者几乎流出了眼泪……

到底是怎样的一部音乐舞蹈史诗让一名外国记者如此赞赏？它又是怎样创作排练出来的呢？

1964 年，中国人民继克服严重经济困难后，在第三个五年计划建设中取得了令人瞩目的成就。为庆祝新中国建国 15 周年，中共中央决定在这年 10 月 1 日举行盛大的庆祝活动，并邀请各兄弟党和友好国家的领导人来华参加。

当时文化部和中国音协正筹办一个规模较大的"北京音乐节"。周总理对此很关心，当他详细了解了筹办情况后，经过认真思考，认为办"音乐节"的条件还不够成熟。7 月 18 日，周恩来总理在国务会议上提议，创作一部表现中国共产党的斗争历史、展现毛泽东思想发展过程的大型歌舞作品，向国庆 15 周年献礼。

中宣部、文化部对周总理的建议进行了认真研究，认为可行，因为在此之前，上海方面在"上海之春"音乐节期间就曾排演过一部歌颂党和毛主席领导中国人民进行革命斗争的大型歌舞节目，而空政文工团、中央歌舞团等也先后演过"革命历史歌曲表演唱"等节目。此外，在党的各个革命历史时期都产生过深受人民群众喜爱的大量革命歌曲和新民歌，把这些节目和相关历史资料进行选择和编排，完全可以创作一部表现革命历史进程的大歌舞。

经过一番商议，决定将这部大型音乐舞蹈史诗定名为《东方红》。7 月 31 日，周恩来总理亲自点将，初步拟定了一个由 13 人组成的领导小组名单，以及组织指挥小组（后来改称大歌舞指挥部）名单。领导小组组长是时任文化部部长周扬。

此时，距离"十一"只剩下短短两个月，要在这么短的时间里排演一部反映中国革命斗争历程的史诗性作品，难度可想而知。在周总理的亲自过问下，大歌舞指挥部在全国调兵遣将，各地大力支持，要人给人、要物给物，一路绿灯。

《东方红》的创作班底，可以说荟萃了当时国内编导、作曲、歌唱、舞蹈、美术设计等各个艺术门类的顶尖人才，称得上是全国艺术精英的大聚会、大会战、大检阅。

8 月 12 日，参加《东方红》演出的全体演员到北京西苑宾馆报到，动员大会结束后便投入到紧张的排练之中。由于时间紧迫，这台大歌舞没法预先把剧本创作规划好，只能一边修改，一边排练。大家发挥积极性，奋发创作，常常工作到半夜。

整台大歌舞动用了强大的演出阵容，包括乐队、合唱队和舞蹈队等等，共计3700 多人，他们来自五大军区的文工团、北京的所有文艺团体，还有数百名工人和学生业余合唱团的成员，参演的有几十个文艺团体。而整场演出当中，用到的大大小小、中外样式的服装，共有 4000 多套。要管理好这么庞大的演出阵容，管理好数

◎ 大型音乐舞蹈史诗《东方红》首演

1964 年 10 月，大型音乐舞蹈史诗《东方红》在北京人民大会堂
首演。这是以红军长征为主题的《东方红》第三场《万水千山》。(新
华社记者侯波摄)

以千计的服装、道具，确保演出秩序无闪失，实非易事，为此剧组采取完全军事化
的管理。

作为《东方红》总策划、总导演，周总理为《东方红》倾注了大量心血。每天在
忙完一整天的国务活动之后，他总要在深夜一两点钟来到《东方红》剧组，和编导
们一起讨论，大到指导思想，小到具体词曲，都亲自参与。

《东方红》是一部政治性、历史性都很强的作品，对一些重大历史事件的表现，
以及它们在戏中所占的分量，都不是单纯用技术手段所能解决的。周总理指示，不
但要突出地表现党的诞生、秋收起义、遵义会议等大的历史事件，还要在艺术上尽
可能完美。

"东方的曙光"一场主要反映中国共产党的诞生，当时找不到合适的描写和歌颂
共产党诞生的歌曲，周总理为此很是着急。国家文化部艺术局局长周巍峙专门到音
乐研究所找来了《北方吹来十月的风》这首歌，周总理看了歌词很是高兴，认为它
很好地说明了马列主义传播和中国革命的关系，也表达了毛主席所说的"十月革命
一声炮响，给我们送来了马克思列宁主义"这个历史性结论。而作曲家李焕之参考
大革命时期群众歌曲的风格为这首歌词谱写的曲子也很受周总理赞赏。周总理还亲
自为这首歌设计了布景。

《东方红》不但生动演绎了许多经典歌舞作品，同时推出了《赞歌》《毛主席祝您万寿无疆》《情深谊长》《游击队歌》《二月里来》《南泥湾》等一批新歌新曲。《东方红》中的歌曲大多高亢嘹亮，充满激情，相比之下，《游击队歌》就显得轻快多了。开始时，有人不同意把这首歌放进去，说它过于轻松，抗日、跟鬼子斗争哪有那么轻松？周总理却不以为然。他说，这首歌洋溢着革命乐观主义精神，好听，群众爱唱，当时对动员学生参加革命起了很好的作用，是人民批准的作品。革命有的时候需要雄壮的东西，有的时候也需要轻松的东西，有统一也要有变化，革命是广阔的，革命的感情也应该是丰富的。

周总理的话虽是针对这首歌而讲，但它涉及到了从艺术风格的角度怎样理解革命文艺特点的问题，主创人员从中受到很大启发。正是在这种思想指导下，剧组大胆运用各种艺术手法和表现手段，西洋独唱、民歌独唱，荟萃一堂，西洋乐队和民族乐队同奏一个调，舞蹈不仅表现了多民族特点，而且表现人民生活、战斗场面等，从而使这部史诗式的大歌舞更加丰富多彩、生动活泼。

"五彩云霞空中飘，天上飞来金丝鸟。啊，红军是咱们的好兄弟，长征不怕路途遥……"这首名为《情深谊长》的歌曲，表现的是红军经过云南彝族地区时的情景。在《东方红》排演中，这首歌最初采用美声唱法，但效果不是很理想。周恩来于是指定邓玉华将这首歌由美声唱法改为民歌唱法，并由她装扮成一个彝族姑娘来唱。邓玉华起初唱这首歌老是跑调，但她不气馁，仔细研磨，经过十多场演出后，终于将这首歌唱到了十分完美的地步，成为《东方红》中的一个亮点。邓玉华后来因这首《情深谊长》一举成名，她甜美的歌声和俏丽的彝族少女形象，深深留在了许多观众的心中。

《东方红》终于在国庆节前排演完成。全部史诗分为"东方的曙光""星火燎原""万水千山""抗日的烽火""埋葬蒋家王朝""中国人民站起来""祖国在前进""世界在前进"8场，由30多首革命歌曲和20多个舞蹈组成，其中包括5个大合唱、7个表演唱，还穿插了18段诗朗诵。

1964年10月2日晚，大型音乐舞蹈史诗《东方红》在首都人民大会堂首次隆重上演，毛泽东、刘少奇、朱德、周恩来等党和国家领导人都前来观看演出。

《东方红》首演成功后，又在人民大会堂连演十余场，盛况空前。毛泽东等党和国家领导人对这台戏给予了高度评价。在那举国欢庆新中国成立15周年的日子里，大型音乐舞蹈史诗《东方红》走出首都、走向全国，并于1965年被拍摄成电影，搬上了大银幕，其中许多歌曲数十年来一直在人民大众中广为传唱，成为经久不衰的"20世纪艺术经典"。

5.5

"宁可少活二十年，拼命也要拿下大油田"

在黑龙江省大庆市有一座铁人王进喜纪念馆，这是中国第一座为工人修建的纪念馆。王进喜到底是怎样的一个人？他难道没有疲劳、软弱、痛苦这种血肉之躯不可避免的感受吗？他怎么可以称之为"铁人"呢？又是什么力量让他成为"铁人"的？很多参观者就是怀着好奇，带着这样一连串问题走进纪念馆的。

石油是工业的血液，没有石油，经济建设就缺少向前发展的润滑剂。长期以来，中国一直戴着贫油国的帽子。1960 年，全国需要原油 1000 多万吨，缺口一半以上，连街上的公共汽车都因缺油而背上了硕大的煤气包。毛泽东曾不无感慨地说："天上飞的，地上跑的，没有石油都转不动啊。"

1959 年 9 月 26 日，新中国诞生十周年大庆前夕，石油战线传来喜讯——松基 3 井喷出了棕褐色的原油！"大庆油田"因此得名。为了解决国家缺油的燃眉之急，为了加快工业化的步伐，一场规模空前的石油大会战随即在大庆展开。

1960 年三四月间，石油系统 37 个厂矿、院校组织人员自带设备，国务院一些部门人员、当年退伍的解放军战士和转业军官，组成 5 万人的石油大军，进入东北松嫩平原。

王进喜此前是玉门油田的一位钻井队长，他是苦孩子出身，6 岁靠讨饭为生，10 岁给地主放牛，15 岁到玉门油矿做苦工，直到玉门油矿解放。1950 年春，他成为新中国第一代钻井工人，1956 年 4 月加入中国共产党。1958 年 9 月，他带领钻井队创造了当时月钻井进尺的全国最高纪录，荣获"钢铁钻井队"称号。1959 年 9 月，王进喜被评为全国劳动模范，光荣出席了全国工交群英会。群英会期间，他得知东北发现了大油田后异常兴奋，找到当时的石油部领导，积极要求参加石油大会战。获得批准后，王进喜率领 1205 钻井队从西北来到东北。

一到大庆，呈现在王进喜面前的是许多难以想象的困难：没有公路，车辆不足，脚下是一片荒原，朔风呼啸，滴水成冰，吃的是苞米面炒面，住的是四壁漏风的马棚。但王进喜一不问吃、二不问住，先问钻机到了没有、井位在哪里、这里的钻井纪录是多少。

王进喜遇到的第一个问题是吊车、拖拉机不足，钻井设备在火车上卸不下来。有人问：没有条件，怎么上马？王进喜当即说了一句至今仍然掷地有声的话："有条件要上，没有条件创造条件也要上！"他带领全队 30 多人用撬杠撬、木块垫、滚杠滚、大绳拉的办法，将 60 多吨重的钻机一寸一寸地运到井场，把 40 米高的井架矗立在茫茫荒原上。要开钻了，可水管还没有接通。王进喜振臂一呼，带领工人到附近水泡子里破冰取水，硬是用脸盆、水桶，一盆盆、一桶桶地往井场端了 50 吨水。经过艰苦奋战，前后仅用 5 天时间就钻出了大庆油田第一口生产井。

王进喜会战荒原时，没日没夜地带头苦干。工友们私下里都议论说："你看咱们队长，真是铁打的。"一次，王进喜在井场和工人打完一口井后，放井架"搬家"，忽然，一根几百斤重的钻杆从高处滚下，正砸在专心指挥的王进喜的腿上，王进喜当即昏倒在地。王进喜醒来后，看见井架还没有放下，几个工人正在抢救他，就急了，大声吼道："我又不是泥捏的，哪能碰一下就散了？"他一咬牙站起来，继续指挥并架，鲜血从他的裤腿和鞋袜里浸了出来。并完架，王进喜再次昏过去，工人们赶紧把他送进医院。医生们给他清理伤口时，发现砸得十分严重，感叹地说，要是平常人，早就顶不住了，他可真是铁打的。王进喜在医院只住了几个小时，就挂着拐跑出来，一拐一拐地回到钻井队继续工作。

井架搬到新址，王进喜立即指挥打下一口井。一天，挂着拐在井场上指挥的王进喜听到轰隆一声，钻机上几十斤重的方瓦忽然飞了出来。富有经验的王进喜知道，要发生钻井最怕的大事故——井喷。井喷，就是埋藏在地层深处的水、原油和天然气在地层的高压下突然喷发，将井架吞没到地层里去，井毁人亡。在这十分危急的时刻，王进喜没有慌乱，他挂着拐杖上前去组织压井喷。压井喷需要用重晶石粉调泥浆，但井场上没有，他当机立断，决定用水泥代替。可是，当大家把一袋袋水泥倒进泥浆池时，由于没有搅拌机，水泥都沉在池底，起不到作用。见此情形，王进喜把双拐一甩，纵身跳进泥浆池，用自己的身体搅拌泥浆。队长这种奋不顾身的精神感动了大家，工人们纷纷跳下泥浆池，和王进喜一起搅拌泥浆。王进喜和工人们在泥浆池中搅拌泥浆整整持续了三个小时，终于把井喷压了下去。油井和钻机保住了，工人们的手上身上却被碱性很强的泥浆烧起了泡，而已经带着重伤的王进喜的情况更加严重，他不仅全身被烧起了泡，严重受伤的腿还流出了大片脓血，疼得他扑倒在钻杆上，豆大的汗珠从脸上滚下来。就是这样，他也一声不吭。在场的人都说：这真是铁人啊！

当年中国的钻井设备还不先进，科技手段也跟不上，打井会经常出现井喷的危险。有一次，一个井队发现有井喷迹象，马上派人去向王进喜求助。王进喜二话没说，立刻跑到现场帮助制服井喷。制服井喷的过程中，他在井场上几天都没有合眼，饿了，啃几口冻窝窝头；困了，倒在排好的钻杆上，盖件老羊皮袄，头枕钻头休息一会儿；天下雨时，他身穿雨衣，也不离开井场。王进喜经常像这样帮助其他钻井队制服井喷，凡是他所到过的钻井队的工人都说，这个人真是铁打的。

"铁人"这个名称，是工人、医生、当地老百姓对王进喜身上顽强拼搏精神的普遍认同，是群众自发叫起来的。有一次，油田总指挥余秋里到群众中去了解情况，从当地一位老大娘的口中才知道，王进喜被大家称为"铁人"。在一次大会上，余秋里号召会战职工"学铁人、做铁人，为会战立功，高速度、高水平拿下大油田！"从此，"铁人"这个名字很快在全油田传开。

在大庆，像铁人一样奋斗不息的工人，何止一个王进喜。1960年6月1日，在首战告捷的万人庆功大会上，当时并称为开发大庆"五面红旗"的王进喜、马德仁、段兴枝、薛国邦、朱洪昌披红戴花，骑上高头大马，为他们牵马的是指挥部的各位领导。

经过3年多的奋战，1963年底大庆油田基本建成，当年全国原油产量就达到了648万吨。同年12月3日，全国人大二届四次会议闭幕，周恩来总理向世人宣布："中国人民使用'洋油'的时代，即将一去不复返了！"这立即在世界引起了巨大震动。

到1965年底，中国原油产量达到1131万吨，实现了国内消费原油和石油产品的全部自给，实现了中国石油工业发展史上的一次飞跃。

1970年11月15日，被称作铁人的王进喜因积劳成疾，不幸病逝，年仅47岁。生前他曾经说过"宁可少活二十年，拼命也要拿下大油田"。为了大庆油田的开发，为了甩掉中国贫油的帽子，他真的少活了二十年。

为了永远纪念这位中国石油工业创业者的代表，1971 年大庆市建起了铁人王进喜纪念馆，2006 年又扩建了新馆。几十年间，有无数的人慕名来到这里，并深受感动。在厚厚的留言簿上，有许多参观者饱含真情的留言："是铁人鼓励了我一辈子""做人要做这样的人"……一位美国友人说："铁人精神足以让人感动一辈子。"来自塞拉里昂的客人写道："向中国人民的伟大儿子致敬。他的精神不死！建设塞拉里昂也需要铁人精神！"

如果没有不怕吃苦、敢于拼搏的铁人精神，很难想象中国能够从当年的贫穷落后走到今天的欣欣向荣。未来中华民族伟大复兴"中国梦"的实现，仍然离不开铁人精神的发扬和光大！

◎ 铁人王进喜：用生命践行誓言

身穿皮袄，手握刹把，目光刚毅，巍然挺立，这是王进喜留给世界的一幅"铁汉写真"。

"有条件要上，没有条件创造条件也要上！"

"宁肯少活二十年，拼命也要拿下大油田！"

一句句铿锵的誓言，穿越时空回荡在人们耳畔。铁人，用他短暂的生命践行了自己的誓言。

图为在大庆参加石油大会战的王进喜。（新华社记者雪印摄）

5.6

红旗渠：愚公移山的现实版

　　20 世纪 70 年代，周恩来总理曾经自豪地告诉国际友人：“新中国有两大奇迹，一个是南京长江大桥，一个是林县红旗渠。”很多外国人因此慕名前去太行山东麓的河南林县参观红旗渠。看到那不见首尾、像长龙一样在悬崖峭壁上蜿蜒的水渠，听说全长 1500 多千米（其中干渠、分干渠 304 千米，支渠 524 千米，斗渠 697 千米）的红旗渠完全是林县人民用自己双手建成的，他们都惊叹不已。有的说：“这是世界第八大奇迹啊！”还有的说：“到中国不看红旗渠，等于没到过中国。”

　　林县处于河南、山西、河北三省交界处，历史上就是干旱缺水的地方。据《林县志》记载，从明初到民国九年的 500 年间，发生严重旱灾 20 多次。大旱之年，草根树皮都成了救命的口粮。为了活命，甚至出现人相食的惨痛场面，更多的人则是走上背井离乡的逃荒之路。

　　因为缺水，许多村庄因没有水吃，只能到离村十里八里或更远的地方去挑水，争水抢水打架斗殴乃至伤人亡命的事件时有发生。

　　因为缺水，许多村庄的小伙子娶不上媳妇，成了“光棍村”。

　　因为缺水，林县人养成了惜水如命的习惯。有些山村的农民，平时很少洗脸洗衣服，到了逢年过节和婚嫁时才洗一回。洗脸是全家合用一个盆，大人洗完小孩洗，洗罢还要把脏水澄清留作下次再用；水成了泥汤，还要留给牲口饮用。

因为缺水，这里的山穷、地穷、人更穷。百姓们在贫困中苦苦挣扎，衣不遮体，食不果腹，度日如年。过去，当地流传这样一首民谣："咱林县，真可怜，光秃山坡旱河滩；雨大冲得粮不收，雨少旱得籽不见；一年四季忙到头，吃了上碗没下碗。"

水，是林县人世世代代的渴望和梦想。

新中国成立后，林县人开始了改变命运的努力：挖山泉，打水井，修水库，建水渠，但1958年一场大旱，泉干库竭渠无水，全县又陷入了干渴的危机之中。天上无水蓄，地下无水汲，林县人只好把眼光投向了境外的水源地。经过反复的勘查论证，林县县委做出了引山西省平顺县境内的漳河水入林县，即"引漳入林"的决策。

一声令下，万众响应。盼水心切的林县人热血沸腾，决心用自己的双手修出红旗渠。上级要求横水公社东下洹大队出民150人，一下子就有600多人报名。一位年过六旬的老人说："我就是把这身子化了，也要变成一截渠道！"

1960年2月，近4万修渠大军浩浩荡荡地开向了修渠第一线。

红旗渠按照设计，首先要在几十米以至几百米高的石山上，拦腰开出、砌起一道宽8米、深4.3米的主干渠。渠水要流过悬崖，穿过50多处山壁陡峭的险工和42个山洞，在太行山上流转70千米。为了修建这样一个艰险工程，有的地方，人们得腰系绳索，从山顶飞身而下，像壁虎一样贴在山壁上，一锤一钻地打钎子，凿炮眼。有的地方，得劈掉整个崖峰，才能开出渠道。

林县人凭着钢铁般的意志，凭着钢筋铁骨的一双手，不分冬寒夏暑，披星戴月，奋战在太行山上。这里不是战场胜似战场，开山的炮声惊天动地，乱石腾空，硝烟滚滚；这里虽然没有人与人之间的肉搏，却有人与自然之间的较量，也有血肉横飞的悲壮场面。

神炮手常银虎，腰系绳索，凌空作业，置生死于度外，在崖壁上放炮爆破；排险突击队队长任羊成，同样飞崖下堑，排除松动的险石，先后四次受重伤，用自己的危险换取大家的安全；舍己救人的女英雄李改云，当崖石就要坍塌的危急关头，奋不顾身地推开自己的战友，自己却永远失去了一条腿；凿洞英雄王师存，为了凿开曙光洞，不畏难险，七次塌方陷于洞中，九死一生，仍然不下火线；工程技术骨干吴祖太，冒着生命危险入洞查险，被塌方夺去了年轻的生命……

在红旗渠建设过程中，正值共和国遭受三年自然灾害的极端困难时期，条件差得超出想象，但林县人民没有被困难吓倒，他们迎难而上，义无反顾。国家拿不出更多的人、财、物支持林县，林县人民体谅国家的难处，他们不等不靠，自力更生、艰苦奋斗。没有石灰自己烧，没有水泥自己制，没有炸药自己造，不会技术干中

◎ 太行山上红旗渠

　　在 1960 年 2 月开工兴建的河南省林县红
旗渠，是太行山区一项引漳河水灌溉几十万
亩土地的水利工程。

　　图为参加红旗渠建设工程的林县人民在
悬崖绝壁上打炮眼。（新华社记者唐茂林摄）

学……住工棚、住窑洞、住石崖、住石洞。最困难的时期，每人每天只有六两口粮。为了填饱肚子，他们上山挖野菜，下河捞水草。大家还苦中作乐，风趣地说："蓝天白云做絮被，大土绿草做绒毡，高山为我站岗哨，漳河流水催我眠。"

他们不但苦干硬拼，也巧干智取，破解了一个又一个建设难题。比如，在总干渠最艰巨的谷堆寺段施工中，开始时，民工们腰系绳索，吊在悬崖半空中打钎放炮，崩出工作面。后来，他们革新技术，采取土办法，架起空运线，加快了进度，提高了工效，还大大减少了安全事故。为解决总干渠与浊河交叉的矛盾，他们建造了一个空心坝，坝中过渠水，坝上流洪水，渠水不犯河水。修建桃园渡槽时，他们发明了"简易拱架法"，建成了一个"槽下走洪水、槽中过渠水、槽上能行车"的十分科学的渡槽。

经过 5 年苦战，1965 年 4 月 5 日红旗渠总干渠通水，实现了千百年来林县人民的梦想。随后用了七八年时间，进行支渠配套、总干渠加高加固，直至 1974 年 8 月，红旗渠全面竣工。林县人民共削平了 1250 座山头，架起了 211 个渡槽，凿通了 211 个隧洞，修建了 12408 座各种建筑物……硬是在崇山峻岭中凿出了一条 1000 多千米的"人造天河"。如果把十几年挖砌的 1818 万立方米土石筑成宽 2 米、高 3 米的墙，可以纵贯中华南北，把广州和哈尔滨连接成一道"万里长城"。

红旗渠的建成，使林县从山坡到梯田，从丘陵到盆地，形成了一个水利灌溉网，全县水浇地面积由解放前的不到 1 万亩扩大到 60 万亩。历史上"水贵如油，十年九旱"的林县，变成了"渠道绕山头，清水到处流，旱涝都不怕，年年保丰收"的富饶山区。红旗渠被林县人民称为"生命渠""幸福渠"。

愚公移山的寓言在中国流传久远，生活在 20 世纪 60 年代的林县人民将这个寓言完美演绎成为活生生的现实，谱写了一曲人类与恶劣自然顽强斗争的凯歌。红旗渠是中华民族自强不息历史的一个精彩缩影，它留给后人的不仅仅是一渠清水，还有一种无比强大的精神力量！

◎ 太行山上红旗渠

在红旗渠建设过程中，民工不分男女，都要腰系绳索，凌空作业。旁边的崖壁上写着"排除万难去争取胜利"的标语（新华社资料照片）。

5.7

"核能力说明了中国的进展，但更有说服力的是胰岛素"

1966 年 12 月 27 日，《人民日报》头版头条刊登了"中国在世界上首次合成人工牛胰岛素"的消息，这是人类历史上第一次人工合成蛋白质。这一成果打破了 1956 年英国《自然》杂志评论文章所说"人工全合成牛胰岛素还不是近期所能做到的"预言，在世界上引起极大轰动。

人和动物胰脏内有一种岛形细胞，分泌出的激素叫胰岛素，具有降低血糖和调节体内糖类代谢的功能。胰岛素的分子具有蛋白质所特有的结构特征，被公认为典型的蛋白质。蛋白质是生物体内不可缺少的物质，是人类生命活动最重要的物质基础。因此，蛋白质研究一直被喻为破解生命之谜的关节点，而攻克人工全合成蛋白质成为各国科学家的一个重要研究课题。

1953 年，英国生物化学家桑格（Fredrick Sanger）经过长期研究，破译出由 17 种 51 个氨基酸组成的两条多肽链牛胰岛素的全部结构。这是人类第一次搞清一种重要蛋白质分子的全部结构。桑格也因此项成果荣获 1958 年诺贝尔化学奖。

中国的牛胰岛素研制工作开始于 1958 年 8 月。刚刚成立的中国科学院

◎ 中国首次人工合成了结晶牛胰岛素

1965 年 9 月 17 日，中国首次人工合成了结晶牛胰岛素，成为第一个合成蛋白质的国家。

这是科学工作者将人工合成的产物注入小白鼠体内，测验它的生物活力。小白鼠因体内胰岛素增多而发生了惊厥反应，证明这种人工合成的产物就是具有生物活力的人工合成胰岛素。（新华社资料照片）

上海生物化学研究所的王应睐、曹天钦、邹承鲁、纽经义、沈昭文等科学家，提出了"世界上第一次用人工方法全合成的蛋白质在中华人民共和国实现"的宏伟目标，并开始进行这项研究。

1958年12月，人工合成胰岛素课题正式启动。除中国科学院上海生化研究所外，北京大学化学系有机教研室也加入课题组。两家单位分工合作，科研人员全身心投入到艰苦的创造性研究中。

胰岛素分子由A、B两条链组成，A链有21个氨基酸，两条链通过两个二硫键连在一起。人工合成胰岛素，首先要把氨基酸按照一定的顺序连接起来，组成A链、B链，然后再把两条链连在一起。这是一项复杂而艰巨的工作。

经过周密研究，科研人员确立了合成牛胰岛素的程序。合成工作分三步进行：第一步，首先将天然胰岛素拆分为A、B两条链，再把它们重新合成为天然胰岛素结晶；第二步，用人工合成的B链同天然的A链相连接；第三步，将经过考验的半合成的A链与B链相结合。

1959年研究小组完成第一步任务，合成了同原来活力相同、形状一样的结晶胰岛素。

1960年，受科技"大跃进"的影响，为尽快出成果，中国科学院上海分院和北京大学化学系都投入大量人力研制合成牛胰岛素，搞"大兵团作战"，有些专业不对口的人也参加进来。结果费钱费时费力，研制工作却没有任何进展。

"大兵团夹击胰岛素"遭遇惨败后，国家进入了调整期。一些科研人员心灰意懒，希望下马这个课题。1961年，国务院副总理、国家科学技术委员会主任聂荣臻到中国科学院上海生化研究所视察，明确表示人工合成胰岛素100年我们也要搞下去。他说："我们这么大的国家，几亿人口，（搞合成牛胰岛素）就那么几个人，就那么一点钱，为什么就不行？你们做，再大的责任我们承担，不打你们的屁股。"

合成牛胰岛素工作最终在生化所坚持了下来，队伍被精减到20多人，大多为早期的参与者，研究方式也恢复到了以前脚踏实地的状态。

1963年下半年，在国家科委的撮合下，北京大学化学系和中国科学院上海有机所、生化所又开始重新合作。

1964年年初，北京大学化学系有机教研室主任邢其毅教授带领5位教师来到上海，开始和中国科学院上海有机所的汪猷等开展协作。他们共同负责胰岛素A链的合成。而生化所方面，在钮经义、龚岳亭等人继续合成胰岛素B链的同时，拆、合小组的杜雨苍等人仍在为提高重组活性而努力。

当时缺少先进的仪器设备，科研人员只能用人工的办法进行合成实验。后来有关人士回忆说，当年用去的化学溶剂之多，足以灌满一个游泳池！由此可以想象当年实验次数之多，研究之艰辛。

科研人员于1964年8月、1965年5月先后拿到了B链和A链。1965年年中，当A链积累到100毫克（此时B链已积累到了5克）时，生化所的杜雨苍等人开始做全合成实验。出人意料的是，注射了合成产物的小白鼠并没有因惊厥反应而跳起来。

对所剩不多的A链视如生命的有机所所长汪猷拒绝再提供A链，认为不是B链就是杜雨苍的结合方法有问题。生化所当然不同意这种判断，双方发生了争论。这逼着杜雨苍经过多次模拟实验，创造出了两次抽提、两次冻干法。汪猷这才又给了他60毫克A链。

1965年9月3日，杜雨苍等人再次做了人工A链与人工B链的全合成实验，并把产物放在冰箱里冷冻了14天。9月17日清晨，生化所、有机所、北京大学化学系三家单位的研究人员汇聚到了生化所。这次会不会成功呢？

当杜雨苍从放有冰箱的那个小实验室走出来，手中高举着滴管，人们终于看到了自己为之奋斗了多年的成果——闪闪发光、晶莹透明的全合成牛胰岛素结晶！

这一刻的喜悦和激动是无法形容的。经过6年零9个月的努力，在600多次失败、200多步化学合成后，中国科学家终于在世界上第一次取得了人工胰岛素结晶！

1966年3月，瑞典乌普萨拉大学生物化学研究所所长、诺贝尔奖获得者、诺贝尔奖委员会主席蒂萨利乌斯（Tiselius）到上海生化所参观胰岛素研究工作时说："美国、瑞士等在多肽合成方面有经验的国家未能合成它，也不敢去合成它。你们没有这方面的专长和经验，但你们合成了，你们是世界第一，这使我很惊讶。"后来蒂萨利乌斯接受瑞典记者采访时又说："核能力说明了中国的进展，但更有说服力的是胰岛素。因为，人们可以在书本中学习制造原子弹，但不能从书本中学习制造胰岛素。"

人工合成牛胰岛素实验的成功在国际国内产生了深远影响。这一成果促进了生命科学的发展，开辟了用人工合成方法研究蛋白质结构与功能的新阶段，推动了中国胰岛分子空间结构和胰岛素作用原理的研究，并培养了一批优秀的研究人才，为后来中国在蛋白质和多肽研究领域的创新打下了坚实的基础。

5.8

赤脚医生：难以忘却的温情记忆

1975 年上映的电影《春苗》讲述了赤脚医生田春苗治病救人的故事，曾感动了无数的中国人。"赤脚医生"是 20 世纪六七十年代中国乡村里的典型形象之一。背着红药箱，头戴草帽，脚穿草鞋走乡村的"赤脚医生"已永远留在历史的记忆中。

新中国成立初期，国家百废待兴，有限的医疗资源大都集中在城市，农村医疗和医药匮乏的状况一直是党和国家焦虑的问题。毛泽东曾多次指示城市中的医院要组织医疗队下乡为农民治病。1965 年上半年，全国城市共组织了 2800 人下农村巡诊。但医疗队下乡毕竟是临时性的，由于医疗队人数有限，无法达到有效地为农民治病的目的。

1965 年 6 月 26 日，卫生部部长钱忠信向毛泽东汇报工作，钱忠信讲到全国医务人员分布情况时说：全国现有 140 多万名卫生技术人员，其中 70% 在大城市，20% 在县城，只有 10% 在农村；高级医务人员 80% 在城市；医疗经费的使用农村只占 25%，城市则占去了 75%。毛泽东当时就发怒了，他一下站起身来，严厉地说："卫生部只给全国人口的 15% 工作，而且这 15% 中主要是老爷，广大农民得不到医疗，一无医，二无药。卫生部不是人民的卫生部，改成城市卫生部或老爷卫生部，或城市老爷卫生部好了。""应该把医疗卫生工作的重点放到农村去！""培养一大批'农村也养得起'的医生，由他们来为农民看病服务。"

这就是著名的"六二六"指示的由来。根据毛泽东的指示，普及农村医疗卫生的工作在全国迅速展开，在全国各县成立人民医院，在公社一级成立卫生院，村里设卫生室，构成农村三级医疗体系。同时卫生部着手组织对农村知识青年的医学培训以充实村卫生室，一个"半农半医"的群体由此迅速崛起。经短暂培训的农村稍有文化的赤脚医生如雨后春笋般成长起来，靠"一根银针，一把草药"服务乡民，构成那个年代一幅幅温馨生动的画面。

在乡村里选拔赤脚医生，通常有两种方式，一是从医学世家中挑选，二是从略懂医术病理的高中毕业生中挑选。挑选出来后，集中到县卫生学校培训一年半载，结业后回到乡村算是赤脚医生了。乡村里的赤脚医生因没受过系统的学习，掌握的医学、病理等知识是比较粗浅的，大病、重病治不了，复杂的病更不用说了。赤脚医生能解决的问题，通常是一些头痛脑热、擦损外伤等小病而已。虽说是小病，但能治理能解决，也大大方便了村民群众。一是到大医院看病交通十分不便，二是到大医院看病费用高。因而，村民群众十分敬重赤脚医生，都认为他们是村里的知识分子，是救命恩人。

在乡村当赤脚医生很辛苦，也是一件不容易的事。首先，赤脚医生没有固定的薪金，有的只是每月拿大队一些补贴，有的只是以生产队记工分代酬。这微薄的补贴和工分根本解决不了他们的生活，因而，他们白天还得赤着脚参加生产队劳动，夜晚还要挑灯自学医学知识。其次，由于贫穷落后，医疗设备十分简陋。除了一个药箱、几片普通的药片、一支针筒、几块纱布，别的就少得可怜。

尽管艰苦，但那时的赤脚医生还是尽职尽责、满腔热情地为人民服务的。不管深夜还是风雨交加的日子，只要有病人，他们就会赴诊，认真地为病人看病打针服药。自己治得了的，就一心一意尽力去治；自己治不了的，就建议送医院治，有时还亲自陪着送去。赤脚医生治病收费不高，只收回成本钱，因为赤脚医生都拿了生产队的补贴。有的赤脚医生如果碰上困难户和五保户，就得倒贴成本费了。

乡村的赤脚医生医术虽不高，但服务态度特别好。他们常背着一个印有鸡蛋般大的红十字的药箱，穿着白褂，挨家串户走访群众。尤其是流感时期或流脑时期，赤脚医生的责任更大更辛苦，他们不但走家串户发药，还得讲解预防知识，通常一天吃不上一顿饭，睡不上一次安稳觉。

电影《春苗》的原型就是川沙县江镇公社大沟大队赤脚医生王桂珍。她小学毕业后就在村里参加集体劳动，1965年夏天，江镇公社举办医学速成培训班，王桂珍成

◎ 赤脚医生：难以忘却的温情记忆

　　1966年，甘肃省积石山大河家镇乡村医生何世英参加积石山当地举办的"赤脚医生"培训班，从那时候起，她数十年如一日，一直背着药箱行走在乡村。

　　图为2010年3月2日，何世英背着药箱出诊。（新华社记者聂建江摄）

◎ 赤脚医生：难以忘却的温情记忆

　　河南省商水县练集公社刘楼大队赤脚医生对农村儿童进行疾病预防工作。（1974年摄，新华社照片）

为 28 名学员之一。

4 个月的学习，使王桂珍基本掌握了医学知识和一般的治病方法。结业后，她回到大沟大队当了一名乡村医生，直接给大沟的农民看病。平时，她背起药箱，走村串户甚至到田间地头为农民们治病；农忙时，她也参加农业劳动。开始，农民们并不相信王桂珍能治病，都说，做一个医生要学好几年，这个黄毛丫头只学 4 个月就能当医生？能看病？但王桂珍用自己的实际行动证明了自己。

王桂珍为了减轻农民的医药费负担，在村边一块地上种了 100 多种中草药。村里支持她，专门建了土药房，供她和姐妹们制作中草药。平时，她总是利用自己所学的医学知识，想出各种土洋结合的办法，让身边的老百姓少花钱也能治病。

王桂珍所在的大沟大队，是以种水田为主的。当地农民种水田，无论插秧还是除草、施肥，都要赤脚下田劳作。王桂珍是不脱产的乡村医生，有了病人，她背上药箱就去看病，看完病回来，就下水田与社员们一起劳动。她下水田劳动，自然是打赤脚。经常出现的情况是：她在水田里劳动时，就被叫去给病人治病，来不及洗去脚上的泥，赤着脚就去给病人看病。当地农民就送给王桂珍一个亲切的称呼："赤脚医生"。

1968 年有记者来到川沙县江镇公社了解农村医务人员培养情况，写成调查报告，把题目定为《从"赤脚医生"的成长看医学教育革命的方向》。文章中第一次把"赤脚医生"定义为："不拿工资，帮助种地，亦工亦农，赤脚行医。"《红旗》杂志当年第 3 期发表了这篇文章，9 月 14 日的《人民日报》转载，"赤脚医生"的名称从此走向了全国。

到 1977 年底，全国有 85% 的生产大队实行了合作医疗，赤脚医生数量一度达到 150 多万名。

在那个贫穷落后的年代，赤脚医生为人民群众的健康做出了巨大贡献，也给人们留下一段充满温情的记忆。随着社会的进步和科技教育的发展，现在很多乡村都建立了医院或卫生院，医生都受过正规的医学教育。"赤脚医生"已经成为一个历史名词，在农民的生活中消失了，中国农村的医疗条件正在逐步改善。

5.9

"把我运回兰考，埋在沙堆上"

2014 年 3 月 17 日，习近平总书记重访河南兰考县，他参观了焦裕禄同志纪念馆，并在与干部座谈时说："学习焦裕禄时我上初中，当时政治课老师读报，读着读着便哽咽了，听着听着我们也流泪了。焦裕禄精神影响了一代人。很多东西存在的时间是短暂的，但就是这短暂的一刻化为了永恒。"

正如习总书记所说，焦裕禄用短暂的一生，把共产党人的本色诠释得淋漓尽致，给人们留下了永恒的精神财富。

那是 1962 年冬天，大雪纷飞。饱受风沙、盐碱、内涝"三害"困扰的兰考县，粮食产量下降到历年来最低水平。小小的兰考县城火车站里，挤满了准备背井离乡外出逃荒的灾民……让人们没有想到的是，刚刚调来的县委书记焦裕禄带着一班干部出现在候车室，焦裕禄噙着眼泪不停地向乡亲们鞠躬："大家是被灾荒逼走的，真对不起你们哪！我们很快会用热炕头、白面馍馍把你们接回来的！"焦裕禄又指着灾民，沉重地对干部们说："是灾荒逼迫他们背井离乡的，不能责怪他们，我们有责任。党把这个县三十六万群众交给我们，我们不能领导他们战胜灾荒，应该感到羞耻和痛心……"焦裕禄再也讲不下去了。干部们都低下了头，心里明白了这次风雪夜车站之行的含义。

由于连年灾荒，兰考群众没了信心，一些干部也产生了思想波动，有人甚至向组织部门提出请调申请。

在一次救灾干部大会上，干部们情绪低落，一个个双手捧头，不作一声。焦裕禄说："今天参加这个救灾大会的，都是公社、大队、生产队的主要干部，大伙先说说，谈谈对救灾的建议也行。"提议再三，仍无人发言。过了一会儿，有人竟然低声啜泣起来，引得全场干部情绪更加低落。

◎ 人民的好书记焦裕禄

左图为焦裕禄年轻时的照片；右图为焦裕禄家人合影。日夜操劳的焦裕禄，至死未与家人照过一张合影。（新华社照片）

"要是哭能管用的话，我这个县委书记带头哭。"焦裕禄说着伏在桌上"啊……啊……"地做大哭状。在县委书记滑稽举动的影响下，会场气氛明显缓和开来。焦裕禄趁势表示，哭是懦夫的行为，面对兰考灾情，摆在面前的有两种选择：苦干，还是苦熬？

"只有苦干才有出路。当然苦干不是蛮干，要有科学的态度，兰考灾情这么重，光有不怕苦不怕困难的精神是远远不够的，必须拿出战胜灾害的科学办法。不管哪条路，只要符合兰考的实际，我们都可以走一走。"

其后不久，焦裕禄主持召开兰考县劳动模范大会，树起了干部带领群众救灾的"四面红旗"。

1963 年 2 月，兰考县委决定在全县范围内开展治沙、治水、治碱的斗争，成立除"三害"办公室。

为了掌握"三害"的规律，焦裕禄带领干部进行了大量艰苦细致的调研工作。靠一辆自行车和一双铁脚板，焦裕禄对全县 149 个生产大队中的 120 多个进行了走访和蹲点调研。

下乡时，路边大风吹不走的坟头，启发他想到深翻淤泥把沙丘变良田的方法；深夜里，和老农的牛棚长谈，让他了解到多种泡桐既防风治沙，还能发展经济；在盐碱区，他经常抓起一把碱土放在手心里，看看，闻闻，揉揉，搓搓，抓一点放在嘴里品尝，并得出了咸的是盐、凉丝丝的是硝、又膻又苦的是马尿碱的结论，让和盐碱地打了一辈子交道的老农都吃惊得目瞪口呆。

这种大规模的调查研究，使县委基本上掌握了水、沙、碱发生、发展的规律，几

◎ 焦裕禄：生也沙丘，死也沙丘

　　焦裕禄，这个永不褪色的名字，如一座丰碑，矗立在兰考，矗立在中国大地，矗立在亿万百姓心中。

　　图为焦裕禄在泡桐树前留影。（新华社照片）

个月的辛苦奔波，换来了一整套又具体又详细的资料，从而县委制定出了切实可行的改造兰考大自然的规划。在这个规划上，焦裕禄同志满怀激情地写道："我们对兰考的一草一木都有深厚的感情。面对当前严重的自然灾害，我们有革命的胆略，坚决领导全县人民，苦战三五年改变兰考面貌。不达目的，我们死不瞑目。"从此，一场群众性的除"三害"斗争轰轰烈烈地开展起来了。

在除"三害"的斗争中，为了取得经验，焦裕禄同志亲自率领干部、群众进行了小面积翻淤压沙、翻淤压碱、封闭沙丘试验。然后以点带面，全面铺开。焦裕禄同志既是指挥员又是战斗员，同干部、群众一起出力流汗。不论在治理"三害"的土地上，还是在平时田间管理中，他走到哪里干到哪里。群众都把焦裕禄看成是"跟咱一样的庄户人"。

通过一年的艰苦奋战，兰考的除"三害"工作取得了明显的成效。

然而就在焦裕禄奔走兰考大地的时候，长期的拖延和劳累让他的肝病变得越来越严重了。1964年3月，焦裕禄被送进医院。病重期间，他身在医院，仍然心系兰考。面对来看望他的干部和群众，他首先问的是兰考的工作生产情况。在弥留之际，他两次讲述了自己的临终遗言："我死后只有一个要求，要求组织上把我运回兰考，埋在沙堆上，活着我没有治好沙丘，死了也要看着你们把沙丘治好！"

1964年5月14日，焦裕禄病逝于郑州，生命的时钟在42岁这一年停摆。在整理他的遗物时，人们惊讶地发现他工作那么多年竟然没有留下什么积蓄，用过的一条被子上有42个补丁，褥子上有36个补丁，他的衣、帽、鞋、袜也都是打了补丁的。原来，这位县委书记经常用有限的工资帮助那些生活困难的百姓。

焦裕禄是社会主义建设时期无数优秀中国共产党员的代表。2014年3月，习近平总书记在兰考向全党发出继续学习焦裕禄精神的号召。一阕《念奴娇·追思焦裕禄》表达了新时代党员干部践行焦裕禄精神、为人民服务的决心：

魂飞万里，盼归来，此水此山此地。百姓谁不爱好官？把泪焦桐成雨。生也沙丘，死也沙丘，父老生死系。暮雪朝霜，毋改英雄意气！

依然月明如昔，思君夜夜，肝胆长如洗。路漫漫其修远矣，两袖清风来去。为官一任，造福一方，遂了平生意。绿我涓滴，会它千顷澄碧。

5.10

"向雷锋同志学习"

　　1998 年，一家在国际上比较权威的加拿大艺术摄影组织"CAPA"，评选出了全球 20 世纪 100 年中最有影响的 100 张图片。其中，中国入选两张，一张是 1966 年毛泽东在武汉畅游长江的照片，另一张就是雷锋头戴宽耳帽、身挎冲锋枪站岗的照片。新中国的缔造者和领导者毛泽东的影响力毋庸置疑，而雷锋一个普通士兵的形象能够成为一个时代的集体记忆，不能不说是个奇迹。

　　在中国，雷锋的名字几乎无人不晓。从 1964 年到现在的 50 多年间，学雷锋活动每年都开展，从未停止过。谁做了好事，人们便给他一个"活雷锋"的美誉；当对社会风气不满的时候，人们便发出"雷锋叔叔不在了"的感叹。著名诗人贺敬之在《雷锋之歌》的长诗中曾高歌："雷锋，这是真正的人，是我们整个新一代的姓名。"

　　雷锋，1940 年 12 月 18 日出生于湖南望城县安庆乡（现雷锋乡）的一个贫苦农民家庭。父母、兄弟相继去世，7 岁时他成了孤儿，邻居家的六叔奶奶收养了他。新中国成立后，他不仅分到了耕地，还得到了免费读书的机会。小学毕业后先后在乡、县当过通信员，在农场当过拖拉机手，在鞍山钢铁公司当过推土机手。1960 年 1 月，雷锋参加中国人民解放军，在沈阳军区工程兵某部服役，同年 11 月加入中国共产党。1962 年 8 月 15 日，

◎ 毛主席的好战士雷锋同志

1962 年 8 月 15 日，伟大的共产主义战士雷锋同志因公殉职，年仅 22 岁。他 1960 年参加中国人民解放军，同年 11 月加入中国共产党。他克己奉公，助人为乐，为集体、人民做了大量的好事，荣立二等功一次、三等功两次。

图为雷锋同志像（新华社照片）。

◎ 向雷锋同志学习

　　1963年3月5日，《人民日报》发表毛泽东"向雷锋同志学习"的题词。全国掀起学习雷锋先进事迹的热潮。

　　图为毛泽东关于"向雷锋同志学习"的题词。（新华社资料照片）

在执行运输任务时不幸殉职。

在雷锋短暂的 22 岁人生中，并没有什么惊天动地的壮举，他做的都是些平凡而感人的小事：坚持学习马列著作和毛泽东著作，真诚地结合实际去领会其中的思想精髓；一心一意做好工作，脏活儿累活儿抢着干；平常省吃俭用，将积攒的 200 元钱全部捐给人民公社和灾区人民；随时随地做好事，为战友补衣服，用自己的钱给丢了火车票的大嫂补票，将找不到路的老人送到目的地，用闲暇时间担任校外辅导员，义务参加防洪抢险……

正是这些点点滴滴的平凡小事，成就了雷锋不平凡的一生，使他成为社会主义一代新人的典型代表，成为无数中国人学习的榜样。

雷锋生前，他的先进事迹已经在沈阳军区指战员以及辽宁抚顺市的市民中流传开来，很多人已经知道了雷锋的大名。雷锋殉职以后，辽宁等地的群众自发开展学雷锋活动，《中国青年报》于 1963 年 2 月 5 日报道了有关消息。1963 年 2 月 7 日《人民日报》刊登长篇通讯《毛主席的好战士——雷锋》，并配发评论员文章和雷锋日记摘抄，在全国引起广泛关注。

《中国青年》杂志社决定出一期学雷锋专辑，把宣传雷锋、学习雷锋的活动搞得更集中、更有深度和声势。为此，他们提出了请毛泽东和周恩来题词的设想，并向中央和毛泽东写了请示报告。这时，毛泽东已经看了雷锋的事迹报道，而且被雷锋的精神所感动，所以他看了《中国青年》编辑部要求题词的报告后，答应了他们的请求。

毛泽东叫来秘书林克，要他先拟几句话，作为题词参考。林克拟了"学习雷锋同志全心全意为人民服务的思想""学习雷锋同志鲜明的阶级立场""学习雷锋同志大公无私的共产主义风格""学习雷锋同志毫不利己、专门利人的优良品德"等十来句话，供毛泽东题词时选用。

几天后，当毛泽东把写好的题词交给林克转《中国青年》编辑部时，却没有用林克为他拟写的几句，而是开门见山、言简意赅地题下"向雷锋同志学习"七个苍劲有力的大字。

随后，毛泽东对林克说了一段寓意深刻的话。他说："学雷锋不是学他哪一两件先进事迹，也不只是学他的某一方面的优点，而是要学他的好思想、好作风、好品德；学习他长期一贯地做好事，而不做坏事；学习他一切从人民的利益出发，全心全意为人民服务的精神。当然，学雷锋要实事求是，扎扎实实，讲究实效，不要搞形式主义。不但普通干部、群众学雷锋，领导干部也要带头学，才能形成好风气。"

1963 年 3 月 2 日，《中国青年》杂志首先刊发了毛泽东为雷锋题词手迹。3 月 5 日，《人民日报》等全国各大报刊都在头版显著位置刊登毛泽东为雷锋题词手迹。从此，全国掀起轰轰烈烈的学雷锋活动的热潮。

在部队，"学习毛主席著作，做雷锋式的好战士"成为每一个指战员自觉的行为准则。无数雷锋式的标兵战士像雨后春笋一样出现，他们不仅活跃在部队，而且走上社会，哪里有解放军战士的身影，哪里就是一片阳光和温暖。军队和人民的鱼水之情达到了一个新的高度。

在工厂，广大职工、干部、技术人员在雷锋精神的鼓舞下，掀起了比、学、赶、帮、超的社会主义劳动大竞赛。人们不计时间，不讲报酬，以苦为荣，艰苦创业，用勤劳的双手创造出一个又一个奇迹，为三年困难时期之后国民经济的迅速恢复和发展做出了令世人瞩目的努力，取得了辉煌的成就。

在农村，雷锋精神鼓舞着广大社员群众战天斗地，在祖国大地上谱写下一曲又一曲"敢教日月换新天"的壮歌。一批又一批有知识有文化的新型农民，在广阔天地里锻炼和成长……

在校园，"学习雷锋好榜样"的歌声，成为每一个同学发自内心的誓言。几代中国学生都会在"3·5 学雷锋日"这一天，将这首歌用行动唱响。雷锋的话，成为多少学生的座右铭，被贴在课桌上，抄在日记本里。大家都自觉以雷锋的思想、精神作为学习和行为的准则。无数个"学雷锋小组"活跃在校园内外……

榜样的力量是无穷的。雷锋的精神使得整个时代都变得蓬勃火热、英雄辈出。欧阳海、王杰、焦裕禄、麦贤得、刘英俊……这些广为传颂的名字，形成了一组英雄谱系。他们各有特性，又具有共性，在他们身上都体现着雷锋精神。

学雷锋热潮在中华大地上的出现不是偶然的，雷锋精神不仅代表了中国共产党人的奋斗方向，而且代表人民的心声，反映了时代的要求。新中国成立后，饱经风霜的中国人民热切期望在中国共产党领导下，迅速改变一穷二白的面貌；期望着整个社会团结友爱、诚实相待、助人为乐、与人为善，形成良好的道德风尚；期望着安居乐业，过上富庶、文明、幸福的新生活。人人呼唤雷锋，人人也可以做雷锋，学雷锋热潮因而 50 多年经久不衰，成为社会主义新中国思想道德建设上的一座巍峨的丰碑、一首恒久的交响乐。

周恩来在邢台地震灾区

1966 年 3 月 8 日凌晨 5 时 29 分，河北省邢台地区发生了 6.8 级强烈地震。这是新中国成立以后第一次在人口稠密地区发生的强震，损失相当严重。据后来的统计，这场地震造成 8000 多人遇难，近 4 万人受伤，倒塌房屋 500 多万间，560 多万人受灾。

地震当天上午，周恩来接到了灾情初步情况的报告，他立刻命令北京军区和当地驻军携带急用药品、担架、帐篷和抢险工具赶赴灾区现场。同时，周恩来还让秘书通知空军准备两架直升飞机待命，供他随时赴灾区视察。

在接下来的两天两夜里，年近古稀的周恩来几乎没有休息，一直在为抗震救灾忙碌着。8 日下午和晚上，两次召开国务院紧急会议，会同国家科委、粮食部、卫生部、铁道部等十几个部委的负责人研究部署救灾工作。9 日上午，就地震灾情和国务院的 6 条紧急部署报告中共中央和毛泽东。9 日下午，从北京乘飞机赶赴石家庄，在省委白楼招待所听取了省委领导的汇报后，连夜登上南去的火车，前往隆尧县城。

当地干部考虑到处于震中的隆尧余震未止，太危险，为了总理的休息和安全，都劝说他在石家庄休息一夜，第二天再去。可是周恩来听了很不高兴地说："你们能去，为什么我就不能去？"

◎ 周恩来总理在邢台地震灾区

　　1966年3月9日，周恩来总理在慰问河北省邢台地震灾区的群众。3月8日5时，邢台隆尧县发生震级为6.8级地震；3月22日16时，邢台宁晋县发生震级为7.2级地震。两次地震共死亡8064人，伤38000人，经济损失10亿元。地震发生后，周恩来总理三赴震区。（袁汝逊摄，新华社照片）

　　他到达隆尧时，已是深夜11点多。在临时设在县委招待所的救灾指挥部，周恩来正聚精会神地听取县委同志汇报情况，突然发生了强烈的余震，房屋摇动，门窗作响，屋顶上的尘土和白灰纷纷掉落。大家出于本能都惊恐地站起来，并建议总理赶紧出去躲避一下。就在此时当地的一位年轻干部已经从窗子跳了出去。而周恩来环视了一下房屋结构，仍镇定地坐在那里，不慌不忙地说："这房子是新盖的，梁头都有立柱，塌不了，大家要沉住气。"看到总理那安详的神态，大家紧张的情绪很快消失了。

　　就这样，在余震不止、大地颤动的环境下，周恩来和大家一起分析灾情，对抗震救灾工作做了全面安排和部署，一直到后半夜才乘车赶回石家庄。

　　3月10日下午，周恩来又从石家庄乘直升机到隆尧县白家寨村慰问灾民。

　　白家寨是此次地震灾情最严重的地方，道路不通使这里几乎与世隔绝。群众们虽然在当地干部带领下开展自救，但在余震不断、消息闭塞的情况下大家心里还是没底，许多人仍处在惊慌失措当中。当群众听说"周总理来了"时，他们心情十分激动，从四面八方拥向打谷场。周恩来的飞机就降落在那里。

走出机舱的周恩来向群众频频招手致意，面容亲切略带沉痛。他站到一个大木箱上开始讲话，当时残雪未消，风沙很大，他只穿了一件单薄的青色呢子服，群众很快围成一个扇面，席地而坐倾听总理指示。

这时，细心的周恩来发现群众是面对着西北风而坐，马上说："乡亲们，全体向后转。"刚开始人们还不知道是怎么回事，原来总理换个角度是为了让群众背着风，而自己却绕过去迎着风向大家讲话。没有扩音设备，为了让全场的人都能听到，周恩来提高了声音。

他说："乡亲们，你们受了灾，受苦了，损失很大，毛主席让我来看望你们。"他还说："20多年前，在抗日战争中你们也受了损失，那是和民族敌人做斗争。这次是和地底下的'敌人'做斗争。中国人民是有志气的。恢复了生产，恢复了力量，就对得起死去的人。"在讲话结束时，周恩来激动地举起右手，带头高呼口号："奋发图强！自力更生！发展生产！重建家园！"他喊一句，在场的干部群众就跟着喊一句，呼声响彻灾区上空。

讲话以后，周恩来冒着余震的危险，深一脚浅一脚，踏着片片废墟，慰问群众。他一一询问社员们家里损失怎么样，窝棚搭起来了没有，粮食和锅碗挖出来了没有，能不能吃上饭。周恩来钻进临时搭起收容伤员的棚子里，蹲在地铺前，握着伤员的手，一个个地亲切慰问，仔细察看他们的伤势和包扎情况，很多人感动得流下了眼泪。周恩来边察看情况边向随行的当地干部和驻军首长做出指示，要他们尽快解决灾区群众的困难。

周恩来的到来使群众情绪很快安定下来，投入紧张的抗震救灾、重建家园的斗争中。然而3月22日发生的7.2级强烈地震，又让人们的心情跌到了谷底。4月1日，周恩来放下手头的其他工作，再次来到邢台地震灾区。

他首先来到受灾严重的宁晋县东汪村。震后的东汪，到处是残垣断壁，满目疮痍。在原贫农协会主席王根成的窝棚里，周总理询问过他家的损失情况后说："你是个老党员，要带头干，还要教育好娃娃，鼓起干劲，重建家园。"王根成说："总理放心，在抗战时期和敌人做斗争，我都没有怕，现在遇到地震灾害，也不会怕。一定拿出抗战打鬼子的劲头来，和自然灾害做斗争。"

当时周恩来还同前来东汪帮助工作的城关公社几个大队的干部握手，说："你们来支援他们，很好。就是要互相支援，过去打仗也是这样，这个连队受了损伤，那个连队立即支援。"

周总理来了，可灾区的乡亲们没有什么招待总理的。东汪村党支部书记董保顺用粗瓷大碗倒了一碗白开水，捧给周总理。那天风大，碗里落进了一层尘土。周总理双手接过大碗，轻轻吹了吹水上的尘土，一饮而尽。

离开东汪村，周恩来又先后到宁晋县耿庄桥、束鹿县王口、冀县码头李乡和巨鹿县何寨等村视察灾情。

周恩来离开何寨时天已经很黑了，边往直升机那边走边指着眼前的一大片土地，神色严峻地对县、公社干部说："建设这么多年了，这里还这样荒凉，我们对不起人民。今后要多植树，多打井，让人民过上好日子。"

周恩来要上飞机了，群众都拥上来送行，周恩来向大家频频挥手。走几步回转一次身，又走几步又回转一次身。登上飞机后，周恩来再一次回转身来，深情地大声说："乡亲们，大家要把生产搞好，把日子过好。过几年，我一定再来看望你们！"

正是在周恩来的亲自关怀和指挥下，邢台人民不但取得了抗震救灾的胜利，而且很快把生产发展了起来。灾后的邢台地区，建起了一座座新房，人民生活得到了很大提高。

今天在隆尧县城东面的广场上矗立着一块邢台地震纪念碑，碑文中有这样一段话：

> 如今灾区已是人笑年丰，地换新颜。然地震之惨痛教训，亲人之所遭不幸，终不能忘怀，党予人民救命之恩情，群众抗震卓绝之精神，永刻骨铭心……

第 六 章

十 年 "文 革"

（1966—1976 年）

　　1966年，正当我国基本完成调整经济的任务，开始执行发展国民经济第三个五年计划的时候，"文化大革命"发生了。

　　"文化大革命"是由毛泽东发动和领导的。他发动这场"大革命"的出发点是防止资本主义复辟、维护中国共产党的纯洁性和寻求中国自己的建设社会主义的道路。但他当时对党和国家的政治状况做了错误的估计。他认为党中央出了修正主义，党和国家面临资本主义复辟的现实危险，只有采取断然措施，公开地、全面地、由下而上地发动广大群众，才能揭露党和国家生活中的阴暗面，把所谓被"走资派篡夺了的权力"夺回来。这场"大革命"之所以冠以"文化"二字，是因为它是由文化领域的"批判"引发的。

　　中共中央1966年5月召开的政治局扩大会议和8月召开的八届十一中全会，是"文化大革命"全面发动的标志。两个会议先后通过的《中共中央通知》（简称"五一六通知"）和《中共中央关于无产阶级文化大革命的决定》（简称"十六条"），以及对中央领导机构的改组，使"左"的方针占据了主导地位。

　　"文化大革命"历经从发动到1969年4月中共九大、从九大到1973年8月中共十大、从十大到1976年10月结束三个阶段。

　　由于毛泽东在全党全军和全国人民中的威望达到高峰，党内个人专断和个人崇拜现象极度膨胀，加上党和国家政治生活严重忽视民主化、法制化的要求，权力过分集中于个人，这就使为人民敬重的领袖所犯的错误难以受到限制，也使林彪、江青这些野心分子能够得势横行。中共九大加强了林彪、江青、康生等人在中央的地位，使"文化大革命"的错误理论和实践合法化。1971年9月林彪事件的发生，客观上宣告了"文化大革命"理论和实践的失败，但中共十大仍然继续九大的"左"倾错误，并且使江青反革命集团的势力进一步得到加强。1976年9月毛泽东逝世后，王洪文、张春桥、江青、姚文元加紧夺取党和国家最高领导权的阴谋活动。同年10月，中央政治局执行党和人民的意志，一举粉碎"四人帮"，从而结束了"文化大革命"这场灾难。

1981年，中共十一届六中全会通过的《关于建国以来党的若干历史问题的决议》指出："'文化大革命'是一场由领导者错误发动，被反革命集团利用，给党、国家和各族人民带来严重灾难的内乱。"

在这十年中，毛泽东虽然在全局上一直维护和坚持"文化大革命"的错误，但是，在这场运动发展的过程中，他对林彪、江青两个集团的乘机作乱和极左思潮的危害有了一定认识。他制止和纠正过某些具体错误，保护过一些党的领导干部和党外著名人士，使邓小平等一些干部重新回到重要领导岗位。

在这十年中，中国共产党内外广大干部群众同"左"倾错误和林彪、江青两个反革命集团的斗争一直没有停止过。正因为如此，"文化大革命"的破坏受到一定程度的限制。在这十年中，中国国民经济仍然取得了进展。粮食生产保持了比较稳定的增长，工业交通、基本建设和科学技术方面取得了一批重要成就，外交工作也打开了新的局面。当然，这一切决不是"文化大革命"的成果，如果没有"文化大革命"，中国的社会主义事业会取得更大的成就。

6.1

东湖宾馆平静背后的惊心动魄

在风景秀丽、碧波万顷的武昌东湖之畔，有一座庭院式的别墅——东湖宾馆（原称东湖客舍）。20 世纪 50 年代至 70 年代，毛泽东每到武汉，必定住在东湖宾馆的梅岭 1 号楼。梅岭 1 号掩藏在东湖边一片密林中，这里是临湖的一块高地，早春，红梅、黄梅、白梅竞相开放，因此有了"梅岭"这个美丽的名字。

当年的东湖宾馆，表面恬淡幽静，实际却波涛汹涌，很多党史、国史上惊心动魄的大事件就是在这里酝酿、发生……

"文化大革命"开始后不久，1966 年 6 月底，毛泽东从"西方的一个山洞"（湖南韶山滴水洞）来到"白云黄鹤的地方"（武汉），住进了东湖宾馆。经过此前的反复思考，在这里，他给妻子江青写了一封长信，信中说：

……天下大乱，达到天下大治。过七八年又来一次。牛鬼蛇神自己跳出来。他们为自己的阶级本性所决定，非跳出来不可。我的朋友的讲话，中央催着要发，我准备同意发下去，他是专讲政变问题的。这个问题，像他这样讲法过去还没有过。他的一些提法，我总感觉不安。我历来不相信，我那几本小书，有那样大的神通，现在经他一吹，全党全国都吹起来了，真是王婆卖瓜，自卖自夸。我是被他们迫上梁山的，看来不同意他们不行了。在重大问题上，违心地同意别人，在我一生还是第一次。……

　　毛泽东所说的"我的朋友的讲话"，是指中共中央军委副主席林彪5月18日在政治局扩大会议上的讲话。毛泽东认为，当时中国正处在坚持走社会主义还是走资本主义道路的重要关头，这是涉及党和国家前途命运的头等大事，其他任何事都不能同它相比。只有下最大的决心，花极大的力量，甚至不惜以打乱党和国家的正常秩序为代价，才能摧毁中国出修正主义的社会基础，建立起一种新的社会秩序。

　　就是这个"天下大乱，达到天下大治"的观点以及相应的决策，使理想之船驶进迷途，给国家和人民带来了长达十年的严重灾难。

　　1967年7月，毛泽东再次来到东湖宾馆。这时，全国已经"大乱"，各地普遍出现派性武斗，武汉地区的武斗尤为严重。毛泽东在武汉找谢富治（当时任国务院副总理、全军文革小组副组长）、王力（当时任中共中央文革小组组员、《红旗》杂志副总编辑）等谈话，主张几派群众组织应实行革命的大联合。但由于林彪、江青的干扰，王力的破坏，武汉还是发生了武斗升级的"七二〇"事件。一些群众和军人冲入东湖宾馆抓人揪人，毛泽东不得不于7月21日离开武汉。面对纷繁复杂的政治形势，毛泽东没有轻信林彪、江青的政变论，而是把这一事件当作错误处理，并嘱咐要保护好武汉军区司令员陈再道。后来，毛泽东又指出"在工人阶级内部没有根本的利害冲突，没有理由一定分裂成为势不两立的两大派组织"，号召大家团结起来，反对派性斗争。这一思想成为解决全国"文化大革命"中派性问题的正确方针。

　　从1969年10月到1970年4月，毛泽东在东湖宾馆又住了半年之久。1970年3月，他在这里第一次提出要筹备召开第四届全国人民代表大会和修改宪法的意见，并建议不设国家主席。

　　按照《中华人民共和国宪法》规定，国家最高权力机构全国人民代表大会每5年召开一次，三届人大是在1964年底召开的，已过了5年。由于"文革"的爆发，全国人大名存实亡。

　　"文化大革命"的形势并没有像毛泽东当初设想的那样，从"大乱走向大治"。他急于改变这种不正常的状态。

同年 8 月，中共九届二中全会在庐山召开，议题是讨论准备提交四届人大的宪法修改问题和国民经济四五计划等。林彪在会上以歌颂毛泽东为名，提出设国家主席，实际是想取而代之。林彪集团的成员也四处活动。毛泽东点名批评了陈伯达等人，说他们煽风点火，唯恐天下不乱，"大有炸平庐山，停止地球转动之势"。

林彪集团遭到了从未有过的挫折，可他们没有悔改，反而加紧了阴谋活动。1971 年春，林彪的儿子林立果组建了"联合舰队"秘密组织，制定了《"571"工程纪要》政变计划。"571"就是"武装起义"的谐音。

1971 年 8 月，毛泽东再次提议召开四届人大，时间定在国庆节后。周恩来主持中央政治局抓紧进行四届人大的各项筹备工作。毛泽东则乘专列离京南下，到中南、华东等省市巡视，做党的高级干部的工作，宣传党的正确路线，批评林彪一伙的错误。其间，他在武汉东湖宾馆住了 10 天。

林彪一伙得知毛泽东的批评后，决心铤而走险，由林立果负责指挥，预谋在途中杀害毛泽东，分裂中央。毛泽东有所察觉，临时改变行程，于 9 月 12 日安全回到北京。

林彪、叶群、林立果等眼见阴谋败露，于 9 月 13 日从北戴河仓皇坐上飞机北逃，结果摔死在蒙古温都尔汗的沙漠上。这就是震惊中外的"九一三"事件。

"九一三"事件的发生，仿佛在人们的脊梁上猛击一掌，后来许多人回忆起来，都说从这次事件开始对"文化大革命"的做法产生了怀疑。

这一事件也触动了毛泽东，他开始对干部政策进行反思和调整。其后不久，邓小平等一批老干部相继复出。

这时候，成为纠"左"最大障碍的，是江青、张春桥、王洪文、姚文元一伙。毛泽东称他们为"四人帮"，并多次批评他们。

1974 年 10 月，四届人大的召开又提上议事日程。重病的毛泽东在东湖梅岭 1 号要秘书打电话给王洪文，提议由邓小平出任国务院第一副总理，并要王洪文向政治局传达这个意见。这是他经过深思熟虑后做出的一项重要决定，也是他在东湖梅岭 1 号做的最后一件事。

1975 年 1 月 13 日，筹备时间最长、经历风波最多的四届全国人大一次会议，终于在北京开幕。已经重病在身的周恩来，做了《政府工作报告》。这个报告重新展示了三届全国人大提出的中国国民经济发展两步走的蓝图："第一步，用十五年时间，即在 1980 年以前，建成一个独立的比较完整的工业体系和国民经济体系；第二步，在本世纪内，全面实现农业、工业、国防和科学技术现代化，使我国国民经济走在世界的前列。"这一宏伟奋斗目标的重新提出，反映了全国各族人民的根本愿望，重新燃起了人们心中的希望之火。

四届人大还产生了以朱德为委员长，董必武、宋庆龄等为副委员长的全国人大常委会和以周恩来、邓小平为核心的国务院领导班子，一大批富有治国经验的老干部重新走上领导岗位。

1975年2月，邓小平开始代重病的周恩来主持国务院工作，不顾"四人帮"的重重阻挠，对"文化大革命"以来各个领域的工作进行整顿。

自1974年10月做出启用邓小平的决定后，毛泽东离开东湖，再也没有回去过……

6.2

"我们宁可自己不修铁路，
也要帮你们修建这条铁路"

2013 年 4 月，习近平出任国家主席后第一次访问非洲，他的第一站就是坦桑尼亚。访问期间，他瞻仰了中国援坦专家公墓，饱含深情地说：40多年前，5 万多名中华儿女满怀对非洲人民的真挚情谊来到非洲，同兄弟的坦桑尼亚和赞比亚人民并肩奋斗，在茫茫非洲草原上披荆斩棘，克服千难万险，用汗水和鲜血乃至生命筑成了被誉为"友谊之路""自由之路"的坦赞铁路。他们中有 60 多人为此献出了宝贵生命，永远长眠在这片远离故乡的土地上……

习主席的话，让人们又忆起了中国援建坦赞铁路那段难忘的岁月……

在非洲民族解放运动的浪潮中，1964 年，坦桑尼亚和赞比亚相继独立。它们迫切需要经济上的独立来支持政治上的独立。赞比亚是一个内陆国家，作为当时世界上的第三大铜矿产地，却苦于没有出海口而使得铜矿贸易大大受限。赞比亚需要一条通往坦桑尼亚出海口的交通命脉。坦赞政府曾一起向世界银行申请援建坦赞铁路，但被婉拒；坦桑尼亚副总统卡瓦瓦访问苏联时，请求苏联政府帮助修建铁路，却再度遭拒绝。

绝望之际，坦桑尼亚总统尼雷尔想到了中国，他准备亲自访问中国，与中国领导人商讨援建坦赞铁路的可行性。他通过坦桑尼亚商业部长巴布向中国驻坦大使何英表示了这一访华的意图。

何英立即向周恩来总理报告了有关情况。周恩来立即与陈毅副总理、对外经济联络委员会主任方毅、铁道部部长吕正操等进行研究讨论。当时，中国国力十分有限，要援助耗资巨大的坦赞铁路确实有困难，但是，在长期受西方国家封锁、与苏联关系破裂的情况下，中国又需要获得亚非国家的政治支持，打破外交孤立。

经深思熟虑，周恩来等形成五点意见：

第一，修建坦赞铁路确为坦、赞两国的迫切需要。尼雷尔总统亲自前来求援，应该满足其要求。

第二，在财力和技术上我国可以承担。援建费用可能要几个亿，一次拿出当然困难，但勘测、设计、施工整个过程将需八九年，每年所需费用不过几千万，我国经济每年都会有发展，这笔费用我们承担得起。

第三，集中力量援建这样一个大工程，其效果和影响绝非多搞一些中小项目所可比拟。

第四，远隔重洋在热带地区建设这样宏大的跨国工程，必然会遇到许多新问题、新困难，不能掉以轻心，而需事先派出精干的专家组进行考察，查明情况，提出对策，妥善安排。

第五，我国同意援建坦赞铁路，势必引起西方一些国家的恐慌。他们为了维护传统利益和影响，有可能被迫同意援建。这也未尝不好，尼雷尔总统可以用中国同意援建作王牌反对他们可能提出的苛刻条件。

这五点意见充分体现了周恩来的战略眼光和远见卓识，它既考虑了中国的长远利益，又设身处地考虑了坦赞两国的处境。随后，毛泽东和中共中央对此表示高度认可，最终决定援建坦赞铁路。

1965 年 2 月，尼雷尔总统访华。在会晤中，毛泽东的一句话让尼雷尔感动万分："你们有困难，我们也有困难，但是你们的困难和我们的不同，我们宁可自己不修铁路，也要帮你们修建这条铁路。"

1967 年 6 月，赞比亚总统卡翁达访华时，与中国商定了修建坦赞铁路的相关事宜。同年 9 月 5 日，中国、坦桑尼亚、赞比亚三国政府在北京签订《关于修建坦桑尼亚—赞比亚铁路的协定》。协定规定：中国提供无息的、不附带任何条件的贷款9.88 亿元人民币，并派专家对这条铁路进行修建、管理、维修，培训技术人员。

1968 年 5 月，中国派出勘探人员在极端恶劣的自然环境中开始进行全线的勘测

◎ 坦赞铁路：中非友谊的丰碑

中、坦、赞三国工人一起劳动。(新华社资料照片)

设计。在勘测途中，一位勘测员被毒蜂蜇得遍体鳞伤，不幸去世。面对生命威胁，中国的勘测设计队克服种种困难，用两年时间完成了勘测任务。随后几年间，中国共派出工程技术和管理人员 5 万多人次，在极为艰苦的条件下，同当地工程技术人员一起，为高质量地完成筑路任务而战斗。铁路所经地区地形复杂，有高山深谷、悬崖峭壁、河流湖泊、森林草原与大沼泽地，施工难度很大，而当时中国设备落后，大部分时间还是采取"人海"战术。当地气候炎热，施工人员常常顶着 40 多度的高温作业。很多地方杳无人烟，蚊虫散布，疟疾、黄热病流行，有些施工人员染上了病，又因缺医少药，得不到有效救治。狮子成群出没也是经常的事，施工人员只能用敲锣打鼓的办法赶它们……在修建坦赞铁路过程中，中国共有 60 多人长眠在了坦赞大地上。

与中国援建的坦赞公路同时兴建的，还有一条美国人援助的坦赞公路。当年的一位西德记者曾比较过互相较劲的中国人和美国人，并写了一篇通讯——《毛泽东的人做得更快些》，文章是这么说的：

"中国人与美国人正在东非洲进行一场艰苦的决斗……然而，今天已经可以确定一点：中国人已经毫无疑问地占了上风。他们的建铁路工程较原定计划提前了一年半；相反地，美国人落于他们自己计划数个月之后……"

经过 5 年多的艰苦努力，坦赞铁路于 1976 年 5 月完成了全线工程收尾和设备安装配套等工作，正式投入运行。坦赞铁路东起坦桑尼亚首都达累斯萨拉姆，西至赞比亚中央省的卡皮里姆博希，与赞比亚原有铁路接轨，全长 1860.5 千米，是一条贯通东非和中南非的大干线，极大地改善了坦、赞两国的交通运输状况。

当时中国援建坦赞铁路，在发展中国家和非洲引起很大反响。1971 年，联合国对《联合国大会 2758 号决议》进行投票表决，坦桑尼亚的代表穿着中山装参加投票，除极少数国家外，非洲绝大多数国家都投了赞成票，所以，当中国重返联合国时，毛泽东风趣地说，是"非洲朋友把我们抬进联合国的"。

坦赞铁路奠定了中非友好的坚实基础。在今天的非洲，只要提起坦赞铁路，很多人都会对中国人竖起大拇指，特别是坦桑尼亚和赞比亚的老百姓，他们是真诚地对中国表示感激。在这两国的铁路管理大楼内的办公室还悬挂着毛泽东和他们总统在一起的照片。

中非友好未来的路还很长，正如习近平主席所说："我们要弘扬坦赞铁路精神，继往开来，与时俱进，使中非友好合作这棵参天大树更加枝繁叶茂，结出更加丰硕的果实。"

6.3

五星红旗在联合国升起

走进位于美国纽约的联合国总部大楼，除各国赠送的精美礼品外，最受人们关注的就是大厦里的金黄色会议厅了，这里是联合国召开国际会议的地方，众多影响国际局势的提案在这里讨论，多项维护世界和平的决议在这里产生。席位的排序每年变动一次，每一个席位都象征着这个成员国的国家主权和民族尊严。为了这个属于中国人民的合法席位，新中国斗争等待了 22 年零 24 天！

中国是联合的创始国之一。早在 1945 年 4 月，中国就派代表团参加了旧金山会议，中国共产党代表董必武参加了代表团，并在《联合国宪章》上签字。

1949 年 10 月 1 日，中华人民共和国正式宣告成立。按照国际惯例和公认的国际法准则，中国在联合国的合法席位应该由新中国接替。但是，主要由于美国的百般阻挠，这个席位一直被台湾国民党当局所占据。20 世纪 50 年代，美国操纵联合国大会通过决议，将恢复中国在联合国的合法席位问题搁置一边。后来又把恢复中国在联合国合法席位这样一个简单程序性问题，说成是一个需要以大会三分之二多数才能通过的"重要问题"，为新中国进入联合国设置了重重障碍。

中国政府为恢复在联合国的合法席位，进行了长期不懈的斗争。到了

20 世纪 60 年代末 70 年代初，世界政治格局发生了巨大变化。随着中国国际地位的提高和亚非拉一系列新独立国家不断加入联合国，美国的阻挠越来越困难。亚非拉国家在联合国成员国总数中已拥有三分之二的多数，打破了少数国家操纵国际事务的局面。中国对亚非拉国家一贯支持与援助的立场，使中国恢复在联合国合法席位的有利因素大大增加。

1971 年第 26 届联合国大会召开前夕，美国看到无法阻止中国重返联合国的步伐，便同日本等国提出"双重代表权"议案，即让新中国和台湾当局在联合国同时拥有代表权。

这年 7 月，美国国务卿基辛格秘密访华期间，表示美国将支持中国取得联合国和安全理事会的席位，但不同意从联合国驱逐台湾的行动。周恩来总理马上正告基辛格，你们要在联合国制造"两个中国"，中国政府坚决反对，一定公开批驳。

毛泽东在听了关于美国态度的汇报后说，我们绝不上"两个中国"的"贼船"。不进联合国，中国照样生存，照样发展。我们下决心，不管是喜鹊叫还是乌鸦叫，今年不进联合国。

然而，就在当年 10 月基辛格第二次访华期间，形势发生了逆转。当时第 26 届联合国大会正在就中国代表权问题进行讨论，提交大会讨论的有三个议案：一是由阿尔巴尼亚、阿尔及利亚等 23 国联合提出的要求恢复中华人民共和国在联合国的一切合法权利并立即把国民党集团的代表从联合国一切机构中驱逐出去的提案；二是由美国、日本等 22 国提出的所谓重要问题提案；三是由美国、日本等 19 国提出的双重代表权提案。从 10 月 18 日开始，会议围绕三个议案进行辩论和审议。在一周的辩论中，约有 80 个国家的代表在会上发了言，许多代表在发言中批评了美国错误的对华政策，反对其制造"两个中国"的立场。

10 月 25 日晚，联合国总部大楼灯火通明，大会会议厅里气氛紧张。经过 8 天的激烈辩论，亲台势力使尽了浑身解数，联合国大会于当地时间上午 11 点多钟，对恢复中国在联合国合法席位的决议草案进行表决。

131 个会员国投票，76 票赞成，17 票弃权，35 票反对，通过了具有历史意义的 2758 号决议。顿时，会议厅里支持中国的代表们欢呼雀跃，时任坦桑尼亚大使、常驻联合国代表萨利姆抑制不住内心的喜悦，跳起舞来！他高兴地说，这是向全世界宣告：第三世界国家，中小国家，可以在联合国讲坛上扬眉吐气地表达自己的意见了。这热烈的场面在联合国历史上前所未有。

台湾当局的所谓代表只能尴尬地离开联合国大会会场。尼克松对这个结果非常恼

◎ 中国重返联合国

　　1971年11月15日，恢复联合国合法席位后的中国代表团首次出席第26届
联大全体会议，受到各国记者的"包围"。（新华社资料照片）

怒，他派新闻秘书公开指责在联合国"投票结束之后，一些代表表现出的令人震惊的、毫不掩饰的愉悦"，还警告说，这种反对美国的举动"会损害美国对联合国的公开支持"。

而此时，大洋彼岸的中国则是一片欢腾！重返联合国之路异常曲折，当成功突然来临时，人们都按捺不住内心的惊喜。

联大通过表决后不久，周恩来向一位美国友人表示，那天联合国的表决完全出乎意料，不但出乎我们的意料，也出乎美国的意料。我们没有派一个人去联大活动，而且提案国是由地中海两岸的两个国家带头的。这么多的国家对我们寄予希望，我们感谢他们。

毛泽东得知中国恢复联合国席位的消息，非常高兴。当周恩来等向他请示是否应邀派代表团去参加第 26 届联大时，毛泽东说："马上就组团去，这是非洲黑人兄弟把我们抬进去的，不去就脱离群众了。"

1971 年 11 月 1 日，格林威治时间 13 点，北京时间 21 点，鲜艳的五星红旗第一次在位于纽约东河畔的联合国总部升起，迎风飘扬的五星红旗骄傲地迎接即将到来的新中国代表团，11 月 9 日，中国代表团启程前往纽约的消息成为当天全世界的重要新闻，乔冠华团长带着自信的笑容来到联合国。

乔冠华代表中国在联合国的讲坛上发出有力的声音："我们主张，任何国家的事要由这个国家的人民自己来管，全世界的事要由世界各国来管，联合国的事要由参加联合国的所有国家共同来管。不容许超级大国超级垄断，超级大国就是要超人一等，骑在别人头上称王称霸，中国现在不做，将来也永远不做侵略、颠覆、统治、干涉或欺侮别人的超级大国……"

乔冠华的发言拉开了中华人民共和国参与联合国事务的序幕，从此，作为联合国安理会常任理事国之一的中国，在联合国组织内为实现《联合国宪章》的宗旨、维护世界和平、加强各国友好合作、促进人类进步事业做出自己不懈的努力。

6.4

从大洋彼岸飞来的白天鹅

在中国国际友谊博物馆保存着一件珍贵的国礼——美国总统尼克松赠送给毛泽东主席的瓷塑天鹅。这件国礼长175厘米，高99厘米。天鹅造型栩栩如生，惟妙惟肖。一只雄天鹅引颈展翅，一只雌天鹅曲颈梳理，3只羽毛未丰的小天鹅偎依在父母身边。烧瓷天鹅下面有木制底座，中间镶着金框，上书："美利坚合众国总统理查德·尼克松向中华人民共和国毛泽东主席致以最美好的祝愿！"精美绝伦的瓷塑天鹅1972年从大洋彼岸"飞"到中国，它见证了中美两国交往大门在关闭20多年后重新开启的历史性一幕。

20世纪60年代末70年代初，国际形势经过战后20多年的发展，发生了显著的变化。美国由于受到越南战争的拖累，产生财政赤字、对外贸易衰退、美元危机……地位大不如前。与此同时，法国、联邦德国和日本等国经济高速发展，在政治方面的独立自主性日益增强，不再像以前那样对美国处处言听计从。在美国看来，要应对苏联的挑战，挽救其世界霸权地位的中落，需要改善与中国的关系。

而此时由于苏联推行地区霸权的外交策略，中苏关系正在恶化。1969年3月，中国和苏联在黑龙江省珍宝岛地区发生了严重的边境武装冲突，称为珍宝岛事件。在苏联陈重兵于中苏边境之际，为了维护国家的安全和独立，抵御国际霸权主义的压力，为了解决台湾问题，为了恢复和扩大国

◎ 跨越太平洋的握手

　　1972年，美国总统尼克松应邀请前来中国进行访问。2月21日，尼克松的专机降落在北京首都机场。尼克松走下舷梯与前来欢迎的周恩来握手，周恩来意味深长地说："你的手伸过世界最辽阔的海洋来和我握手——25年没交往了啊！"（新华社资料照片）

际交往以及更积极地参与国际事务，中国也需要改善与美国的关系。

　　1969年尼克松就任美国总统以后，美国的对外政策做了重大调整。尼克松在很多场合都发出愿意与中国和解的信息，并积极谋求解决中美长期以来存在的分歧。中国方面也相应地做出了引人注目的姿态：1970年国庆节，请美国记者斯诺夫妇上天安门城楼，站在毛泽东身边，检阅国庆游行队伍。同年12月9日，周恩来委托巴基斯坦总统叶海亚·汗将信息传给美国，表示如果尼克松总统真有解决台湾问题的愿望和办法，中国政府欢迎美国总统特使来北京商谈。12月18日，毛泽东会见斯诺时说："如果尼克松愿意来，我愿意和他谈，谈得成也行，谈不成也行。"

　　机会很快出现了，在1971年3月在日本举行的第31届世界乒乓球锦标赛上，美国乒乓球队在与中国队的一次偶然接触中提出了访华的请求。起初中国有关部门准备拒绝他们，因为美国乒协支持台湾以"中华民国"的名义参加国际乒联。外交部和国家体委联合上报了《关于不邀请美国乒乓球队访华的报告》，但周恩来没有在报告上

◎ 毛泽东会见尼克松

　　1972 年 2 月 21 日下午 2 时 40 分，毛泽东在自己的书房会见了尼克松。经过一周的磋商，2 月 28 日，中美双方在上海共同发表了《联合公报》。

　　在中美关系解冻的推动下，日本首相田中角荣、法国总统蓬皮杜等相继访华，中国和一批西方国家相继建交。中国外交事业出现了新局面。（新华社资料照片）

批写意见，而是将报告转给毛泽东。经过深思熟虑，毛泽东决定立即邀请美国乒乓球队来华访问。4 月，美国乒乓球代表团来到北京，周恩来在会见他们时说："你们这次应邀来访，打开了两国人民友好往来的大门。"这就是人们所说的"小球转动了大球"的"乒乓外交"。就在周恩来接见美国乒乓球队的同一天，美国宣布取消已经实行 20 多年之久的对中国的贸易禁运。中美关系在敌对了 20 多年后，终于有了缓和的迹象。

　　1971 年 7 月 9 日至 11 日，美国总统国家安全事务助理基辛格秘密访华。基辛格访问有两个任务：一是商谈尼克松访华日期及准备工作，二是为尼克松进行预备性会谈。周恩来与基辛格商议起草了公告稿。周恩来总理代表中华人民共和国政府邀请尼克松总统于 1972 年 5 月以前的适当时间访问中国，尼克松总统愉快地接受了这一邀请。

1972年2月21日，美国总统尼克松的专机降落在北京首都机场。尼克松走下舷梯与前来欢迎的周恩来握手，周恩来意味深长地说："你的手伸过世界最辽阔的海洋来和我握手——25年没交往了啊！"后来尼克松在回忆录里也说："当我们的手相握时，一个时代结束了，另一个时代开始了。"

当天下午，毛泽东在中南海他的书房会见了尼克松总统。握手之际，毛泽东说："我们共同的老朋友蒋介石可不赞成这样啊。"一句话，让在场的人都笑出了声。毛泽东用开场玩笑点出了中美关系正常化的最大障碍——台湾问题。坐在沙发上，毛泽东并没有和尼克松讨论这个具体分歧问题，而是谈起了哲学。表面上这是一场轻松的、坐而论道式的会谈，其实谈笑间，毛泽东已经勾画出了后来发表的两国上海公报的主要内容。

在访华前，尼克松精心准备了送给毛泽东的礼物——瓷塑天鹅。这件艺术品由美国新泽西州波姆陶瓷艺术中心烧制，是美国著名生物学家和鸣禽硬瓷烧制大师爱德华·马歇尔·波姆晚年的杰作之一。当时一共制作了两件，一件存放在纽约国家博物馆，另一件选为赠送毛泽东的礼品。在赠送这件礼物时，尼克松说：天鹅是深受美国人民和全世界人民喜爱的珍贵动物，它象征对和平、友善的企望，盼望它给美中两国关系带来发展的好征兆。毛泽东也委托周恩来向尼克松赠送了富于中国特色的礼品：白玉提毛扇梁油瓶、双面苏州刺绣大屏风和玻璃纱手绣台布。

2月28日，中美两国在上海发表《联合公报》。在这个公报中，关于长期以来影响两国关系的焦点台湾问题，中方声明：中华人民共和国政府是中国唯一的合法政府，台湾是中国的一个省；美方声明：美国认识到，在台湾海峡两岸所有的中国人都认为只有一个中国，台湾是中国的一部分。

中美上海《联合公报》的发表，标志着曾经长期尖锐对立的中美两国从此走上实现关系正常化的道路，为以后两国关系的进一步改善和发展打下了基础。中美关系走向正常化，引发了中国与日本、中国与西方资本主义发达国家相继建立外交关系的热潮。中苏关系也趋于缓和。中国的外交格局发生了重大变化，为后来中国逐步实行对外开放政策创造了有利条件。

6.5

"虽然他坐的位置并不显眼，
却吸引了全场的目光"

1973 年 4 月 12 日晚，人民大会堂一楼宴会厅灯火辉煌，周恩来在这里设盛宴欢迎西哈努克亲王和夫人。邓小平以国务院副总理的身份出席宴会，他不动声色地坐在一个并不引人注目的座位上。

一位外国记者敏锐地发现了他。"这是自 1967 年邓小平销声匿迹以后，第一次在公开场合同中外人士会见。"这位外国记者报道说，"虽然他坐的位置并不显眼，却吸引了全场的目光。他没有说一句话，甚至还显得有点孤单，但无论是中国人还是外国人，都感觉到他重新登上中国政治舞台的分量。"

很快，邓小平复出的特大新闻传遍世界，人们都在猜测与刘少奇一起被打倒的邓小平是如何"起死复生"的。

1971 年 9 月 13 日，林彪在其夺权阴谋败露后乘飞机出逃，途经蒙古温都尔汗时机毁人亡，这就是震惊全国的"九一三"事件。此时，邓小平已在江西下放劳动两年了，他以政治家特有的敏感，意识到中国要有大变化，自己重见天日的机会来了。他立即给毛泽东写信，表示拥护主席和中央对林彪事件的决定，并汇报了自己在江西的情况。他在信中提出："我个人没有什么要求，只希望有一天还能为党做点工作，当然是做一点技术性质的工作。"信中还请求主席帮助安排好他的孩子们。毛泽东读后在信封上批示："印发政治局。他家务事请汪办一下。"（汪，指中央办公厅主任汪东兴）

"九一三"事件后，毛泽东大病一场。1972年1月10日，毛泽东抱病参加陈毅追悼会。因是临时决定，匆匆赶去，毛泽东连衣服也来不及更换，只在睡袍外面罩了一件大衣。在同陈毅亲属谈话中，毛泽东把邓小平与刘伯承并提，还说邓小平是人民内部矛盾。周恩来当场示意陈毅的子女把毛主席对邓小平的评价传出去。

这年8月3日，邓小平利用中央要求揭发批判林彪的机会，又致信毛泽东，在批林的同时做自我检讨，并提出：愿为党和人民做一点工作。8月14日，毛泽东对邓小平的信写了一大段批语，肯定了邓小平的过去和现在，发出了启用邓小平的信号。

毛泽东这样做，有他的考虑。1972年5月，周恩来被确诊为膀胱癌，他的衰弱、疲惫的身体，已不可能再事必躬亲、周至缜密地主持国务院的工作。谁能更多地分担周恩来的工作，以统筹全局，将国家由"大乱"治理得走向"大治"呢？邓小平无疑是最合适的人选。

毛泽东写下批语的第二天，即1972年8月15日，周恩来即在政治局会议上传达毛泽东的批语，但没有讨论安排邓小平工作的问题。因为毛泽东的批语虽有此意向，但毕竟没有说得十分明白。会后，以中共中央名义通知江西省委，邓小平恢复党的组织生活，可以做一些调查活动。

按此通知精神，邓小平即到江西瑞金、湖南韶山冲等地参观访问、调查研究。

然而，三四个月过去了，对是否恢复邓小平工作的问题却不见下文。其中一个重要原因是这时党内高层就批林是批极左还是批极右展开了激烈的争论，周恩来搅在里面，受到打击。不过，周恩来仍然关注着邓小平重新出山这件大事。他在等待机会。

机会终于来了！1972年12月17日晚，毛泽东当面对周恩来说："谭震林同志虽有一时错误，但还是好同志，应该让他回来。"

第二天，周恩来即致函纪登奎、汪东兴，传达毛泽东的指示，同时又特意提出："邓小平同志一家曾要求做点工作，请你们也考虑一下，主席也曾提过几次。"这就促使中央把安排邓小平工作的问题提上日程。

在周恩来的安排下，邓小平于1973年2月回到北京。3月10日，中共中央做出《关于恢复邓小平同志的党的组织生活和国务院副总理的职务的决定》。于是，就

1.20元

CHINA
中国邮政

邓小平同志诞生一百一十周年（1904—1997）

2014-17 出席联合国第六届特别会议 (4-2)J

◎ 邓小平踏上国际舞台

1974年4月10日，中国代表团团长、时任国务院副总理邓小平在联合国第六届特别会议上发言。

2014年8月22日，中国邮政发行《邓小平同志诞生一百一十周年》纪念邮票1套4枚，内容分别为"领导百色起义"、"出席联合国第六届特别会议"、"在中国共产党第十二次全国代表大会上"、"南方谈话"。图为其中的"出席联合国第六届特别会议"邮票。(新华社照片)

有了邓小平 4 月 12 日在欢迎西哈努克亲王宴会上的公开露面。

当时，中国共产党最高领导层的状况，正如毛泽东后来向外国客人所说，我们现在有领导危机。总理身体不好，叶剑英身体也不好，还有他自己也已年迈，只有邓小平算一个壮丁。处在长期内乱中的中国，正需要邓小平这样精力充沛而又成熟老练的政治家。周恩来在 1973 年秋天向外国客人谈到邓小平时说："这是一位将来会成为很重要人物的领导人。"

毛泽东感到，有必要让全世界进一步知道邓小平在中国政治舞台上的分量。于是他采取了一个引人注目的措施：决定由邓小平担任出席第六届联合国大会特别会议的中国代表团团长。尽管遭到江青等的极力阻挠，但毛泽东还是坚持这个决定。

1974 年 4 月 6 日，邓小平率中国代表团一行，起程赴纽约参加联大特别会议。周恩来根据毛泽东的指示，率领在京的中共中央政治局委员和中央党、政、军等方面负责人前往机场，与数千群众一起，为邓小平和中国代表团举行隆重的欢送仪式。临行前，面容消瘦的周恩来和精神矍铄的邓小平的手紧紧地握在一起，给人们留下了难以忘怀的印象。

4 月 10 日，邓小平登上联合国大会的讲台。邓小平全面阐述了毛泽东提出来的"三个世界"的理论，论述了中国的对外政策。他指出：中国是一个社会主义国家，也是一个发展中国家，中国属于第三世界。中国同大多数第三世界国家具有相似的苦难，面临共同的问题和任务。中国把坚决同第三世界其他国家一起为反对帝国主义、霸权主义和殖民主义而斗争，看作自己神圣的国际义务。中国坚决站在第三世界国家一边，中国永远不称霸。

邓小平在联合国的发言，赢得了绝大多数与会国家代表的热烈欢迎。毛泽东关于"三个世界"划分的战略思想经过邓小平的全面阐述在国际上产生了深刻而持久的影响，大大提高了中国在国际舞台上的地位和声望。

邓小平从联合国载誉归来，毛泽东更为倚重他，逐渐把主持党政军日常工作的重任交给他。在"文化大革命"政治局势异常混乱的时刻，毛泽东寄希望于邓小平，他把治国安邦的重任托付在了邓小平身上……

6.6

十里长街送总理之后……

1976 年 1 月 11 日清晨，北京长安街两旁的人行道上挤满了悲伤的男女老少，有近百万人，臂上都缠着黑纱，胸前都佩着白花，他们是自发前来送别周恩来灵车的。这无比感人的场景被真实记录下来，后来收入了小学课本，题为《十里长街送总理》：

……灵车缓缓地前进，牵动着千万人的心。许多人在人行道上追着灵车奔跑。人们多么希望车子能停下来，希望时间能停下来！可是灵车渐渐地远去了，最后消失在苍茫的夜色中了。人们还是面向灵车开去的方向，静静地站着，站着，好像在等待周总理回来。

周恩来的一生，是为国家和人民无私奉献的一生。他为建立新中国不屈不挠奋斗了 30 年，新中国成立后他一直担任政府总理直至逝世，心系百姓，日理万机，鞠躬尽瘁，死而后已。尤其是在"文化大革命"中，他更是忍辱负重，苦撑危局，尽力维护党和政府的正常运转，减少"文化大革命"的损失，并尽自己的力量保护了一大批党内外领导干部、知名人士和知识分子。因此，1976 年 1 月 8 日周恩来的去世，使全国人民沉浸在巨大的悲痛之中。人们纷纷以各种方式表达自己的哀思。

◎ 十里长街送总理

　　首都百万群众，泪洒十里长街，极其沉痛地悼念敬爱的周总理。图为安放周总理遗体的灵车通过天安门。(新华社记者刘少山摄)

　　然而，在为周恩来治丧期间，"四人帮"竭力阻挠压制群众的悼念活动，并借开展"批邓、反击右倾翻案风"运动之机，批判和打击邓小平及其他中央领导同志的正确领导，甚至影射周恩来。这激起了广大干部和群众的强烈不满。1976 年清明节前后，一场声势浩大的悼念周恩来、声讨"四人帮"的群众抗议运动，终于像火山一样爆发了。

　　清明节临近之时，天安门广场和人民英雄纪念碑前，悄然出现了一个个小小的花圈，就像是蛰伏后的惊醒，压抑已久的民心开始躁动。3 月 29 日，南京的学生、工人首先走上街头，还贴出了矛头直指张春桥等人的大标语。次日，北京上百万群众自发来到天安门广场和人民英雄纪念碑前献花圈、花篮，贴标语传单，演说、朗诵诗词，抒发对周恩来以及革命先烈的悼念之情，痛斥"四人帮"的倒行逆施。杭州、郑州、太原等地也爆发了悼念活动，这一活动在 4 月 4 日达到了高峰，在天安门广场参加悼念活动的北京和外地来京群众多达 200 万人。

◎ 十里长街送总理

人们抬着周总理画像走向人民英雄纪念碑。(新华社资料照片)

在纪念活动中，人民群众创作了大量的诗词来缅怀周恩来，谴责"四人帮"。例如《呐喊》："欲悲闻鬼叫，我哭豺狼笑。洒泪祭雄杰，扬眉剑出鞘。"还有一首《向总理请示》的诗："黄浦江上有座桥，江桥腐朽已动摇。江桥摇，眼看要垮掉；请指示，是拆还是烧？"这首诗把"四人帮"几个人的姓连缀在一起，谐音隐喻，让人心领神会。这些诗词被人们争相传抄，不胫而走，产生了巨大的社会影响。

4月2日，中国科学院一零九厂的400多名职工胸佩白花，臂戴黑纱，整齐列队以4辆大卡车开道，抬着敬献给周总理的花圈，高举四块高达2米的诗牌，穿过北京最繁华的王府井大街，一路走到天安门广场。四块诗牌上写着："红心已结胜利果，碧血再开革命花。倘若魔怪喷毒火，自有擒妖打鬼人。"在人民英雄纪念碑前，他们举行了隆重的悼念仪式。应天安门广场上广大群众的强烈要求，他们把诗牌放到了纪念碑碑身台座上，不到半天工夫，这四句诗就传遍了北京城。

"四人帮"极其仇视广大群众的革命行动，他们歪曲和捏造了大量"事实"欺骗中央政治局和毛泽东。4月4日晚，中共中央召开政治局会议，在江青等人左右下把天安门广场的事态错误地定为"反革命事件"，并在当晚开始清理天安门广场的花圈和标语，抓走许多坚持在广场进行悼念活动的群众。

4月5日凌晨，群众来到天安门广场，发现花圈和标语等被清理了，有7名守护花圈的群众被抓走。他们异常气愤，纷纷提出抗议，在"还我花圈，还我战友"的口号下形成了天安门广场大规模的数万群众抗议运动，并同部分民兵、警察和战士发生了严重的冲突，导致车辆和治安岗亭被烧。当晚7时半，当时的中共北京市委第一书记吴德在广播讲话中说，天安门广场有坏人"进行反革命破坏活动"，"要认清这一政治事件的反动性"。9时半，卫戍部队奉命包围广场，1万名工人民兵、3000名警察带着木棍来到天安门广场。留在广场的部分群众遭到驱赶和殴打，有38人被捕，此事被称为"天安门事件"。

4月6日，中央政治局在京委员听取北京市委汇报，错误地认定天安门事件是反革命暴乱，并要北京市委写成材料通报全国。毛泽东根据毛远新的书面报告同意了中央政治局的决定。4月7日，中央政治局根据毛泽东的提议，任命华国锋为中共中央第一副主席、中华人民共和国国务院总理；同时错误地认定邓小平问题的性质已经变为对抗性的矛盾，决定撤销邓小平党内外一切职务，保留党籍，以观后效。

至于一零九厂制作的四块诗牌，早在4月3日早上就被"四人帮"的手下强行掠走。接着，姚文元在《人民日报》编写的有关天安门事件的《情况汇编清样》上针对四块诗牌写下"所谓'再开革命花'，就是要推翻社会主义革命和'反击右倾翻案风'的斗争"的批示，给四块诗牌定下罪名。4月14日，诗牌作者青年工人宋胜均被拘捕入狱，随后他们诬陷该厂广大职工悼念周恩来的革命行动是"有组织、有计划、有预谋、有目的的反革命活动"，"一零九厂是反革命集团"。当时仅有500余人的一零九厂就有100余人被列在黑名单上，不少人被审查，还有几人被拘捕。

以天安门事件为代表的悼念周恩来、反对"四人帮"的群众性抗议运动，实质上是拥护以邓小平为代表的中国共产党的正确领导，表达了人民群众对持续近十年的"文化大革命"的不满，它鲜明地表现了人心的向背，为后来粉碎"四人帮"奠定了广泛的群众基础。

正义和胜利最终站在了人民群众一边，"四人帮"一伙未能猖狂多久，就被一举粉碎了。一零九厂广大职工同全国人民一样，重获新生。1978年3月10日，北京市公安局将四块诗牌送还一零九厂。3月16日，该厂将它们交给中国革命博物馆（现中国国家博物馆）永久收藏。

这年11月16日，《人民日报》公布了中共北京市委的决定，宣布天安门事件完全是革命行动，为受迫害的同志一律平反、恢复名誉。12月，中国共产党十一届三中全会《公报》宣布：

> 1976年4月5日的天安门事件完全是革命行动。以天安门事件为中心的全国亿万人民沉痛悼念周恩来同志、愤怒声讨"四人帮"的伟大革命群众运动，为我们党粉碎"四人帮"奠定了群众基础。全会决定撤销中央发的有关"反击右倾翻案风"运动和天安门事件的错误文件。

天安门事件终于得到平反昭雪，这是历史做出的结论。

毛主席纪念堂的建造

　　1976 年 12 月 26 日，一支由侗族、苗族、汉族农民数十人组成的采伐香樟木的队伍，在贵州省黎平县朝阳村附近的大山里汇集，常年寂静的山谷顿时变得热闹起来。伐木的油锯声和抬木头的吆喝声回荡在山谷上空。人们如此尽心尽力采伐香樟木，不是为了自己，而是为了毛主席，为了一座远在北京的建筑——毛主席纪念堂。

　　这年 9 月 9 日，毛泽东主席在北京溘然长逝。噩耗震惊了中华大地，震惊了整个世界。顿时，举国上下一片呜咽，一片悲痛。在毛泽东遗像前，很多人失声痛哭："毛主席，我们离不开你！你怎么撇下我们就走了呢？"在人们心中，既有失去敬爱领袖的巨大悲伤，也有对国家前途命运的无限担忧。

　　10 月 6 日，以中共中央第一副主席华国锋、中共中央副主席叶剑英、中共中央政治局委员李先念等为核心的中央政治局，执行人民的意志，采取果断措施，对江青、张春桥、姚文元、王洪文实行隔离审查，一举粉碎"四人帮"反革命集团，结束了"文化大革命"这场灾难。

　　10 月 8 日，中共中央、全国人大常委会、国务院和中央军委应全国各族人民的要求，做出建立毛主席纪念堂的决定，宣布"在纪念堂建成以后，即将安放毛泽东主席遗体的水晶棺移入堂内，让广大人民群众瞻仰遗容"。

此后，很多人从悲痛中走出来，把对毛泽东的一片深情厚爱倾注到这座建筑上，为它的建设付出了极大的努力。

几百名设计人员查阅古今中外许多纪念馆资料，集思广益，反复构思，从1976年9月开始用了60多个昼夜，绘出950张设计图纸，晒制出16600多张蓝图，设计出面积达2万平米的雄伟壮观的毛主席纪念堂。这座长宽各105.5米、高33.6米的正方形建筑，气势轩昂地坐落在天安门广场中轴线上。毛泽东安息在纪念堂，象征着他与祖国大地同在，永远活在人民心中。纪念堂的每一设计，都有着丰富的含义：纪念堂的红色台帮、白色栏板，表示毛泽东为中国奠定的红色江山基础万年牢；44根外廊明柱，显示着社会主义祖国的伟大坚强；双层大挑檐的琉璃瓦，反映了中华文化源远流长……

1976年11月24日，各项准备工作完成，毛主席纪念堂工程正式破土动工。

几天后，贵州黔东南苗族侗族自治州接到了为毛主席纪念堂工程提供香樟木材的任务。消息传开，当地干部、群众一片欢腾，很多人激动得热泪盈眶，都把这项任务当成最大光荣、最大幸福。

锦屏县偶里村是当年毛泽东率领工农红军长征经过的地方。寨前长着一棵近两百年的香樟树，红军曾在这棵大树下站过岗，召集群众开过大会，号召苗胞打土豪、

◎ 毛主席纪念堂

　　1977年8月30日，毛主席纪念堂在北京天安门广场落成，安放毛主席遗体的水晶棺移入堂内。图为刚刚落成的毛主席纪念堂。（新华社照片）

分田地，跟着共产党闹革命，因此该树得名"红军树"。得知毛主席纪念堂工程需要香樟，苗族群众就把这棵最珍爱的古树献了出来，他们还用彩笔在树干上写道："百年樟树吐芳香，红军战士站过岗；永远怀念毛主席，香樟献给纪念堂。"

黎平县朝阳村组织上山伐樟木，人人争先恐后报名参加。一位贫农老大爷说："解放前，我给地主老财当了大半辈子牛马，是毛主席他老人家把我从牛棚里解放了出来，使我住上了新瓦房，过上了幸福生活。上山伐木，我参加！"只用了一天时间，他们就伐下十余立方米香樟木，把其中最大、最好、最直的木材装上了拖拉机。在欢送的人群里，一位70多岁的侗族老人抚摸着车上喷香的木材，激动地说："去吧，快去吧！到北京向毛主席纪念堂敬献我们侗族人民的一片心意！"

修建毛主席纪念堂，装修柱廊、栏杆、台阶、地面，还需要相当数量的白色大理石和一定数量的咖啡色大理石，然而这种名贵石料的产地当时只有北京房山县和江苏宜兴县。由于百年开采，储量已不多了，两地群众为了修好毛主席纪念堂，不怕苦和累，刨开山根大干130天，从地下30多米深处开采出1700多立方米高质量的大理石。房山县南乐村村民将在地下33米深处挖出的一块长913厘米、厚100厘米的堪称无价之宝的长方形汉白玉石，献给了毛主席纪念堂。

修建毛主席纪念堂的消息传遍祖国四方，工农兵学商群众团体纷纷捐钱赠物，表示支持纪念堂的兴建和对毛主席的敬意。延安和青岛的园林职工挑选了60棵青松送到北京，要求栽到纪念堂绿化坪，陪伴毛主席万古长青。著名运动员潘多、贡戈、巴桑等，送来从珠穆朗玛峰带回的一块拳头大小的岩石标本，东海舰队送来一位战士潜游到台湾海峡挖来的朱红沙子，少先队员送来延河水和南京雨花石子……它们被一同拌入混凝土，浇筑在纪念堂工程首层结构中。

承担纪念堂工程施工的主力军是北京城建工人和解放军战士，为了赶工期，他们日夜奋战，不怕出大汗受大累。半年时间，几千名建设者没有休过一个节假日，有的人带病坚持工作，有的人轻伤不下火线，有的老师傅一连数星期顾不上回家看望妻子、儿女，有的青年小伙推迟了婚期……在纪念堂工地上，还活跃着一支义务劳动大军，他们来自北京各行各业，前后共有70多万人次，每个人都把参加毛主席纪念堂的建设当作毕生的荣幸。

在全国人民的支援下，经过建设者的共同努力，1977年5月4日，仅仅用了6个月的时间，毛主席纪念堂便以高质量的规格正式竣工。速度之快、质量之优，可以说创造了建筑史上的奇迹。8月20日，毛主席遗体进入纪念堂。1977年9月9日，在毛泽东逝世一周年的日子，纪念堂正式接待国内外来宾和广大人民群众瞻仰毛主席遗容。

1980年8月21日和23日，意大利记者奥琳埃娜·法拉奇采访了当时任国务院副总理的邓小平，在谈到建毛主席纪念堂时，邓小平说："粉碎'四人帮'后，建毛主席纪念堂，应该说，那是违反毛主席自己的意愿的。50年代，毛主席提议所有的人身后都火化，只留骨灰，不留遗体，并且不建坟墓。毛主席是第一个签名的。我们都签了名。中央的高级干部、全国的高级干部差不多都签了名。现在签名册还在。粉碎'四人帮'以后做的这些事，都是为了求得比较稳定这么一个思想考虑的。""我不赞成把它改掉。已经有了的把它改变，就不见得妥当。建是不妥当的，如果改变，人们就要议论纷纷。现在世界上都在猜测我们要毁掉纪念堂，我们没有这个想法。"

在天安门广场上经常可以看见一道特殊的风景线：人群的队列蜿蜒盘旋，有时达三四千米长，缓缓向前，一直通向毛主席纪念堂。30多年间有近2亿人走进瞻仰的队列。时间没有抹去关于毛泽东的记忆，这位心中总是装着万家忧乐的人民领袖，仍然被人民所深深爱戴和怀念。

新中国故事　下部

（1977—2014 年）

第 七 章

革 故 鼎 新

（1977—1982 年）

　　按照民间的说法，1978年被称为改革元年。中国的1978年是在凝重的期盼和躁动中，开始它不平凡的岁月的。

　　1978年的春天似乎格外美好。几十万大学生跨进了校门；在这年3月举行的全国科学大会上，历经十年浩劫、大都已白发苍苍的科学家，久别重逢，相聚一堂，迎来了生命的第二个春天。当然，历史的转折还是要靠高层的决策来实现。这年5月开始的关于真理标准的大讨论，正式拉开了历史转折的序幕。

　　1978年12月22日，这天闭幕的中共十一届三中全会在邓小平的领导和老一辈无产阶级革命家的支持下，果断做出了把党和国家工作的重心转移到经济建设上来、实行改革开放的历史性决策，实现了新中国成立以来中国共产党历史上的一次伟大转折，标志着中国进入社会主义改革开放新时期。"三中全会"由此成为了中国政治术语中使用频繁的一个词汇。

　　就在中共十一届三中全会召开前后，广袤的中国农村愤然兴起了一场伟大的改革。安徽的小岗村18户农民，在一张大包干契约上摁下了自己的手印。此后，中共中央下发《关于进一步加强和完善农业生产责任制的几个问题》，赏定了包产到户的社会主义性质。从此，农村改革从局部试验进入到全面推广阶段。希望的田野上留下了农村改革的坚实脚印。

　　与此同时，城市改革也从试点企业逐步开始了。1978年10月，重庆钢铁公司、四川省宁江机床厂等6家国有企业在全国率先进行"扩大企业自主权"的试点"扩大企业自主权"突破了高度集中统一的传统国有企业管理模式，调动了各方面的积极性，激发了企业的创造力。

1979 年元旦这天，邓小平在全国政协座谈会上宣布了三件事：一是中央把工作重心转移到经济建设上来，二是中美关系实现正常化，三是把台湾回归祖国、完成祖国统一大业提到具体日程上来。

《八十年代新一辈》的歌声把人们带进了 1980 年代。这年元旦社论的题目就叫《迎接大有作为的年代》。开拓新时代需要勇气。经济特区这个字眼，开始从南方走进了人们的视线，作为中国对外开放的窗口和试验地，它诱发了无数开拓者的创造热情。

1981 年 6 月，《关于建国以来党的若干历史问题的决议》在中共十一届六中全会上通过。《决议》总结了建国以来的历史经验和教训，对建国以来一系列重大历史问题做出正确的结论，根本否定了"文化大革命"和"无产阶级专政下继续革命"的理论，科学地评价了毛泽东和毛泽东思想的历史地位，完成了党的指导思想的拨乱反正。

解决了历史的遗留问题，中国描绘未来的蓝图变得前所未有的清晰。1982 年 9 月，中共十二大召开，大会主题是全面开创社会主义现代化建设的新局面。在这次大会的开幕式致辞中，邓小平根据中国共产党领导人民几十年来的艰辛奋斗，得出了一个震古烁今的历史结论——把马克思主义的普遍真理同我国的具体实际结合起来，走自己的道路，建设有中国特色的社会主义。

建设有中国特色的社会主义是一个新的重大命题，是一条新的道路，从此成为凝聚全党全国各族人民推进改革开放和社会主义现代化事业的伟大旗帜。

7.1

1977年恢复高考：国家命运的转变

　　"文化大革命"结束后，中国这艘巨轮似乎有了拨正航向的历史契机。最先感受到信风到来的，莫过于那些渴求知识改变命运的青年们。在注定会被历史写下重重一笔的 1977 年，上百万青年如过江之鲫般地涌向考场。而在此前，这种选拔人才的制度已在中国消失了 10 年。

　　恢复高考，是邓小平 1977 年复出后做出的第一个重大决策。这不仅是简单恢复一个入学考试，而是一个国家和时代的拐点，许多人的命运从此发生改变。

　　新中国的高考制度始于 1952 年。从 1952 年一直到"文化大革命"前，高等学校招生实行全国统一命题、一次考试、分批录取的办法。"文化大革命"开始不久，高校即停止了招生。此后，成千上万高、初中毕业的知识青年"上山下乡"，大学名存实亡。

　　1972 年，在全国高校停止招生 6 年之后，大多数高校又开始恢复招生。但这次招生有一个明确的规定：只"选拔具有二年以上实践经验的优秀工农兵入学"，不招收应届毕业生，取消文化考试，实行"自愿报名、群众推荐、领导批准、学校复审"的办法。没有任何文化考试的推荐选拔的大学招生制度开始实行。到 1976 年 10 月粉碎"四人帮"时，高考制度已经整整废除了 10 年，但"文化大革命"延续下来的招生办法仍未改变。国家出现了严重的人才断档，广大群众对依旧实行推荐选拔的大学招生制度非常不满，提出恢复高考制度迫在眉睫。

1977 年 5 月 24 日，还没有复出的邓小平对两位来访的同志说："我出来工作大局已定，中国迫切需要发展教育，迫切需要发展科学，我愿意在这方面来承担这个责任。"

◎ 1977 年：重启高考之门

　　1977 年，在北京，参加高等学校入学考试的青年正在认真答卷。

　　中国重新开启高考之门，预示着一个尊重知识、尊重人才的时代的来临！在这个历史的拐点上，许多人的命运改变了。1978 年春天，27.3 万名高考制度恢复后的第一届大学生，意气风发地踏进了大学校园。（新华社照片）

　　7 月，在中共十届三中全会上，73 岁的邓小平恢复了他在第三次被打倒前担任的中共中央副主席、中共中央军委副主席、国务院副总理、中国人民解放军总参谋长的职务。邓小平在全会的讲话中说："作为一名老党员，还能在不多的余年里为党为国家为人民做一点力所能及的事情，在我个人来说是高兴的。出来工作，可以有两种态度，一个是做官，一个是做点工作。"上任伊始，要"出来做点工作"的邓小平自告奋勇地抓科技和教育工作，并率先提出了他思考已久的高考招生制度改革的问题。

　　8 月 4 日至 8 日，邓小平亲自主持召开了科学和教育工作座谈会，邀请三十多位著名科学家和教育工作者参加。这是他恢复工作后主持召开的第一个会议。邓小平在 4 日的讲话中强调，实现四个现代化要从科研和教育着手。8 日，邓小平听取了与会代表反映的对高等教育现状的忧虑和意见。当时武汉大学一位叫查全性的副教授在座谈会上非常强烈地呼吁：招生是保证大学质量的第一关，好像工厂的原材料，不合格的原材料，就不可能生产出合格的产品。在座的科学家们发言踊跃，情绪热烈，一致建议国务院下决心恢复大学招生制度。邓小平问道："今年是不是来不及改了？"大家回答今年改还来得及，最多晚一点。邓小平听后当即决定："既然大家要求，那就改过来。"他明确表示："今年就要下决心恢复从高中毕业生中直接招考学生，不要再搞群众推荐。从高中直接招生，我看可能是早出人才、早出成果的一个好办法。"历经磨难的科学家和教育工作者们，以经久不息的热烈的掌声表达他们对这一决定的拥护和对邓小平的由衷敬意。

时间已经很紧了，在经过一系列紧张的协调、准备工作之后，国务院在10月12日正式批转了根据邓小平的指示精神制定的《关于1977年高等学校招生工作的意见》，文件规定：废除推荐制度，恢复文化考试，实行德、智、体全面考核、择优录取；考生必须高中毕业或具有同等学历，恢复从应届毕业生中招生；修改政审标准，贯彻"重在表现"的原则；严格考试制度，抵制和反对营私舞弊、"走后门"等不正之风。当天，新华社、《人民日报》、中央人民广播电台等各新闻媒体，都以头号新闻发布了恢复高考的消息。

"报名！我要报名！"恢复高考的消息，立刻在全国激起了巨大反响，也给在逆境中跌跌撞撞的知识青年们带来了新的希望。一时间，教育部、各省市的招生办公室里堆满了成麻袋装的信件。仿佛一夜之间，蒙尘十几年的中学课本，变戏法似的从床底下、墙旮旯、废纸箱里冒了出来，被到处争相传阅。

12月，570万考生走进了考场，如果加上1978年夏季的考生，两季考生共有1160万人。在这个数字背后，是积压了十多年约3000万享有上大学权利的学生。这恐怕是迄今为止世界考试史上人数最多、规模最大的一次考试。这年高考，积聚了太久的希望。那是渴望了太久的梦想，那是压抑了太久的信念；那是一个民族对知识的渴求，那是一个国家重建社会公平与公正的开始。

由于资源严重匮乏，如何解决考生高考的试卷纸张，竟然成为当时一个叫人头疼的大问题。问题最终反映到邓小平那里，他当机立断，决定将印刷《毛泽东选集》第五卷的计划暂时搁置，调配相关纸张，先行印刷考生试卷。

当年，北京有一位叫阎阳生的考生正好在自己11月14日30岁生日这天，迎来了女儿的诞生。北京那年的高考作文题是《我在这战斗的一年里》，阎阳生以"再也没有比婴儿的第一声啼哭声更能提醒你已经进入中年了"为开篇，使自己的作文获得了高分，成为"文化大革命"后的第一批27万大学新生中的一员。

人们说，1977年的中国没有冬天。在这个涌动着春意的冬天里，中国重新迎来了尊重知识、尊重人才的春天和科学的春天。知识分子地位的变化导致我们整个民族的精神面貌发生了巨大变化，大大推进了中国改革开放的进程，也更直接地推动了中国的教育改革和教育发展。

中国有一千个陈景润就了不得

20 世纪 70 年代末，作家徐迟写的一篇名为《哥德巴赫猜想》的报告文学传遍全国，家喻户晓。一个瘦弱的、戴着深度近视眼镜的"书呆子"闯入了人们的眼帘，他就是年轻的数学家陈景润。

在徐迟的报告文学发表两年前，邓小平就知道陈景润其人，那时他已经通过相关渠道，要求中国科学院支持陈景润的研究工作，关心他的生活。在那个"知识越多越反动"的年代，是邓小平坚定有力地支持了陈景润的科学研究工作。

从 20 世纪 50 年代开始，陈景润作为中国科学院数学研究所的一名研究人员，一心扑在科学事业上，专心致志地进行数学研究。

1966 年，陈景润在"哥德巴赫猜想"研究上取得了重大突破。正当他决定向科学研究尖端奋进的时候，"文化大革命"开始了。陈景润被诬为"资产阶级黑线人物""走白专道路的典型"，成为专政对象被关押起来，每天脖子上挂着一个大木牌，上书"现行反革命、臭老九——陈景润"。

半年后，陈景润被释放出来，但被剥夺了搞科研的权利，不能进办公室，只能在数学所干体力劳动，美其名曰"劳动改造"。此时住在 6 平方米小屋里的陈景润，借一盏昏暗的煤油灯，伏在床板上，通过不停歇地演算、思考，已大大简化和改进了原来的证明，使哥德巴赫猜想的研究取得

◎ 数学家陈景润
陈景润在进行数论研究工作。(新华社照片)

了世界领先的成果,在国际上引起了强烈反响。他用一支笔,耗去了几麻袋的草稿纸,攻克了世界著名数学难题"哥德巴赫猜想"中的(1+2),创造了距摘取这颗数论皇冠上的明珠(1+1)只是一步之遥的辉煌,被国际数学界誉为"陈氏定理"。

陈景润那瘦弱的身影凝聚了全世界所有数学家关注和倾慕的目光。自负的日本人,对有着五千年文明史的中国,称道两位数学奇才:一位是祖冲之,一位便是陈景润。他们由衷地在这两位中华俊杰面前顶礼膜拜。

但在国内,陈景润却继续被诬为"走白专道路的典型。"1974年邓小平第二次复出之时,"四人帮"十分猖獗,邓小平面对科技界是非颠倒,科技人员受压制、迫害的状况深感忧虑,决心加以纠正和扭转。9月26日,邓小平在听取中国科学院的"汇报提纲"时,对许多知识分子在极端困难的情况下坚持从事科学研究的爱国敬业精神给予了肯定。他特别提到了陈景润秘密从事数学尖端课题研究而被诬为"白专"典型一事,并大胆地肯定了陈景润不是"白专"。他说:"这一段时间一些科研人员打派仗,不务正业,搞科研的少。少数人秘密搞,像犯罪一样。陈景润就是秘密搞的。这些人有了成绩,究竟算是红专还是白专?像这样一些世界上公认有水平的人,中国有一千个就了不得。"邓小平认为陈景润这样的科学家应该得到大力褒扬,他说,"中央表扬了这样的人,对他们应该爱护和赞扬。"他的话在当时对鼓励科技人员搞科研起了重要作用。

之后,为了使陈景润摆脱困境,能够有一个较好的研究环境,邓小平多次指示有关部门帮助陈景润解决了一些实际问题。从陈景润的遭遇,他也看到了抓知识分子工作的迫切性,看到必须有一个适合千百万陈景润能够搞科研的良好社会环境。

粉碎"四人帮"后,复出后的邓小平一出来工作,就立即着手科技、教育战线的

◎ 全国科学大会

　　1978 年 3 月召开的全国科学大会，迎来了科学的春天，也拉开了科技体制改革的序
幕。图为全国科学大会现场。（新华社照片，1978 年 3 月 18 日摄）

拨乱反正，旗帜鲜明地提出要"尊重知识，尊重人才"。

　　恰在这时，徐迟的报告文学《哥德巴赫猜想》发表，由此引发一股强劲的冲击
波，"学习陈景润，勇攀科技新高峰"成为人们竞相传诵的口号。

　　1978 年 3 月 18 日，6000 多名来自全国各地的科学家会聚到了人民大会堂。在
这个爆发出巨大希望的科学大会上，人们看到了许多陌生而又熟悉的科学家的身影，
一批像陈景润这样的年轻科学家也走进了这个科学的殿堂。

　　陈景润第一次见到了邓小平，他聚精会神地聆听邓小平在开幕式上的激动人心
的讲话。邓小平说："四个现代化，关键是科学技术的现代化。""在社会主义社会
里……正确认识科学技术是生产力，正确认识为社会主义服务的脑力劳动者是劳动
人民的一部分，这对于迅速发展我们的科学事业有极其密切的关系。"邓小平这段对
中国知识分子的科学的评价，激起了几千名与会代表的强烈共鸣。几十年后，数学
家杨乐在接受记者采访时说："长期以来知识分子被看作是改造的对象，看作是跟资
产阶级要画等号的。现在不仅把知识分子看成是劳动人民了，而且说知识分子就是

工人阶级的一部分，我就觉得知识分子现在地位完全改变了，感到这是精神上的一个彻底解放，感觉到科学春天的到来。"

最后，邓小平提高了嗓门真诚地说："我愿意当大家的后勤部长！"一个党的领袖甘当科技人员的后勤部长，这种襟怀品格令在场所有的人为之动容。

邓小平在报告结束之后还接见了一批取得突出贡献的科学家，陈景润就在其中。邓小平亲切地嘱咐陈景润要注意身体健康，并且告诉身边的工作人员要尽量给他创造更好的工作条件，语重心长，情真意切，这是科学大会上最动人的一幕。

在这次大会上，已是86岁高龄的中国科学院院长郭沫若用诗人的激情写下了一篇题为《科学的春天》的书面讲话："春分刚刚过去，清明即将到来。日出江花红胜火，春来江水绿如蓝。这是革命的春天，这是科学的春天。让我们张开双臂，热烈地拥抱这个春天吧！"人们感到，科学的春天到来了，知识的力量开始发挥巨大的作用，思想解放的冲击波开始震撼人们的心灵。

真理标准大讨论

就在人们欢呼科学春天到来的时候，人们也感觉到消除"文化大革命"这场浩劫在政治上、思想上造成的混乱绝非易事。由于"左"的错误思想长期影响和束缚，党的事业在前进中出现了徘徊的局面。

人们对原来的一套开始怀疑，粉碎"四人帮"以后，这种怀疑不断增长。人们的怀疑主要是两条：一是"文化大革命"究竟对不对，二是搞了这么多年的社会主义，还这么穷，我们追求的就是这样的社会主义吗？面对这样的形势，当时的中央主要负责人提出："凡是毛主席的决策，我们都坚决维护，凡是毛主席的指示，我们都始终不渝地遵循。"即"两个凡是"，其实质就是一切照旧。正是"两个凡是"的主张，使人们在长期动乱后急迫要求澄清是非的愿望得不到满足，并形成新的思想禁锢，挡住了历史前进的脚步，仍然封冻着开始苏醒的时代心灵。

影响历史转折的症结在哪里呢？当时，尚未复出的邓小平同志洞察出了"两个凡是"的要害，他以大无畏的精神指出"两个凡是"不行，并多次在不同场合表述反对"两个凡是"的意见。

1977 年 7 月，邓小平在中共十届三中全会上恢复了他在第三次被打倒前的职务。随后举行的中国共产党第十一次全国代表大会有其积极的一面，但由于历史条件的限制和指导思想上仍然坚持"左"的错误思想，这次大会并没有能够实现历史性的转变。

1978年5月10日，中央党校内部刊物《理论动态》刊出了一篇名为《实践是检验真理的唯一标准》的文章。11日，《光明日报》署名"本报特约评论员"全文公开发表该文。这篇文章的作者之一、南京大学哲学系教师胡福明在谈到写作经过时说，1977年2月7日，"两报一刊"发表社论提出"两个凡是"后，正在全国开展的拨乱反正降温了。当时我就意识到要批判"两个凡是"，开始酝酿写文章。他还在回忆文章中说，胡耀邦同志审定了这篇文章，对文章的发表起了"决定性作用"。

这篇文章共分为四个部分：一、检验真理的标准只能是社会实践；二、理论与实践的统一是马克思主义的一个最基本的原则；三、革命导师是坚持用实践检验真理的榜样；四、任何理论都要不断接受实践的检验。文章勇敢地宣称："凡有超越于实践并自奉为绝对的'禁区'的地方，就没有科学，就没有真正的马列主义、毛泽东思想，而只有蒙昧主义、唯心主义、文化专制主义。"

这篇5000多字的文章，《光明日报》用了两个半版才刊登完。这篇文章理论色彩很浓，今天人们读起来可能会感到枯燥，但在当时，文章一发表就引起了巨大反响。12日，《人民日报》《解放军报》和多家省报全文转载，当代中国历史上一场前所未有的真理标准大讨论拉开了序幕。

这篇文章很快遭到了严厉批评和斥责。从一开始，就被上升到路线问题、旗帜问题上来，有人说，这篇文章是"砍旗"，是"丢刀子"，是犯了方向性的错误。

在刚刚启动的思想解放运动蒙上一层阴霾的时候，这场关于真理问题的讨论备受全社会的关注。邓小平在5月30日明确表态：现在，连实践是检验真理的标准都成了问题，简直是莫名其妙。他希望人们打破精神枷锁，来一个思想大解放。

叶剑英、陈云、聂荣臻、徐向前等一大批党内德高望重的老干部也表态支持这场讨论。李先念说："实践是检验真理的标准是正确的。这是我们一向坚持的观点。"

1978年9月，邓小平访问朝鲜后在东北三省视察，他先后视察了6个地方，发表了5次谈话。后来，人们把邓小平的这次北方之行称作"北方谈话"。在东北，他讲得最多的事情是思想路线问题，是解放思想的问题，是真理标准的讨论问题。邓小平说自己是到处点火，正是这把火，使思想解放运动的星星之火终成燎原之势。各省、市、自治区和各大军区主要负责人纷纷表态，支持这场真理标准大讨论，讨论呈现一边倒的势态。

在关于真理标准的大讨论中，邓小平已经把目光投向中国的未来，把走一条什么路的问题摆到了全党面前。在东北，邓小平提出要在适当的时候结束已经搞了两年的揭批"四人帮"的政治运动，尽快把工作重心转移到经济建设上来。他说，运动搞得过久，人们就厌倦了，当务之急是迅速发展社会生产力。由此，邓小平开始酝酿实现工作重心的转移，拉开了政治路线拨乱反正的序幕。

1978 年 11 月 10 日，200 多位党的高级干部会聚到了北京的京西宾馆，参加中共中央工作会议。会议本来是讨论经济工作的，但刚开始不久就发生了变化。11 月 12 日，陈云参加东北组讨论时做了一个发言，表示完全同意中央实现全党工作重心转移的意见，接着，话锋一转，提出了会议原定议题之外的一件大事。他说，安定团结也是人民关心的事情，现在还有所顾虑。为此，应该为彭德怀、陶铸、薄一波等人平反，中央应该肯定人民群众十分关心的天安门事件。

陈云的发言使与会者认识到，不解放思想，不按照实事求是的原则解决一系列大是大非的问题，拨乱反正，就无法实现工作重心的转移。一个本来讨论经济工作的会议，就这样变成了从思想路线、组织路线到政治路线全面拨乱反正的会议。许多历史大门的开启，看似不经意，其实背后的推力蓄势已久。

正是在这种情况下，邓小平在 12 月 13 日的闭幕会上作了《解放思想，实事求是，团结一致向前看》的讲话。这篇讲话，不仅提出和回答了在历史转折关头党面临的一系列根本问题，明确了党在今后的主要任务和前进方向，实际上也成为了党的十一届三中全会的主题报告。

在经过一系列准备的基础上，1978 年 12 月 18 日，在白雪皑皑、空气清新的北京，中共十一届三中全会隆重召开。这次会议只用了 5 天时间，却具有划时代的重大意义，实际上形成了以邓小平为核心的党的第二代中央领导集体，最终确立了"三个转变"，即从"以阶级斗争为纲"转到以经济建设为中心，从封闭半封闭转到对外开放，从墨守成规转到各方面的改革。

历史将永远记住 1978 这个历史转折的年份。以改革开放为标志的新时期的到来，是以这场真理标准大讨论为突破口的，从此，一条新的道路开始在人们脚下延伸。

7.4

走出国门看世界

　　1978 年 5 月 2 日，法国巴黎奥利机场正在举行一个特殊的欢迎仪式。当时的法国总理雷蒙·巴尔来到机场，欢迎以中国国务院副总理谷牧为首的中国政府代表团。不合外交规格的欢迎仪式，立即使敏感的观察家们意识到，这是一场不寻常的访问。

　　这是新中国成立后，我国向西方发达国家派出的第一个由国家领导人担任团长的政府经济代表团。成员中有水电部部长钱正英、国家建委副主任彭敏、农林部副部长张根生、北京市革命委员会副主任叶林、广东省革命委员会副主任王全国、山东省革命委员会副主任杨波，还有王维成、严明以及谷牧同志办公室的李灏、胡光宝等六位司局级干部。出发之前，邓小平专门找谷牧谈话，要求出访考察时广泛接触，详细调查，深入研究一些问题，了解人家现代化工业发展到什么水平了，把资本主义国家先进的好的管理经济的经验学回来。谷牧感到，邓小平正在考虑的已经不是"要不要开放"，而是"怎么搞对外开放"的问题了。

　　代表团从 1978 年 5 月 2 日至 6 月 6 日，先后访问了法国、联邦德国、瑞士、丹麦、比利时等 5 国、15 个城市。代表团广泛接触政治经济等各界人士，除了会谈、交流外，安排了较多时间参观工厂、农场、城市、码头、科研机构、市民家庭等。这次出访，向世界传达了这样一个信息：中国开始重新关注外部世界了。

这次出访的所见所闻给代表团成员们留下了很深的印象。一天，代表团来到联邦德国德莱因威斯特伐利亚电力公司的一个露天矿参观。这个露天矿年产褐煤 5000 万吨，职工只有 2000 人。一台最大的轮斗式挖掘机使代表团成员们大开眼界，这个挖掘机只要 5 个人操作，但一天的产煤量却达 40 万吨，而按当时中国露天煤矿的生产水平，产 5000 万吨煤大约要 16 万工人。

除了工业以外，交通运输给代表团成员们留下了很深的印象。这些国家的高速公路特别发达，特别是高速公路的立交桥。比如，在比利时，整个立交桥跨越了一个村庄。代表团成员还曾感叹道，这种立交桥需要多少钢铁啊，我们中国什么时候能够做到啊！那个时候中国还没有一座像样的立交桥。当时，西欧这些国家在发展经济的同时，也非常注意交通建设。联邦德国总统在接见代表团的时候，指着旁边流过的莱茵河对谷牧说，我们的莱茵河很勤奋。谷牧没有犹豫：我们的长江比莱茵河还长，但运量比莱茵河小得多，"不是长江不勤奋，而是我们的工作没做好"。

另外，西欧的现代化农业也令代表团成员们感触颇多。例如，当飞机越过联邦德国的农田，代表团成员们在空中看到人家种的玉米非常规整，就像一个个漂亮的图案。那些农庄，每家都是两块地，一块地是牛在那里悠闲地吃草，另一块地轮牧，非常整齐。又如，代表团在丹麦考察农业时，他们介绍农业怎么培育先进的品种。西方人喜欢吃猪排，一头猪 28 对排骨，他们则专门研究，怎样培育出一头猪能够多长一对排骨。

在联邦德国，我国驻联邦德国大使张彤曾给代表团放了一个纪录片，记录了联邦德国战败后经济从破败到复苏的过程。片中，从苏联前线回国的士兵都是衣衫褴褛、狼狈不堪，武装也被解除了，个个像叫花子，柏林城乡一片废墟，人民无以为生。到 20 世纪 70 年代的时候，联邦德国已经完全恢复发展起来了。钱正英后来回忆说："这部纪录片我一直到现在都印象很深，感觉这几十年，欧洲国家发展很快，对我们非常震动。另外，在这五个国家普遍看到，人民的生活水平比我们高很多。像我们这些人，从参加革命，就怀抱着为中国人民谋幸福的奋斗目标。但当时看到我们人民的生活水平和他们的生活水平还有相当大的差距，对我们这些老共产党员来说，确实有相当大的震动。"

王全国后来回忆说："那次西欧五国的访问对我们的思想有很大的启发。之前我们完全不知道外面有什么，以为资本主义就是腐朽没落的，一看，才知道完全不是那么一回事。"

重新将目光投向世界的中国人感受到了前所未有的震撼和冲击，他们发现，中国远远落在了这些国家后面。

访问期间，代表团成员们在看到中国与西欧各国在经济、科技等方面的巨大差距的同时，也感受到了所到国家官员和企业界人士同中国发展经贸关系的强烈愿望。在与法国总统德斯坦会见时，法国驻华大使对谷牧说："听说你们要建 120 个大项目，我们法国愿意有所贡献，给我们 10 个行不行？"在联邦德国，一些州长表示可以提供几十亿甚至上百亿美元的贷款给中国。从这些表态中，可以看出他们急于为过剩资本寻找出路。尽管后来发现搞 120 个大项目在当时并不实际，提出了"调整、改革、整顿、提高"的八字方针，但当时的国内外形势表明，利用外资加速我国经济建设是可能的。

在回国途中，代表团成员们就开始热烈讨论起考察报告该如何撰写。回到北京，在谷牧的亲自主持下，经过全体团员的认真讨论、反复研究，向中央写了一份考察报告，详细报告了访问情况，提出了值得我们学习借鉴的经验，以及改进经济工作、科技工作和对外工作的建议等。

6 月 30 日下午，在人民大会堂会议大厅，中共中央政治局 10 多位成员一起听取了谷牧一行的汇报。谷牧在汇报中实事求是地说："二次世界大战以后，欧洲各资本主义国家的经济确实得到了前所未有的发展，尤其是新科技广泛运用，日新月异，劳动生产率大大提高。我国大大落后了，形势咄咄逼人。考察的结果还表明，他们在调控经济和处理社会矛盾方面有许多做法也值得我们借鉴。"

谷牧还汇报说："这些国家非常愿意和中国开展经济交往。而且，在发展对外经济交往中，国际经济运作中有许多国际上通行的办法，如卖方信贷、补偿贸易、合作生产、吸收外国直接投资等等，中国也可以选择采用。"

后来，邓小平专门约谷牧谈话。邓小平说："引进这件事反正要做，重要的是争取时间。可以借点钱，出点利息，这不要紧，早投产一年半载，就都赚回来了。下个大决心，不要怕欠账。"

1978 年 7 月上旬，国务院召开有关部委负责同志参加的关于加速四化建设的务虚会。谷牧在会上报告了考察西欧的情况，提出了对外开放的若干意见。这次会议开了 20 多天，认真总结新中国近 30 年的经验教训，认真研究国外先进的东西，发展问题成为讨论的重点。大家说，日本、联邦德国这两个战败国为什么能够迅速复兴？"上帝只给了太阳和水"的瑞士，为什么也能跻身于发达国家行列？我们条件并不比他们差多少，许多方面还比他们强得多。许多同志表示，一定要下决心，千方百计把经济搞上去。在务虚会后，中共中央和国务院又多次讨论研究，酝酿制定对外开放的方案。

至此，事实上开放大局已定，虽然还要经过中央工作会议、中共十一届三中全会的确认，但邓小平等中央领导同志已经在思考如何更好地引进国外的技术、资金和管理经验，以及从外国发展经验中选择一条适合中国国情的道路。

一份契约和20个农民的手印

1949年新中国成立时，国际上曾有人预言，中国政府无法解决人民的吃饭问题。当时中国人口5.4亿，人均粮食产量仅209千克。

如今，一切都已经改变。从吃得饱到吃得好再到吃得健康，中国的粮食自给能力已经得到举世公认。而这一巨大转变，始于1978年安徽省凤阳县小岗村的"大包干"冒险尝试。

1958年的人民公社化运动后，农民的生产和生活被统一管理，每天吹哨或者敲钟下地干活，按人口分配粮食，年终按每家所挣工分分配收入。由于没有自主性，农民渐渐地缺乏责任心，日子越过越穷，凤阳县年年都有农民敲着花鼓出外讨饭。凤阳县的小岗是一个又穷又小的生产队，1978年只有20户人家、115口人。从1966年到1976年，年人均收入不足30元，人均口粮不到200斤，家家都有过外出乞讨的辛酸经历。

1978年，凤阳遭受特大旱灾，饥饿的阴影再次笼罩在小岗人头上。作为一个生产队，小岗"吃粮靠返销、用钱靠救济、生产靠贷款"，"大集体"的弊端不断显现，人们的怨言在私下里扩散。当年，凤阳开始"分包到组"，试图改变粮食产量低下的状况，但这一招在小岗并不见效，20户人家从两个小组分成8个小组，仍不见好。

往后的日子怎么过？穷则思变，农民又想办法了。20世纪70年代末

◎ "大包干"契约

1978年冬，安徽省凤阳县小岗村18位农民以"敢为天下先"的精神，
在"大包干"的契约上摁下鲜红的指印，从此拉开中国农村改革的序幕。
这是小岗村18位农民按下指印的"大包干"契约。(新华社资料照片)

的一个夜晚，小岗 20 户农民有 18 户的户主齐聚村民严立华家里，只有关友德、严国昌两位户主外出讨饭，没有到场。这是一场在行为上颇为"悲壮"的聚会。在此之前，队里的三个干部严俊昌、严宏昌、严立学已经碰过头，决心"大包干"。在当时，这样的做法与国家的法令不相容，农民们只有舍命共担才敢一试。18 户村民不惜拿性命作赌注，在"包干书"上摁下了红手印。外出讨饭的关友德的手印，由叔叔关庭珠代按；严国昌的手印由其儿子严立坤代按。

"包干书"上写道："我们分田到户，每户户主签字盖章。如以后能干，每户保证完成全年的上交（缴）公粮，不在（再）向国家伸手要粮。如不成，我们干部作（坐）牢杀头也甘心，大家社员们保证把我们的小孩养活到 18 岁。"

如今收藏在博物馆里的这份"包干书"，真实地反映了小岗人当年敢为天下先的勇气，它不由得让人感叹改革所走的每一步、取得的每一点突破，即使今天看来似乎理所当然，但在特定的历史条件下，竟是那样的举步维艰。

队里的土地按人均 4 亩半划分。第二年，没有人再偷懒，每家的老老小小没日没夜地在田地里干活。秋收后，各家各户都丰收了。当年，小岗全队粮食总产 13.3 万斤，相当于 1966 年到 1970 年粮食产量的总和；油料（主要是花生）总产 3.5 万斤，相当于过去 20 年的总和。小岗全年的粮食征购任务是 2800 斤，过去 23 年颗粒未交，

当年上交 24995 斤，超额 7 倍多。由于生产发展，村民收入大大提高，全队农副业总收入 47000 多元，平均每人 400 多元，是上一年的 18 倍。

但这种秘密的做法还是传了出去，引起了争论，甚至受到了批评。时任安徽省委书记万里在北京开会的时候，首先和中共中央副主席陈云商量怎么办。陈云说："我双手赞成。"万里又给邓小平讲，邓小平说："不要争论，你们就这样干下去就行了。"

这样，万里心里有了底，在安徽更大胆地推行起这种"大包干"的做法。1980 年 1 月，安徽省委召开农村工作会议。时任滁县地委书记王郁昭回忆说："当时我说，孩子挺好的，给报个户口吧，承认它也是社会主义责任制的一种形式。万里同志接着说，为什么怕这个'包'字？包产到户不是我们提出来了，问题是已经有了，孩子已经生下来了，他妈妈挺高兴，哎呀，可解决大问题了，你不给他报户口，行吗？群众已经认可了，我们只能同意、批准，给它报个户口。"在王郁昭的笔记本里，他还记录了万里的这样一段讲话："社会主义不是吃大锅饭，管理办法可以多种多样，责任制的核心是调动积极性，使生产的好坏和个人的利益密切联系起来，只要老百姓有饭吃、能增产，这就是最大的政治。"

1980 年 5 月 31 日，邓小平说："农村政策放宽以后，一些适宜搞包产到户的地方搞了包产到户，效果很好，变化很快。……从当地具体条件和群众意愿出发，这一点很重要。"对"包产到户"这种充满生机与活力的农业生产方式，邓小平后来感慨地评价说，革命是解放生产力，改革也是解放生产力，中国农村改革的发明权属于农民。由此，由小岗村的 20 个农民按的手印的一份契约，成为中国农村改革的突破口。

1982 年 1 月 1 日，中国共产党历史上第一个农村工作"一号文件"正式出台，"包产到户"真正得以正名。此后，中央连续五年发了五个"一号文件"，"包产到户"在全国落实。从此，农民与集体的关系，由过去的行政指挥关系变成了以承包合同为内容的经济关系；农户实际成为一个自主经营、独立核算、自负盈亏的经济实体。

这是一个值得历史珍藏的画面：1984 年 10 月 1 日，在庆祝建国 35 周年的游行队伍中，"联产承包好"的五辆彩车特别醒目。这一年，全国 99% 的生产队选择了家庭联产承包责任制，中国人均粮食拥有量达到 800 斤，已接近世界水平。中国向世界宣布，中国已经基本解决了温饱问题。这距小岗村实行包产到户仅仅过去了 6 年，不能不说是个奇迹。

有人说"大包干"是"饥饿逼出来的"，也有人说，农业"大包干"是一历史启示录，它有力地昭示了群众在改革中的巨大创造力。淳朴本分的中国农民在历史的关键时刻，以自己的惊人之举载入中国史册。

◎ "大包干" 带头人

　　上图：2008 年 10 月 7 日，安徽省凤阳县小岗村当年"大包干"带头人关友江、严俊昌、严金昌、严学昌、关友申（从左至右）在小岗村牌楼前合影；

　　下图：实行农业"大包干"初期，部分"大包干"带头人在茅草屋农舍前合影。（新华社照片）

美国人幽默地说：邓来了！

1979 年 1 月 1 日，美国《时代周刊》将复出一年多的邓小平评为 1978 年度世界风云人物，标题是《邓小平，中国新时代的形象》。序言中这样说："一个崭新中国的梦想者——邓小平，向世界打开了'中央之国'的大门，这是人类历史上气势恢宏、绝无仅有的一个壮举。"

也就在这一天，中国与美国正式建交，世界上人口最多的社会主义国家和世界上最重要的资本主义国家正式开始交往。邓小平在发给美国总统卡特的电报中说："中美两国在上海公报的基础上实现关系正常化，两国人民都感到高兴。我期待着本月底访美期间同阁下会晤，并把中国人民的友好情谊带给美国人民。"

1979 年 1 月 29 日上午 10 点，一场盛大的欢迎仪式在美国白宫的草坪上举行。当卡特总统和邓小平副总理以及他们的夫人出现在会场时，乐队高奏中美两国国歌，鸣礼炮 19 响。这是一个历史性的时刻，中华人民共和国国歌雄壮的旋律第一次在美国白宫的上空回荡。

邓小平和卡特并肩走过长长的红地毯，一起检阅三军仪仗队。此情此景，美国的记者大发感慨：一个国家的总统举行正式仪式，如此隆重地欢迎另一个国家的副总理，这在世界外交史上是极其罕见的。除了不是鸣放 22 响礼炮（国家元首规格）外，美方当时对邓小平的接待，一切都是按国

◎ 邓小平访美

　　1979年1月28日至2月5日，中国国务院副总理邓小平对美国进行正式访问。这是中华人民共和国成立后中国领导人首次访美。1979年1月29日，邓小平（右二）在美国华盛顿白宫举行的欢迎仪式上致辞。（新华社照片）

家元首级标准进行的。

　　在检阅了仪仗队后，卡特致辞。他的第一句话就是："我代表美国人民欢迎你，副总理先生。今年开始了有历史意义的两国关系的正常化，今天我们又迈进了一步……我们期望，这种正常化能帮助我们一同走向一个多样化的和平世界。"

　　卡特还特意加上了一段颇有宗教意味的话："副总理先生，昨天是旧历新年，是你们春节的开始，是中国人民开始新的历程的传统日子。我听说，在这新年之际，你们向慈善的神灵打开了所有的门窗。这是忘记家庭争吵的时刻，这是人们走亲访友的时刻，也是团聚和和解的时刻……对于我们两国来说，今天是团聚和开始新的历程的时刻，今天是和解的时刻，是久已关闭的窗户重新打开的时刻。"

　　随后，邓小平致答辞。他意味深长地说："世界人民的当务之急，就是要加倍努力维护世界和平、安全和稳定。世界形势也在经历着新的转折。我们两国有不可推卸的责任，通过共同的努力对此做出应有的贡献。"

时任美国国家安全事务助理的布热津斯基后来回忆说:"当时的气氛就像充了电一样,我不记得白宫以前曾有过如此令人激动的场面,我感到中国的大门再也关不上了。"

在当天的日记中,卡特如此描述对邓小平的第一印象:"他个子不高,但坚韧、睿智、坦率、有胆识、风度翩翩、自信、友善,这些品质都非常吸引我,我很愿意和他交流。"多年以后,卡特回顾自己的政治生涯时说,与中国建交是其作为美国总统取得的最伟大的成就之一,是"最英明、最正确的决定"。

2月5日,邓小平的头像再次出现在《时代周刊》封面上,题目是《邓来了!》。邓小平访美在美国掀起了"中国热",美国政府特地租用了两架大型客机供200多名新闻记者跟踪报道,美国主要电视网的黄金时间变成了"邓小平时间",无数美国人首次近距离地看到了中国领导人的形象——朴实而睿智。

在肯尼迪中心,卡特为邓小平安排了一场盛大的晚会。晚会现场,在每个节目之间由著名人士上台"报幕"。第一位上台的是美国最早上天环绕地球飞行的宇航员约翰·格伦,第二位则是著名建筑师贝聿铭。每一位嘉宾上台后,都先发表演讲,讲中美建交的意义,说中国的好话,最后捎带报出下面演什么节目。

最牵动人心的一幕是最后一个节目:约200名美国儿童用中文合唱《我爱北京天安门》。演出结束时,邓小平和夫人,卡特夫妇和他们的女儿艾米一起登台与演员们见面。很显然,当时的热烈气氛使卡特深受感动,他在当天的日记中以颇具感情色彩的笔触写道:"在肯尼迪中心看了一场既轻松又精彩的演出。表演结束后,邓和我还有他的夫人卓琳女士、罗莎琳和艾米一起走上舞台同演员见面。当邓拥抱美国演员,特别是在拥抱唱了中国歌曲的儿童演员时,流露了真诚的感情,令全场感动。他吻了许多儿童。后来记者们报道说,许多观众流下了感动的眼泪。也许因为他充满活力和个子矮小,邓那天晚上成了艾米和别的儿童最喜欢的人,而且看来这种感情是双方面的。"一直强烈反对同中国建交的参议员拉克索尔特在看了这场演出后说:"我们被他们打败了,谁也没法对唱中国歌的孩子们投反对票。"

在后来的会谈中,邓小平还和卡特重点讨论了双边关系问题。在对待移民问题上,邓小平对卡特说:"如果你要我输送1000万中国人到美国来,那我是十分乐意的。"鉴于对外国记者新闻报道的限制,卡特后来在日记中写道:"既然邓小平要给我提供1000万中国人,那我将给他提供1万名新闻记者。他放声大笑,并立即表示谢绝。"这次历时两个多小时的会谈结束后,邓小平和卡特当着许多记者的面热烈握

◎ 邓小平访美

1979 年 1 月 29 日，美国总统卡特和邓小平副总理在华盛顿白宫会谈前交谈。

邓小平访美，在中美两国正式建交之后仅 2 7 天。新中国领导人对美国的"破冰之旅"，如巨人之手推开封闭的国门；一个重现生机的文明古国，正开始探索与世界互利共赢之路。

邓小平访美，在中国共产党十一届三中全会闭幕之后仅 3 7 天。一个刚刚摆脱危难、冲破束缚的东方大国作出历史性重大抉择，迈上了改革开放和建设中国特色社会主义的新征程。

邓小平这次划时代的访问，以其对中美两国、对整个世界重大而深远的影响，在中国对外开放和交流合作的历史上，树立起一座巍巍的丰碑。（新华社照片）

◎ 九上《时代周刊》的邓小平

邓小平是当代世界历史上最有影响力的领袖人物之一，他曾九次成为美国《时代》封面
人物，其中两次成为"年度风云人物"。这是他力挽狂澜影响中国命运和世界政治走向的一
个反映。

左图是 1979 年 1 月 1 日出版的《时代周刊》，标题上赫然写着《邓小平，中国新时代
的形象》，这是邓小平第三次登上《时代周刊》；右图是 1979 年 2 月 5 日出版的《时代周刊》，
标题是《邓来了》，邓小平再一次成为封面人物，距上次仅仅一个月的时间。

手。他们面带微笑从总统办公楼出来，一起走进玫瑰园。当两国领导人再次握手时，
邓小平兴奋地说："现在两国人民都在握手。"邓小平这句富有感情、意味深长的话也
深深地打动了卡特，此时，他把邓小平的手握得更紧了。

在 8 天的访美时间里，邓小平先后参观了美国东南部工商业重镇亚特兰大、航天
城休斯敦，以及美国最大的飞机制造中心西雅图。在参观休斯敦和约翰逊宇航中心
以及回答美国报纸主编们的提问时，邓小平多次表示，美国很多东西是中国可以学
习的。这种态度深得美国媒体称道，使美国人对中国的领导者有了一个全新的观感。
在西雅图出席午餐会时，邓小平发表讲话："中国的发展离不开世界……太平洋再也
不应该是隔开我们的障碍，而应该是联系我们的纽带。"

邓小平的访美给中国人民带来了前所未有的冲击，人们随着邓小平出访的电视镜
头开始了解世界，体会到飞速发展的时代浪潮，上至高层下至百姓都不同程度地意
识到了我们封闭得太久了。当邓小平带着新鲜的感受回来的时候，他对中国的现代
化建设有了一个全新的认识。他反复对人说："我懂得什么是现代化了。现代化，50
年代一个样，60 年代不一样了，70 年代就更不一样了。"他由此得出结论：要尽量
从国外引进资金技术和先进的管理经验。人们把这个决策叫作开放。

7.7

"杀出一条血路来"

在中国农村改革大幕拉开之时，邓小平也在不断思考：城市改革、开放的突破口应该选择哪里？

1978 年 4 月至 5 月，国家计委和外贸部门组成港澳经济贸易考察组，对香港、澳门进行实地调查研究，这是新中国成立以来首次对港澳进行大型考察活动，引起了港澳乃至世界媒体界的高度关注。

1978 年 5 月 31 日，一份题为《港澳经济考察报告》的文件送达中共最高决策层。《报告》的中心思想是：利用和引进港澳资金、技术、设备，迅速发展沿海经济。《报告》提出把靠近港澳的广东宝安、珠海划成出口基地，力争经三五年努力，把两地建设成具有相当水平的对外生产基地、加工基地和吸引港澳客人的游览区。这份报告引起了高层的高度关注。

1979 年 4 月，中共中央正在北京召开工作会议。中共广东省委第一书记习仲勋，第二书记、副省长杨尚昆就广东如何发挥自身优势，加快经济发展问题向邓小平做了专门汇报。邓小平插话说，广东、福建要实行特殊政策。

下午，邓小平与习仲勋、杨尚昆进行了热情的交谈。邓小平提高嗓音对习仲勋、杨尚昆说："你们上午那个汇报不错嘛，在你们广东划出一块地方来，也搞一个特区怎么样……"

邓小平稍微停顿了一会，眼睛闪射出热烈而豪迈的目光："对，办一个特区。可以划出一个地方来，叫特区。陕甘宁就是特区嘛。中央没有钱，要你们自己搞，杀出一条血路来！"这是邓小平第一次提出"特区"这个概念，也是以后正式名称"经济特区"的由来和简称。

"特区"二字，一锤定音，而"杀出一条血路来"这几个更为铿锵有力、掷地有声的字出自曾指挥千军万马的邓小平之口，更像是突出改革开放重围的一道"军令"。

中央工作会议结束后不久，国务院副总理谷牧便率领一个工作组南下，帮助广东、福建两省起草创办特区的文件。6月，广东、福建两省分别向中央递交了关于试办特区的两个报告。广东省委提出，特区内允许华侨、港澳商人直接投资办厂，也允许某些外国厂商投资设厂，或同他们兴办合资企业、旅游业。

7月20日，中共中央发出《中共中央、国务院批转广东省委、福建省委关于对外经济活动实行特殊政策和灵活措施的两个报告》。文件指出，广东、福建两省靠近港澳，华侨多，资源比较丰富，具有加快经济发展的许多有利条件。中央确定，对两省对外经济活动实行特殊政策和灵活措施，给地方以更多的自主权，使之发挥优越条件，抓住当前有利的国际形势，先走一步，把经济尽快搞上去。两省报告所建议的经济管理体制，即在中央统一领导下实行大包干的办法，中央和国务院原则同意试行。文件明确了对两省的计划、外贸、财政、金融、物资、商业、劳动工资、物价等实行新的管理体制。出口特区，可先在深圳、珠海两市试办，待取得经验后，再考虑在汕头、厦门设置。

有了政策，还需要法律保障。在当时，尽管不断有外商到中国来寻找商机，但他们在同中国有关部门打交道时，顾虑重重，来谈得多，谈成得少。于是，关于合资经营的立法工作很快排上了最高权力机构全国人大常委会的议事日程。1979年7月1日，五届全国人大二次会议通过了《中外合资经营企业法》。这部法律通过的第二天，境外舆论就迅速做出了反应，评论说："这部法律，从某种意义上说，在中华人民共和国的历史上迈出了革命性的一步。"邓小平说，这个法，与其说是法，不如说是我们政治意向的声明。

1980年8月26日，时任全国人大委员长叶剑英主持五届全国人大第十五次会议，时任国家进出口委员会副主任江泽民受国务院委托，作了有关建立特区和制定《特区条例》的说明。这一天，《特区条例》通过。这一天，也成为中国经济特区的成立纪念日。《纽约时报》写道："大幕拉开了，中国大变革的指针正轰然鸣响。"

从鼓浪屿日光岩远望福建厦门经济特区

汕头城市景观

珠海市海滨

深圳前海蛇口片区

海南博鳌亚洲论坛国际会议中心

这是一个需要奇迹也创造了奇迹的时代，奋起直追的中国共产党人认定而且注定要创造一个奇迹。

遥想当年，深圳只是一个荒凉和落后的边陲小镇，居民生活水平很低；第一、二、三产业都极其落后，当地公安机关极为繁重而头疼的任务是拦截大量偷渡到香港去的大陆贫苦民众。但面向大海的深圳在成为特区之后，却迎来了春暖花开。逃港民众陆续回来了，大批人才也来了，数以亿计的港澳资本乃至外资纷至沓来，人们看好这块邓小平亲自种下的"改革试验田"。深圳几乎一天一个样，以令全世界惊叹的深圳速度开始了一个城市的崛起。国外媒体惊叹地说：深圳是"一夜崛起之城"！国人则惊呼为"深圳速度。"

任何新生事物的成长，从来都不是一帆风顺的。经济特区的出现，也概莫能外。在大片的赞誉声中，也有人给以怀疑、困惑、不解，甚至误解。有人说："当年，帝国主义夹着尾巴逃跑了，今天，资本家又夹着皮包回来了……"还有人说："这还算是社会主义吗……"

深圳人紧皱眉头思考着自身的命运。作为特区的创始人，邓小平何尝不在与深圳人一同思考："建特区是我首先提议，经中央批准的，办得怎么样，我当然要来看看嘛！"

1984年1月24日，初春犹寒的日子，中国改革开放的总设计师邓小平亲临深圳视察。他要用自己的双脚，踏一踏现代化大厦的地基。他要用自己的双眼，看一看前进路上的阴晴雨雪。他看市容、观商场、进社区、察工厂，还特意走进深圳渔民村。走进渔民兴建的双层小楼，邓小平目睹了室内的陈设：冰箱、彩电、洗衣机、电子煤气炉……一个现代化家庭的东西几乎应有尽有！当听到这个村户户都是万元户的介绍时，小平同志开心地笑了："比我的工资还高呢！"

视察结束，邓小平挥笔写下了至今令深圳人感动和自豪的题词："深圳的发展和经验证明，我们建立经济特区的政策是正确的。"随后，邓小平又风尘仆仆地考察了珠海、厦门特区。

邓小平的这次考察具有极为重要的意义，不但鼓舞了特区建设者的信心，而且为围绕特区的争论作了权威性的总结。特区是什么？邓小平回答说："特区是一个窗口，是技术的窗口、管理的窗口、知识的窗口，也是对外政策的窗口。"窗口，八面来风；特区，从容洗礼。

播种在特区，收获在全国。一枝独秀，引来满园春色。1984年，中共中央做出决策，扩大沿海开放范围。从此，从北边的大连，到南端的北海，14个沿海城市向大海敞开了自己的胸怀。

7.8

可口可乐重返中国

1927 年，上海街头悄然增加了一种饮料——"蝌蝌啃蜡"。名字还不是这种饮料最古怪的地方，它棕褐色的液体、甜中带苦的味道，以及打开瓶盖后充盈的气泡，让不少人感觉到既好奇又有趣。

古怪的味道，加上古怪的名字，这种饮料的销售情况自然很差。于是，在第二年，这家饮料公司公开登报，用 350 英镑的奖金悬赏译名。最终，身在英国的一位上海教授蒋彝击败了所有对手，拿走了奖金，而这家饮料公司也获得了迄今为止被广告界公认为翻译得最好的品牌译名——可口可乐。它不但保持了英文的音译而且体现了品牌核心概念"美味与快乐"；更重要的是，它简单明了，朗朗上口，易于传诵。

1949 年，随着美国大使馆的撤离，可口可乐也撤出了中国大陆市场。自此之后的 30 年内，大陆市场上再没出现过这种喝起来有点像中药的饮料。

那么，可口可乐又是怎样重新回到中国的呢？这还要从 1976 年谈起。当时，中美两国尚未建立大使级外交关系，两国在对方首都互设联络处，年轻的佟志广时任中国驻美联络处商务秘书。一天，可口可乐公司总裁马丁找到中国驻美联络处，表示想向中国出口可口可乐。之后，精明的商人开始邀请联络处官员到亚特兰大的可口可乐总部参观。佟志广后来回忆说：

"公司管理得非常好，产品质量控制也是我们远远不及的。"但在当时的政治局势下，可口可乐重返中国显然是不合时宜的。

1977年，佟志广回国后进入中国粮油食品进出口总公司工作。同年，马丁来北京访问，约佟志广到自己下榻的北京饭店见面，又一次提出想让可口可乐重返中国市场。马丁表示，现在中国有很多外国人，他们的父辈、祖父辈早就习惯了有可乐相伴的生活，可口可乐目前在中国设厂，重点不是要卖给中国消费者，而是针对来华的外国人，特别是欧洲人和美国人。

到了1978年，中国对外开放的形势渐渐明朗起来，可口可乐重返中国有了希望。经过当时中粮总公司总经理张建华和佟志广等人的努力，可口可乐终于与中粮总公司进入了实质性的谈判阶段。当时中粮总公司的谈判代表是糖酒杂品处的副处长孙绍金，可口可乐的谈判代表是公司亚洲区代表李历生，谈判地点设在北京西苑宾馆。谈判前，孙绍金他们手握引进可口可乐的"尚方宝剑"——一张时任副总理李先念手写的小纸条，开始了谈判。当时张建华正在西苑宾馆开会，孙绍金边谈边向张建华请示，前后一共谈了三次。

其实，可口可乐重返中国的谈判并不是一帆风顺的。当时，就有老同志提出："中国的汽水就不能满足人民的需要吗？不能满足外国人的需要吗？非要喝可口可乐？"面对这类批评，中粮总公司专门写了报告，阐述了五点引进可口可乐的理由：一、改革开放外国人来得多了，可乐成为一种必备的饮料，中国应该满足这种需要；二、可口可乐配方用了中国的桂油等中药；三、中国尚未掌握软饮料生产罐装瓶装技术，引进这套设施，有助于技术进步；四、每年花30万美元买浓缩汁，但产生的利润要比这30万美元多出二三倍；五、仅限其在北京设厂。国家还规定，可口可乐生产量不超过我国饮料总产量的5%。

1978年12月13日，可口可乐与中粮总公司在北京饭店签订了协议。协议规定，美国采用补偿贸易方式或其他支付方法，向中国主要城市和游览区提供可口可乐制罐及装罐、装瓶设备，在中国开设专厂灌装并销售。在可口可乐装瓶厂建成之前，从1979年起，用寄售方式由中粮总公司安排销售。可喜的是，仅仅在允许可口可乐进入中国的协议签订4天之后，1978年12月17日，中美双方发表《中美建交联合公报》，宣布"中美双方商定，自1979年1月1日起建立大使级外交关系"。

1979年1月，由中粮总公司安排，在香港五丰行的协助下，第一批3000箱可口可乐从香港出发，乘火车前往北京和广州，成为中国推行改革开放政策后第一个重返中国的外国消费品。

可口可乐重回中国的消息一出来，舆论普遍感到很惊奇。当时试图进入中国市场的企业不在少数。根据美国媒体当年的报道，麦当劳曾经看到过"曙光"，因为中国当时的领导人希望劳动者发扬艰苦创业的精神，减少中午吃饭时间，增加劳动时间，为国家经济复苏做贡献，这就需要很多快餐食品。麦当劳得到这一消息后，认为自己作为一种快餐进入中国的最佳时机到了，但是，最终还是可口可乐第一个吃了"螃蟹"。

根据当时可口可乐和中粮签订的协议，可口可乐仅可供应涉外饭店、旅游商店，销售对象只是来华工作旅游的外国人、归国华侨和港澳同胞。可口可乐当时每瓶售价四元（合一美元多），仅限外币或外汇券购买，在当时来说已经非常昂贵，属于很罕见的"奢侈品"。在当时的中国人看来，可口可乐还属于"资本主义的象征"，也有人说"我们太穷了"。对此，中粮总公司和可口可乐的解释是："可口可乐可以为中国挣外汇，何乐而不为？"

再后来，可口可乐在打开中国市场的过程中，还遇到了这样或者那样的阻力。但随着中国改革开放的不断深入，人们的思想认识也在不断解放，对于外来新鲜事物也更具有包容性。1979 年，可口可乐最初进入中国大陆的时候，还只是一种单一的产品，而在今天，可口可乐为中国消费者带来近 20 个品牌、50 种口味的饮料选择。中国市场也由 1994 年可口可乐系统全球第 21 位迅速攀升到现在的第 3 大市场，并且是最重要的市场之一。

1984 年，佟志广离开了中粮总公司，但是可口可乐重返中国这段不同寻常的历史给他留下了深刻的印象，以至于将近 30 年后，他还能清晰地回忆一些细节："当时很多人看见可口可乐就说'不敢想'了，可是我后来参加复关谈判（1991 年—1993 年佟任中国'入世'第二任首席谈判代表，中国谈判代表团团长），更多'不敢想'的事发生了，削减关税、放开金融业……1979 年可口可乐进来的时候我就相信，只要中国的改革开放不走回头路，我们的做法就没有问题。"

"女排精神"

1981 年 11 月 16 日，中国女排在日本举行的世界杯最后一场比赛中以 3：2 击败日本女排，以 7 场全胜的战绩首夺世界冠军，这是我们这个格外珍视集体荣誉的东方民族千百年来首次夺得集体球类项目的世界冠军。胜利的消息传回国内，在人民中引起巨大反响，短短半个月时间，中国女排就收到贺信、贺电和各种纪念品达 3 万多件。

在后来的 5 年中，中国女排又连续 4 次获得世界锦标赛、奥运会和世界杯这三大世界赛事的桂冠，让"三连冠""五连冠"这样的词汇，第一次出现在现代汉语词汇中。五星红旗一次次升起、国歌一次次奏响之时，中华儿女热血沸腾、无比自豪。一时间，各行各业掀起了学习"女排精神"、发扬"女排精神"的热潮。"团结起来，振兴中华"的口号响彻神州大地，"女排精神"成为民族精神和时代精神的重要象征。

多年之后，当年的女排队员"铁榔头"、现任中国女排总教练郎平对"女排精神"形成的时代背景有一段精彩的解读："那时是中国体育敞开大门，经济走向世界的时期，需要我们展现自立于世界民族之林的能力，而女排五次获得世界冠军，让老百姓最直观地感受到我们中国人行！完全有能力达到甚至超过世界一流水平！从这一点说，中国女排当年的'五连冠'，对人民精神层面的影响已经远远超过排球运动本身。是在当时的历史条件、社会环境下，老女排通过自身努力攀上世界高峰，那种奋勇拼搏、为国争光的精神，带给老百姓的特殊情感力量，激起了全社会的广泛共鸣。"

说起老女排，必然要提到被中国球员称之为"魔鬼教练"的大松博文。1965年4月，周恩来总理邀请当时的日本著名女排教练大松博文来华训练中国女排。在上海，大松博文对中国女排进行了一个多月的训练，训练量之大、训练之残酷常人难以想象，于是有了"魔鬼教练"的称号。为此，周恩来在一次宴请大松夫妇时半开玩笑地说："训练严格不错，但还是要讲点人道主义。"大松博文不以为然地回答："训练中国选手，连我们日本女排一半的训练量都不到。"虽然当时中国排球界对大松博文近似魔鬼般的训练方法存在异议，但还是从中汲取了许多有用的东西，为中国女排日后的腾飞奠定了基础。

1976年，37岁的袁伟民担任中国女排主教练。尽管当时的训练场地和条件非常简陋，但他继承了大松博文的严格训练方法和理念。当年，在中国女排中流传着"严是爱，松是害"的格言，运动员还补上了一句："不闻不问要变坏。"每次训练，女排姑娘们几乎都是练到爬不起来为止，许多队员即便带伤仍然还要正常训练。教练员在训练中对运动员的精神面貌要求很高，总是要训练练顺了才下课。集训时，练得不顺，没完成计划，有时竟从下午一直练到晚上9点多，大家自觉地忍饥挨饿，坚持到底，完成了训练任务才去吃饭。每次训练中，队员们要连续扣球200次、300次，滚动400次、500次。有时，训练场上有些小沙子，在地上翻滚的队员个个身上都被沙子擦出道道伤痕，但是，她们仍然坚持练下去。有一次全队坐飞机到美国比赛，下飞机后不休息，马上去训练场。六七个队员不习惯长途飞行，带着桶去训练，一边练一边吐，吐完了接着练。

人都是有血有肉的，难道当年的女排队员面对如此艰苦的训练就没有半点怨言吗？难道她们就这么心甘情愿地将自己的青春抛洒在训练场上吗？当年的女排队员孙晋芳说："如果整天沉浸在绵绵的情意之中，就会丧失自己的理想，使精神空虚，甚至葬送自己的一生。"吃苦受累诚然不好受，当年的女排老队长曹慧英却说："吃点苦，流点汗，甚至冒点风险，都是值得的。这样做了，将来回想起来，自己就不会后悔。"在她们看来，把自己的青春献给为祖国争取荣誉的壮丽事业，才是无悔的青春，这样的青春才有价值，更有光彩。

排球是一项集体运动，团队协作很重要。在郎平的字典里，"女排精神"包含着很多层意思，其中特别重要的一点，就是团队精神。她曾谈道："女排当年是从低谷处向上攀登，没有多少值得借鉴的经验，但是在困难的时候，大家总能够团结在一

◎ 女排精神

　　从 1981 年获得第三届女排世界杯冠军以来，作为我国三大球率先走向世界的队伍，中国女子排球队九次登上世界冠军的领奖台，代代相传的女排拼搏精神，激励着一代代运动员前仆后继，为国争光。

　　图为 1981 年 11 月 16 日，中国女排在第三届女排世界杯颁奖仪式上，首次登上冠军领奖台。（新华社照片）

起，心往一块想、劲往一处使。由于平时刻苦训练、艰苦创业、不断创新，我们才能在比赛中战胜困难，赢得一次又一次胜利；也正是在这种顽强拼搏精神的支持下，我们即使暂时大比分落后也绝不放弃，直至反败为胜。"

30 年弹指一挥间。中国女排的队员换了一茬又一茬，可是中国人对中国女排的挚爱依然如故。恐怕很多人都想象不到，2008 年北京奥运会上收视率最高的赛事，竟然是中国女排对古巴女排的铜牌争夺战。而 2004 年雅典奥运会上，中国女排 3∶2 逆转俄罗斯的比赛，成为整个奥运会上的收视率之冠。中国女排赢得人民发自内心的深爱，那是因为她们身上的精气神是我们这个民族最可宝贵的财富，激起了中国人民在现代化建设道路上阔步前行的豪迈气概。

顽强拼搏、为国争光的女排精神，值得中华民族永远珍惜秉承，发扬光大！

第 八 章

转 航 岁 月

（1983—1989 年）

20世纪80年代是大潮迭起的改革年代，这期间，各种改革措施相继出台，各种改革实践纷纷亮相。

80年代初期，江南等地的社队企业凭借灵活的经营机制，依靠市场，得以快速发展，引起了邓小平极大的兴趣。1984年3月，中共中央、国务院发出文件，将社队企业改名为乡镇企业，指出乡镇企业已成为国民经济的一支重要力量，是国营企业的重要补充。

国家对国有和集体企业的改革也进行了探索，方法是实行承包制或者租赁制。与此同时，另一种更新的改革形式走进了中国社会，这就是股份制。上海飞乐音响公司发行的"飞乐音响"股票上市流通，成为中国首批上市流通的股票之一。

1984年2月，邓小平前往经济特区深圳、珠海、厦门视察。经济特区的勃勃生机让他备感振奋。他说："特区是我倡议办的，看来路子走对了。"他赞扬说，特区是技术的窗口、管理的窗口、知识的窗口，也是对外政策的窗口。

80年代初期，邓小平还明确提出"一国两制"的构想，系统地阐述了用"一国两制"解决台湾问题的六条方针。祖国大陆向台湾同胞打开了两岸交流的大门。1987年11月，台湾当局开放台湾民众赴大陆探亲，长达38年的两岸隔绝状态被打破了。

1983年7月，中英双方开始香港问题的谈判。经过多轮艰苦谈判，1984年12月19日，中英关于香港问题的联合声明在人民大会堂正式签署，香港于1997年7月1日回归祖国。

1984年10月1日，天安门广场举行了国庆35周年盛大庆典。在游行队伍里，北京大学的一群学生，突然拉起了一条自制的横幅——"小平您好"。这朴素、亲切的问候，表达了中国人民对邓小平发自内心的爱戴，表达了对他领导开创的改革开放伟大事业的支持和拥护。

国庆盛典结束不久，中共十二届三中全会召开。全会通过了《中共中央关于经济体制改革的决定》，号召全党要加快以城市为重点的整个经济体制改革的步伐，改革的基本任务是建立起具有中国特色的、充满生机和活力的社会主义经济体制。

1986年，在四位科学家的倡议和邓小平的大力支持下，中国启动了著名的"863计划"。一批科学家走出封闭的试验室，开始重视技术的保护和推广，解决长期以来科学技术研究和生产市场脱节的问题。

改革需要一个稳定的外部环境。为了推动世界和平，为国内的发展创造良好的环境，1985年5月，邓小平在中央军委扩大会议上宣布了一项重大举措：中国人民解放军将减员100万人。

1987年10月，中共十三大召开。这次大会第一次比较系统地论述了社会主义初级阶段的理论，认为我们将长期处于社会主义初级阶段，党在这个阶段的基本路线是以经济建设为中心，坚持四项基本原则，坚持改革开放。大会根据中国国情和邓小平的设计，正式制定了20世纪后20年和21世纪前50年分三步走，基本实现现代化的战略目标。

全面改革为经济和社会发展提供了强大动力。1984年到1988年，我国经济经历了一个加速发展的飞跃时期，国民经济整体跨上了一个大台阶。1984年至1988年，中国国民生产总值从7171亿元增加到14928亿元；国家财政收入从1642亿元增加到2357亿元；社会商品零售总额从3376亿元增加到7440亿元；外贸进出口总额从535亿元增加到1025亿元。

8.1

打破了"大锅饭"的步鑫生

　　20 世纪 80 年代初，中国改革全面展开。农村承包责任制的实施，使广袤的田野充满了希望。人们的目光开始转向城市，转向那貌似井然有序但却缺乏活力的工业企业。在农村改革的巨大影响下，企业改革在当时机制相对灵活的中小企业，特别是当时被称为"大集体"的国有地方企业中迈出了更大的步伐。

　　地处浙江偏僻一隅、名不见经传的海盐衬衫厂成了这次改革的明星。海盐衬衫厂是个只有 300 多名职工的小厂。当厂长步鑫生接手时，企业濒临破产，年产四五十万件衬衣，却有近一半堆在仓库里。老工人的退休金也无处可支。

　　被逼得走投无路的步鑫生想到了改革，并且一出手就是几大"板斧"：

　　他首先学习农村的联产承包责任制，在车间实行了"联产计酬制"。你做多少衬衫，就拿多少工钱，上不封顶，下不保底。当时时髦的概括是："打破大锅饭！"

　　二是抓质量，做坏一件衬衫要赔两件。"你砸我的牌子，我砸你的饭碗"，此话由步鑫生说出后曾风靡一时。

　　三是规定请假不发工资，若真生病要由他来决定是否补贴。当时，"泡病假"在企业中很流行，即使在企业生产最繁忙的季节，出勤率也只有

80%，而真正生病的不到"泡病假"的三分之一。步鑫生解释这是为了治一治这种"流行病"。

四是每年要开订货会。邀请全国各地百货商店的负责人到海盐来，吃住行由他们全包，每年大约要花8000多元，这在当时已是相当大的数目。

五是打响衬衫的牌子。步鑫生常说："靠牌子吃饭可以传代，靠关系吃饭要倒台！"他亲自为衬衫定名，"唐人"是男式衬衣，"双燕"是女式衬衣，"三毛"是儿童衬衣。

六是要讲工作效率和速度。于是他出差上海要包出租车，出差新疆、广州、厦门还要坐飞机……

这些在现在看来根本不成问题的事情，在当时往往会成为"上纲上线"的"大问题"，而步鑫生对这些问题的"破解"就成了人们关注的焦点。

◎ "犟老头"步鑫生

1984年3月，步鑫生在海盐衬衫总厂厂区留影。

（新华社记者徐邦摄）

有人说，步鑫生是"资本家"，特别是"请假不发工资"一项，被认为是"不管工人死活，是破坏社会主义的优越性"。步鑫生的回答是："社会主义是干出来的！工钱、工钱，做工才有钱！莫非守纪律、讲效率是资本主义企业的'专利'，我们社会主义企业注定是怠惰散漫的？"

有人说，开订货会，让销售人员来白吃白住，还拿礼品，企业的"请吃风"就是由步鑫生刮起来的。步鑫生给他们算了一笔账，开订货会所花的钱，比推销员四处外出推销所需的旅差费少得多，还省时省力，资金流动更快。

有人说，步鑫生坐小汽车、乘飞机是摆阔气，小小的"股级"厂长居然要"厅级"待遇。步鑫生则说，我这是省时间、争效率。"时间就是金钱，效率就是生命"……

"实践是检验真理的唯一标准。"这句话在当时的中国是人们行动的座右铭。人们最关心的是"数字"，而数字恰巧证明步鑫生的一些做法是可行的。1982年，海盐衬衫厂以年生产130万件衬衫的能力步入著名衬衫厂的行列，固定资产从步鑫生接手那年的 3 万元，增加到 1982 年的 113 万元，1980 年至 1982 年间，实现税利 164 万元，这在当时的中小企业中是相当高的。

工人收入提高了，是原先的 2 至 3 倍；工厂像样了，被誉为花园式的文明工厂；职工在工作日还可享受免费午餐，这在当时是破天荒的；退休职工的养老金也有着落了。有一年冬天，步鑫生别出心裁地给每个退休职工送了一个取暖用的铜"汤婆子"，说是"汤婆子焐进被窝，可以从头暖到脚，让大家能实实在在地感到厂里的温暖"。

也许步鑫生在打破"大锅饭"的时候仅仅是抱着搞好企业的想法，但他实行的改革却恰恰顺应了当时的改革需要，与当年中央开始倡导的改革措施十分合拍，所以他也就被推上了改革的前沿。

1983 年 11 月，新华社发表了一期介绍步鑫生尝试企业改革的内参。时任中共中央总书记的胡耀邦对内参做了批示："海盐衬衫总厂厂长步鑫生解放思想、大胆改革、努力创新的精神值得提倡。对于那些对工作松松垮垮、长期安于当外行、做一天和尚撞一天钟的企业领导干部来讲，步鑫生的经验应当是一剂治病的良药，使他们从中受到教益。"不久，新华社便将这份内参向全国报纸发了"通稿"，胡耀邦的批示以"编者按"的方式同时发出。

步鑫生在没有任何心理准备的情况下，成为当时最耀眼的企业明星。他的名字裹挟着一股旋风，由此走向全国。

当时，小小的海盐来了很多外地人，记者来采访，企业家来取经。萧山的鲁冠球日后还清晰地记得他去海盐参观的情形：通往海盐武原镇的沙石路上车水马龙，挤满了前去参观学习的人们，当时的步厂长炙手可热，据称，连厅局级干部要见一下他都很难，我们的面包车还没进厂门，就被门卫拦下了："步厂长今天很忙，下次吧。"好说歹说，最后他同意我们的车子绕厂区开一圈，这样也算是学习过了。在厂区里，我碰到两位熟悉的《浙江日报》记者，在他们的引见下，步厂长终于同意见我们一面。他是一个说话很生动的人，很会做比喻。他说了 15 分钟，我们就退了出去，后面又有一拨人进来了。

可以说，"步鑫生热"的出现，让国内沉闷多时的改革氛围为之一振，中央的政策也从"调整、改革、整顿、提高"的八字方针悄然变成了"改革、开拓、创新"的新提法。步鑫生的经营理念对于无数企业家来说，算得上是一堂最为生动的启蒙课，扩大企业自主权、推行厂长负责制、打破"铁饭碗"和"大锅饭"等改革理念成为改革时代的主旋律。日后，很多在那个时期创业的企业家都回忆说，正是受步鑫生的影响，他们才第一次接受了市场化的洗礼。

"让'傻子瓜子'经营一段，怕什么？"

　　有这样一位富有传奇色彩而又充满争议的人物，他曾三次被邓小平点名，其经历几乎贯穿了中国民营经济发展的全过程。这个人就是被誉为"瓜子大王"的年广久。那么，当年年广久的经营活动，在中国经济体制改革中和市场经济取向上，到底发挥了怎样的作用呢？

　　年广久，安徽省怀远县人，早年间卖过水果，后来又经营瓜子。由于他的瓜子质量不错，再加之他很会让利于顾客，老百姓很喜爱他的瓜子，也同情他那副"傻样"，一碰上便买他的瓜子，瓜子销售很好。

　　1978 年，中共十一届三中全会的召开在全国掀起了翻天覆地的改革浪潮，这对年广久来说是人生的一个转折点。这一年，年广久以一个生意人的特有敏感，率先在安徽芜湖市的闹市区十九道门公开摆出瓜子摊位，自产自销。卖炒瓜子，货源是大事。收购生瓜子，别人都是货到付款走人，可年广久犯"傻"，他对卖生瓜子的农民热情接待，早晨来的供应早点，中午来的管便饭，晚上还介绍住宿。因此，卖瓜子的农民信得过他，别人货源断档，到他家卖瓜子的农民却络绎不绝。年广久的瓜子越卖越旺，当地人把年广久的美味瓜子和他特有的"傻"联系起来，称之为"傻子瓜子"。后来，年广久去工商部门注册"傻子瓜子"商标，国家工商总局给他发"通知"，告之："年广久同志，你的'傻子瓜子'商标业已核准"。

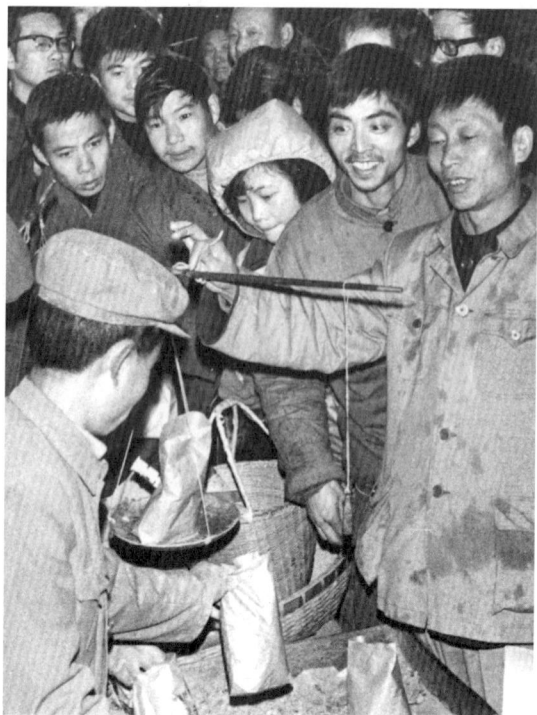

◎"傻子"年广九

"傻子瓜子"质量好，分量足，日销三四千斤，20世纪80年代初行销七八个城市，生意红红火火。这个执秤卖瓜子的人就是年轻时候的年广九。（新华社照片）

从此，年广久的劲头更足了，小作坊逐步发展成了一个名副其实的瓜子工厂。

年广久生意越做越大，他雇佣的工人从10个人到100个人，从100个人到140个人；他每天炒出的瓜子从1万斤到10万斤，从10万斤到20万斤。尽管每斤利润只有一角多钱，但是每天20万斤的销量总利润也高达每天两万多元。年广久后来说："那时候最大的钱就是5块、10块，我已经有100多万（元），都用大麻袋装着。天下大雨，我的钱都发霉了，我就拿出来晒，我就是晒给别人看。天经常下雨，钱也发霉，我就把那些钱拿出来晒在院子里。"

1981年9月4日，年广久正在炒瓜子时，家里来了4个人：芜湖市副市长，还有芜湖日报社总编辑、工商局副局长和公安局副局长。年广久当时很紧张，他以为麻烦又来了，但副市长吃了瓜子之后说："口味很好。要放开干，把瓜子牌子创出来，打到各地去，为芜湖增光！"第二天，《芜湖日报》就发表了题为《货真价实的"傻子瓜子"》的报道。

之后，1982年12月，《光明日报》刊登了两条消息。一条消息的标题是《个体经营的"傻子瓜子"价廉物美信誉高，国营企业的"迎春瓜子"面临挑战赶上去》，另一条消息是《"傻子"年广久向阜阳灾区捐款五千元》。1983年1月4日，又刊登了《"傻子"和他的瓜子》，"傻子瓜子"由此传遍全国。

由于处于改革开放初期，当时社会上出现了许多对"傻子瓜子"的不满意见。1983年年底，在一次国家举办的工商会议上，有人提出年广久雇工人数超过国家规定，对国营、集体商业形成不利影响，应该限制其发展。当时国家关于雇佣员工的规定是，私营企业雇工超过7个人以上就构成"剥削"。于是，"年广久是资本家复辟"的说法传到安徽省委。安徽省委派人到芜湖调查年广久，并写了一个报告，上报到中央。中央农村政策研究室十分重视这件事，将此事向邓小平做了汇报。

其实，这不是邓小平第一次听说"傻子瓜子"。早在1980年，邓小平就曾经看过安徽省委送来的"傻子瓜子"问题调查报告，当时就对个体私营经济发展给予肯定，并对一些人就姓"社"姓"资"的争论，表示要"放一放"和"看一看"。

这一次，关于"傻子瓜子"雇工超过100人的问题，邓小平再度表态支持。1984年10月22日，邓小平在中央顾问委员会第三次全体会议上明确指出："前些时候那个雇工问题，相当震动呀，大家担心得不得了。我的意见是放两年再看。那个能影响到我们的大局吗？如果你一动，群众就说政策变了，人心就不安了。你解决了一个'傻子瓜子'，会牵动人心不安，没有益处。让'傻子瓜子'经营一段，怕什么？伤害了社会主义吗？"

有了邓小平的点名保护，年广久"逃过一劫"。然而，年广久很快又遇到新的麻烦。1986年春节前，傻子瓜子公司在中国率先搞起有奖销售，并以一辆上海牌轿车作为头等奖。从未见过如此巨奖的消费者，欲望一下被激发起来，3个月，傻子瓜子实现了利润100万元。但是，好景不长，中央下文：停止一切有奖销售活动。有奖销售不能兑现，各地纷纷提出退货。年广久措手不及，生产销售计划大乱，原料瓜子大量积压，公司血本无归。

1987年底，芜湖市对年广久经济问题开始立案侦查。1991年5月，芜湖市中院对年广久案进行公开审理，并一审判处年广久有期徒刑3年，缓刑3年。年广久没有想到的是，邓小平又一次保护了他。

1992年初，邓小平在南方谈话中，又把"傻子瓜子"提高到事关改革全局的高度，再次论述了"傻子瓜子"问题："农村改革初期，安徽出了个'傻子瓜子'问题。当时许多人不舒服，说他赚了一百万，主张动他，我说不能动，一动人们就会说政策变了，得不偿失。像这一类的问题还有不少，如果处理不当，就很容易动摇我们的方针，影响改革的全局。城乡改革的基本政策，一定要长期保持稳定。"

邓小平谈话之后，芜湖市中级人民法院主动对年广久的案件进行了重审。1992年3月13日，年广久被宣告无罪释放。年广久后来回忆道："我知道邓小平为我讲了话，我和儿子联名给邓小平同志去了封信，邮去几包瓜子，不晓得他老人家收到没有。"

因为邓小平的三次点名，年广久成为了中国改革开放过程中一位具有风向标意义的人物，他的命运的起承转合暗合着我国民营经济的发展进程，具有典型的时代象征意义。

8.3

许海峰：实现中国奥运会金牌
"零的突破"

在北京国家射击训练基地的中央广场上，有一个引人注目的雕塑，那是一把特殊的射击手枪。雕塑的原型，就是在 1984 年洛杉矶奥运会上，创造历史的那支枪。

这支枪在洛杉矶奥运会的射击赛场上，曾紧紧地握在中国射击运动员许海峰的手中。许海峰就是用它击败夺冠大热门——瑞典老将斯卡纳克尔，夺得本届奥运会第一枚金牌。与此同时，另一名中国选手王义夫获得铜牌。

出人意料的是，本届奥运会第一场比赛的颁奖仪式，却推迟了整整一小时。推迟颁奖的原因是，射击比赛组委会预计王义夫可能夺取奖牌，事先准备了一面中国国旗，但比赛结果却出乎预料。因此，只能临时派人找寻另一面五星红旗。洛杉矶奥组委主席尤伯罗斯解释说："请允许我说几句话，我想告诉大家的是，你们正在亲历一个具有重大历史意义的事件。因为金牌和铜牌将被授予同一个国家。这个国家在奥运会历史上，还从来没有赢得过奖牌。"

颁奖仪式上，《义勇军进行曲》第一次奏响在奥运赛场，闻讯赶到射击场的国际奥委会主席萨马兰奇，亲自将金牌佩戴在许海峰的胸前，他激动地说："这是中国体育史上伟大的一天，我为能亲自把这枚金牌授给中国运动员而感到荣幸。"

当时，新华社记者曾向国内发回这样一篇新闻稿："许海峰今年 27 岁，曾是安徽省供销社的职员。他在获得金牌后对新华社记者说："虽然得了第一名，但是成绩不是很高，还需要今后多加努力，多为国争光。"

中国在奥林匹克运动会上实现了"零的突破"，这个消息让所有中国人感到高兴和自豪。在此之余，人们惊奇地发现，实现这个历史夙愿的运动员曾经是"供销社的职员"。有不少人由此想到了身负背篓，跋山涉水送货上门的供销员，那是 20 个世纪 60 年代电影《红色背篓》塑造的乡村供销员的典范。

1957 年 8 月 1 日，许海峰出生在安徽省一个普通的家庭。他性格自小内向，不善言谈，但也有特长，就是从小喜欢用弹弓打鸟，"弹弓

◎ 中国历届奥运会首金

1984 年 7 月 29 日，在洛杉矶奥运会上，中国选手许海峰以 566 环的成绩夺得男子自选手枪射击比赛金牌，成为中国第一个在奥运会上获得冠军的运动员，实现了中国在奥运史上"零"的突破。

图为许海峰在颁奖仪式上。（新华社记者官天一摄）

王"是他获得的第一个绰号。同那个时代的年轻人一样，青年时代的许海峰最大的愿望是能当兵。对他来说，当兵就能有枪，有枪就能射击，瞄准目标射击是许海峰最大的爱好。但在众多报名参军者中，"弹弓王"不是百里挑一的人物。后来，许海峰下乡成了一名知青，又被招工到安徽省和县新桥区供销社当营业员，一干就是三年。

平淡普通的工作没有磨灭许海峰对射击的爱好，他用积攒多时的几十块钱，买了一支在当时看来绝对是奢侈品的气枪，这足以说明这个基层供销员对射击的特殊兴

趣。有了这支气枪，瞄准目标射击就成了他劳动之余最大的乐趣。1979 年，和县体委射击队的教练听说县里曾有个"弹弓王"，气枪打得也很有准头儿，就把他招到射击队参加训练。改变许海峰命运的机遇之门就这样打开了，这时候，距离中国亮相1984 年洛杉矶奥运会还有 5 年。

功夫不负有心人。许海峰第一次参加安徽省全运会，就在男子气手枪比赛中获得个人冠军，并打破省纪录。随后，他又顺利地进入安徽省射击队、国家射击队，开始备战洛杉矶奥运会，并最终实现我国奥运会金牌"零的突破"。

许海峰的首枚金牌大大激发了中国奥运健儿的斗志。随后几天，中国选手在赛场内刮起了一股强烈的"中国旋风"。16 天赛事战罢，中国奥运代表团以 15 金、8 银、9 铜的成绩位列各代表团中第四位。国外报刊纷纷惊呼："奥林匹克舞台上，出现了一个新的体育大国——中国。"

许海峰之前，现代奥运已经有 88 年的历史，颁发了 2500 多枚金牌，却没有一枚属于中国人。1984 年，新中国第一次正式组团参加奥运会，派出运动员 225 人，参加了 16 个大项的比赛。和半个多世纪前的 1932 年刘长春子然一身、依靠张学良将军的个人资助才得以远渡重洋参赛相比，恍如隔世。

洛杉矶奥运会上中国代表团取得的成绩大大地鼓舞了中国人的民族自信。从1932 年到 1984 年，两届洛杉矶奥运会，漫长的半个世纪刻录了中国人的历尽沧桑、百折不回和扬眉吐气。从此，奥林匹克运动史上，一个新的体育强国展现在世人的面前。

从 1984 年那一刻开始，许海峰变成了一个光耀的符号。回国后两个月，许海峰就做出了一个重要的决定，将这枚改变中国体育史的奥运会金牌捐献给中国历史博物馆 (今中国国家博物馆)。他说："我是国家培养的，荣誉也是党和国家给的，这第一块金牌，本身还是机遇。"

在之后的岁月中，许海峰又开始不断取得"零的突破"。他曾这样盘点过自己的人生历程，那就是"运动员、教练员、总教练，每一个角色都做到巅峰了"。这正是奥林匹克精神的真谛吧。

"'一国两制'的构想是最有天才的创造"

香港自古以来就是中国的领土，它是英国殖民者使用战争手段，强迫清政府签订"城下之盟"，先后通过三个不平等条约，强行割让和租借去的。

1840 年，英国发动了第一次鸦片战争，并于 1842 年逼迫清政府签订了中英《南京条约》，将香港岛割让给英国，"常远据守主掌，以便立法治理"。

1856 年，英国又联合法国发动了第二次鸦片战争，并于 1860 年逼迫清政府签订了中英《北京条约》，将九龙半岛（界限街以南地区）割让给了英国。

1894 年中日甲午战争之后，各国侵略者竞相在华划分势力范围，英国又趁火打劫，于 1898 年 8 月强迫清政府签订了《展拓香港界址专条》，强行"租借"界限街以北、深圳河以南的九龙半岛大片土地及附近水域的 200 多个岛屿（统称"新界"），租期 99 年，到 1997 年 6 月 30 日期满。之后，人们通常将香港岛、九龙半岛和新界（包括沿海 200 多个岛屿）这几部分地区通称为香港。弱国无外交，这是中华民族的耻辱。

新中国的成立使灾难深重的中华民族结束了长期受侵略、被压迫、遭凌辱的历史。中国历史迈进新的纪元，中国外交也揭开了新的篇章。那时一个敏感而又紧迫的问题是，如何对待英国占领下的香港，何时收回香港对新中国更为有利。新中国成立前夕，毛泽东、周恩来等领导人客观地分析了国际、国内形势，做出了"暂不收回、维持现状"的决定。这个决策是极具战略眼光的，"暂不收回"并不意味新中国承认三个不平等条约或放弃香港，而是有更加深远的考虑；"维持现状"有利于新中国打破帝国主义的封锁，使香港成为新中国"同国外进行经济联系的基地"。周总理讲得很清楚：香港总有一天我们是要收回的。

1960年代，中国政府对港澳工作又明确提出了"长期打算，充分利用"的八字方针，即对香港的未来要做长期打算，在可以预见的将来，不采取改变香港现状的政策，同时要充分利用香港的特殊地位，为中国的社会主义建设和外交战略服务。香港成为新中国与外部世界联系、保持与西方世界对话关系的"桥梁"和"窗口"。

1970年代末，国内外形势发生了深刻变化。从国内来讲，中共十一届三中全会后，各个领域的改革开放不断深化，全国政局稳定，经济繁荣。从国际上来讲，冷战格局开始打破，不同制度国家之间的矛盾大为缓和，和平与发展成为世界的主流。1978年12月，中共第十一届三中全会提出了我们党在新的历史时期的三大任务：加速现代化建设、实现祖国统一和维护世界和平。到了20世纪80年代，作为实现祖国统一任务之一的香港问题被提上议事日程。

对于香港问题，邓小平提出了"一国两制"的构想。早在1979年，邓小平就对访问北京的港督麦理浩说："我们把香港作为一个特殊地区、特殊问题来处理。到了1997年，无论香港问题如何解决，它的特殊地位都可以得到保证。说清楚一点，就是在本世纪和下世纪初相当长的时期内，香港还可以搞它的资本主义，我们搞我们的社会主义，因此，请投资人放心。"这是邓小平首次对香港前途发表意见，经麦理浩公开披露，在香港社会、英国社会乃至整个国际社会都引起了强烈的反响。海外舆论有评："请投资人放心"表达了中国政府解决香港问题的善意、诚意和新意。

但是，英国人显然有自己的打算，他们喋喋不休地炫耀着自己治理香港的政绩，似乎是在试探中国人，看是否有可能在1997年之后继续待在香港。可是，中国人连想都没有想过这个问题。收复属于自己的领土，正义、历史和国际法以及力量对比都在中国人这一边。

中英两国政府关于香港问题的外交谈判是由1982年9月撒切尔夫人作为英国首相首次访华拉开序幕的。当时，英国刚刚打赢同阿根廷的马岛战争，撒切尔夫人的北京之行，意在挟此余威在香港为英国"再现昔日头号殖民帝国的辉煌"。"三个条约有效""以主权换治权"，是撒切尔夫人为英国政府关于香港问题的外交谈判准备

◎ "一国两制"的伟大构想

　　1982年9月24日，邓小平在北京人民大会堂会见英国首相撒切尔夫人，明确阐述中国政府对香港问题的基本立场。
（新华社资料照片）

的上、下两策。但是，撒切尔夫人没有料到，这次她面对的将是在治国理政方面最富有经验的中国共产党人。

　　1982年9月24日，邓小平在北京人民大会堂会见了撒切尔夫人。一位记者在报道中说，在与邓小平会谈时，撒切尔夫人"明显显得异常天真。她在会见邓小平时强调19世纪签订的几项涉及香港的条约的重要性，这些条约自然对英国有利。当她的话翻译给邓小平，他反应极为强烈，有很多异常激烈的言辞，乃至无法翻译给撒切尔夫人听"。

　　邓小平明确地阐述了中国政府坚持的三个基本立场：主权问题不是一个可以讨论的问题；1997年中国将收回香港；中国要收回的不仅是新界，而且包括香港岛、九龙。邓小平情绪激动地讲："中国在这个问题上没有回旋余地。……如果中国在1997年，也就是中华人民共和国成立48年后还不把香港收回，任何一个中国领导人和政府都不能向中国人民交代，甚至也不能向世界人民交代。如果不收回，就意味着中国政府是晚清政府，中国领导人是李鸿章！……人民就没有理由信任我们，任何中国政府都应该下野，自动退出政治舞台，没有别的选择。"因此，邓小平代表中国政府申明：不迟于一两年的时间，中国就要正式宣布收回香港这个决策，这实际上已经提出了中英谈判解决香港问题的时间表。最后，邓小平向撒切尔夫人毫不妥协地表示："我还要告诉夫人，中国政府在做出这个决策的时候，各种可能都估计到了。……如果说宣布要收回香港就会像夫人说的'带来灾难性的影响'，那我们要勇敢地面对这个灾难，做出决策。"

邓小平的谈话旗帜鲜明地表达了中国政府解决香港问题的决心和立场，彻底打破了英国人不切实际的幻想，外电称："铁娘子遇到了钢汉子。"会议结束后，黯然失神的撒切尔夫人步出人民大会堂，在下最后一级台阶时，还不慎跌了一跤。对于与邓小平的这次会谈，撒切尔夫人后来回忆，虽然"整个会谈毕竟不如想象中的失败"，但是她不得不承认："当我在 1982 年 9 月……之际，英国的世界地位，与我自己的地位，都已因为福克兰的胜利战果而有了改变，此时唯一的反挫，应就是与中共就香港问题的谈判了。"

按照中方的调子，中英双方就香港问题进行了两年的谈判。在不把香港归还给中国的幻想破灭之后，英国人希望用主权换治权的方法，名义上把主权交还给中国，实际上仍然保持英国对香港的继续统治。这样就出现了英方步步为营、中方寸步不让的拉锯战。在此后持续 17 个月的 22 轮谈判中，基本上是一边倒的趋势，中国人说什么，英国人在经过一番较量找不到空子钻之后，就只好接受什么。正是按照"有理、有利、有节"的斗争原则和斗争策略，中方在 22 轮谈判中，克服了重重阻力，解决了一个个棘手的难题，使这场举世瞩目的外交大战取得了预期的成果，使搁置了一个半世纪之久的历史遗留问题得以圆满解决。1984 年 10 月，邓小平与党内的老同志一起回顾了这场"特殊的战斗"，深有感触地说："香港问题为什么能够谈成呢？并不是我们参加谈判的人有特殊的本领，主要是我们这个国家这几年发展起来了，是个兴旺发达的国家、有力量的国家，而且是个值得信任的国家。……当然，香港问题能够解决好，还是由于'一国两制'的根本方针或者说战略搞对了，也是中英双方共同努力的结果。"

1984 年 12 月 19 日，撒切尔夫人作为英国首相第二次访华。当日下午 5 时 30 分，《中华人民共和国与大不列颠及北爱尔兰联合王国关于香港问题的联合声明》在北京人民大会堂西大厅举行正式签字仪式。新华社记者记录下了当时的情景——"签字大厅里一片庄重的气氛。铺着墨绿色绒布的长桌中央插着中英两国国旗"，中国总理和撒切尔夫人"在长桌本国国旗一侧入座，用中国的台式英雄金笔，代表本国政府在联合声明上签字"。然后，在一阵热烈的掌声中，交换声明文本。全世界都在注视着这一历史时刻。邓小平高屋建瓴地总结道："我们两国的领导人就香港问题达成协议，为各自的国家和人民做了一件非常有意义的事情。香港问题已经有近一个半世纪的历史，这个问题不解决，在我们两国和两国人民之间总是存在着阴影。现在这个阴影消除了，我们两国之间的合作和两国人民之间的友好前景光明。"

中英"联合声明"签署之日，海内外舆论好评如潮，就连撒切尔夫人也"特别赞扬了邓小平提出的'一国两制'的构想是最有天才的创造"。她评价说："关于香港前途的联合声明，在香港的生活史上，在英中关系的历程中以及国际外交史上都是一个里程碑，""'一国两制'的构想，即在一个国家中保留两种不同的政治、社会和经济制度，是没有先例的，它为香港的特殊历史环境提供了富有想象力的答案。这一构想树立了一个榜样，说明看来无法解决的问题如何才能解决以及应该如何解决。"联合国秘书长佩雷斯·德奎利亚尔讲："在紧张和对抗不幸地笼罩着世界上许多地区的时候，对香港的未来地位的谈判取得成功，将毫无疑问地被认为是当前国际关系中，有效的、静悄悄外交的一项极为突出的范例。"

香港问题的解决，为中国和葡萄牙两国之间解决澳门问题奠定了基础。

澳门本是属于中国的领土，16世纪中叶以后，被葡萄牙人逐步占领。19世纪中叶，在鸦片战争和帝国主义列强瓜分中国的背景下，葡萄牙人乘机侵占澳门半岛的全部和氹仔、路环两岛，进而占领了整个澳门地区。为了回到祖国母亲的怀抱，不屈的中国人民进行了长期不懈的斗争。然而，直到1949年，中国历届政府都无力收回祖国的领土澳门。

1984年9月，中英达成解决香港问题的协议一个月后，邓小平在接见港澳同胞国庆观礼团时谈到澳门问题，他说："澳门的解决当然也是澳人治澳，'一国两制'。"

三天后，邓小平在接见澳门中华总商会会长马万祺时再次说道："澳门问题也将按照解决香港问题那样的原则来进行，'一国两制'、澳人治澳，五十年不变。"

1987年4月13日，中葡关于澳门问题的联合声明在北京签署，澳门回归祖国正式进入倒计时。1999年12月20日，中华人民共和国恢复对澳门行使主权。

8.5

华山抢险，英雄群体绝顶而生

巍巍西岳，"奇拔峻秀冠于天下"。古老的石阶，新凿的"天梯"，迎接过多少古往今来的游人！

1983 年 5 月 1 日。这一天，华山春意正浓。在一级级石阶上攀登的游人，比往昔陡然增添了五六倍，光是中国人民解放军第四军医大学就有 150 多名学员来到这里旅游。还在早晨七点左右的时候，闻名于世的"太华咽喉"千尺幢，已是人头攒动，游客侧身才能上下的崖梯，路被堵得水泄不通。这里，坡度约为 80 度，垂直高约 30 多米，260 多个台阶开凿在陡壁裂缝的一条石槽上。突然，一声惊叫从靠近千尺幢顶端的地方传出，一位中年工程师被游人挤离了台阶，一个跟斗摔将下来。险恶的连锁反应！他碰撞了别的游人，一个、两个，一连十多个游人，急速地直往下掉……遇险的游客生命不保。他们像石块一样从山顶翻滚下来，在这个危险地段的游客，也都面临着不测。谁敢拦阻他们？！谁要是拦阻不成，就会立即加入遇险者的行列。

"快把人截住！快把人截住！"在一片令人恐怖的喊声、哭声、呼救声中，一声坚定有力的呼喊从千尺幢中段传了出来。第四军医大学部分学员正置身于这令人咋舌的险境之中，面对着急速翻滚而下的遇险游客，他们脑子里只跳跃着两个字："救人！"容不得丝毫迟疑，也没有丝毫迟疑。他们仰起头，举起手，随时准备抓拦滚落的游人，个人安危已经置之度外。华山抢险亲历者、第四军医大学第一附属医院骨科主任雷伟说："那一瞬，有人在哭喊，有人在旁观，我们作为军人必须毫不犹豫地站出来。"

首先掉落下来的就是那位工程师，第四军医大学的学员们很快拉住了他。随后，又一个人掉下来了……滚落而下的遇险者，撞击着他们的头部、颈部，猛砸着他们的双肩。他们身上沾着遇险者的鲜血，带着钻心的疼痛，顶着巨大的冲力，在周围群众的共同努力下，硬是把十多位遇险游人的生命，从死神的手里抢了回来！

在上午险情出现之前，已通过千尺幢的另外一些第四军医大学学员在游览北峰后，兴冲冲地归返至华岳又一险——百尺峡上方的二仙桥路段，映入眼帘的一幕险情，不禁使同学们倒抽一口冷气：数千名急于下山的游人，蜂拥在这条长五十多米、宽不足二米的傍崖险道上，巨大的人流已将道旁的索链拱成弓形，弯出路面，有的系索链的铁桩已被挤拉而起。此刻，前方百尺峡的崖梯口已堵死，而人流的巨大压力，还是沉重地往前传送，情势岌岌可危，成群的游人随时可能堕入深渊。

面对这乱作一团的人群，在场的四位民警纵然声嘶力竭地呼喊，想方设法维持秩序，却根本无济于事。险情像一道无声的命令，刻不容缓！第四军医大学的学员们急中生智，和在场的其他解放军同志一起组成了人墙，沿着临靠深渊的一侧，艰难地、缓缓地向前挺进……许多群众被这种大无畏的举动感染了，不少人主动侧身让道，协助他们前进。就这样，紧锁了六个小时的百尺峡崖梯口处终于"转危为安"，群众从容地下山了！许多群众事后感慨万分："多亏了他们，四医大的同学！""第四军医大学——呵，他们来自张华的母校！"而张华，生前正是第四军医大学的学员。1982年7月11日，他为抢救掏粪落池的老农而光荣献身。

在这个难忘的5月1日，在这两个惊心动魄的场面以外，还有一束束令人感奋的精神之光在华山的险道、峡谷之间闪烁！

下午四点多，第四军医大学的学员在二仙桥畔发现了虚脱昏迷的女青年陈聪玲。她已经昏迷六个多小时了，学员们想了各种办法抢救，但都无济于事。唯一的出路是把昏迷着的病人送下山去。天快黑了，黑天爬下百尺峡、千尺幢这样七八十度坡度的崖梯，而且还身背病人，那太危险了。然而，这个险非冒不可！就这样，第四军医大学的学员们和其他热心的群众轮换着将病人送到山下。为了抢救这位素不相识的虚脱昏迷的女青年，这个战斗集体中的每一个成员，凭着自己执着的信仰，付出了超过生理极限几倍的力量。

这一天，另外还有两副担架在重重艰难险阻中行进。躺在担架上的，一位是在千尺幢受到冲撞挤压的女青年，另一位是从千尺幢滚落下来、头部负伤的女青年。担架队由四医大另外两批学员自动组成，山崖、乱石、溪流、斜坡，都不能阻挡英雄们奋进的脚步。

冒着牺牲自己生命的危险去抢救别人，这是人性最光辉的一面，是在任何时代、任何国家都值得称颂的英雄壮举。可是，第四军医大学的英雄们对自己的壮举却浑然不觉，在他们看来，这只是团支部活动中的"插曲"。"日子过去了，事情也过去了，就像车上让了个座位，街上扶了一位老人一样，被我及我们遗忘了……"

但是，人民群众没有忘记他们。一位被救女青年和她的两个同伴在给第四军医大学的感谢信中，写下了这样一曲英雄的赞歌："我们都是同龄人。谁说我们这一代人没有希望？请看：雷锋精神不是还在他们身上延续吗？谁说我们这一代人精神空虚、思想颓废？请看：一代张华遍及社会。"

党和国家没有忘记他们。中国共产党中央军事委员会授予第四军医大学100多名干部学员"华山抢险战斗集体"荣誉称号，中宣部、总政治部、教育部、共青团中央为此发出通知，要求全国深入学习他们的先进事迹和崇高精神，《光明日报》等媒体对这一战斗集体作了突出报道。1984年10月1日，在国庆典礼上，清华大学学生以华山为模型扎了一辆彩车，队伍走过天安门广场时，学生们将一个写有"向华山抢险群体学习"字样的气球放上了天空。

30年后的今天，再回顾"华山抢险战斗集体"走过的英雄之路，我们明白了这样一个道理：青年一代只有摆脱极端的个人主义，胸中有祖国，心中有他人，才能铁肩担道义，做传递正能量的火炬手，引领新风尚，用热血和激情筑起社会的道德屏障。

8.6

1985 年，中国的裁军年

　　1981 年，77 岁的邓小平出任中共中央军事委员会主席，成为中国人民解放军的最高统帅。

　　邓小平上任开始，集中考虑的一个问题就是要领导中国人民解放军实现现代化。军队现代化建设面临着复杂的情况，首要的问题是处理好军队建设与整个国家经济建设的关系。邓小平认为，经济建设是党和国家的中心工作，是军队建设的基础，军队建设必须服从经济建设这个大局。在国家经济困难的条件下，军队的现代化只能走精兵之路，通过体制改革，精简编制，实行"消肿"以节省开支用于现代化装备。

　　但是，军队的旧体制一直沿袭了几十年，精简整编谈何容易。从 1981 年到 1984 年，军队的编制和员额经过几次缩涨反复，"消肿"始终不尽人意。其中，最大的障碍是长期形成的"战争不可避免"的关于世界局势的判断，军队建设一直处于"盘马弯弓箭不发"的临战准备状态。

　　作为最高统帅，邓小平审时度势，果敢地提出：和平与发展是当今世界的两大主题，世界大战可以避免或延缓。

　　全新的论断推出了全新的决策。1984 年 11 月 1 日，当人们仍旧为一个月前国庆阅兵那盛大的壮观场面而心潮澎湃的时候，中央军委座谈会在

◎ 1985 年：百万大裁军

　　1985 年 6 月 4 日，中央军委主席邓小平在军委扩大会议上伸出一根手指，宣布中国人民解放军裁减员额 100 万。这一决策，是中国人民解放军为贯彻落实把党和国家工作重点转移到社会主义现代化建设上来的战略决策而采取的一项重大行动，也是中国政府为维护世界和平作出的重要贡献。（新华社照片）

首都京西宾馆会议厅召开。会上，时任中央军委主席的邓小平，发表了近 90 分钟的讲话，表达了一个惊人的战略决心：在军队几次整编的基础上，再裁减员额 100 万！这并非心血来潮，也并非为赢得国际好评而哗众取宠，而是出自这位以高瞻远瞩、清醒果断著称的最高统帅对世界大势、国家大局和军队建设大目标的科学把握，是这位世纪伟人对国家、对人民、对军队高度负责的慎重抉择。邓小平也预见到了可能出现的复杂局面和阻力，他以恢宏的气度直言："这是得罪人的事情哪！我来得罪吧。不把这个矛盾交给新的军委主席。"

　　1985 年 5 月 23 日至 6 月 6 日，中央军委在北京召开扩大会议。邓小平在会上伸出一个指头，宣布了一个惊世之举：中国政府决定，人民解放军减少员额 100 万。他说："我们下这样大的决心，把中国人民解放军的员额减少一百万，这是中国共产党、中国政府和中国人民有力量、有信心的表现。它表明，拥有十亿人口的中华人民共和国，愿意并且用自己的实际行动对维护世界和平做出贡献。减少一百万，实际上并没有削弱军队的战斗力，而是增强了军队的战斗力。"

　　他意味深长地告诫与会的将军们："军队装备要真正实现现代化，只有国民经济建立了比较好的基础才有可能。所以，我们要忍耐几年。我看，到本世纪末我们肯定会超过翻两番的目标，到那个时候我们经济力量强了，就可以拿出比较多的钱来更新装备。可以从外国买，更要立足于自己搞科学研究，自己设计出好的飞机、好的海军装备和陆军装备。先把经济搞上去，一切都好办。现在就是要硬着头皮把经济搞上去，就这么一个大局，一切都要服从这个大局。"

　　为落实裁军百万的重大决策，中央军委扩大会议通过了会前经过广泛征求意见和科学论证而制定的《军队体制改革、精简整编方案》。《方案》提出以下原则：精简人员要与改革体制编制、改革有关制度同步进行；重点是精简机关、直属单位，尤其是总部、大军区、军兵种、国防科工委机关及直属单位；要减少层次，撤并机构，降低部分单位等级；淘汰陈旧落后的舰艇、飞机和其他设备，封闭部分军事设施；陆、海、空军都要裁减一些部队，多减守备部队、步兵部队和勤务保障部队；精干编制，减少军队的社会性负担，将可由地方承担的工作交给地方有关部门；调整军队的编成比例，加强一些薄弱环节，加强诸兵种合成；改革体制，精简整编与提高干部素质结合，加强干部训练，促进干部队伍的革命化、年轻化、知识化、专业化。

1985 年 6 月 10 日，新华社将这一惊人决策公之于众，并进一步说明："裁军百万，是中国政府和人民有力量的表现。它表明，拥有 10 亿人口的中华人民共和国愿意并且用自己的实际行动对维护世界和平做出贡献。""参加军委扩大会议的陆、海、空三军高级干部，坚决拥护这一重大战略决策。"电讯迅速传遍全军，传遍全国，引起强烈反响。同时，在国际裁军争吵多年，不见成效，两个超级大国明里裁军，暗里扩充军备的背景下，中国政府主动裁军百万的决策犹如平地惊雷，震惊了世界，全球瞩目。

一个举世瞩目的重大军事决策形成了，1985 年成为了中国的裁军年。

百万大裁军，这是一次从上到下、从里到外的"立体震荡"，是对一个庞大的机制实施脱胎换骨的大手术。这一惊心动魄的举动，牵动着每一个军人及其家庭的实际利益，触一发而动全局，错综复杂，极难操作。因此，一些国外舆论认为，一年完成百万大裁军是一种梦幻的奇迹，这不过是中国的一种姿态，是一个空洞的口号。

邓小平是一个善于创造奇迹的统帅。在他的领导下，中国军队干净、利落、稳妥地完成了这个伤筋动骨的大手术。1985 年，人民解放军三总部机关的人员精简了一半；11 个大军区裁掉了 4 个，军级以上单位裁掉了 31 个，撤销了师、团级单位 4054 个；原来的 76 种军官职务被改为由士兵担任，官兵的比例达到了 1 比 3.3。同时，从这年起，3 年内将有 60 万军官退役，转业到地方从事经济建设。

在精简机构和人员的同时，人民解放军进行了历史上最大规模的重组，组建了若干集团军，新组建陆军航空兵、电子对抗兵等部队，加强了特种兵建设，军队的装备质量明显提高。

1986 年，当"国际和平年"到来的时候，中国人民解放军已经从总体上完成了裁军百万的系统工程。一时，世界舆论为邓小平所倾倒，中国人民解放军赢得了信誉和全世界的尊敬。

百万大裁军使中国人民解放军从战时体制走上了和平建军的轨道，邓小平领导中国人民解放军踏上了现代化的新长征。

8.7

张瑞敏为什么要锤砸冰箱

　　1984 年 10 月 10 日，邓小平在会见联邦德国总理科尔时，向客人透露了这样一个信息：几天后就要召开的中共十二届三中全会将是一次很有特色的会议。十天后的 10 月 20 日，中共十二届三中全会通过了《中共中央关于经济体制改革的决定》，社会主义计划经济开始向商品经济转化。虽然这次全会明确提出今后政府不再管理企业，但是在计划经济体制下习惯由国家包办一切的国有企业，走向市场的道路却颇为艰难。

　　也就在这一年，青岛电冰箱总厂高频率更选厂长：第一任难挽危局，挂冠而去；第二任回天无力，急流告退；第三任匆匆来去，席不暇暖；第四任于隆冬时节姗姗来迟，他就是时年 35 岁的张瑞敏。张瑞敏到任时，全厂已负债 160 万元，800 余名职工囊中羞涩。厂里的一切杂乱无章：上班时打扑克下象棋织毛衣的工人算是"守法户"，打架斗殴酗酒盗窃时有发生……

　　为了整治这乱糟糟的厂子，张瑞敏首先开的是"小儿科"的管理处方。他召开了车间主任以上的干部会议，确立了 13 条治厂法规。可这起码的治厂法规，实施起来竟也非常艰难。13 条治厂法规贴出的第二天，便有两位青工撞上了"枪口"：一位青工，动手打人，将人打得鼻青眼肿；另一位青工胆子更大，于光天化日之下偷盗厂里的物资。上午 11 时，作案的消息报到张瑞敏那里，12时张瑞敏召开厂领导会议，下午14时，处理肇事者的决定便豁然醒目地贴在厂门口。信赏必罚，13条治厂法规掷地有声，在人们麻木的心灵里荡起希望的回响。

◎ 张瑞敏

张瑞敏（中）在海尔总装车间了解生产情况。（1993年4月新华社记者摄）

在这之后，张瑞敏大刀阔斧地对工厂进行整顿。1985年，他冲破阻力拆除了旧设备，从联邦德国引来电冰箱巨头——利勃海尔新的生产线，一切似乎都在走向正规。可谁知，一个突发事件又重创了人们的心。事情是由一位用户的来信引起的。信中谴责该厂生产的"瑞雪"牌电冰箱质量低劣。张瑞敏当即派人对库存的电冰箱进行严格检查，结果令人惊骇：有76台冰箱存在质量问题。这个时候，全厂职工突然接到停工集合的命令。76台问题冰箱一字摆在人们面前，一把把大锤斜倚其上，紧紧攫住了千余双目光。霎时，喧闹的厂区静得怕人，时间也似乎凝固了。"砸！"张瑞敏低声命令道。"厂长！"一声呼唤，带着浓缩的痛楚，千余双目光射向张瑞敏：责备、怨恨、愤懑、茫然、乞求。张瑞敏当然明白76台冰箱在员工心中的价值，但是，厂里眼下最需要向小生产管理和传统心态的挑战。就这样，张瑞敏没有犹豫，下定决心从牙缝里挤出一个字："砸！"一只只大锤缓缓举起，举起……哐！哐！哐！……沉闷的锤声响着，响着。全场职工面前留下了小生产管理方式的残壳，却唤起了20世纪80年代最为宝贵的大生产的质量意识。有人事后做了计算，这76台电冰箱，按出厂价计算，每台冰箱相当于一个职工两年的工资。张瑞敏后来回忆说："谁造成的问题由谁拿大锤把它砸毁，是由当事人把它砸毁。很多老工人当场就哭了，掉着眼泪说，我们知道了今后不能够再从我们手里头损害国家资产。"

在重锤猛击营造的氛围中，1985年6月，亚洲第一代四星级电冰箱在青岛电冰箱总厂源源流出装配线。为体现中德合作，产品名称被定为"琴岛—利勃海尔"，并且成功地设计了象征中德儿童的吉祥物"海尔图形"（现在的"海尔兄弟"）。

高起点的引进使危如累卵的青岛电冰箱总厂起死回生。但张瑞敏没有陶醉，因为他明白锤砸冰箱只能给人们敲敲质量意识的警钟，但不能从根本上改变这支队伍的素质。张瑞敏知道，眼下这支队伍，充其量不过是小生产的游击队，还远不是大生产的正规军。要改变它，必须用科学和知识去装备。于是，张瑞敏决定，不惜工本，让全厂职工分 20 期脱产培训；不脱产、分档次的培训随时举办。全场职工通过一次次培训，如同鸟儿搏击长空的新羽在脱落旧毛时渐次丰满起来。与此同时，张瑞敏和他的副手们开始建立比引进利勃海尔还要艰辛十倍的管理机制。通过对国外先进管理经验的摄入、反刍、吸收，逐渐完善了一套洋洋两千项的管理条文，"琴岛—利勃海尔"的 290 道工序无一能躲过这套条文的监测，171 个部件也无一能逃避这条文的扫描。由严格科学管理生发出的高质量，使"琴岛—利勃海尔"一问世，便备受市场青睐。当时，"琴岛—利勃海尔"的开箱率一直为 100%，从未发生过一次索赔事件；返修率在 0.4%（大大低于 2% 的国家标准）以下，达到了世界先进水平。后来，"青岛电冰箱总厂"更名为海尔集团公司。在张瑞敏的带领下，海尔集团公司创造了从无到有、从小到大、从弱到强的商业奇迹。

曾经引进国外先进技术的海尔集团公司，现在早已把产品打入了昔日老师的家乡——德国。1992 年，在揭去商标与德国冰箱同台对比，结果海尔冰箱胜出，德国人当场签订了 2 万台的海尔冰箱合同。在成功进军欧洲市场之后，海尔集团公司转向美国。1999 年 4 月，海尔美国工业园正式破土动工。2000 年 3 月，美国海尔正式竣工投产。由此，海尔集团公司开始实施国际市场的"本土化"战略，并且是起点高，难度大，集设计、生产、销售"三位一体"的本土化。美国人比较了一下："美国松下"用了 10 年的时间，销售额达到 1.5 亿多美元，而"美国海尔"只用了 3 年时间就达到了这一销售额。

2012 年，海尔大型家用电器品牌零售量占全球市场的 8.6%，第四次蝉联全球第一。其中，海尔冰箱以 14.8% 的品牌零售份额第五次蝉联全球第一，其品牌零售份额比第二、第三名的总和还多。在经历过名牌战略、多元化战略、国际化战略、全球化品牌战略之后，如今的海尔又在实施网络化战略。在现任海尔集团董事局主席张瑞敏看来："没有成功的企业，只有时代的企业。"海尔要想一直发展下去，就得努力踏准时代的节拍。

"八六三计划"诞生记

8.8

1986 年 3 月 3 日晚上，一封不同寻常的信被直接送到邓小平办公室。写信的是中国顶尖的四位科学家王大珩、王淦昌、杨嘉墀、陈芳允，他们联名向中央提出《关于跟踪研究国外战略性高技术发展的建议》。

20 世纪七八十年代，高技术及高技术产业已成为国与国之间，特别是大国之间竞争的主要手段。实践证明，谁掌握了高技术，抢占到科技的制高点和前沿阵地，谁就可以在经济上更加繁荣，政治上更加独立，战略上更加主动。因此，许多国家都把发展高技术列为国家发展战略的重要组成部分，不惜花费巨额投资，组织大量的人力与物力。1983 年 3 月 23 日，美国里根总统发表了题为《战略防御倡议》的广播讲话。简而言之，这个倡议就是使对手的核武器失效和过时，与自己的进攻武器相结合会"助长侵略政策"的一项所谓战略防御计划，因为与美国科幻电影《星球大战》非常相似，所以人们称其为"星球大战计划"。

"星球大战计划"一出笼，立即引起国际上的强烈反应。仅在短短一年多的时间里，苏联等多个国家争先恐后地相继出台科技发展的重大举措，这在世界科技史上是前所未有的，1985 年也因此而成为举世瞩目的"星球大战年"。

在这种情况下，中国怎么办？中国不能观望和等待。中国曾经搞出了"两弹一星"，在国际上争得了一席之地，同时也建立起我国高技术的初步

◎ 1986 年: "八六三计划"

1991 年 4 月 25 日, 科学家王淦昌、王大珩、杨嘉墀、陈芳允荣获 "863 计划" 荣誉证书。(新华社照片)

基础, 积累了一定的经验。落后就要挨打, 这种惨痛的教训对中国人来说刻骨铭心。针对世界形势的变化, 当时有关部门已经开始考虑对策问题, 组织有关专家进行座谈, 提出过要采取对策的设想, 但在具体行动上, 并未真正落实下来, 对高新科技的发展还未予以足够的重视, 一些前瞻性和长远的设想更显得不够。最为关键的是, 在应该采取什么对策这个问题上, 仍存在着分歧。一种意见认为我们也应该搞, 理由是在科学技术飞跃发展的今天, 谁能把握住高科技领域的发展方向, 谁就有可能在国际竞争中占据优势, 我们不能轻易放弃这个机会。有人说, 国家花这点钱, 就算花 10 个亿, 算算看, 每个公民不就只出一块钱吗? 再少一点, 一个人拿一个鸡蛋出来, 这点钱总应当花吧? 另一种意见则认为, 以我们的国力来看, 目前还不具备全面发展高科技的经济实力。现在他们搞高科技, 我们可以先搞短期见效的项目。等他们搞出来以后, 我们也赚了钱, 有了经济实力, 就可以利用他们的成果了。

到 1986 年初, 争论仍在继续。许多科学家对此心忧如焚, 忧患意识和危机感加重了科学家的历史责任。著名光学家王大珩和著名电子学家陈芳允面对现实世界涌起的洪波, 深深地思考着中国的对策。他们都是 "两弹一星" 的元老, 都亲身经历过核武器从 "一点没有" 到 "有一点" 的过程, 他们认为, 涉及到国力竞争、牵涉到国家命运的钱就不得不花, 而且是必须要花!

在这种情况下, 两位科学家觉得有必要给邓小平写封信, 让最高领导了解他们的想法, 为国家决策提供帮助。陈芳允和王大珩的想法也得到了著名核物理学家王淦昌和著名航天专家杨嘉墀的呼应。这样, 为中国 "两弹一星" 做出贡献的王大珩、王淦昌、杨嘉墀、陈芳允四位科学家决定联名提出一个发展中国高技术研究的建议书。建议书由王大珩起草, 为慎重起见, 他前后修改了多遍, 写了近一个月的时间。

王大珩后来回忆说："我当时有个助手，他是搞空间科学的，对前沿这方面东西稍微知道一些。我说你先写。他把前段的背景写了后，找我说，后面的我写不下去了，所以后半段主要是我写的。我们那时着重考虑的是国防，当时我的概念里面，高新技术首先是用在国防，对我来说经济概念上差一些，小平同志那时已经强调了经济的重要性。所以写了以后，陈芳允同志提出，建议的内容不仅要写有关国防科技，还要把如何带动民用高科技写进去。我起草了初稿，然后进行多次修改整理，最后终于形成了一份《关于跟踪研究外国战略性高技术发展的建议》的文稿，前后用了一个月时间。"

这封建议信里主要写了以下几个重点问题：一、高科技问题事关国际上的国力竞争，中国对此不能置之不理。二、在关系到国力的高技术方面，首先要争取一个"有"字，有与没有，大不一样。真正的高技术是花钱买不来的。三、鉴于中国的经济情况，从事高技术的规划与范围，无法与工业发达的国家相比。因此，必须"突出重点，有限目标"，强调储备与带动性。四、积极跟踪国际先进水平，要在能进入所涉及领域的国际俱乐部里，占有一席之地。五、发挥现有高技术骨干的作用，通过实践，培养人才，为下一个世纪的发展做好准备。六、时不我待，要有紧迫感，发展高技术是需要时间的，抓晚了就等于甘居落后，难以再起。

邓小平没有让科学家们失望。收到报告只隔一天，3月5日，他就明确批示："这个建议十分重要，……找些专家和有关负责同志讨论，提出意见，以凭决策。此事宜速作决断，不可拖延。"

邓小平的批示引起了中央领导层的重视。从4月份开始，国家科委、国防科工委组织了三轮论证，形成了《国家高技术研究发展计划纲要》。四位科学家提出建议的时间是1986年3月，这个计划因此被称为"八六三计划"。

"八六三计划"选择了7个领域、15个主题项目,7个领域是：生物技术、航天技术、信息技术、激光技术、自动化技术、能源技术、材料技术。邓小平看了《纲要》后十分高兴，当即批示道："我建议，可以这样定下来，并立即组织实施。"1986年10月，中共中央政治局召开扩大会议，批准了《国家高技术研究发展计划纲要》，并正式做出决定：拨款100个亿！科技发展计划由中央政治局会议通过，这在中国共产党的历史上和新中国科技史上还是第一次。邓小平说："在高科技方面，我们要开步走，不然就赶不上，越到后来越赶不上，而且要花更多的钱，所以从现在起就要开始搞。"

11月18日，党中央、国务院正式转发了《国家高技术研究发展计划纲要》。至此，一个面向21世纪的中国战略性高科技发展计划正式公诸于世，这也是新技术革命浪潮到来之后，中国以主动姿态发展高科技，走跨越式发展道路的里程碑。

8.9

"飞乐音响"股票：回赠美国朋友的礼物

一个新生命的诞生，必然要经历一场阵痛，而阵痛过后，是新生的喜悦和希望。中国的改革开放也是一样。

1986年，有一幅著名的新闻照片《倒闭后的滋味》格外引人注目，刚一发表，就引起世界各大媒体的关注，照片上的主人公也一夜之间闻名全国。他叫石永介，时任沈阳市防爆器械厂厂长。1986年7月25日，沈阳市做出决定：对经整顿和拯救无效的沈阳市防爆器械厂正式进行破产处理。这虽然是一家仅有72名职工的小型集体企业，但却是新中国第一家正式宣告破产倒闭的公有制企业，自然引起社会各界的广泛关注。第二天，中央人民广播电台在早晨的新闻节目中做了报道，立刻使海内外为之震动。当时的外电报道称："沈阳市实行企业破产规定，这是共和国成立以来破天荒的做法，它朝着打破'大锅饭'迈进了新的一步……"，"中国沈阳，一项重大的实验：中国东北的沈阳城发生了'地震'，'超过八级的改革地震'。"

这年年底，《企业破产法（试行）》开始实施，同时出台的还有国务院《关于深化企业改革增强企业活力的若干规定》。规定提出，全民所有制小型企业可试行租赁、承包经营，全民所有制大中型企业要实行多种形式的经营责任制，可以选择少数有条件的全民所有制大中型企业进行股份制试点。

对国营企业进行股份制改造，会不会改变它们的社会主义性质，会不会"走资本主义道路"，经历过极"左"年代的人们对此心有余悸。邓小平在1986年的一个举动，使人们对股份制这一新事物心里有了底。

1986年11月14日，邓小平会见了以纽约证券交易所董事长约翰·范尔霖为团长的美国纽约证券交易所代表团。范尔霖还给邓小平带来了两件特殊的礼物——美国证券交易所的证券样本和一枚纽约证券交易所的徽章。

股票是市场经济的象征，这在中国是被当作资本主义的专利长期弃之不用的。因而，邓小平能否接受这两件礼物，范尔霖心中忐忑不安。然而，范尔霖过虑了。邓小平不仅高兴地收下了他的礼品，而且还将一张面额为人民币50元的上海飞乐音响公司股票回赠给范尔霖。

曾任中国证监会首任主席的刘鸿儒回忆这段历史时说，当年范尔霖赠送给邓小平的精美证章，凭着它可以在华尔街股票市场中通行无阻；邓小平回赠的则是新中国首批公开发行的股票之一的"小飞乐"股票。

邓小平告诉范尔霖，他是唯一的外国股东。范尔霖则高兴地说："我很荣幸成为社会主义企业的第一个美国股东。"

这一举动在当时乃至后来成为极具象征意义的美谈，无疑给了正在蹒跚学步的中国股市以莫大的肯定和鼓励，也即刻引起了国外新闻舆论的极大兴趣。外电的评价是："中国与股市握手！"《朝日新闻》发表整版评论，认为中国企业行将全面推行股份制，中国经济终将走向市场化。

邓小平赠送的不过是一张面值50元人民币的股票，然而，对于范尔霖来说，这是一件无价之宝。于是，他当即改变行程，直奔上海西康路101号，找到中国第一家证券交易所的创办人黄贵显，亲自办理了股票转让手续。实际上，那时候的中国股市还处在起步的状态，在上海开设的全国第一个股票营业柜台上，飞乐音响和延中实业是仅有的两只交易股票。没有电脑，没有行情显示屏，成交价由客户口头协商，然后写在黑板上。交割、登记卡号、盖章、过户，所有的程序都是手工完成，每天的平均交易量只有数十笔。

黄贵显后来经常提起当时的情形："我搞了一辈子金融工作。改革开放后，怎样才能搞活金融，全国都在探索。股票、证券，几十年一直被视为资本主义的东西，中国能不能搞，开始我们心中也没底，但一直想试一试。幸好上海市委领导同志很支持我们的想法，江泽民同志当时在上海工作，拍板支持我们试一试，这样，才办起了证券公司。飞乐股票发行后效果很好，但议论很多，我们也经常提心吊胆。小平同志将我们的股票赠送给范尔霖，是对我们工作的肯定，大家都吃了一颗定心丸，非常激动。范尔霖也很重视，亲自跑到上海来，找我给他办理了这张股票的正式转让手续。中国金融体制的改革，可以说是邓小平倡导与设计的，他一直鼓励人民要大胆地试，大胆地闯，有了他的支持，改革才能不断地深入发展起来，经济体制改革才能最终确立建立社会主义市场经济目标。"

当时，中国已有股份制企业6000多家，职工、个人与国家共同拥有企业的产权，利益与风险紧密相连，企业的发展壮大成为全体股东的目标。这使企业的经济效益大大增强，股份制被初步证明是颇具生机和活力的经济形式，但这距离真正的资本市场还有很长的路要走。

如今，这张编号为05743的上海飞乐股票静静地躺在纽约证券交易所的陈列室，成为丈量中国改革步伐的珍贵收藏品。

第 九 章

上 下 求 索

（1990—1996 年）

1989 年春夏之交北京发生了政治风波。党和政府依靠人民，谁恨鲜明地反对动乱，平息了这场危及党和国家命运的政治风波。

1989 年 6 月，中共十三届四中全会在北京举行。全会选举江泽民为中共中央总书记，并对中央领导层进行了人事调整，党的第三代中央领导集体开始登上中国的政治舞台。1989 年的秋天，在中共十三届五中全会上，邓小平辞去了最后一个领导职务——中央军委主席，全会选举江泽民担任中央军委主席。经过四中全会和五中全会，以邓小平为核心的党的第二代中央领导集体和以江泽民为核心的党的第三代中央领导集体，有步骤地实现了顺利交接。

1989 年到 1991 年，中国的改革开放在治理整顿中稳步向前推进。1990 年 4 月 18 日，中央宣布同意上海市加快浦东地区的开发。1990 年 9 月，在西方世界的"制裁"声中，中国成功地举办了第十一届亚洲运动会。在这次体育盛会上，中国体育健儿夺取了 183 枚金牌。1990 年 12 月 19 日，上海证券交易所在浦江饭店举行了开业典礼，这是改革开放以来大陆第一家证券交易所。

在此期间，国际形势却发生了急剧变化。东欧剧变，苏联解体，国际社会主义事业出现低潮。中国的改革开放也走到了一个新的起点。1992 年初，邓小平视察南方并发表重要谈话，澄清了长期困扰人们的一些重大认识问题。中央决定抓住机遇，加快改革开放的步伐。

正是在 1992 年，中国的改革开放酝酿着重大突破。6 月 9 日，江泽民在中央党校的讲话中提出了"建立社会主义市场经济体制"的概念，并很快在全党形成了共识。10 月 12 日，中共十四大在北京召开。这次大会郑重地把邓小平"建设有中国特色社会主义理论"写进党章，确立为全党的根本指导方针。市场取向的改革也在这次大会上跨越了最后一道藩篱，中国经济体制改革的目标正式确立。

中国的经济改革奔向了社会主义市场经济的快车道。1993 年 11 月，中共十四届三中全会通过了《中共中央关于建立社会主义市场经济体制若干问题的决定》，构筑起了社会主义市场经济体制的基本框架，成为中国建立社会主义市场经济体制的总体规划和行动纲领。1994 年，中共中央、国务院推出了一系列改革措施，经济体制改革在各方面深入推进。这一年出台的改革举措之多、力度之大，为改革开放以来所少见，人们称这一年是"推进建立社会主义市场经济体制改革的关键一年"。

面对市场经济这个崭新的话题，人们还有些陌生。一些地区频频报警的经济过热信号，引起中央决策层的高度注意。为此，中共中央果断做出了加强宏观调控的决策。经过三年努力，我国有效地控制了通货膨胀，经济增长仍然保持了较快速度，成功实现了经济"软着陆"。这一举措的成功，表明以江泽民为核心的党的第三代中央领导集体在解决改革中出现的问题时有了新的方法，体现了驾驭宏观经济能力的提高和成熟。有媒体评论称，这在中国经济史上是第一次，在世界经济史上也是罕见的。

随着改革开放和社会主义市场经济的发展，中国共产党的执政经验不断丰富，综合驾驭全局的能力显著提高。正确处理改革、发展、稳定的关系，成为推动社会进步的重要方针。

9.1

浦东开发：改革开放的"攻坚之役"

    1990 年，经历了一番风雨洗礼后的中国，继续在改革开放的道路上前行。这一年的元旦，《人民日报》发表题为《满怀信心迎接九十年代》的社论说："不走社会主义道路中国就没有前途，不搞改革开放中国就没有希望。"社论还告诫人们："只要保持稳定，即使是平平稳稳地发展几十年，中国也会发生根本性的变化。"

    这一年的春节与前两年一样，邓小平是在上海过的。与以往不同的是，这一年，他给上海带来了一份大礼，也给中国和世界带来了惊喜。大年初一，上海少有地迎来一场瑞雪。雪后初霁，邓小平在听取上海市委负责同志关于浦东开发准备工作的汇报后，坚定地说："这是个好事，早该如此。"

    回到北京后，邓小平对时任中共中央总书记江泽民提出了开发浦东的建议。此后，邓小平又说："上海是我们的王牌，把上海搞起来是一条捷径。"

    在邓小平眼里，上海是"改革的王牌"，而浦东则是王牌中的王牌。邓小平之所以如此看重浦东开发，这是因为它的历史意义已经超越了经济层面。1990 年，中国国民经济出现了改革开放以来第一次增速放缓，而对改革开放的争论更使人们感到前所未有的困惑。在改革的关键时刻，历史选择了浦东，它向世界表明中国坚持改革开放不动摇的坚定决心。

当时的浦东冷清、落后，与繁荣、时尚的浦西形成了鲜明的对照。当时的陆家嘴是一片由 3500 多户组成的棚户区和简陋住房，饱含着岁月的沧桑。上海人常常说："宁要浦西一张床，不要浦东一间房。"

但对浦东的地位和潜力，上海市早在 20 世纪 80 年代就认识到了。在江泽民担任上海市市长的时候，上海就成立了浦东开发研究小组，并对开发浦东进行了深入调研。1986 年前后，上海市把浦东开发的设想上报中央。

1990 年 2 月，国家计委负责同志赶赴上海，考察浦东。几天以后，中共上海市委和市政府《关于开发浦东、开放浦东的请示》呈送到中共中央、国务院。

从 3 月底到 4 月初，国务院领导同志又带队来到上海，就浦东开发问题做了 10 天调研。那 10 天，上海展览中心会议室灯火通明，26 个研究小组通宵达旦地赶材料、写专题，最终汇总的方案上报 4 月 10 日的国务院会议。

4 月 12 日，江泽民主持召开中共中央政治局会议，原则通过国务院提交的浦东开发方案。4 月 18 日，时任国务院总理李鹏代表中共中央、国务院在上海宣布："中共中央、国务院同意上海市加快浦东地区的开发，在浦东实行经济技术开发区和某些经济特区的政策。"中央强调，这是我们为深化改革、扩大开放做出的又一重大部署，对于上海和全国都是一件具有重要战略意义的事情。希望上海的同志们把开发浦东的事情办好，使上海焕发出新的活力，为国家社会主义现代化建设做出更大的贡献。

12 天之后，上海市政府召开新闻发布会，时任上海市市长朱镕基宣布开发浦东的 10 条政策，还宣布了开发浦东的总体实施规划："八五"期间为开发起步阶段；"九五"期间为重点开发阶段；2000 年以后的二三十年或更长一些时间为全面建设阶段。至此，浦东开发从上海市的想法上升为国家战略，浦东开发的伟大历程由此起航。

决策顺应民心，必然出现乘数效应。上海和浦东的百姓用他们最质朴的方式，表达着对浦东开发的坚定支持。1990 年 5 月 3 日，上海市政府浦东开发办公室挂牌。一位浦东乡民在看完整个仪式后找到有关负责同志，一定要将家中几亩地和一栋房子捐给浦东开发。

敏感的境外舆论也很快察觉到中国这一战略决策背后的深远意义。1990 年 5 月，《纽约时报》以浦东开发办的成立为由头，对浦东开发做了半个版篇幅的报道，标题是《向世界展示中国仍在大搞经济》。

◎ 上海浦东

2015 年 9 月 8 日，从空中俯瞰上海浦东陆家嘴全景，蔚为壮观。（新华社照片）

1990 年 12 月 21 日出版的新加坡《联合早报》对浦东开发开放做出这样的解读：选择上海及中国东部沿海经济发达地区作为 90 年代中国对外开放的新基地，应当说是中国对外开放走向成熟及向纵深发展的体现。

如果说 80 年代的深圳改革开放是整个中国改革开放战略中的"破冰之旅"，那么 90 年代的浦东开发就是改革开放的"攻坚之役"。上海浦东开发不但引起了国内的关注，更加吸引了世界的目光，内资、外资、合资金融机构纷纷落户浦东。

上海斯米克集团董事长李慈雄在台湾长大，后到美国发展。1990 年，当一些西方大国制裁中国的时候，他怀着拳拳爱国之心，顶着种种压力，卖掉美国的别墅，携家带口回到浦东投资。他带来的 100 多万美元，是浦东开发当年吸收的第一笔外资。李慈雄后来回忆说："来的时候，我们在这里盖楼，很多朋友说，你的脑子一定是搞坏了。很多人问我说，你为什么要去做这个事情？我说，我相信国家下定的这个决心。浦东是上海的龙头，上海是整个长江三角洲的龙头，国家这一轮的改革开放，不支持浦东是不现实的。我相信这个判断。"

浦东开发的帷幕拉开了，上海再一次成为国内外瞩目的焦点，也再一次成为中国经济发展的领头羊。此后浦东的变化，让世人从这扇窗口中看到了中国日新月异的新景观。

1999 年，被称为国际电脑奇才的迈克尔·戴尔刚踏上浦东的土地，就感慨地说："我曾使世界震惊，但如今浦东让我震惊。"

曾三次访华的法国前总统希拉克说："我愿意替浦东代言。在黄浦江的东岸，太阳升起的地方，上海正迎接 21 世纪的美好未来。"

1990 年，就在浦东开发如火如荼进行的同时，第十一届亚运会的筹备工作也进入关键阶段。9 月 22 日，第十一届亚运会在北京开幕。这是新中国举办的第一次综合性的国际体育赛事，也是亚运会诞生以来的 40 年间第一次由中国承办。中国运动员夺取了 183 枚金牌，高居各参赛代表团之首。当亚洲乃至世界的目光投向古老又充满活力的北京时，中国展示给这个世界的，是一个开放、热情、进取的崭新形象，也让更多的国家认识到中国向世界开放的政策没有改变。

9.2

希望工程：苏明娟渴望读书的大眼睛

"如果没有希望工程，我可能连高中都上不了。我和数百万贫穷家庭的孩子都因希望工程而改变了命运。"中国希望工程形象代言人苏明娟如是说。

1991年5月的一天，在安徽省金寨县桃岭乡张湾村读小学一年级的苏明娟正在专心听课，她那双渴求知识的大眼睛，闯进了正在学校采访的《中国青年报》记者解海龙的视线。于是，当握着铅笔的苏明娟再次抬头凝视黑板时，解海龙迅速摁下了快门。这幅题为《我要读书》的照片发表后，打动了无数读者的心，成为希望工程的宣传标志。

希望工程是共青团中央、中国青少年发展基金会以救助贫困地区失学少年儿童为目的，于1989年发起的一项公益事业。20世纪80年代末，我国每年仍有100多万小学生因家庭贫困交不起四五十元的书杂费而失学。1986年，共青团中央派人在广西柳州地区进行了两个月的调查，经调查发现，"金秀瑶族自治县共和村全村2000多人，解放后没有出过一名初中生，辍学率达90%以上"。1989年春，刚刚成立不久的中国青少年发展基金会的同志们正在畅想基金会的发展方向，大瑶山孩子渴望读书的眼睛在时任基金会秘书长徐永光的脑海中闪现，希望工程的灵感也就跃然而出。

希望工程一诞生就得到了意想不到的关注，汇款单如雪花般从海内外飞来。上至国家领导人，下至普通市民，从花甲之年的老人，到幼儿园的孩子，都是希望工程的捐赠者。

　　苏明娟也通过希望工程得到了许多好心人的资助，李万是苏明娟的第一位资助人。1994年，还是湖南长沙某军校学员的李万将一份《解放军报》和一封信寄给了苏明娟的校长，报纸上登载的正是《我要读书》这张照片。他在信里对校长说，如果你们学校还能找到这个小姑娘的话，我愿意资助她到小学毕业。校长不知道这个小姑娘是谁，但根据报道中的线索，他将所有四年级的女孩叫到了办公室，然后指着照片问道："这个人是你们当中的谁啊？认一下！"这是苏明娟第一次看到这张照片，当时唯一的感受是这个小姑娘是谁啊？再仔细看，还是认不出来，只是隐约觉得那件红色格子衣服很熟悉，然后举手说："老师，那件衣服好像是我的。""那你下午回家把那件衣服拿来吧，证明是你。"回到家，妈妈把那件衣服找了出来，照片里那个小女孩的身份也由此确认了。后来，李万每个学期都会寄一笔钱给她。苏明娟的家人也知道这钱是李万从为数不多的军队补贴里一点一点省出来的。

　　因为山多地少，地处大别山深处的金寨县历来贫困。而苏明娟家每年的收成也仅仅够全家吃三个月，更多时候，她的父亲苏良友只能依靠每天起早贪黑上山砍柴、抓鳝鱼换来的钱买点口粮维持生计，因此苏明娟每个学期100多元的学费，就成为这个家最大的负担，而李万的资助，让这个贫苦的家庭重新看到了希望。对于苏明娟来说，最大的精神支柱不是钱，而是李万叔叔写给她的一封封信，那些饱蘸着希望与鼓励的文字，直到现在都珍藏在她的小箱子里。

　　后来，来自大连的一对退休老夫妇也加入到资助苏明娟的行列，他们拿出了仅有的退休金，还在信中安慰道："别为我们的生活而担心。"善良忠厚的父亲对苏明娟说："这钱我们不能要，因为我们已经有别人的帮助了。你爸你妈还能干活，还能养活你和弟弟。"苏明娟将钱还给老人，老人不要，后来在征得他们的同意后，苏明娟将这笔钱全部捐给了希望工程。苏明娟至今还记得当年父亲对她说的话："姑娘，你要懂得知恩图报。"

　　苏明娟也许是中国最特殊的名人，几乎每个人都见过她的照片，但却鲜有人知道她的名字。为了配合希望工程的宣传工作，已经上初中的她开始频繁参加各种活动。有一天，老村长来到她家对她母亲钟业臻说道："你姑娘要去北京开会了，赶紧给她准备准备，过两天就走。"什么会苏明娟不知道，去了才知道是中国共青团第十四次全国代表大会。那时的她14岁，所有代表里，属她年龄最小。会后，她被选举为团中央候补委员。苏明娟心里明白，这是国家给她的一个荣誉。

　　苏明娟说："我觉得，希望工程对我们这些孩子来说，不仅仅是在物质上给予我

◎ 希望工程

  1991年4月,安徽省金寨县桃岭乡三合中心学校的小学生苏明娟在认真听课。这位大眼睛姑娘
渴望求知的迫切神态,成为"希望工程"形象标志。(新华社记者解海龙摄)

们帮助，更重要的是，在精神上给予我们非常大的支持。我们不仅收获了知识，并且在学校里学会了怎样做人。并且我们这些孩子，在顺利地完成学业之后，还能够用自己的力量回到家乡，去回报社会，回报家乡，去为社会做一些有意义的事情。"

2003 年，苏明娟考入安徽大学金融管理系，入学两个月后她写信给中国青少年发展基金会，请求终止希望工程对自己的资助，因为她已经是一名大学生了，资助应该给更需要的孩子们。作为校学生会组织部部长，她组织同学走进贫困山区义务支教。在支教过程中，她知道班级里有一个小女孩和母亲被父亲抛弃了，因为没有钱也没有户口，母女俩只能在别人家的屋檐下搭个草棚过日子，母亲每天下河去抓鳝鱼用来养家。当苏明娟和她的同学去看她们的时候，竟发现这个家连口锅都没有。那天，学生们自己掏钱买了锅，买了菜，为她们做了一顿饭，临走时，还凑了 1000 多块钱交给她们，这笔钱足以砌个水池用来养抓到的鳝鱼了。在回去的路上，苏明娟觉得自己是那么幸运，因为一张照片，从小学、中学到大学，她得到了那么多人的帮助。而在这个世界上，依然有人还在为了生存而挣扎，梦想对他们来说，还是一件奢侈品。如果每个人都有勇气做点什么，那么那些濒临绝望的人就有可能改变自己的一生，而她就是最好的例子。

现在，苏明娟在中国工商银行安徽省分行工作。尽管工作繁忙，她仍然坚持将自己的空闲时间拿出来，参与公益活动。她说："凡是希望工程的大型活动，我都义不容辞，这是我的荣誉，更是一份责任！"

希望工程现已是我国社会参与最广泛、最富影响力的民间公益事业。截至 2013 年，全国希望工程累计募集捐款 97.57 亿元人民币，资助农村家庭经济困难学生（包括小学、中学、大学生）逾 490 万名，建设希望小学 18335 所，建设希望工程图书室 20604 个，配备快乐体育园地 5959 套、快乐音乐教室 924 个、快乐美术教室 320 个、电脑教室 926 个、快乐电影放映设备 565 套，建设希望厨房 2850 个，培训农村小学教师近 8 万名，建设希望社区 5 个，建设希望医院 22 所，建设希望卫生室 507 个。可以说，希望工程的实施，改变了一大批失学儿童的命运，改善了贫困地区的办学条件，唤起了全社会的重教意识，不仅促进了基础教育的发展，而且弘扬了扶贫济困、助人为乐的优良传统，推动了社会主义精神文明建设。正如徐永光所说："希望工程的成功实践，表明中华民族具有强大的凝聚力和向心力，表明党中央提出的科教兴国的战略有着深厚的社会基础和群众基础。从希望工程的事业当中，我们看到了民族的希望、未来的希望。"

9.3

梨树县"海选"："像大海捞针那么去捞，捞上谁算谁"

"海选"一词诞生于我国吉林省梨树县农村，最初是在农村村委会选举过程中使用，指选举时没有候选人名单，不划框定调，由村民直接投票选举村委会成员。

"海选"带有浓重的乡土气息，在东北话中，"海"就是多，"选"即挑选，"海选"也就是从众人中挑选的意思。作为中国群众自己探索出来，又获社会广泛认可的民主方式，"海选"已在华夏广袤土地上落地生根，普及推广，有力地推动了我国基层民主政治的进步。

1986年12月，一场前所未有的选举在梨树乡北老壕村进行。当时的村主任是乡里指定的，已经连任多年，经济上有问题，村民意见很大，"大家希望能选出自己满意的村主任"，别再由上级指定。经过民意测验，80%以上的村民要求自己选举村干部。

村民的这一意见反映到县里，时任梨树县副县长费允成对此非常支持。梨树县委和乡党委根据村民的意愿，确定了两条选举原则："不定调子、不划框框、不提名候选人"和"选正人、选能人、不要求完人"，充分相信群众，由他们选出自己信得过的人。

选举这一天，气氛相当热烈，全村 2000 多名村民踊跃投票，选举大会一直开到后半夜。经过村民投票，三轮选出全部村委会成员，此前由乡政府任命的村主任落选，孙国清与其他 8 名原村干部当选为北老壕村新一届村委会成员。这一年，孙国清 37 岁，之前担任村会计。

"我当时也没有想到会被选为村干部，'海选'把我选上来，是对我的信任，我肯定得认真干，用满意的工作成绩回报大家。"回想起当时的情景，孙国清现在仍然记忆犹新。在他看来，民主选举对干部任用具有有效的约束和激励作用。

梨树县的"海选"创举，获得了国家相关部门的肯定，我国 1987 年颁布的《中华人民共和国村民委员会组织法（试行）》就吸收了梨树县的这一做法，第九条明确规定："村民委员会主任、副主任和委员，由村民直接选举产生。"

1991 年，梨树县双河乡平安村迎来了第二次村委会换届选举。这次换届选举，是真正意义上的"海选"，也被称为全国农村村委会选举走上正轨的开始。

平安村采取的是"拉大网"式的选举办法，第一轮是投票推荐候选人，全村 1031 名选民，每人发一张盖有公章的空白选票，自由填写。这轮共推出 76 名候选人，以票数多少确定 19 名作为候选人，由全体村民进行第二轮投票，确定最终正式候选人 12 名。之后进行第三轮投票，选举产生新一届村委会。选举结果是：陈永喜以 760 票当选为村委会主任。当时的陈永喜 34 岁，是农业大专生，之前任村委会副主任，虽然选票排第二，但乡党委决定让陈永喜当村主任，成为中国第一个"海选"村官。1992 年 11 月，已是梨树县委副书记的费允成到平安村调研，陈永喜汇报说："我们这块选村委会，不画框框，不定调子，像大海捞针那么去捞，捞上谁算谁。"费允成说："那就叫'海选'吧！"于是，平安村选举村委会的经验，就被定格为"海选"。

在 1991 年末和 1992 年初的村委会第二届换届选举中，梨树县不到 10% 的村采用"海选"方式提名候选人。不过，由于得到村民的大力支持，"海选"很快就得到迅速普及和推广。到 1994 年末至 1995 年初的第三届选举中，"海选"的办法已经在全县普遍实行。

随着"海选"在梨树县的推广，其选举程序也在逐步完善。1994 年的"海选"中，竞选演讲、选民登记、秘密填票等方法一一出台；到了 1997 年，梨树县第四届村委会换届"海选"，简化了选举过程，取消"海选"候选人的环节，一次性在选票上写明职务，选票半数以上有效，得票多者胜出。

如今的平安村，"海选"已经越来越规范。2007 年底，平安村第七届村委会选举，年仅 24 岁的王宝生当选为村主任。"当时和我竞选的是村支部书记陈善，竞争相当激烈。"王宝生说，当时村里的路不太好，他和陈善都去拉砂石来修路，陈善拉了九车，而他拉了二十多车。群众把这一切看在眼里，记在心里。最后选举结果出来，陈善落选，王宝生高票当选。

1998 年，《中华人民共和国村民委员会组织法》正式颁布施行，并明确规定："村民委员会主任、副主任和委员，由村民直接选举产生。任何组织或者个人不得指定、委派或者撤换村民委员会成员。"

如今，全国 31 个省（区、市）均制定了有关村委会选举的地方性法规。全国 95%以上的农村村委会依法实行了直接选举，绝大多数的农村进行了 7 次以上的村委会换届选举。在选举中，竞职演讲、治村演说等形式普遍实行，基层民主政治建设的内容不断丰富。

"海选"为一大批"能人"创造了脱颖而出的环境和机会，他们成为带动当地经济社会发展的领头人，有力地促进了农村经济和各项事业的发展。如今平安村的道路早已在王宝生的带领下修好，有线电视已经基本入户，宽带网络也正在安装，村里的各项事业都在向前发展。

"海选"还将村民参与政治的热情极大地调动起来，现在每次换届选举中，梨树县的直选率都在 90%以上。最典型的当属妇女参与选举的意识明显增强。据梨树县民政部门统计，在没有完全实行"海选"前，全县村民委员会成员中没有一位女性当选村委会主任和副主任，而从第三届"海选"推广开始，就有 2 位女性当选为村委会主任，第四届产生了 4 位妇女正副主任，第五届产生了 6 位女性正副主任。在 2001 年第五届选举中，全县 191752 位女选民，有 188109 位参加了投票选举，参选率达到 98.1%，比上届提高了 8 个百分点；当选村委会委员的有 285 人，全县 336 个村中有 271 个村委会有女委员，占 86.3%，有 14 个村委会拥有 2 位以上女委员，比上届增加了 11 个村。

"海选"的原则、方法、程序，如今已日臻完善，被国际人士称为世界民主选举的六大模式之一。1995 年初，在吉林省第三次换届选举期间，美国、英国、加拿大、日本、印度等十几个国家的学者、官员和新闻记者相继来此考察。他们对看到的民主选举热烈场面给予很高评价。1997 年 3 月 26 日，美国《基督教科学箴言报》发表了一篇名为《中国的村级选举暗示了民主》的文章。文章说："在鲜为人知的选举试点村中，中国的民主在某些方面已经超过了美国……在这些村子里，参加竞选的候选人进行着美国的候选人梦寐以求的选举方式：免费竞选。在几千年的历史中，中国第一次将乡村作为它进行初级阶段的差额选举的试点和学校。这种处于雏形期而且非常淳朴的选举与美国那种需要金钱资助、错综复杂的政治斗争相比，有着天壤之别。"2010年3月，以美国卡特中心中国项目主任罗伯特·帕斯特先生为团长，由选举专家和新闻记者组成的考察团，实地考察了吉林省第四次村委会换届选举。罗伯特·帕斯特回国后，在《时代》周刊撰文写道："中国的乡村选举将会为中国9亿农村人口提供更多的选择，并为新政治框架打下稳固的基础。"中国农民用自己的方式，诠释了源自于西方的民主理念。

　　近年来，发端于村委会"海选"的直接选举，正在向乡镇甚至市县一级选举推进，一些地方的基层直选试点也取得了可喜的成果。知名政治学者、中央编译局副局长俞可平表示："基层民主直接关系到广大人民群众的切身政治权利，是全部民主政治的基础，意义尤其重大。优先发展基层民主，从基层民主逐渐向上推进，也有利于社会政治的稳定，有利于积累民主政治经验。"

9.4

1992 年：88 岁老人的南方谈话

"1992 年，又是一个春天，有一位老人在中国的南海边写下诗篇。"曾经有一首《春天的故事》的歌曲唱遍大江南北，用诗化的词曲歌颂了邓小平南方谈话在时代进程中的重要意义。

1979 年，中国经济体制改革启动。伴随改革的推进，旧的计划经济体制逐渐解体，新的市场经济体制因素迅速成长。到了 20 世纪 80 年代末期、90 年代初期，中国的经济体制改革与对外开放实践出现困境，改革开放在理论上遭遇诸多难题的困扰。首先，经济发展接近于停滞，"三步走"的战略目标有落空的危险，在指导思想上则面临着重提"以阶级斗争为纲"，冲击和动摇党在社会主义初级阶段基本路线的危险。其次，经济体制改革陷入停滞甚至局部倒退的困境，在理论上面临被从根本上否定的危险。第三，对外开放举步维艰，在理论上遭遇重重责难。与此同时，刚刚经历了1989 年政治风波的中国，许多事情尚未理顺头绪，接连又遭遇苏联解体、东欧巨变。严峻的事实发人深思：中国的改革开放还能否进行下去？中国路向何方？

面对这些问题，人们对改革开放产生了两种截然不同的看法。一是用传统社会主义观点衡量改革，否定改革的"左"的看法，二是用新的社会主义观点看待改革，肯定改革开放的观点。在这关键时刻，邓小平作为中

◎ 邓小平南方谈话

　　1992 年岁首，邓小平同志在深圳中国民俗文化村参观。（新华社照片）

　　1992 年 1 月 18 日至 2 月 21 日，在党和国家的发展又处于一个关键的时刻，邓小平先后到武昌、深圳、珠海、上海等地视察，并就一系列重大问题发表谈话。

国改革开放的总设计师，勇敢地站出来，力排众议，拨正船头，引导建设有中国特色社会主义的航船驶向光明的彼岸。

　　1992 年 1 月 18 日至 2 月 21 日，退休后的邓小平像往年那样去了南方。这次历经 35 天的行程，可不是一次闲情逸致的旅行，而是一次绽放智慧之花、尽展性格魅力的旅行。邓小平先后视察了武昌、深圳、珠海、上海等地，发表了著名的南方谈话。这些谈话，深刻总结了中共十一届三中全会以来党领导人民探索中国特色社会主义道路的经验，明确回答了长期困扰和束缚人们思想的许多重大认识问题，成为在国际国内政治风波严峻考验的重大历史关头，把改革开放和现代化建设推进到新阶段的又一个解放思想、实事求是的宣言书。

1月18日10点31分，邓小平的专列到达武昌火车站。由于邓小平此次南行的目的地是深圳，故沿途没向地方政府打招呼。当得知邓小平的专列途经武汉要停靠加水时，时任中共湖北省委书记关广富和省长郭树言、省委副书记兼武汉市委书记钱运录等人赶到车站迎候。邓小平在武昌火车站停留了29分钟。他一边踱步一边听关广富汇报，不时插上几句话，有时还停下脚步。在短短500米的站台上，关广富等人随着邓小平来回走了四趟，一共停下来六次。邓小平的专列继续南下之后，关广富和郭树言、钱运录立刻走进车站贵宾厅，三人凭记忆将邓小平的谈话记录下来，由钱运录做笔录。当夜，湖北省委就将这份谈话记录传至中央办公厅。

如今，这份由钱运录记录的手稿，已作为珍贵的历史资料保存在湖北省档案馆。对照现在收入《邓小平文选》第三卷的《在武昌、深圳、珠海、上海等地的谈话要点》，邓小平在武昌火车站把此次视察的一些主要观点都讲出来了，如：形式主义太多，电视一打开，尽是会议。会议多，文章太长，讲话也太长，而且内容重复，新的语言并不很多；形式主义也是官僚主义；要腾出时间来多办实事，多做少说；右可以葬送社会主义，"左"也可以葬送社会主义，中国要警惕右，但主要是防止"左"；"低速度就等于停步，甚至等于后退"。邓小平提出："要坚持党的十一届三中全会的路线、方针、政策，关键是坚持一个中心两个基本点，不坚持社会主义、不改革开放、不发展经济、不改善人民生活，只能是死路一条，基本路线要管一百年，动摇不得。"

1月20日，同样的话又回响在深圳国贸大厦53层的旋转餐厅："动摇不得。要继续发展下去，要使人民生活继续提高，他才会相信你，才会拥护你。""中国只要不搞社会主义，不搞改革开放、发展经济，不逐步地改善人民生活，走任何一条路，都是死路。"邓小平讲这些话时是斩钉截铁的，感情也是很激动的。1月23日，在从深圳去珠海的快艇上，时任中共广东省委书记谢非拿出地图向邓小平汇报工作。就在这时，邓小平说出了他的那句名言："发展才是硬道理！"还说："对改革开放，一开始就有不同意见"，"不搞争论，是我的一个发明"，"把时间都争掉了，什么也干不成。不争论，大胆地试，大胆地闯"。当天，邓小平到珠海后对时任中共珠海市委书记、珠海市市长梁广大说的一句话，让梁广大至今记忆犹新："我的决策还有一个用处，我的主要用处就是不动摇。"

视察期间，邓小平对计划与市场这个改革开放过程中始终困扰人们思想的难题，做出明确的回答。他说，计划多一点还是市场多一点，不是社会主义与资本主义的本质区别。社会主义的本质，是解放生产力，发展生产力，消灭剥削，消除两极分化，最终达到共同富裕。改革开放迈不开步子，不敢闯，说来说去就是怕资本主义的东西多了，走了资本主义道路，要害是姓"社"姓"资"的问题。邓小平明确提出："判断的标准，应该主要看是否有利于发展社会主义社会的生产力，是否有利于增强社会主义国家的综合国力，是否有利于提高人民的生活水平。"邓小平关于社会主义本质"三个有利于"标准的概括，使全党对社会主义的认识一下子深化了，把改革开放与发展中国特色社会主义的关系讲清楚了。

当年88岁高龄的邓小平，讲话依然很有激情。"大胆地试，大胆地闯"，"不能像小脚女人一样"。"没有一点闯的精神，没有一点冒的精神，没有一股气呀、劲呀，就走不出一条好路。对我们的国家要爱，要让我们的国家发达起来。要发达起来，穷了几千年了，是时候了。不能等了。"这些富有感情色彩的语言，对当时陷入困境的改革开放是一个极大的鼓舞。

以江泽民为核心的党的第三代中央领导集体，对邓小平的南方谈话非常重视。1992年2月28日，春节刚过，中共中央将邓小平1月18日至2月21日在武昌、深圳、珠海、上海等地视察期间的谈话要点作为中央1992年第二号文件下发，要求尽快逐级传达到全体党员干部。3月9日、10日，中央政治局专门开会讨论这篇谈话，还不同寻常地发了会议公报，并且决定以南方谈话为指导思想，着手起草十四大报告。而绝大多数中国百姓，是通过3月26日《深圳特区报》11000字的长篇通讯《东方风来满眼春——邓小平同志在深圳纪实》，知道了邓小平视察南方的消息。这篇谈话，如今已经收进《邓小平文选》第三卷，并成为压轴之作，也是他对后代的政治交代。

邓小平的南方谈话震动了中国，也震动了世界。美国的《时代周刊》、英国的《泰晤士报》等有影响的报刊以及其他一些新闻媒体也大量报道了有关邓小平南方视察的消息。英国出版的专门研究中国问题的权威刊物《中国季刊》在1993年第3期上，以邓小平研究为主题，刊登系列文章，从各个角度进行了专门研究。这些研究论文虽然都是站在宏观的角度，着眼于邓小平整个政治生涯的研究，但却都无一例外地把邓小平到南方视察看作其政治生涯中的重要事件加以强调。

以邓小平南方谈话为标志，中国更加坚定地迈开了改革开放的新步伐，更加坚定地举起了中国特色社会主义的旗帜。据邓小平家人回忆，邓小平后来曾说："没有想到我这次南方谈话有这么大的影响，老百姓都拥护这个讲话。这个制度好，谁不拥护？现在欧洲的一些社会党也在说，中国的道路是正确的。什么是社会主义，从来没有搞清楚过，现在搞清楚了。这是真正的马克思主义。资本主义经历了几百年，社会主义才几十年，就要判定输赢？赢家一定会是社会主义。"

1992年10月12日，中共十四大在万众瞩目中开幕。江泽民代表第十三届中央委员会作报告，他在报告中对建设有中国特色社会主义的理论从九个方面作了新的概括。十四大正式把这个理论和党的"一个中心、两个基本点"的基本路线一起载入党章，从而确认了这一理论对全党各项工作的指导地位。"社会主义市场经济"也在这一天被郑重地写入中国历史。市场经济，这个长期被看作与社会主义不相容的经济制度，终于走进了社会主义的殿堂，开始了与社会主义制度的融合。中共党史专家认为，把社会主义基本制度与市场经济相结合，是中国共产党的一个伟大创举。

以南方谈话和中共十四大为标志，围绕建立和完善社会主义市场经济新体制，中国掀起了新一轮改革开放的大潮，中国现代化建设驶入发展的快车道。在20世纪最后一个10年，进一步解放了思想的中国人，焕发出令人惊叹的创造力，用智慧书写了中华复兴编年史中传奇的一页。

电话从"摇着打"到"走着打"

身处快速发展的时代，道别变得频繁和寻常。30 多年前，父母亲朋、恋人对远行者的叮咛是"一定要写信来"；20 世纪 90 年代后，离别的嘱托变成"常打电话"。如今，书信、电话、短信、微信总有一款适合人们抒发别情，报声平安。这就是我们每个人都能感受到的通信变迁。而从"摇把子"电话、电报、寻呼机到"大哥大"的全身而退，又何尝不是另一种惜别？

通信业是基础性、先导性产业，有国民经济和社会的神经系统之称，其敏锐的触觉和传导功能，使其成为聚焦变革的最佳视角。30 多年来，通信的发展对整个社会宏观面目的改变深刻久远，对百姓生活的浸润和记录鲜活温暖。

1978 年，中国电话普及率仅为 0.38%，不及世界水平的 1/10。每 200 人拥有电话不到 1 部，比美国整整落后 75 年。20 世纪 80 年代初，外国投资者到马鞍山钢铁公司谈投资项目，只愿意住在南京，因为当时该公司只有 7 条电话线路可用。该市一位副市长感慨地说："当年，我们出门从来不敢掏名片，因为人家的电话都是七八位数了，我们的只有五位！为此我们失掉了多少投资啊！"

一叶知秋。何止马鞍山，全国各城市皆是如此，广大的农村百姓更不

◎ 手机改变生活

1994 年 1 月在广州街头用"大哥大"打电话的商人。当年，广州市个体经济蓬勃发展，在繁华的商业街市上，常见骑摩托的个体户手持"大哥大"做生意。（新华社资料照片）

知电话为何物。那时，北京至乌鲁木齐的长途电话，接通率不足 3%，全国长途电话有 50% 接不通。在北京，到电报大楼打电话的人甚至带上午饭排队。国际通信更加落后，有些外国投资者甚至坐飞机到香港去进行国际联络，他们称中国是没有电话的国家。

进入 80 年代中期，我国通信业随着国民经济水平的不断提高也进入快速发展阶段。1985 年以后，我国通信产业的增长速度超过国民生产总值的增长速度。1990 年前后的三四年间，老百姓积蓄已久的通信需求火山式爆发。这是因为，随着生产力的被释放，人们对信息的渴求、对沟通的渴望更为强烈，最为典型的就是农村。当时农民根据当地特点总结出各自的生意经，诸如想致富先种树、想致富先养猪，等等。后来发现，即使"种"了"养"了，运不出去也富不了，于是"要想富先修路"成为新民谣。再后来老百姓又发现，光有路还不行，因为他们要把产品介绍给需要的人，于是与外界进行信息沟通的愿望强烈，"要想富先通电话再修路"的口号叫响。1992 年，中国的电话用户就达到了 1000 万。

这期间，一方面，固话用户数量激增，另一方面，手持"大哥大"的时尚男女成为城市街头一道引人注目的风景。

1987 年，美国摩托罗拉公司在北京设立办事处，开始向中国人推销模拟移动电话（俗称"大哥大"）。在那个时代，摩托罗拉"大哥大"的售价高达 2.1 万元人民币。据时任摩托罗拉公司首席执行官罗伯特·高尔文回忆："当时手机在美国已经普及，但在中国还是空白。对于有无销路，我并没有很大把握。但看到中国人口庞大，我想即使只是精英阶层中一部分人使用，也是一个不小的市场，所以就决定把它引入中国。我们先是在广东建立了中国第一个移动通讯网，后来在北京和上海也建立了。结果大大超出我们的预料，到 90 年代，移动电话在中国爆炸性发展，其他公司的产品此后也进来了，但摩托罗拉是第一家。""中国人工作非常努力，也能很快接受新技术。比如传呼机，很快就普及了。后来卖手机，虽然一开始比较贵，但也有很多人买，这是我们之前没有想到的。中国人有很好的商业头脑，改革开放释放了他们的创造力。"

中国第一个拥有手机的用户叫徐峰。他回忆道："1987年11月21日是我终生难忘的日子。这一天，我成为中国第一个手机用户。虽然购买模拟手机花费了2万元，入网费6000元，但是手机解决了我进行贸易洽谈的急需，帮助我成为市场经济第一批受益者。"

刚开始，"大哥大"由于售价太高而鲜有人问津，但到了1992年，"大哥大"市场却发生了根本性变化，开始变得一机难求。当时买"大哥大"，不像现在购买手机那样，可以挑选自己喜欢的款式，付了钱就能拿到机器、当场就能开通，而是先要登记并付5000元押金，然后等候半年，或者七八个月的时

◎ 手机改变生活
　　1994年，腰挂BP机、手持"大哥大"的藏族女商人拉珍正和四川的客户洽谈生意。（新华社记者土登摄）

间，得到通知再去拿机器，而且款式没得选择，给什么就是什么。即使拿到机器，当场也不一定能开通，没准机器内部还要做一些调整。由于基站布置少，"大哥大"的通话质量也不高，但购买者依然络绎不绝。到了90年代末，随着技术的不断成熟，手机逐渐被普通百姓所拥有，不仅极大地方便了人们的生活，而且也改变了人们的生活方式，扩大了人们的交际范围。据统计，截至2014年5月底，中国移动通讯用户已达12.56亿。手机已经覆盖了中国绝大部分人群，成为人们生活中不可或缺的产品。

改革开放30多年后的今天，手机已经与网络通信等紧密地结合起来，二者的充分利用开创了一个全新的通信时代，人们的联系也变得更加丰富多彩。通讯的变迁，令我们感受到国家巨大的变化和发展，中国已经进入到一个前所未有的飞腾年代。

9.6

粮票退出了中国的历史舞台

1993 年 3 月的北京暖意融融，八届全国人大一次会议在和煦的春风中召开。这次会议选举产生了新一届国家领导人，江泽民当选为国家主席、中央军委主席。与会代表也有了不同的感受，这次会上，来自全国各地的人大代表们发现，换餐券时不用再交粮票了。

粮票，曾是中国人不可或缺的日常生活品。世界上，或许再没有哪一个国家的人们比中国人有着更多的"票证情结"。这方寸纸片的沧桑命运，不仅记载着人们对于短缺经济的难忘回忆，更记载着中国人从"计划"最终走向"市场"的艰难轨迹。

1993 年 2 月 18 日，《国务院关于加快粮食流通体制改革的通知》正式提出，积极稳妥地放开粮食价格和经营。《人民日报》2 月 10 日报道，上海市副市长最近宣布，上海全面放开消费品市场，取消市场供应的票证，在放开粮、油价格的同时，取消粮票、油票，实行了 40 年的城镇居民粮食供应制度（即统销制度）被取消。5 月 10 日，是北京市政府放开粮油购销价格的第一天，粮票在北京也正式"退役"了。1994 年，全国各地基本取消了粮票。这标志着一度与大多中国人形影不离、有"第二货币"之称的粮票，退出了中国历史的舞台。一个食品紧缺的票证时代终结了，一场巨大的社会变革正在来临。

稳定的粮食生产能力和供求平衡，是我国取消粮票制度的直接动因。从 1985 年到 1995 年可以说是中国农业的黄金增长 10 年。农村土地承包之后，农民的生产积极性提高；农产品价格放开之后，农民收入增加。这一放一提，促进了农业的高速发展。1990 年我国粮食产量达到 4.46 亿吨，成为改革开放以来的高产年，而且从 1991 年以来粮食产量连续稳定实现 4.35 亿吨以上，1991 和 1992 年分别达到 4.35 亿吨和 4.42 亿吨，1993 年更是达到 4.56 亿吨，连续 5 年超过了 4 亿吨。我国的粮食生产逐步实现了供求平衡，农产品基本告别了短缺时代。

粮票的取消，是因为粮食丰足了；而粮票的使用，则可简单地理解为粮食不够吃。早在新中国成立之初的国民经济恢复时期，粮票就已经出现在中国各地。当时为解决粮食供应紧张与市民生活和城市经济建设的矛盾，国家采取了全国粮食大调运的措施。通过调剂全国粮食，除军粮和其他必要的支拨外，公粮全部由中央贸易部调剂市场，进行合理调配。在执行这一政策及开展其他运动的过程中，国家从中央到地方都组织大量机关工作人员深入基层、农村进行发动和组织群众开展工作，各省市人民政府发行了为供给制人员提供集体伙食用粮和为公出流动人员的饮食方便所使用的各类粮食票证。这些粮食票证大部分限定流通区域和使用期限，而且规定只许使用一次，不得循环使用。这些粮食票证主要有：集体伙食单位粮票、外出人员就餐粮券、支粮证、军用粮票等。

1953 年开始了大规模的经济建设后，中国城镇和工矿区从事各项产业的非农业人口不断增多，粮食供求不平衡的矛盾日益严峻。1953 年 10 月，中央在北京召开全国粮食紧急会议，通过了《关于实行粮食计划收购与计划供应的决议》（即统购统销的决议），并在全国实施。1955 年 8 月 5 日，国务院又通过了关于《市镇粮食定量供应暂行办法》，并于 8 月 25 日由国务院公布实施。同时，国务院又批准《市镇粮食定量供应凭证印制使用暂行办法》。同年 9 月 5 日，粮食部以命令的形式发布了这个暂行办法。这个办法的内容主要是四证三票制度，"四证"即实行市镇居民粮食供应证、工商行业用粮供应证、市镇饲料供应证、市镇居民粮食供应转移证，"三票"即全国通用粮票、地方粮票、地方料票。《暂行办法》还规定：全国通用粮票、地方粮票、地方料票一律禁止买卖；市镇居民粮食供应证、工商行业用粮供应证、市镇饲料供应证一律不许转让。为了保证粮食定量供应

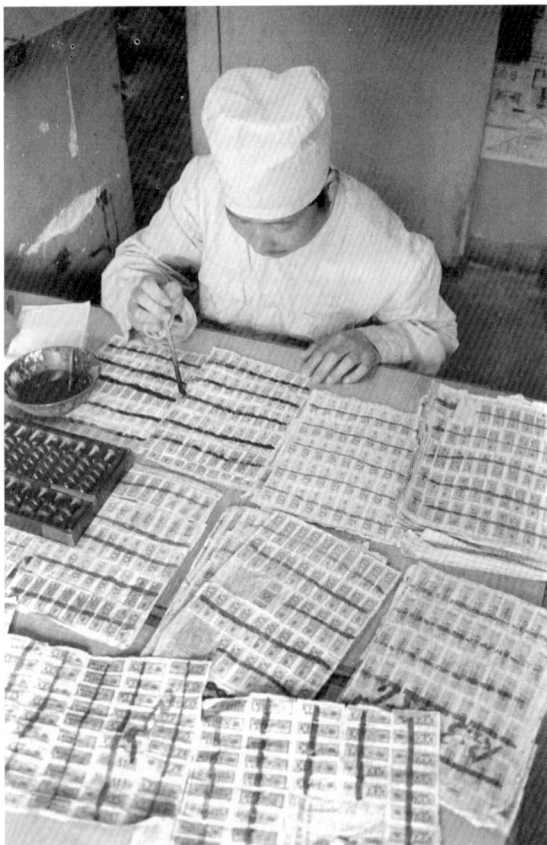

◎ 粮票退出了历史舞台

1993年5月10日是北京开放粮油价格第一天，朝阳区西石门粮店的店员在登记注销最后一批粮票。北京流通了几十年的粮票油票宣布作废。(新华社记者刘卫兵摄)

办法的顺利实施，国务院除了在《暂行办法》中规定了粮油票证制度外，又责成粮食部下达了《关于全国通过粮票暂行管理办法的通知》，各地粮食部门相继印制发行了本地区的地方粮票和地方料票，并相应建立了粮票管理制度。

统销粮票诞生后，中国百姓开始进入了一个实行粮食计划经济的票证时代。而粮票的发行和使用，用的则是定量和定点的办法。

先说定量。以北京为例，按照不同年龄、不同职业，市民每个月的口粮数，被分成了100多个等级。最低的是刚出生的儿童，每月六斤半，最高的是首钢的炉前工，每月60斤。一般成年人的定量在30斤左右，大学教授、高级演员、13级以上的干部，还能得到照顾，每个月有半斤的高级油票。这种定量的办法，是在粮食紧缺状况下不得已而为之。每个人的肚量不一样大，自然有人够吃有人不够吃，也就有人有意见，政府便号召大家节约粮食。

不仅定量，还要定点。当年，北京市有1000多家粮店，分成不同的片区，谁家到哪个粮店买粮，都是固定好不能变的。每家都有个粮本，家里几口人，每个人多少定量，都记在本子上。粮本由粮食局专门设在街道的粮食办事处发，办事处一般都和派出所在一个院子办公。可以说，每个粮本，都是一个家庭的成长史。孩子一出生，定量就是6斤半，随着粮食数字一点点增长，孩子也渐渐长大。

那时，北京的粮食，从全国各地调运而来，郊区产的很少。小麦来自河南、山东，大米来自湖南、湖北，大豆和玉米，则从东北运来。全国各地的粮食抵达北京后，就储存在西直门、马连道等地的粮库里，由粮食加工厂加工后，再运送到分布在全市的1000余家粮店里，销售给市民。每个月有两天，粮店一定会排长队，一个是3号，发工资的日子，一个是24号，因为经常有肚量大的，一个月还没过完，就把粮食吃光了。为了让这些人不饿肚子，粮食部门推出了预售粮政策，每个月的24号开始，就可以买下个月的粮食了。精打细算的家庭主妇们通常会在拿到一个月的工资后，赶紧跑到粮店排队，先把一个月的定量粮买足，剩下的钱再算计着买些油、青菜和副食。

粮票是20世纪中国民生的缩影，见证了中国的一段特殊岁月。在中国农业大学经济管理学院冯开文教授看来，"实行了30多年的粮食统购统销形成了以粮票为代表的中国票据时代，这种做法实际上对当时社会的发展进步起了至关重要的积极作用。国家以统一的低价格收购粮食进行分配，虽然牺牲了农民的部分利益，但是保障了全社会的供给，把有限的资源通过票据控制，限制消费，促使大家勒紧裤腰带，集中资源用于工业化建设和城市发展，确保了我国大幅度发展经济，快速完成了农业国向工业国的转变。"

告别了食品短缺的时代，中国的老百姓平静地开始了没有粮票的生活。当年在粮店工作的李秀玲见证了粮食在这个国家的匮乏与丰裕，她曾感慨地说："粮店基本就是两白一黄，品种单调，自由市场就丰富多了，黑紫米、黄米、江米、绿豆、红小豆……甚至有泰国香米和广东丝苗米，想吃什么吃什么，小贩的米面随磨随售，十分新鲜，态度也更殷勤。"在粮食生产实现稳定供给的基础上，老百姓心里有了底，心里更加踏实，需要买多少粮食都可以在市场上购买到，这意味着充足的粮食供应，也体现了一种生活的进步。

9.7

孔繁森：耿耿忠心照雪山

中共十一届三中全会以后，我国实现了工作重点的转移。经过十多年的开拓进取，改革开放大潮中的中国到处都呈现出一派生机勃勃的景象。然而，越是集中力量发展经济，越是加快改革开放的步伐，就越需要社会主义精神文明提供强大的精神动力和智力支持，越需要与时代精神相呼应的人格力量与思想品德。这是一个需要崇高精神的时代，也是一个为崇高精神的产生开辟了广阔空间的时代。

在这个时代，有这样一位共产党员，他的事迹令人钦佩，他的精神令人感动。钦佩，是因为他确实不同凡响，他是道德标杆；感动，则因为我们受到了震撼和感化。他就是孔繁森。

孔繁森从 1979 年开始，两次赴藏，历时十载，为西藏的建设、发展和稳定做出了突出的贡献，同藏族人民建立了深厚的感情，谱写了一曲感人至深的奉献之歌、奋斗之歌。

1988 年，山东省在选派进藏干部时，认为孔繁森政治上成熟，又有在西藏工作的经验，便准备让他带队。组织上问他有什么困难，他还是那句话："我是党的干部，服从组织安排。"

要走了，孔繁森默默地站在母亲面前，用手轻轻梳理着年近九旬的母亲那稀疏的白发，然后贴在老人的耳朵旁，声音颤抖地说："娘，儿又要出远门了，到很远很远的地方去，要翻好几座山，过好多条河。""不去不行吗？"年迈的母亲抚摸着他的头舍不得地问。"不行啊，娘，咱是党的人。"孔繁森的声音哽咽了。"那就去吧，公家的事误了不行。多带些衣服、干粮，路上可别喝冷水……"想到也许这是同年迈多病的老母亲的最后一面，孔繁森再也抑制不住内心的感情，"扑通"跪在母亲面前："自古忠孝不能两全，娘，您要多保重！"说完，流着眼泪给母亲深深磕了一个头。

第二次进藏后，孔繁森担任拉萨市副市长，分管文教、卫生和民政工作。到任仅4个月的时间，他就跑遍了全市8个县区所有的公办学校和一半以上的村办小学，为发展少数民族的教育事业奔波操劳；为了结束尼木县续迈等3个乡群众易患大骨节病的历史，他几次爬到海拔近5000米的山顶水源处采集水样，帮助群众解决饮水问题；了解到农牧区缺医少药的情况后，他每次下乡时都特地带一个医疗箱，买上数百元的常用药，工作之余就给农牧民群众认真地听诊、把脉、发药、打针，直到小药箱空了为止。

1992年，拉萨市墨竹、工卡等县发生地震。孔繁森立即赶赴灾区。在羊日岗乡的地震废墟上，3个失去父母、无家可归的藏族孤儿曲尼、曲印和贡桑哭喊着扑到他的怀里。孔繁森抚慰着3个孩子：党，就是你们的亲人。一定会让你们有饭吃，有衣穿，有房子住，还要送你们上学。不久，他再次来到羊日岗乡，决定亲自承担起抚养这3个孤儿的责任。一个人孤身在外，又要工作，又要带孩子，辛苦和劳累可想而知。节假日，只要有空，他总要带孩子们去商店、逛公园，给他们买衣物，陪他们玩，就像对待他自己的亲生儿女一样。孔繁森还曾瞒着所有的人，3次献血来维持3个孤儿的生活和学习。解放军西藏军区总医院血库曾保留这样一张献血证明，上面写着：兹有孔繁森同志于1993年曾先后三次来我库自愿献血900毫升，已按医院规定付给献血营养费900元整。

孔繁森是清贫的，同时也是富有的。他拥有人世间最美好的心灵、最丰富的情感、最高尚的精神境界。"太阳和月亮有着同一个母亲，她的名字叫光明；汉族和藏族拥有同一个母亲，她的名字叫中国。"这是孔繁森非常喜爱的一首歌，他曾多次对人这样讲，每当看到藏族的老人，就会想到自己的父母；每当看到藏族的孩子，就仿佛见到自己的儿女。在拉萨当副市长期间，全市56所敬老院和社会福利院，他走访过48所，把党和政府的关怀、温暖送到孤寡老人和孩子们的心田。有一次，孔繁森到拉萨市林周县阿朗乡敬老院看望孤寡老人。走进一个房间，他看到一位藏族老阿爸的脚因烫伤溃烂发炎了，便打开随身携带的药箱，为老人擦洗涂药，然后用纱

◎ 孔繁森：耿耿忠心照雪山

　　1979年，从进藏第一天起，孔繁森就暗下决心：把自己的一切献给这神圣的土地，献给勤劳、勇敢的藏族人民。尔后，他三次进藏，历时十载。在党的召唤面前，在人生的选择中，他的精神境界一次次得到升华。而孔繁森的名字，则深深镌刻在这片神奇的雪域高原，成为新时期党员领导干部的楷模，成为流传在西藏干部群众心中最温暖的故事。

　　图为孔繁森（右）在西藏阿里日土县过巴乡看望孤寡老人益西卓玛。（新华社照片）

布把脚裹好，还把自己穿的灰色风衣脱下来披在老人身上。临走时，他又掏出身上仅有的30多块钱塞到老人手里。老人感动得直掉眼泪，口中不住地念叨："活菩萨，活菩萨！"

1992年底，孔繁森第二次调藏工作期满，西藏自治区党委决定任命他为阿里地委书记，这一任命意味着孔繁森将继续留在西藏工作。面对人生之路又一次重大选择，他毫不犹豫地服从了党的决定、人民的需要。阿里地处西藏西北部，平均海拔4500米，被称为"世界屋脊的屋脊"。1993年春天，年近50岁的孔繁森赴任阿里地委书记后，在不到两年的时间里，全地区106个乡他跑遍了98个，行程达8万多千米，茫茫雪域高原到处都留下了他深深的足迹。

在孔繁森的勤奋工作下，阿里经济有了较快的发展。1994年，全地区国民生产总值超过1.8亿元，比上年增长37.5%；国民收入超过1.1亿元，比上年增长6.7%。他为了制定把阿里地区的经济带上新台阶的规划，准备在最有潜力的边贸、旅游等方面下功夫。为此，他带领有关部门，亲自到新疆塔城进行边贸考察。1994年11月29日，他完成任务返回阿里途中，不幸发生车祸，以身殉职，时年50岁。据时任中共中央组织部部长张全景回忆："当时我们听到（孔繁森逝世）这个消息，都非常难过。我当即就向胡锦涛同志做了汇报。对孔繁森事迹的宣传，可以说是在胡锦涛同志的直接领导下进行的，并且明确地告诉我们说，我们现在全党需要千千万万的孔繁森这样的干部。"

"冰山愈冷情愈热，耿耿忠心照雪山。"正如孔繁森在一首诗中所写，他把自己献给了西藏高原。他对藏族同胞的爱、对祖国人民的爱，就像高原上的蓝天一样，那样纯洁，那样深沉，那样博大。在短暂的人生历程中，他始终在努力实践着自己最喜爱的那句名言："一个人爱的最高境界是爱别人，一个共产党员爱的最高境界是爱人民。"

在孔繁森的葬礼上，悬挂着一副挽联，形象地概括了孔繁森的一生，也道出了藏族人民对他的怀念："一尘不染，两袖清风，视名利安危淡似狮泉河水；两离桑梓，独恋雪域，置民族团结重如冈底斯山。"

人们在料理孔繁森的后事时，看到两件遗物：一是他仅有的8元6角钱；一是他去世前4天写的关于发展阿里经济的12条建议。这就是孔繁森留下的遗产，体现出一名共产党员的高尚情怀。

9.8

互联网：在中国的起步

　　1987 年 9 月 14 日 21 时 07 分，北京市计算机应用技术研究所。一封内容为 "Across the Great Wall We can reach every corner in the world.(越过长城，走向世界)" 的电子邮件正发往德国。

　　这封电子邮件，通信速率最初为 300bps，在网上整整走了 5 天，于 9 月 20 日才到达德国卡尔斯鲁厄大学。当时，德国人拥有互联网才两年时间，整个欧洲拥有互联网也不过 4 年时间。这一通过拨号方式首次实现的与国际间的电子邮件传输，标志着中国互联网从此诞生。

　　中国正式进入互联网时代还要等到 20 世纪 90 年代。1989 年 10 月，国家计委利用世界银行贷款重点学科项目——国内命名为：中关村地区教育与科研示范网络，世界银行命名为：National Computing and Networking Facility of China（简称 NCFC）——正式立项，11 月，该项目正式启动。NCFC 是由世界银行贷款 "重点学科发展项目" 中的一个高技术信息基础设施项目，由国家计委、中国科学院、国家自然科学基金会、国家教委配套投资和支持。项目由中国科学院主持，联合北京大学、清华大学共同实施。当时立项的主要目标就是通过北京大学、清华大学和中科院三个单位的合作，搞好 NCFC 主干网和三个院校网的建设。

　　1990 年 11 月 28 日，钱天白教授代表中国正式在 SRI-NIC（Stanford

Research Institute's Network Information Center）注册登记了中国的顶级域名 CN，并且开通了使用中国顶级域名 CN 的国际电子邮件服务，从此中国的网络有了自己的身份标识。由于当时中国尚未实现与国际互联网的全功能联接，中国 CN 顶级域名服务器暂时建在了德国卡尔斯鲁厄大学。

1993 年 3 月 12 日，时任国务院副总理朱镕基主持会议，提出和部署建设国家公用经济信息通信网（简称"金桥工程"）。

1993 年 6 月，NCFC 专家们在 INET'93 会议上利用各种机会重申了中国连入互联网的要求，且就此问题与国际互联网界人士进行商议。INET'93 会议后，钱华林研究员参加了 CCIRN（Coordinating Committee for Intercontinental Research Networking）会议，其中一项议程专门讨论中国连入互联网的问题，获得大部分到会人员的支持。这次会议对中国能够最终真正连入互联网起到了很大的推动作用。

1994 年 4 月初，中美科技合作联委会在美国华盛顿举行。会前，中方代表向美国国家科学基金会 (NSF) 重申连入互联网的要求，得到认可。这一年的 4 月 20 日，NCFC 工程通过美国 Sprint 公司连入互联网的 64K 国际专线开通，实现了与互联网的全功能连接。从此中国被国际上正式承认为真正拥有全功能互联网的国家。此事被中国新闻界评为 1994 年中国十大科技新闻之一，被国家统计公报列为中国 1994 年重大科技成就之一。

1996 年 1 月，中国公用计算机互联网（ChinaNet）全国骨干网建成并正式开通，全国范围的公用计算机互联网络开始提供服务。舞台终于搭好了，就连遥远的拉萨也有 32 个拨号端口。ChinaNet 在当时的北京能支持 2000 个用户。北京当时没有 2000 个用户，所以尽管当时拨号端口很少，却很少占线。

就像任何一个新生事物一样，此时的互联网对于中国普通百姓而言，还是一个陌生的概念。凌志军在《中国的新革命》一书中曾这样描述："这时候就算那些捷足先登者，也都倾向于认为，那是美国人吃饱了没事干才弄出来的玩意儿。他们不能想像这样庞大的数据网络价值何在，更搞不懂使用键盘来传达信息有什么用。难道靠邮局发送文件和用电话传输声音还不够好吗？"

时任广州市电信局数据分局局长张静君后来回忆说："1995 年的时候，电信人其实没有太在意互联网与其他的电信业务相比有多大的不同。也许它就像电信从电报发展到电话、后来又有了传呼机和移动电话那样的一种新业务？当时电信人的确就是这样想的。但当我真的开始研究互联网的时候我就强烈地意识到，互联网绝对不是简单的一种新的电信业务，它会引起整个世界更大的变化。"

阿里巴巴集团董事局主席马云就是最早觉察到互联网能够引起整个世界更大变化的中国企业家之一。

1995 年，还是大学英语老师的马云以翻译的身份来到美国帮朋友落实一笔投资，未果。他被信仰互联网的前同事比尔领去西雅图一家互联网公司参观。他尝试在网络上搜索中国企业的信息，一无所获，这让他发现了商机。回国后不久，马云就辞职创办了"中国黄页"网站。这是中国第一家互联网商业信息发布网站，形成了最早的面向企业服务的互联网商业模式。

当时，互联网上的中国网站极少，"中国黄页"效果明显。望湖宾馆是当时网上能看到的唯一的中国宾馆，时逢世界妇女代表大会，许多世界妇女代表到杭州后，专程过去看看望湖宾馆。钱江律师事务所上线之后，留的是一个律师的家庭电话，半夜三更老是有人打电话给他。

对于这段创业经历，马云后来回忆说："1995 年 3 月份以前，其实我连电脑碰都没碰过，我不敢碰它，因为怕这东西碰坏了麻烦，很贵的。从美国回来，我自己都不懂互联网是什么东西。叫了 24 个朋友在我们家开了个会，我就说我要离开学校去玩这个东西去了，23 个人是反对的。就一个人说，你如果要试试的话，你就去试一下吧。我第二天想想还是要去的，所以脑袋一拍也就去了。互联网是发展中国家赶上发达国家的末班车。"

也就在这一年，留美博士杨致远创办了雅虎，中国第一个互联网浏览导引——雅虎搜索引擎诞生了。

1995 年，一大批像马云、杨致远这样投身互联网事业的先行者开始放飞创业梦想，成为中国网络经济的领跑者。他们中有第一家中文全文搜索网站"网易"的创办人丁磊、中国第一个互联网接入服务公司"瀛海威"的创办人张树新、中国最大的域名注册和提供网站平台服务的"万网"的创办人张向宁，等等。留美博士张朝阳这一年也回到国内，在 IT 业闯荡。之后，他用两年多时间，推出了"搜狐"。新的财富创造模式正以其无与伦比的力量，成为中国进步的新引擎。

1996 年 5 月，上海诞生第一家网吧——威盖特，短短的几个月内发放了近千张联络会员卡。11 月 19 日，"实华开"网络咖啡屋在北京首都体育馆西门外开张。"泡网吧"很快便成了年轻人时髦的休闲活动。

互联网很快成为推动中国改革开放和现代化进程至关重要的工具和平台，世纪之交的中国与世界一道驶入了信息高速公路。

京九铁路：不走平地爬大山，不走直径绕大弯

修建北京至九龙的交通线是中国人的夙愿：早在元代就有了从元大都直至九龙的南下驿道；近现代以来，孙中山、毛泽东都曾经提出过计划；20 世纪 90 年代，中国人终于梦想成真。

1958 年，中国开始构思修建京九铁路，那时的"京九"指的是北京到九江。1984 年中英关于香港问题的《联合声明》签署后，正式提出了"大京九"的方案，即将北京至九江的铁路延长至香港九龙，并力争在 1997 年香港回归祖国时全线贯通。

1993 年 5 月 2 日，京九铁路全线开工。21 万建设大军劈山越水，累计打通隧道 56 千米，架设桥梁 1100 多座，修建车站 210 多个，至 1995 年 11 月，不到 3 年的时间全线贯通。1996 年 9 月 1 日京九铁路全线开通运营，第二年通过了国家验收。

1996 年 6 月 18 日，中南海怀仁堂举行了一场别开生面的座谈会。中共中央邀请不久前考察京九铁路的党外人士，就京九沿线地区经济和社会发展的宏观协调举行座谈。座谈会上，党外人士盛赞：大京九的建设是社会主义制度能够集中力量办大事的优越性的证明，是中国改革开放的奇迹！

京九铁路北起北京西站，跨越京、津、冀、鲁、豫、皖、鄂、赣、粤

◎ 老区人民京九情

　　京九铁路开通以来，受到沿线各地特别是老区人民的热烈欢迎。这位从几十里外赶到江西赣州火车站的老妈妈抚摸着头一次见到的火车车厢，激动不已。

（新华社记者刘卫兵摄）

9 省市的 98 个市县，南至深圳，连接香港九龙，包括同期建成的天津至霸州和麻城至武汉的两条联络线在内，全长 2553 千米，是我国当时规模最大、投资最多、一次建成里程最长的铁路干线。"一次性建成 2500 多千米的铁路干线，在中国铁路史上可能是空前绝后的。以前没有，以后也很难找到这么一条大干线一次建成。"多次行走京九线的中国科学院地理科学与资源研究所区域发展与国情分析研究室研究员张文尝，如今谈起京九铁路仍然激动不已。

摊开中国地图，细心的人们会发现，京九铁路的设计有些奇怪：在许多地段，它不走平地爬大山，不走直径绕大弯。在这条曲曲弯弯的铁路背后，还有一段耐人追寻的往事。

京九铁路沿线经过冀鲁豫边区、大别山区、井冈山区以及赣南、粤东北地区等老区。这些地区都是全国著名的革命老区，由于长期的交通不便，这些地区的经济发展相对落后，也是国家的重点扶贫地区。修建京九铁路，一个重要目的就是为了打破这些革命老区和贫困地区长期交通闭塞、经济落后的局面，加快这些地区的经济社会发展，扩大对外开放，尽早实现脱贫致富。时任铁道部部长韩杼滨回忆起这段往事时说："根据党中央、国务院的指示精神，京九铁路在选线时，充分考虑了革命老区的经济发展。在大别山区，修建了麻城至武汉的联络线，设了红安站。在江西，为了兼顾井冈山和瑞金两个老革命根据地的利益，铁路特地拐了个弯，两跨赣江，为此多建了两座大桥，多修了 4.41 千米铁路。"

"铁路在这里拐了弯，火车在这里靠了站"，老区人民终于盼来了火车，这是他们盼望了几十年的一件大喜事。1996 年的 9 月 2 日 20 点 30 分，当首列北京至深圳的 105 次列车驶进江西井冈山站时，老区欢腾了。一位 83 岁高龄的老太太甚至赶了几十里山路，就是为了赶到井冈山站，看看盼了几十年的火车。她抚摸着列车说："等得太久了啊，这铁皮车（火车）我终于看到了。"

京九铁路刚刚开通运营，时任中共中央总书记江泽民就特意沿京九线考察贫困地区和革命老区的扶贫工作。江西信丰县大塘埠镇长岗村村民肖承忠回忆说："我家就在京九铁路边上，不到一华里就是京九铁路。江总书记当时来到我们家，看到我们搞猪、沼、果生态农业的发展，就很高兴。京九线和 105 国道对我们搞这个果业发展的农民来讲，是一个很大的帮助，信息也很灵通，讲句良心话，我们沿这个京九线的老表，这几年发展是相当快，经济发展也相当好。"

路，从来都是文明的旅程，现代文明正是沿着两条钢轨由西方走向东方。京九铁路的开通，使中国比较封闭落后的中部地区敞开胸怀，面向全国与世界，对中国经济发展起到了重大的推动作用。如果从中国区域经济发展的总体格局来看，京九沿线地带成为连接着环渤海与珠三角这两个南北中国经济增长极的又一条"脐带"。同时，京九经济带处于东部沿海向中部过渡区，面向大海背靠中部，承担着中国经济东靠西移的"接力站"和"二传手"的重任。有一个精妙的比喻：如果中国沿海如弓，长江似箭，那么，京九铁路及其之前的京广铁路沿线地带，就像一根遒劲的弦。随着京九铁路的正式通车，这根中国经济崛起之"弦"，框架更趋清晰。著名学者费孝通先生曾寄语道，"京九铁路通车，为沿线地区的经济发展提供了一个难得的机遇"，并提出"糖葫芦理论"，即京九铁路是竹签，沿线城市是竹签上的糖葫芦，"经过 10 到 15 年时间的艰苦努力，京九沿线必将崛起成为我国一条新的经济增长带"。

赣州位于江西省南部，既是革命老区，也是江西省最大的行政区和第二大城市。其区位优越，东邻福建，南连广东，西接湖南，是内地通往东南沿海的重要之地，有江西"南大门"之称。京九铁路的开通，结束了赣南没有铁路的历史，给赣南带来接受沿海辐射的良机，促进了个体私营经济的迅猛发展和市场的发育，特别是京九沿线的赣州、兴国、信丰、南康、龙南、定南等地市场尤为活跃，全市有各类商品交易市场 600 多个，工业产品钨的产量和钨丝加工能力全国第一，农业生产条件显著改善，产业结构调整初见成效。同时，京九铁路的开通，优化了赣南的投资环境，有力地促进了招商引资工作，赣南成了沿海劳力密集型产业的首选之地，形成了以机电、食品、建材、轻纺、森工、有色冶金为支柱产业的工业产业群。

"遥望京九千里景，借我豪情著华章。"随着铁路跨越式发展战略的深入推进，京九铁路拉动沿线经济发展也迎来了一个新的时代，必定为中部崛起战略担当起新的历史使命。

第 十 章

世 纪 跨 越

（1997—2002 年）

1997年2月19日，经历93个春秋的邓小平走完了他波澜壮阔的一生。随着邓小平的逝世，中国能否继续沿着邓小平开辟的中国特色社会主义道路走下去，引起全世界的关注。

1997年9月召开的中共十五大旗帜鲜明地向全国人民、全世界做出了郑重回答。这次大会把邓小平理论同马克思列宁主义、毛泽东思想一道确立为中国共产党的指导思想，写在了我们前进的旗帜上面。

正是在邓小平理论这面旗帜指引下，中共十五大在改革问题上又往前迈了一大步，提出了党在社会主义初级阶段的基本纲领，特别是确立了我国社会主义初级阶段的基本经济制度，即以公有制为主体、多种所有制经济共同发展，这是对中国特色社会主义道路的一个重大贡献。

全面搞活走向市场经济的国有企业，始终是改革的一个难点和焦点，也是以江泽民为核心的党的第三代中央领导集体特别关注的重点。抓大放小、组建企业集团、兼并、破产、下岗分流，实施再就业工程，中国的国有企业改革以前所未有的力度向前推进。

1997年，中国发生的一幕历史性的瞬间吸引了全世界的目光。1997年6月30日午夜，中英两国举行香港政权交接仪式。7月1日，中华人民共和国香港特别行政区正式成立。1999年12月19日午夜，中葡两国举行澳门政权交接仪式。12月20日，中华人民共和国澳门特别行政区正式成立。香港、澳门顺利回归，是祖国统一大业进程中重要的里程碑，是中国共产党对于中华民族的历史性贡献。

在成功克服亚洲金融危机、战胜1998年特大洪水之后，新的千年到来了，中国人民与世界各国人民一道，用各种方式欢庆世纪的跨越，迎接新世纪的黎明。

办好中国的事情关键在党。在 2001 年 7 月 1 日中国共产党成立 80 周年之际，江泽民代表党的第三代中央领导集体全面阐述了"三个代表"重要思想的内涵，并把它确立为我们党走进新世纪的立党之本、执政之基和力量之源。"三个代表"重要思想创造性地运用马克思列宁主义、毛泽东思想，特别是邓小平理论，紧密结合时代发展的新形势、人民群众的新要求和改革开放的新实践，进一步回答了什么是社会主义、怎样建设社会主义的问题，创造性地回答了建设什么样的党、怎样建设党的问题，是中国特色社会主义理论体系的重要组成部分。

新世纪、新思想，迎来了新开端。2001 年 7 月 13 日，在莫斯科举行的国际奥委会第 112 次全体会议上，北京获得了 2008 年第 29 届奥运会主办权。2001 年 11 月 10 日，世界贸易组织第四届部长级会议，通过了《中国加入世界贸易组织议定书草案》和《关于中国加入世界贸易组织的决定草案》。

一年以后，中国共产党和中国人民迎来了影响更为深远的盛事。2002 年 11 月 8 日，中共十六大在北京召开。大会总结了党领导人民建设中国特色社会主义的基本经验，把"三个代表"重要思想同马克思列宁主义、毛泽东思想、邓小平理论一道，确立为中国共产党必须长期坚持的指导思想，实现了党在指导思想上的又一次与时俱进。

这次继往开来的大会选出了以胡锦涛为总书记的新一届中央领导集体，走过 81 年沧桑风雨的中国共产党拥有了新的坚强领导核心。站在新世纪新阶段的启航线上，中国特色社会主义事业即将开启一段新的壮丽航程。

10.1

香港、澳门回归：一国两制的成功实践

　　1997 年元旦，中央电视台播放了 12 集电视文献片《邓小平》，在海内外引起了强烈反响。这位 93 岁老人富有传奇色彩的一生，贯穿整个 20 世纪，犹如一部壮丽辉煌的史诗。

　　这年的春节刚过，世纪伟人邓小平永远地离开了他深爱着的祖国和人民。

　　九州同悲，世界震惊。从三〇一医院到八宝山，不足 3 千米的路程，10 多万群众为邓小平送别最后一程。自制的一条条横幅，胸前的一朵朵白花，寄托着 12 亿各族人民的缕缕哀思。

　　这位首倡"一国两制"伟大构想的老人生前有个未了的心愿，那就是在"要中国收回香港之后，到香港自己的土地上，走一走，看一看"。

　　邓小平逝世几个月后，经历了百年漫长离别的香港，回到了祖国母亲的怀抱。

　　从 1984 年中英关于香港问题的联合声明正式签署后，香港进入长达 13 年的过渡期。这一回归的历程是如此漫长而艰难。

　　全国人民代表大会在 1985 年 4 月决定成立香港特别行政区基本法起草委员会，负责基本法的起草工作。起草委员会成员共 59 人，其中香港人士 23 人。基本法咨询委员会于 1985 年 12 月成立，委员共 180 人，由香港居民组成，来自不同界别，广泛收集各界人士对基本法起草的各种意见和建议。经过近 5 年的辛勤工作，基本法起草委员会完成了起草任务。1990 年 4 月 4 日，七届全国人大三次会议通过香港特别行政区基本法，自 1997 年 7 月 1 日起实施。

在恢复对香港行使主权时，国家根据《中华人民共和国宪法》第 31 条的规定，设立香港特别行政区，并按照"一个国家，两种制度"的方针，不在香港实行社会主义的制度和政策，保持原有的资本主义制度和生活方式，五十年不变。

但是，到了 20 世纪 90 年代，英国人错误地估计了形势，对已经签字画押的协议开始反悔。英国人觉得自己亏了，英国政府让末代港督彭定康抛出"三违反"的政改方案，想把香港的水搅浑，以便香港回归后有机会可以浑水摸鱼。对于英国人的捣乱和在后过渡期的不合作，邓小平说："香港问题就是一句话，对英国人一点也软不得。"

就这样，中国人按照自己的时间表开始了香港回归的历程。时任国务院港澳办公室主任鲁平认为："过渡时期这个 13 年不是很平稳的，经过了风风雨雨。通过这个 13 年，我们争取了香港的人心，最后能够得到人心所向，最后中国（香港）能够平稳过渡，能够顺利地走过来。"

1996 年 12 月 11 日，香港特别行政区第一届政府推选委员会在香港会议展览中心举行第三次全体会议。经过投票选举，董建华当选香港特区首任行政长官。这是香港历史上第一次由港人来选举最高行政首长，也是香港历史上第一位主政的中国公民。

1997 年 6 月 30 日，回归前夜的香港成为全世界最有新闻价值的地方，全球 8000 多名记者云集香港，全世界都把目光投向了这里。

17 时 28 分，国家主席江泽民率领中国政府代表团抵达香港，这是 1842 年以来中国最高领导人首次踏上香港的土地。

21 时，中国人民解放军驻香港部队先头部队 509 名官兵乘坐 39 辆军车，通过落马洲口岸进入香港。22 时许，先头部队 78 人在解放军中校谭善爱的率领下，到达驻港英军总部威尔斯亲王军营。随后，双方举行了简短、庄重的防务交接仪式。在这场具有外交色彩的交接仪式上，英国军官埃利斯说："谭善爱中校，威尔斯亲王军营现在准备完毕，请你接收。祝你和你的同事们好运，顺利上岗。长官，请允许我让威尔斯亲王军营卫队下岗。"谭善爱声如洪钟地回答说："我代表中国人民解放军驻香港部队接管军营。你们可以下岗，我们上岗。祝你们一路平安。"

23 时 42 分，政权交接仪式在香港会议展览中心五楼大会堂正式开始。23 时 46 分，国家主席江泽民、国务院总理李鹏、国务院副总理兼外交部长钱其琛、中央军

◎ 香港回归

　　1997 年 6 月 30 日至 7 月 1 日凌晨，中英香港政权交接仪式在香港会展中心举行。
　　中华人民共和国国旗在香港升起，中国对香港恢复行使主权，历经百年沧桑的香港
回到祖国怀抱。（新华社照片）

委副主席张万年和香港特别行政区首任行政长官董建华步入会场登上主席台主礼台。英国方面同时入场并登上主席台主礼台的有查尔斯王子、首相布莱尔、外交大臣库克、离任港督彭定康、参谋长查尔斯·格思里。在仪仗队行举枪礼之后，查尔斯王子讲话。

23 时 56 分，中英双方护旗手入场，象征中英两国政府香港政权交接的降旗、升旗仪式开始。23 时 59 分，英国国旗和香港旗在英国国歌乐曲声中缓缓降落。随着米字旗的降下，英国在香港一个半世纪的殖民统治宣告结束。

7 月 1 日零点整，激动人心的神圣时刻到来了：中国人民解放军军乐队奏起雄壮的中华人民共和国国歌，中国国旗和香港特区区旗徐徐升起。全场沸腾了，许多人眼睛里噙满激动的泪花，雷鸣般的掌声经久不息。

接着，江泽民走到镶嵌着中华人民共和国国徽的讲台前发表讲话。他庄严宣告：根据中英关于香港问题的联合声明，两国政府如期举行了香港交接仪式，宣告中国对香港恢复行使主权。中华人民共和国香港特别行政区正式成立。江泽民的讲话，激起了全场 6 次长时间的热烈掌声。香港，被外国殖民者占领长达 100 多年的这颗东方明珠，终于回到了祖国的怀抱，标志着中华民族洗雪了百年耻辱。

凌晨 1 时 30 分，香港特别行政区成立暨特区政府宣誓就职仪式举行，雄壮、激越的中华人民共和国国歌在大厅里响起。随后，江泽民宣布：中华人民共和国香港特别行政区政府现在成立。1 时 35 分，全部由港人组成的香港特别行政区政府正式宣誓就职。时任香港特别行政区行政长官董建华后来回忆说："那一个时刻，给了我真是无限的光荣，但是我更知道自己责任的重大，因为作为首任行政长官，中央授予我的，是一个'一国两制'落实的历史性使命。"

在香港顺利回归祖国后，澳门回归祖国也指日可待。1999 年 10 月 26 日，中葡建交 20 周年之际，江泽民在对葡萄牙进行国事访问期间，同葡方领导人就中国在澳门驻军问题达成一致。

长久的期待终于变成了现实，漂泊多年的澳门终于在 1999 年 12 月 20 日这一天，回到了祖国母亲的怀抱。12 月 19 日午夜，中葡两国举行澳门政权交接仪式。12 月 20 日，中华人民共和国澳门特别行政区正式成立，祖国统一大业又向前迈出了重要一步。时任全国政协副主席马万祺曾回忆说："江主席很信任澳门人民，他也多次表明，澳门人有能力治好这个澳门。澳门的回归过程比较顺利。"

可以说，香港、澳门顺利回归，是祖国统一大业进程中重要的里程碑，是中国共产党对于中华民族的历史性贡献。

10.2

亚洲金融危机:"人民币不贬值"的承诺

1997年7月2日,香港回归的第二天,报纸上铺天盖地的报道忠实地记录了中华民族在这一历史时刻的欢欣与愉悦。也就在这一天,泰国发生的一件事情除了引起少数专业人士注意外,没有吸引更多的关注。然而,这件事情后来对于整个世界的影响却超出了人们的预期。

这一天,泰国央行宣布放弃实行了14年之久的美元联系汇率制度,改行自由浮动汇制。泰国金融市场一度陷入混乱,曼谷外汇市场美元兑换泰币创有始以来最高纪录,1美元兑29.45铢,泰铢短时间就失去了五分之一的国际购买力,以索罗斯为首的国际金融投机家们一下子从泰国政府卷走了40亿美元。泰国人一大早醒来时突然发现,他们在一天之内骤然变穷了许多,自己的腰包被掏空了。一场即将席卷除中国大陆以外的整个东亚和东南亚地区的金融风暴开始迅速生成。这场被称为"第二次世界大战结束以来亚洲最严重的危机"所暴露的众多新问题、引起的新变化,远远超出人们早先的预料。

1997年8月,马来西亚放弃保卫林吉特的努力,一向坚挺的新加坡元也受到冲击。印尼虽是受"传染"最晚的国家,但受到的冲击最为严重。10月下旬,国际金融投机家移师国际金融中心香港,矛头直指香港联系汇率制。台湾当局突然弃守新台币汇率,一天贬值3.46%,加大了对港币和香港股市的压力。10 月 23 日，香港恒生指数大跌 1211.47 点；28 日，下跌 1621.80 点，跌破 9000 点大关。面对国际金融投机家的猛烈进攻，香港特区政府重申不会改变现行汇率制度，恒生指数上扬，再上万点大关。

11 月中旬，东亚的韩国也爆发金融风暴。11 月 17 日，韩元对美元的汇率跌至创纪录的 1008：1；11 月 21 日，韩国政府不得不向国际货币基金组织求援，暂时控制了危机，但到了 12 月 13 日，韩元对美元的汇率又降至 1737.60：1。韩元危机也冲击了在韩国有大量投资的日本金融业，1997 年下半年日本的一系列银行和证券公司相继破产。东南亚金融风暴演变为亚洲金融危机。

在韩国、日本倒下之后，人们发现，中国已经成为亚洲抵挡这场来势凶猛的金融洪水的最后一道堤坝。此时的中国已是世界上举足轻重的贸易大国，中国对外贸的依存度前所未有地提高。世界把目光聚向中国，人们关注的焦点是，人民币能否坚守防线不贬值？中国能够成为抵挡这场危机的中流砥柱吗？

当时，为了缓解危机，亚洲一些国家在几个月内使自己的货币大幅贬值，以维持本国出口商品的竞争力。这使得中国出口商品的价格高涨，外贸出口遭遇巨大压力，一向形势不错的外贸出口增幅从前一年的 20% 猛跌至 0.5%，引进外资数量跌至 20 年来的最低水平。国内商品库存猛增，消费需求严重不振。在这种情况下，如果人民币贬值，就能维持中国的出口竞争力，但势必会使那些已经发生金融危机的国家和地区再发生新一轮的竞争性贬值，这必将加重亚洲经济的衰退，甚至引发世界性的经济衰退。

为支持受到危机冲击的亚洲国家和地区尽快走出困境，中国政府做出了人民币不贬值的战略选择。

1997 年 12 月，东盟—中日韩非正式会晤和中国—东盟首脑非正式会晤在马来西亚首都吉隆坡举行。会上，国家主席江泽民代表中国政府做出承诺：人民币不贬值。中国政府也不会补贴出口。江泽民同时还宣布，中国将向国际货币基金组织提供 10 亿美元的捐助，用以援助金融风暴的中心——泰国。

1998 年 3 月 19 日，在九届全国人大一次会议闭幕时的记者招待会上，新当选的国务院总理朱镕基代表中国政府宣布："人民币不能贬值。我们必须做到这些，因为这不但关系着中国的发展，也关系着亚洲的繁荣和稳定。"在回答香港记者提问时，朱镕基说："只要特区政府向中央提出要求，中央将不惜一切代价维护香港的繁荣稳定，保护它的联系汇率制度。"

这一年 8 月，索罗斯再一次联合国际金融投机家们冲击香港汇市。索罗斯很清楚，一贯奉行自由经济政策的港府，此前从来不曾直接干预金融市场。他由此断定，香港政府绝不会采取直接措施救市，并自信地宣称，港府必败。在最后关头，时任特区财政司长曾荫权顶住巨大压力，决定动用外汇储备入市，对抗金融炒家。尽管他声明愿意承担一切责任，但此举还是引起了一些学者和商界人士的非议。曾荫权后来说："香港特区政府刚刚开始工作，这个事情如果我做得不好会影响'一国两制'，影响外国人对'一国两制'的信心，还有中央对'一国两制'的信心。从经济的原因，从政府的角度，不允许我们的金融制度垮台，所以一定要面对事实，要用不寻常的办法来做。"

香港的金融保卫战得到了中央政府的全力支持，在这场较量的关键时刻，香港就像希腊神话中的巨人安泰一样，随时都可以从大地母亲身上汲取力量。经过两个星期的反复较量，香港没有成为国际金融投机家的"自动提款机"，索罗斯们在遭受重大损失后，被迫撤离香港市场，香港经济转危为安。

亚洲金融危机中，中国表现出稳定全球经济的能力，让外国观察家们对中国经济刮目相看，也为中国赢得了世界声誉。"软着陆"和应对亚洲金融危机的成功，显示了中国政府对国内、国际问题的驾驭能力，全世界又一次看到了中国的实力。英国舍菲尔德大学东亚研究院院长、中国研究系教授蒂姆·莱特在接受中央电视台采访时认为："通过保持人民币的稳定，暂时地允许东南亚国家货币贬值，提高了它们在国际市场的竞争力，帮助它们尽早摆脱危机。我觉得大多数人都承认，中国在其中担任了重要角色。如果你也同意，我不妨说这件事表明，中国作为一个负责任的大国登上了世界舞台。"

10.3

九八抗洪：誓与大堤共存亡

1998 年夏季，金融危机的风波尚未平息，一场特大洪水又铺天盖地袭来。入汛以来，长江流域暴雨频繁，终于酿成自 1954 年以来的又一次全流域性的大洪水。八次洪峰连连咆哮而来，沙市告急，荆州告急，武汉告急，岳阳告急，九江、安庆告急！嫩江、松花江及其支流的几次洪峰，也是一峰高过一峰。大庆被洪水包围，哈尔滨、齐齐哈尔等大城市也频频告急。

这是历史罕见的大灾。但大灾并没有造成大难；大灾并没有造成灾民饥饿和疫病流行；大灾也没有造成社会的慌乱和不安！

这是一个奇迹！这是以江泽民为核心的党的第三代中央领导集体领导大江南北、长城内外千百万军民顽强拼搏创造的奇迹！是 20 世纪 90 年代又一首可以彪炳史册的抗天歌！

从旧社会过来的人，还记得 1931 年那次长江大水灾，多少灾民尸横江面，多少灾民流离失所！那时腐败无能的国民党政府哪有抗洪抢险一说！而在 1998 年，中国共产党心系人民安危，带领人民和人民子弟兵，与洪魔展开了殊死拼搏，其气势与悲壮，犹如当年辽沈、平津、淮海和渡江战役。这是另一种"战争"，是人与自然灾害的搏斗！同样是那样艰苦卓绝，气势恢宏；同样是那样团结一致，万众一心；同样是那样慷慨悲歌，壮怀激烈！

◎ 九八抗洪救灾

　　1998 年 8 月 11 日，湖北石首久合垸乡团山河支堤出现"管涌"险情，解放军官兵立即奔赴险段，以血肉之躯挡住肆虐的洪水，减低洪水的冲击力，同时加固堤防。（新华社照片）

"人在堤在，誓与大堤共存亡！""坚持到底，夺取最后胜利！"保卫长江大堤的十几万解放军、武警官兵、公安干警做出了响亮的誓言，日夜坚守在长江大堤的几百万干部、群众做出了响亮的誓言，坚守在嫩江、松花江抗洪前线的几百万干部、军民也做出了响亮的誓言。一场惊心动魄的大搏斗、大决战，就这样高潮迭起，全面展开，取得了重大胜利。

党支部建在堤上，是这次抗洪抢险的一大特色。据不完全统计，光湖北长江干堤和连江支堤上建的临时党支部就有上百个，充分发挥了战斗堡垒作用。1998 年 7 月 5 日，武汉江汉区机关工委副书记雷宽喜被派往龙王庙驻守。区委在闸口成立了临时党支部，雷宽喜任书记，来自区直机关公安战线和堤管所的 128 名共产党员靠着党性和责任感，筑起了一堵冲不垮的防洪堤。8 月 7 日，雷宽喜带领当班的 16 名共产党员立下军令状，将自己的名字签在了人在堤在的"生死牌"上。128 名党员佩戴"共产党员"红袖章，站到了抗洪抢险的前沿。醒目的"生死牌"开始从城区向郊县延伸，黄陂县在全县四个干堤上竖立 11305 块"生死牌"，每个干堤上均有 50 人组成的"敢死队"。新洲县大堤上的 120 个"生死牌"上，清楚地写着责任人的姓名、电话和防守堤段。

一个党员是一面旗帜。在沙市、荆州、洪湖、岳阳、九江，以及大庆、哈尔滨等地，人们可以看到这样壮观的场面：大堤已经浸水，全靠上面的子堤挡水。当六七级大风，卷着排山巨浪向子堤扑来时，共产党员、解放军、武警官兵、公安干警，以及共青团员、民兵、敢死队员一个个跳进狂风巨浪中，大家手拉手，用血肉之躯抵挡着狂风巨浪的袭击，护卫着江堤，护卫着江堤下千百万人民的生命财产。这种英雄群雕，绵延几十、上百里，不是几分钟，而是几个小时地定格在惊涛骇浪之中，也定格在历史的长卷之上。

当年渡江战役，百万雄师过大江，横扫千军如卷席。这次，遵照中共中央、中央军委的命令，10 多万人民解放军、武警官兵，200 多万民兵，紧急驰援长江堤防。这是一次镇江抗洪大战，人民子弟兵充分发挥了突击队作用，同样表现了中流砥柱、威武不屈的雄姿。哪里最危险，哪里有解放军；哪里有群众呼救、转移，哪里有解放军。不仅涌现了像高建成那样的"抗洪英雄"，而且涌现了一大批英雄群体。群众说："解放军一到，更有主心骨了。"

人民群众是历史的主人，也是这次抗洪抢险的主体力量。湖北新洲县周家铺镇莲花村 70 岁的童少阶老汉，正当白沙湖险段处于危急关头，召来分居外地的大儿、二儿在老三家开家庭抗洪抢险紧急会议，老汉宣布："防汛是天大的事，全家不分男女，

18 岁以上的都要立即上堤！"祖孙三代全部上堤，而且自搭窝棚，吃住堤上，轮流值班。这是何等决断，何等大义！

有人曾担心，搞市场经济会把人心搞散了，搞自私了。这次抗洪抢险斗争的实践告诉我们，这种担心是没有根据的。事实是在巨大的洪水灾害面前，人们舍"小家"保"大家"，牺牲局部力保全局的全局意识、国家利益至上意识，是大大增强了，而不是削弱了；一方有难、八方支援的民族团结、民族友爱精神，是大大增强了，而不是削弱了。

又一次洪峰到来前，为确保武汉、江汉平原、京广铁路、长江大堤安全，湖北省防汛指挥部命令公安县迅速做好分洪准备，从 8 月 6 日 20 时至次日 12 时，在短短 16 小时之内，必须将分洪区内老弱病残幼及低洼地区群众全部转移到安全地带。分洪区内有 51 万人口，有 32 万人亟待转移。转移是痛苦的，故土难离啊。一旦分洪，损失也是巨大的，分洪区国内生产总值超过 15 亿，这还不包括不动产，不包括几十万群众的房屋、财产。但公安县却按规定时间，将几十万群众安全转移出去。

全国人民和灾区人民心连心。举国上下，地不分东南西北，人不分男女老幼，纷纷向灾区人民献出一份深情。山东枣庄是著名铁道游击队的故乡，该市中区马驼子居委会的群众了解湖北灾情以后，纷纷向居委会请缨，要求自备生活费、交通费、住宿费赶赴湖北参战。居委会挑选 19 人，其中有 1 名女医生、8 名司机、1 名电工、1 名修理工，由居委会支部书记吴信义带队，乘 14 小时火车，于 8 月 12 日到达武汉。他们还带来 2 万元捐款，下车即到湖北民政厅请战，他们的口号是："不怕苦，不怕死，誓与大堤共存亡！"他们的义举，极大鼓舞了湖北人民的抗洪斗志。

在同洪水的搏斗中，我们的民族和人民显示出了一种十分崇高的精神，这就是万众一心、众志成城、不怕困难、顽强拼搏、坚忍不拔、敢于胜利的伟大抗洪精神。有了这种精神，中国人民就能始终立于不败之地；有了这种精神，中国人民就能始终坚强地屹立于世界民族之林。

中国的抗洪抢险也引起了国际社会的关注。时任中国民政部部长多吉才让和中国科学院院士王昂生教授被授予 1998 年度联合国笹川预防自然灾害奖，这是联合国对中国政府在九八特大洪水中为减少洪涝灾害损失做出努力的肯定。据时任联合国人道主义协调中心发言人穆利纳－阿塞维多女士介绍，由各国专家组成的评奖小组在众多的候选者中挑选出两名中国人给予这一奖项，是为了表彰中国政府为减少洪涝灾害损失所做的努力。她说，如果没有中国政府的得力措施，洪水造成的损失将无法估量。

10.4

国企改革闯大关：上海敲响"压锭"第一锤

　　20 世纪 90 年代，通过发展个体私营经济、试办经济特区、全方位对外开放，我国已经初步形成了各种所有制经济的有效竞争，合资企业、乡镇企业、私营企业得到了快速发展。刚刚被推向市场的国有企业，在激烈的市场竞争中越发举步维艰。

　　实行承包经营责任制，虽然通过合同形式界定了国家与企业之间的责、权、利关系，在保证国家利益的前提下，有效调动了企业经营者的积极性，促进了国有企业的发展，但是，这一制度安排尚未真正触及国有企业的产权关系，没有改变国有企业所有制内部所有者相对虚置的根本弊端。

　　随着承包制的全面推行，承包指标确定的随意性、承包人行为短期化等问题逐步显现。加之国有企业历史包袱多、企业冗员严重等历史问题，在 1992 年之后的 10 年里，国有企业在市场竞争中遭遇了前所未有的困境。

　　在最困难的 1998 年，2/3 以上国有企业亏损，全国国有企业加起来的利润才 213.7 亿元。国企改革也因此被称作"最难啃的骨头"。

　　提起当时的困境，一汽的老职工们深有感触。作为汽车工业的元老企业，一汽曾是我国大型国有企业和计划经济的典范，大工业的工厂规模、大批量的生产方式、大一统的工作秩序不知羡煞了多少企业。当时的一汽拥有医院、中小学校、托儿所、幼儿园、公安局等，有人曾形象地比喻说：

"一汽除了没有火葬场，什么都有。"拖着沉重的包袱，"共和国长子"在发展的道路上步履蹒跚。宝钢集团董事长徐乐江对当时国企的困难也深有体会："1993年，宝钢人均钢产量200吨，而国际水平是600吨，沉重的人员负担，制约着劳动生产率的提高。"

沉重的社会负担、庞大的冗员、僵化的机制、落后的生产设备……国有企业不仅自身缺乏良性发展的机制，低下的效率使其在市场上甚至没有能力与乡镇企业竞争。

寻找一种更加深刻的制度变革，成为国企改革的时代要求。

1993年11月，中共十四届三中全会通过的《关于建立社会主义市场经济体制若干问题的决定》，指出国有企业改革的方向是建立现代企业制度。

从1994年开始，按照"产权清晰、权责明确、政企分开、管理科学"的要求，现代企业制度试点在100家企业推进。企业大门上的"××厂""××总厂"逐步被"××有限责任公司""××股份有限公司"所取代；企业领导班子里出现了"董事""董事长""董事局主席""监事"等新名词。

变化的不仅仅是名称，更重要的是内涵——通过建立现代企业制度，不仅让国有企业真正成为自主经营、自负盈亏的市场主体，更探索出一条公有制与市场经济有机结合的具体途径。到2000年，国有大中型骨干企业80%以上初步建立起现代企业制度。

1998年1月23日，在中国纺织行业的大本营上海，有着100多年历史的上海申新纺织九厂敲响了全国纺织行业"压锭"第一锤。砸下这一锤的是申新九厂的工人陆捌冰，他后来回忆说："当时我举起锤子的时候，心情非常难过，砸不下去。这一锤子下去等于把自己的饭碗砸掉了。"

这个"压锭"第一锤的场面，被《人民日报》记者拍了下来。这个寓意国企凤凰涅槃的历史性瞬间，就这样被定格在中国改革开放的记忆中。

当天，申新纺织九厂总重达600多吨的纱锭，连同上海其他纺织企业的纱锭，被送进浦东钢铁（集团）公司的炼钢炉。10时45分，随着中国纺织总会会长石万鹏一声"压锭开始"，巨大的吸盘立即吞噬掉这些残缺的"身躯"，在机器的轰鸣声中，重锤狠狠砸下。

1月24日，《人民日报》发表了一篇题为《首批12万纱锭真正被淘汰，上海敲响全国压锭第一锤》的报道，其中写道："此次首批敲掉的12万落后棉纱锭，占全年压锭68万锭的17.65%。明年上海还将压锭7.62万锭，到2000年纱锭减至84.4万锭，比前一年年末的规模减少近一半。引人注目的是，今天参加敲锭的5家企业中，有建厂 120 周年、我国第一家棉纺织厂申新九厂，其敲锭规模达 5.5 万锭，居上海纺织系统之最。"由此开始，包括压锭在内的一系列脱困措施陆续付诸实施。国有企业改革脱困 3 年攻坚正式拉开帷幕。

技改贴息、政策性关闭破产、债转股、再就业工程……一系列政策措施的推出，减轻了企业负担，推动了企业技术进步和产业升级。

兼并破产、减员增效、下岗分流、分离企业办社会、技改、公司制改造……以推进建立现代企业制度试点为切入点，国有大中型企业得以浴火重生。

抓大放小、战略性改组、调整所有制结构、探索公有制多样化的实现形式……通过实行改组、联合、兼并、租赁、股份合作制等一系列措施，一大批国有中小企业也浴火重生。

经过被经济学家描述为"正在过大关"的 3 年改革，到 2000 年底，国企 3 年改革与脱困目标基本实现。2001 年，全国国有企业实现利润近 2400 亿元，国有资产总量达到了 10 万多亿元。

10.5

下岗再就业：心若在，梦就在

世纪之交，维系共和国命脉的国有企业面临改革与脱困的历史重任，国企职工下岗分流成为改革的突破口。数以千万计的国企职工离开棉纺机器，走出百米矿井，放下钢锯斧头，汇入下岗者的人流之中。

改革与下岗、增效与减员、长远利益与眼前利益，这一对对矛盾在一个 12 亿人口的大国里猛烈地碰撞着。几乎所有的矛盾都集中到一个焦点上：必须使大批下岗职工和分流人员有一个"安全通道"。

稳定压倒一切，在中国，当几千万人同时面临着失业压力时，潜在的社会风险是可想而知的。为解决好这个问题，江泽民代表中共中央、国务院向全党、全社会发出了动员令："要充分认识到，搞好国有企业的减员增效，下岗职工基本生活保障和再就业工作，任务非常艰巨。这项工作不仅是重大的经济问题，也是重大的政治问题；不仅是现实的紧迫问题，也是长远的战略问题。各级党委和政府，一定要把它作为一个头等大事抓紧抓好。"

1997 年 7 月 26 日注定要被载入中国国企改革的史册。这一天，上海黄浦江畔成立纺织和仪电行业两个再就业服务中心。

一年以后，中共中央、国务院第一次以中央文件的形式，发出《关于切实做好国有企业下岗职工基本生活保障和再就业工作的通知》，要求全国各地，凡是有下岗职工的国有企业，都要建立再就业服务中心。再就业服务中心有三项职能：一是负责按月向下岗职工发放基本生活费；二是按月代下岗职工向社会保险缴纳养老、医疗、失业等社会保险费；三是组织下岗职工参加职业指导和再就业培训，引导和帮助他们实现再就业。

1998 年初，大连市人民政府向全市下岗职工做出了"只要不挑不拣，48 小时立即让你就业"的承诺。戚秀玉，就是一个再就业介绍所的所长。

跨入 1999 年，大连劳动力市场传出新闻：职业介绍员戚秀玉 1998 年给 4718 人找到工作，其中，有 2162 名下岗职工实现再就业。自 1995 年以来 4 年间，她已累计为 11504 人找到工作。时任劳动和社会保障部部长张左己赞扬她是"职业介绍当大姐，促进就业立新功"。

戚秀玉很少有节假日、休息日，白天在单位忙碌，晚上在家中办公。对找她的求职者，她一个个地帮助联系工作，一个个地做鼓励工作。风里去雨里来，无数的求职者深怀焦虑的心情而来，眼含感激的泪水而去。戚秀玉有一个厚厚的"小本子"，一发现好一点的工作，她就翻小本子。小本子上记录的都是一些生活困难、就业不易的求职者。戚秀玉说："一看到这个本子，就好像看到求职者期待的目光，我就有一种责任，不能让他们失望。"

有人问戚秀玉为什么这么任劳任怨，戚秀玉说："作为一名有 20 多年党龄的共产党员，我前面是下岗职工，后面就是党和政府，我向下岗职工传达的是党和政府的再就业政策和对下岗职工的关怀。再就业是关系到千家万户的事，我就是要把体现党代表人民群众根本利益的事情做好。"

在当时，著名歌唱家刘欢演唱的一首《从头再来》的歌曲唱出千万下岗职工不屈不挠的心声。歌词写道："昨天所有的荣誉，已变成遥远的回忆。勤勤苦苦已度过半生，今夜重又走入风雨。我不能随波浮沉，为了我挚爱的亲人。再苦再难也要坚强，

◎ 下岗再就业：心若在，梦就在

上海下岗女工庄红卫在有关部门支持下创办的"庄妈妈净菜青年服务社"，已由创办时的 4 人小作坊，发展为拥有一家总社、两家分社的连锁社，吸收下岗职工 100 多人。图为服务社职工准备将洗净配好的菜送到订户家里。（新华社记者张平摄，1996 年 12 月 20 日发）

只为那些期待眼神。心若在，梦就在，天地之间还有真爱；看成败，人生豪迈，只不过是从头再来。"

亿万人民关注着下岗职工的奋力开拓，他们刚毅的身影将永远定格在共和国的史册中！

在辽宁省辽阳市白塔区站前街，郑玉堂一家14个劳动力，9个先后下岗了。刚刚下岗时，儿女、女婿、媳妇们隔三岔五跑到老郑那里，不是叹气就是发脾气。老郑两口子把大伙儿召集到一起，专门开了一个下岗再就业的"家庭动员会"。以一个有着30多年工龄的国企老职工的身份，老郑吐出了心里话："要说对国有企业的感情，我比你们都深。正是因为感情深，我才打心里希望咱们全家人支持改革。"在老郑的动员下，全家下岗人都不再埋怨，有的踏三轮车，有的办街头修理铺，老郑夫妇则搞起绢花制作，还吸引了十几个下岗职工来此就业。

在不少企业，干部们最先迈出这一步。北京电机厂的领导说，国企职工下岗分流时间紧、任务重。干部带头，就能推进这项改革。这家企业下岗分流改革5个月，减员600名，厂级干部减少18.2%，一般干部减少21%，二、三线工人减少10.2%。领导带头，职工气顺，没有一起上访事件。

昨天的岗位没有了，今天的岗位在哪里？他们中的许多人上有老、下有小，是社会负担最重的一个群体，下岗犹如巨石压来，使他们备感艰难。他们中有许多人正年轻，工作不久，像一棵刚刚抽枝的小树，没想到下岗分流的风雨来得那么猛烈。

风雨中，他们一个一个走过来，靠的是顽强不屈、越挫越勇的人生信念。在上海，"庄妈妈净菜社"今天已家喻户晓。许多人并不知道，它的创办人庄红卫26岁从上海搪瓷厂下岗，丈夫也随后下岗。她摆过地摊，当过零杂工，修过自行车，卖过名片纸，推销过花露水，但都没有成功，终于在净菜业中开出一片新天地。在天津，43岁的曹慧英创办的"托老所"远近闻名。人们未必知道的是：她曾9次到市劳动力市场应聘，都因"年龄大"被用人单位拒之门外。有好几个春节，别人在家享受融融暖意，她却冒着正月的寒风，骑着自行车，四处寻找工作。

风雨中，他们一群一群走过来，靠的是这个群体支柱不倒，精神不散，众志成城，共渡难关。

放眼望去，从东北到西南，在煤炭、钢铁、军工、森工等诸多行业里，千万个国企职工义无反顾地走上了下岗分流之路。同时，千百万国企在岗职工也在努力拼搏。他们的力量汇聚到一起，共同支撑着改革与发展的重任，共和国伟大的国企改革才迈出了具有转折意义的步伐！

10.6

西部大开发：一个大战略、大思路

　　中国的西部、俄罗斯的西伯利亚、巴西的亚马逊河流域被公认为世界上最具开发潜力的三大地区，其中，中国西部被列为首位。

　　西部地区占全国国土面积的 71.4%，截至 2000 年末，总人口、国内生产总值分别占全国的 28.1% 和 17.2%。这里分布着众多的高原和山脉，但由于历史和自然等原因，这里却成为中国经济与社会发展版图上的"谷底"，人民生活最贫困的地区。不断扩大的东西部地区差距，越来越成为困扰中国经济社会健康全面发展的大问题。

　　欲发展中国，须发展西部。担当着民族复兴重任的中国共产党人义不容辞地承担起这一历史使命。

　　1956 年，毛泽东从实现区域协调发展出发，在《论十大关系》中明确提出要处理好沿海和内地的关系，平衡工业布局，大力发展内地工业。在这一思想指导下，"一五""二五""三五"时期，国家集中力量在西部地区布局了一批钢铁、煤炭、电力、机械等重大项目，组织了大规模农业开发，西部地区长期贫困落后状况开始改变。

　　当改革开放的春风吹向中国大地之时，东部沿海地区得风气之先，发展龙腾虎跃，一马当先。此时，邓小平在关心东部地区发展的同时，始终牵挂着中西部地区发展。1988 年，他从我国现代化建设全局出发，提出了

◎ 西部大开发

2004年12月1日，克拉2气田作业区工程技术人员为西气东输气源井放喷。西气东输是党中央国务院西部大开发的标志性工程。（新华社资料照片）

"两个大局"的战略思想：沿海地区要加快对外开放，较快地先发展起来，中西部地区要顾全这个大局；发展到一定的时候，又要求沿海拿出更多的力量帮助内地发展，沿海地区也要顾全这个大局。1992年，他在南方谈话中明确提出：在20世纪末达到小康水平的时候，就要突出地提出和解决这个问题。

当21世纪的曙光在东方初露之时，中国已经实现了现代化建设"三步走"战略的第二步目标，并准备向第三步战略目标迈进。亚洲金融危机发生后，中国面临着重大机遇和严峻挑战。尽管此时西部地区经济社会发展已取得巨大成就，但从经济总量和发展水平来说，西部地区与东部地区发展差异仍然较大。从1979年至1999年，东部地区经济总量平均增长7.8倍，翻了近三番，而西部地区仅增长5.7倍。西部12个省区市中有9个收不抵支。

1999年3月3日，北京春寒料峭。全国两会召开前夕，江泽民发表重要讲话。他指出，西部地区那么大，占全国国土面积一半以上，但大部分处于未开发或荒漠化状态。西部地区迟早是要大开发的，不开发，怎么实现全国的现代化？中国怎么能成为经济强国？这是发展的大战略、大思路。

6月17日，江泽民在古城西安系统阐述了西部大开发的战略构想。他提出，加快开发西部地区，对于推进全国的改革和建设，对于保持长治久安，具有重大的政治和社会意义。加快开发西部地区，从现在起，这要作为党和国家一项重大战略任务，摆到更加突出的位置。最后，他坚定地说，我们要下决心通过几十年乃至整个下世纪的艰苦努力，建设一个经济繁荣、社会进步、生活安定、民族团结、山川秀美的西部地区。

西部大开发战略作为我国社会主义现代化建设和中华民族伟大复兴的一项重大决策，被提上党和国家的重要议事日程。从此，一项关系中华民族长远发展的伟大事业在西部广袤大地上拉开帷幕。

中共中央做出西部大开发的战略部署，在全国人民中引起了强烈的反响，也在国际上引起了普遍关注，许多外国政府和国际组织表现出浓厚的兴趣。2000 年 6 月，美国、加拿大等 17 个国家的驻华大使、参赞，欧盟等 14 个驻华机构的代表对西安进行了为期两天的考察访问。为抓住西部大开发带来的商机，不少国家竞相在我国西部设立领事馆。2000 年 7 月，刚当选俄罗斯联邦总统的普京对我国进行国事访问，江泽民与普京在会谈后共同签署了北京宣言。应俄罗斯的强烈要求，宣言中写进了"中国和俄罗斯将探讨俄罗斯参与中国西部大开发的可能性，包括开发石油天然气田和铺设天然气管道"的内容。2000 年 4 月，时任新加坡总理吴作栋访问中国，在北京与我国领导人会谈结束后，就径直飞往西安，考察当地经济、文化等情况。

很多国际组织也希望在中国西部大开发中有所作为。在 2001 年重庆召开的中国西部开发国际研讨会上，联合国开发计划署官员表示，国际组织应该参与中国开发西部的行动，并扮演重要而积极的角色。世界银行官员当时也表示，将在未来三年内向中国西部地区提供至少十亿美元贷款，支持西部发展基础设施和节水项目。联合国教科文组织、工业发展组织等也对支持中国西部大开发表示了积极意向。

随着西部大开发战略的不断推进，西部地区焕发出了前所未有的蓬勃生机：

——以青藏铁路、西气东输、西电东送为标志，西部大开发战略将基础设施建设作为重点，先行建设，适当超前，西部地区基础设施建设取得突破性进展。

——以退耕还林、退牧还草、京津风沙源治理等六大生态环境保护工程为标志，将生态环保作为切入点，西部地区脆弱的生态环境逐步改观。

——以能源及化学工业、优势矿产资源开采及加工业、特色农牧产品加工业、装备制造业、高技术产业、旅游产业等六大产业为特色，西部地区将资源优势成功转化为经济优势，逐步形成不可替代的特色优势产业。

经过十几年不懈努力，西部地区基础设施建设取得突破性进展，生态环境保护成效显著，社会事业和人才开发得到加强，人民生活水平明显提高，城乡面貌发生历史性变化。西部大开发已经成为一项民心工程、德政工程，得到了各族群众的衷心拥护。

——综合实力显著增强。西部地区生产总值从 1999 年的 1.58 万亿元提升到 2012 年的 11.39 万亿元，年均增速 12.4%，占全国的比重由 17.9% 提高到 19.8%。地方财政收入从 1029 亿元增加到 1.28 万亿元，年均增长 21.4%，占全国的比重由 18.4% 提高到 20.9%。主要经济指标增速自 2007 年起连续 6 年高于东部地区和全国平均水平，初步形成了能源资源加工利用、装备制造、旅游、农牧业等特色优势产业，自我发展能力不断增强。

——基础设施建设取得突破性进展。"五纵七横"国道主干线西部路段全线贯通，区域内 8 条省际干线公路如期建成，公路通车总里程达 169 万千米，占全国的 39.8%；高速公路总里程达 2.9 万千米，占全国的 30.3%；94% 的乡镇通沥青（水泥）路。新增铁路营业里程 1.27 万千米，铁路总营业里程达到 3.7 万千米，占全国的 38.2%。

——生态建设和环境保护成效显著。退耕还林工程累计安排造林任务 4.41 亿亩，其中退耕地造林 1.39 亿亩，荒山荒地造林和封山育林 3.02 亿亩。退牧还草工程累计安排草原围栏建设任务 9.12 亿亩。

——人民生活水平显著提高。西部地区九年义务教育全面普及，累计扫除 1350 多万文盲。3700 多万城乡老年居民按月领取基础养老金，3500 多万城乡困难群众基本生活得到有效保障。

——改革开放不断深化。西部地区坚持发挥市场在资源配置中的基础性作用，大力提高经济的市场化、社会化程度，非公有制经济发展迅速，私营工业企业总产值、利润总额、从业人员分别达到 3.1 万亿元、2466 亿元和 394 万人。对内对外开放水平不断提升，2012 年实现进出口总额 2364 亿美元，是 1999 年的 17.3 倍。

西部大开发战略的决策，似如椽巨笔，勾画了西部地区发展的美好蓝图。西部大开发战略的推进，似如雷重锤，奏响了我国改革开放和社会主义现代化建设的雄浑鼓点。西部大开发不仅有力促进了西部地区发展，也为国家发展开辟了更为广阔的空间，有效地扩大了内需，有效地缓解了资源瓶颈，有效地改善了民生，为我国赢得了全局和战略上的主动。西部地区已站在新的历史起点上，未来必定更加美好。

10.7

喜看稻菽千重浪，最是风流袁隆平

2001 年 2 月 19 日，在庄严的人民大会堂，时任中共中央总书记、国家主席江泽民亲自为中国工程院院士袁隆平颁发了"国家最高科学技术奖"。袁隆平获此殊荣当之无愧，是他率先在世界上突破传统理论禁区，培育成功杂交水稻，被国际稻作学界誉为"杂交水稻之父"。

1964 年，还是湘西山区湖南安江农校一名普通教师的袁隆平，在偶然发现一株"鹤立鸡群"的天然杂交水稻的启示之下，梦想利用水稻的杂种优势达到大幅度提高粮食产量的目的，并为此开始了研究杂交水稻的探索之路。

他设想了利用水稻雄性不育性，通过培育不育系、保持系"三系"配套方法，来代替人工去雄杂交，生产杂交种子的路子，并在中国科学院出版的《科学通报》1966 年第四期发表了《水稻的雄性不孕性》一文。由于发表了这篇对杂交水稻而言具有划时代意义的文章，在动荡环境中，袁隆平的杂交水稻研究受到了国家科委和省有关部门的"特殊保护"。

1968 年，为了加快育种的步伐，袁隆平把杂交水稻科研的战线向南延长到云南和海南岛。每年 10 月，当寒风席卷洞庭湖畔时，他便带领助手到南国去育种。在那里，他们曾经历了地震的考验，经受了酷热的煎熬。无数烈日下，他们带上干粮来到田间，常常在水田中一泡就是几小时，顾不上中暑的威胁，耐心地观察，忘我地工作，渴了，饿了，就坐在田埂上喝

◎ 喜看稻菽千重浪

2016年9月22日，袁隆平在"广湘24S/R900"杂交稻示范田边等待
测产工作开始。（新华社记者李尕摄）

几口水，啃几口馒头……1970年的一天，他们在海南岛上一片沼泽地的小池塘边发现了雄性败育的野生水稻——"野败"，因此为杂交水稻科研打开了突破口，成为杂交水稻材料探索中的一个重要转折。1973年第一个具有较强优势的杂交组合"南优2号"获得了成功。

杂交水稻在实践中立刻显示出了它的增产效应，单产一般比常规稻增产20％左右。1975年，全国多点示范杂交水稻5600多亩，1976年迅速扩大到208万亩，并在全国范围开始大面积应用于生产。从1976年大规模种植到2006年止，我国累计推广种植杂交水稻56亿多亩，增产5200多亿千克，为发展粮食生产做出了历史性贡献。1980年和1981年，我国的杂交水稻技术先后转让给美国圆环种子公司和卡捷尔公司。这是我国第一个转让国外的农业专利技术。从此，杂交水稻技术走出了国门，开始向世界传播。2007年有7个国家推广杂交水稻，面积超过3000万亩，比当地良种增产20％～40％。真可谓一粒种子改写了历史，一粒种子改变了世界。

杂交水稻的成功带来了巨大效益，为解决中国的粮食需求问题发挥了极其重要的作用。因此，这项成果1981年获得了国家特等发明奖。据说在湖南农民中流传着这样的顺口溜："吃饭靠'两平'，一靠搞责任制的邓小平，二靠培养出杂交稻的袁隆平。"湖南省郴州市北湖区华塘镇塔水村养蜂专业户曹宏球多年来种植袁隆平教授等培育成功的杂交水稻不断获得增产，他利用杂交水稻花粉养蜂解决了南方夏季养蜂花粉资源少的矛盾，还可增加杂交稻产量，科学种养使他逐步由温饱走向小康。为表敬佩之情，他还专门耗资5万多元请人在村里为袁隆平雕塑了一座汉白玉肖像。

与此同时，杂交水稻也受到了世界的关注，它的发明人——袁隆平，作为世界上第一位成功利用水稻杂种优势的科学家，先后获得了联合国知识产权组织"杰出发明家"金质奖、联合国教科文组织"科学奖"、英国让克基金会"让克奖"、美国费因斯特基金会"拯救世界饥饿奖"、何梁何利基金奖、联合国粮农组织"粮食安全保障奖"、日本"日经亚洲大奖"、日本"越光国际水稻奖"等荣誉，并被授予作物杂种优势利用世界"先驱科学家"称号。印度农业部前部长斯瓦米纳森博士曾经感慨地说："袁隆平的成就不仅是中国的骄傲，也是世界的骄傲。他的成就给世界带来了福音。"美国前总统顾问帕尔伯格教授则称赞袁隆平："他的研究成果击退了饥饿的威胁，袁正引导我们走向一个营养充足的世界。"

成功与光环并没有使这位科学家止步。1986年，他站在更高的起点上，提出了杂交水稻的育种战略，将杂交水稻的育种从选育方法上分为三系法、两系法和一系法三个发展阶段，即育种程序朝着由繁至简而效率越来越高的方向发展；从杂种优势水平的利用上分为品种间、亚种间和远缘杂种优势的利用三个发展阶段，即优势利用朝着越来越强的方向发展。根据这一设想，杂交水稻每进入一个新阶段都是一次新突破，都将把水稻产量推向一个更高的水平。

1987年，国家"863"计划将两系法杂交水稻研究立为专题，袁隆平挂帅组成了两系法杂交水稻研究协作组。1995年8月，在湖南怀化召开的"863"计划两系法杂交水稻现场会上，袁隆平郑重宣布：我国历经9年的两系法杂交水稻研究已取得突破性进展，可以在生产上大面积推广。

1997年，袁隆平又提出了超级杂交稻育种技术路线。第一期亩产700千克，已于2000年实现并在全国大面积推广；第二期目标亩产800千克，从2003年起开始百亩片示范种植，到2004年全面达到目标，比原定计划提前了一年；第三期目标亩产900千克，已于2011年攻关验收。2013年，研究亩产已经达到988.1千克。这标志着我国杂交稻技术在世界继续保持领先地位。

"与大地贴得更近，看天空才会更远"，这是袁隆平的名言。半个世纪来，袁隆平一身泥、一身水奋斗在田间，被称为"中国最著名的农民"。与百姓贴得更紧，与大地贴得更近，袁隆平找到了更高的目标，找到了更大的舞台。对于未来，袁隆平曾袒露心扉："我曾经做过一个梦，梦见我们试验田里的水稻长得像高粱一样高，稻穗有扫帚那么长，谷粒有花生米那么大，我和几个助手就坐在像瀑布一样的稻穗下面乘凉，我把这个梦叫做'禾下乘凉梦'，但愿这个美梦早日成真，在我有生之年能亲眼目睹。"

10.8

申奥成功：今夜属于北京，今夜属于中国

2001 年 7 月 13 日——对于每个中华民族的儿女来说，这一天注定是个不平凡的日子。就在这一天，在俄罗斯莫斯科举行的国际奥委会第 112 次全会中，全体委员将投票选举出第 29 届奥林匹克运动会的举办城市。就在国际奥委会主席萨马兰奇念出"北京"时，所有的中国人都沸腾了，中国体育界几代人的努力在这一刻终于结出了丰硕的成果。

这一刻，中国人的情绪是微妙而复杂的。1993 年，在摩纳哥蒙特卡洛，北京曾经申办过 2000 年奥运会，但以两票之差败给悉尼，饱尝了遗憾的滋味。

申奥失利的第二天，《人民日报》发表题为《坚定不移地走向世界》的评论员文章。文章中谈道："得而不骄，失而不馁，这是中国人民应有的气度和风范。'风物长宜放眼量'，来日方长，后会有期。我们相信，在这个占有世界 1/5 人口，有 960 万平方千米国土和 5000 多年文明史的东方国家，奥运会五环旗高高飘起的日子，不会是很遥远的。同胞们，让我们为迎接这一天的到来继续努力！"

10 月 1 日，邓小平在接见国家体委负责人时指出："申办不成功不要紧，最要紧的是办好我们的事情。"

中国并没有让世界等待太久，世界也没有让中国等待太久。中国在经

◎ 中国申奥成功

2001 年 7 月 13 日，北京市成功获得 2008 年奥运会主办权，40 万人自发来到天安门广场，欢庆申奥成功。（新华社照片）

过 8 年更加充分的准备之后，又一次站在申请举办 2008 年奥运会的讲台上。

2001 年 7 月 13 日上午，国际奥委会第 112 次会议在莫斯科举行。根据会议日程，9 时 30 分起，申请举办 2008 年奥运会的大阪、巴黎、多伦多、北京和伊斯坦布尔 5 个城市依次向国际奥委会作最后陈述。

15 时许，时任国务院副总理李岚清走上讲台，代表中国政府重申了对北京市申办 2008 年奥运会的全力支持。他用娴熟的英语向各位国际奥委会委员发出邀请："有朋自远方来，不亦乐乎？"其他陈述人员也都沉着自信地介绍了北京为申奥做出的巨大努力，大会上播放的纪录片充分展现了东方文明的魅力。北京代表团的精彩陈述多次被国际奥委会委员的热烈掌声所打断。

决定命运的时刻到了！会场里的空气似乎一瞬间凝固了。日本的大阪在第一轮投票时即被淘汰。18 时 08 分，计票结束，北京在第二轮表决时一举获得 2008 年奥运会的举办权。18 时 10 分，81 岁高龄的国际奥委会主席萨马兰奇先生对其他申办城市的杰出工作表示感谢，感谢他们致力于奥林匹克运动所做的巨大努力。随后，萨马兰奇当众打开密封的信袋郑重宣布：胜利者——北京！

一阵欢呼的滚雷掠过国际贸易中心，一直传播到万里之外的北京。大会现场内，北京奥申委代表团成员纷纷起身相互拥抱；一些国际奥委会委员从人群中挤过来向中国人民表示祝贺；离会场不远处的主新闻中心里，等候表决的众多中国记者跳起来，任激动的泪水滑过脸庞。在现场的女排名将郎平兴奋地说："这一刻我的感觉就像拿了奥运会冠军一样，特别激动，心情很难形容。"

数亿名中国观众通过电视观看了这令人激动的一幕，神州大地立刻陷入到了狂欢的状态中，在经历了 1993 年两票之差遗憾不敌悉尼的伤痛之后，北京始终坚持的努力终于得到了国际奥委会的最终认可。2008 年，世界的目光将聚焦中国、投向北京。

国旗在夜色中飘扬，鞭炮在夜空里炸响，人们欢呼着涌向街道、广场。这天晚上，40 万人自发来到天安门广场，欢庆申奥成功。江泽民等党和国家领导人来到了世纪坛，来到了天安门，和全中国人民共同分享这一难忘的历史时刻。一位记者在报道中写下了历史性的话语：今夜属于北京，今夜属于中国。

在北京大学百年讲堂前的广场上，学子们在大声欢呼，尽情跳跃。社会学系林彬教授动情地说："北大曾为我国运动员在国际赛场上的胜利忘情地喊出'振兴中华'。今天，我们骄傲地屹立在世界民族之林，强大的中国终于迎来这盼望已久的时刻，我们怎能不为之欢呼，为之狂舞！"

来自德国的留学生爱玛对中国朋友竖起了大拇指："我相信中国的实力，我知道中国能行！"西班牙巴塞罗那姑娘爱丽克丝干脆站在椅子上挥动彩旗："北京的变化太大了，中国一定有能力比我们办得更好！"

首钢第二炼钢厂一连铸车间工人耿荔枝，曾在8年前北京申奥失败时接受过中央电视台记者的采访。谈起这一次的成功申办，她感慨万分地说："申奥成功是众望所归，经过8年的建设，我们的综合国力大大增强，北京变得更漂亮了。"

国家社会对于中国申奥成功也给予了积极评价。在国家奥委会委员们投票前夕，美联社报道认为："中国申办奥运的意志是坚定的，过去20年中，作为体育爱好国家和奥林匹克社会的忠实参与者，中国获得的奖牌数目不断增加。对国际社会来说，在中国举办奥运会还有另外两个加分的有利因素，这就是中国经济的发展和正在准备向世界敞开的最大市场。"

日本《朝日新闻》在社论中说："作为拥有世界五分之一人口、仅次于美国和俄罗斯的体育大国，同时又是发展中国家的中国举办2008年奥运会，对促进世界人民之间相互理解的奥林匹克精神具有深远意义。"

德国《法兰克福汇报》评论认为："决定北京作为2008年奥运会举办城市有很多因素。其一是，如果占世界五分之一人口的国家当不上奥运会的东道主，就谈不上世界性的奥林匹克运动。"

北京申奥成功，其意义已远远超越体育层面，它标志着世界对中国的接纳与认可。与此同时，通过成功筹备和举办奥运会，将有力地刺激中国的改革开放，进而推动中国经济社会以及体育事业的全面进步与发展。2008年北京奥运会将使中国的社会更加和谐、更加开放，同时进一步助推中国现代化、国际化的进程。

10.9

"没有十几亿人口的中国参加，
世界贸易组织是不完整的"

坐落在瑞士日内瓦莱芒湖畔的世界贸易组织总部的正门，是两扇虽不大但很沉重的门。有人说它很好推，也有人说它很难推。

为了推开这扇门，中国人用了整整 15 年的时间。2001 年 11 月 9 日，世界贸易组织第四届部长级会议在卡塔尔首都多哈召开，全世界都把目光投向了这里。根据事先拟定的日程，第二天会议将审议通过中国加入世界贸易组织所有法律文件。11 月 10 日，随着世界贸易组织第四届部长级会议主席卡迈勒手中的一声槌响，《关于中国加入世界贸易组织决定》最终获得了通过，中国复关和加入世界贸易组织进程终于画上了圆满的句号。在场的人们瞬时全部站了起来，会场上响起了热烈的掌声。

这一天，中国终于走完了入世之路，全世界清晰地听到了中国走向世界的脚步声，中国改革开放的崭新一页就此掀开。世界贸易组织总干事穆尔用一句话评论说："中国入世是本次会议的最大收获。"

时任中国政府代表团团长、外经贸部部长石广生在决定通过后的发言中说："中国为复关和加入世贸组织做出了长期的不懈努力，充分表明了中国深化改革和扩大开放的决心和信心。加入世贸组织不仅有利于中国，而且有利于所有世贸组织成员，有助于多边贸易体制的发展。它必将对新世纪的中国经济和世界经济产生广泛和深远的影响。"

对于中国首席谈判代表龙永图来说，为了这一刻他已经等待了许多年："一锤定音！从 1986 年 7 月 10 日，中国驻日内瓦大使钱嘉东向关贸总协定递交要求恢复中国关贸总协定创始缔约方地位的申请起，中国进行了 15 年的复关入世谈判，黑发人谈成了白发人。这一天，对中国来说是一个历史性的日子。"

世界贸易组织（简称 WTO）是与世界银行、国际货币基金组织并列的现今全球最具广泛性的三大国际经济组织之一，其前身为关税与贸易总协定（GATT）。中国曾为 GATT 的 23 个创始缔约国之一，由于历史的原因，中国一度失去了这一地位。

1986 年 7 月 10 日，中国正式提出关于恢复在关贸总协定缔约方地位的申请。1994 年 4 月，中国同其他 122 个缔约方一道，签署了《乌拉圭回合谈判结果最后文件》和《建立世界贸易组织协议》。在乌拉圭回合谈判结束后的首次中国复关谈判中，鉴于世界贸易组织将成立，中国代表团表示希望成为世界贸易组织的创始成员国。然而，由于一些西方国家的反对，中国未能就这一问题与其他缔约国达成协议。

1995 年，世界贸易组织取代关贸总协定，中国复关谈判也转为入世谈判。在加入世界贸易组织的谈判过程中，我国始终坚持以下原则：第一，中国加入世界贸易组织是中国经济发展和改革开放的需要，同样世界贸易组织也需要中国，没有十几亿人口的中国参加，世界贸易组织是不完整的，也不利于世界经济的发展；第二，中国是一个发展中国家，社会生产力还不发达，只能以发展中国家的条件加入世界贸易组织；第三，中国加入世界贸易组织，权利和义务一定要平衡。

1997 年 8 月，中国与新西兰签署了世界贸易组织市场准入谈判的双边协议，新西兰成为第一个与中国结束双边谈判的西方国家。1999 年 11 月，中美两国在进行了前前后后 25 轮艰难谈判后，就中国加入世界贸易组织问题终于达成双边协议，这是中国加入世界贸易组织的关键性一步，剩下的似乎只是时间问题了。但是，中国还有一个丝毫不亚于美国的谈判对手——欧盟。由众多国家组成的欧盟，各国不同的利益都要在协议中得以体现，也就是说，中欧入世谈判实际上是一种单边对多边的谈判。2000 年 5 月，中国与欧盟也就中国加入世界贸易组织问题达成双边协议。2001 年 9 月，中国与墨西哥结束了关于中国加入世界贸易组织的双边谈判。至此，中国全部完成了与世界贸易组织成员的双边市场准入谈判。2001 年 11 月 10 日，中国终于成为世界贸易组织新成员。同年 12 月 11 日，我国正式加入世界贸易组织，成为其第 143 个成员。

对于中国来说，15 年的复关入世谈判，就是一个在政治和经济、规则和实力的

中国加入世界贸易组织签字仪式

SIGNING CEREMONY ON CHINA'S ACCESSION TO THE WTO

11 November 2001, Doha

◎ 中国加入世贸组织

　　2001 年 11 月 11 日，中国外经贸部部长石广生在卡塔尔首都多哈代表中国政府在中国加入世贸组织的议定书上签字。同年 12 月 11 日，中国正式加入 WTO，成为其第 143 个成员。（新华社照片）

较量和权衡中艰难行进的过程，一个在不同理念、不同体制、不同文化的碰撞和磨合中艰难行进的过程。加入世界贸易组织，充分展示了我国顺应经济全球化潮流、主动参与国际竞争与合作的积极姿态，也为我国赢得了更加良好的国际环境，有力地扩大了对外开放，促进了经济体制改革和经济结构的战略性调整，有利于增强我国经济发展活力和国际竞争力，总体上符合我国的利益需要。在美国哥伦比亚大学教授罗伯特·蒙代尔看来，中国加入世界贸易组织使中国更开放，更重要的则是确定了未来中国的发展方向。

对于世界来说，中国加入世界贸易组织，是世界贸易组织实现真正成为全球性组织目标的最重要的跨越。有人甚至认为，这是国际社会在21世纪的第一个里程碑。日本东京大学教授田中明彦认为，WTO规定了国际经济规则，中国加入WTO对中国来说是非常重要的事情。在世界其他国家看来，像中国这样的巨大市场在国际框架内按照共同的原则进行经济运作，这对世界、对邻近国家都是最好的事情。

入世之后，有人担心中国会出现就业机会锐减、农业崩溃、汽车业和IT业等新兴产业胎死腹中等问题，国外也有人认为，让这个市场经济不完善的国家加入崇尚自由贸易的全球机构，纵然没有毁灭性，也会具有破坏性。这些担心与1971年中国恢复在联合国合法席位前人们的恐惧几乎如出一辙。

现实情况与这些人的担心恰恰相反。2011年是中国加入世界贸易组织十周年，世界贸易组织总干事拉米给中国入世十年的成绩打"A+"。美国前贸易代表巴尔舍夫斯基坦承，中国入世十年使中美双方受益，中国等新兴经济体正日益成为全球重要的"蛋糕制造者"，中国经济快速增长已成为全球经济复苏重要引擎。韩国《首尔新闻》称，据世界银行估算，加入世界贸易组织十年来，中国企业每年获益400亿美元，但同时也拉动世界其他国家企业每年获得750亿美元的收益。美国宝洁公司董事长兼首席执行官麦睿博表示，中国加入世界贸易组织十年，不仅自己获益良多，也成为各国企业的最重要市场。就销售额来说，中国是宝洁公司的全球第二大市场。宝洁在中国投资了20亿美元，这些在中国的投资反而增加了美国本土的就业机会，尤其在工程、研发和金融等高技术行业。

在清华大学经济外交研究中心主任何茂春看来，中国加入世界贸易组织不仅是对外开放，也促进了中国国内的改革。过去十年，入世为中国自身的改革开放带来良好的机遇，中国在成为世界第二大经济体和最大出口国的同时，也解决了 13 亿人吃饭问题和数亿人的贫困问题。中国的法制、经济制度的改革进步明显，用十年完成了从不成熟的市场经济到完全市场经济的改革和经济法制化。

时间证明了一切，当初对于中国加入世界贸易组织的疑虑已经烟消云散。如今，卡迈尔手中的那把敲开历史大门的木槌，正静静地躺在中国国家博物馆的橱窗中，供人们去回味那段难忘的岁月。

第 十 一 章

发 展 新 篇

（2003—2007 年）

中共十六大后，在新的历史起点上，中国迈向了全面建设小康社会的新征程。

然而，进入2003年的春天，一场突如其来的灾难——"非典"降临了。在以胡锦涛为总书记的党中央的带领下，全国人民万众一心、众志成城，最终战胜了肆虐的"非典"疫情。在反思"非典"的过程中，人们也在思考：在改革发展新阶段，中国将树立怎样的新的发展理念？

实践中的难题，首先要从理论上破解。2003年10月，中共十六届三中全会明确提出了完善社会主义市场经济体制的目标和任务。就是在这次会议上，"科学发展观"被作为一项着眼于党和国家事业发展全局的重大战略思想正式提出。

在科学发展观的引领下，我国加快转变经济发展方式，国民经济朝着又好又快的方向不断迈出坚实的步伐。在科学发展的道路上，中国特色社会主义事业逐步形成了经济建设、政治建设、文化建设、社会建设四位一体的总体布局。

2003年10月15日9时，"神舟"五号在酒泉卫星发射中心顺利升空，16日晨，航天员杨利伟乘返回舱安全着陆，我国首次载人航天飞行取得圆满成功。

2003年秋天，中央做出"振兴东北地区等老工业基地"的重大决策，又一项促进区域协调发展的重大战略揭开了序幕。神州大地上，开始迎来各地区协调发展、共同发展的崭新局面。

在中国，农业、农村、农民问题一直是经济发展和社会进步的关键所在。2005年召开的中共十六届五中全会提出了建设社会主义新农村的重大战略任务，就是要按照"生产发展、生活宽裕、乡风文明、村容整洁、管理民主"的总体要求来发展农业、建设农村、造福农民。对中国9亿农村人口来说，2006年元旦是一个值得永久铭记的日子，从这一天起，农业税在全国范围内彻底废除。

进入新世纪，一年又一年的"环保风暴"在中国大地上刮起。我们的发展必须力求实现经济发展与人口资源环境相协调，使人民在良好生态环境中生产、生活，努力建设资源节约型、环境友好型社会，实现经济社会永续发展。

中共十六大以来，建设社会主义核心价值体系，进一步提高文化软实力，成为了先进文化建设的战略任务。道德是文化的底蕴，是民族的风貌。胡锦涛提出的"八荣八耻"，有破有立，言简意赅，对"荣"与"耻"赋予了全新的含义。

中共十六大以来，中央更加注重以改善民生为重点的社会建设。2006年10月，中共十六届六中全会专门做出了《关于构建社会主义和谐社会若干重大问题的决定》。在一项项重大举措中，中国改善民生、促进社会和谐的力度不断加大。学有所教、劳有所得、病有所医、老有所养、住有所居，开始成为亿万中国人民生活的写照。

新世纪，新阶段，两岸关系的发展也迎来了新的机遇。2005年4月30日，历经波折，海峡两岸国共两党主要领导人的手又一次握在了一起。

2007年10月，中共十七大召开，会议科学地回答了我们党在改革发展关键阶段举什么旗、走什么路、以什么样的精神状态、朝着什么样的发展目标继续前进等重大问题。在这次大会上，科学发展观同邓小平理论、"三个代表"重要思想一道，作为中国特色社会主义理论体系的重要组成部分，被写入党章。

在科学发展观的引领下，中国共产党正将中国这艘东方巨轮导向风正潮平的新天地。

11.1

抗击"非典"：构筑起众志成城的钢铁长城

2002 年 12 月 5 日，在中共十六大刚刚闭幕之后，新当选的中共中央总书记胡锦涛率领中央书记处全体成员冒着飞雪来到了西柏坡。53 年前，毛泽东和中共中央机关从这里出发前往北平，他说，我们此去是"赶考"。53 年后，胡锦涛踏上西柏坡，他说是来"上学"的。从"赶考"到"上学"，2002 年冬天的西柏坡之行，宛如历史的链条，将昨天和今天贯通一体，演绎着中国共产党人不变的情怀，昭示着中国共产党人如一的追求。

然而，天有不测风云。正当全党全国人民意气风发地为实现全面建设小康社会的宏伟目标而奋斗的时候，一场天灾却突如其来。

2003 年春天，一种被称为非典型性肺炎的传染病，在毫无预兆的情形下肆虐成灾。中国人口多、流动性大，疫情很快波及到中国大部分省、区、市，广东、北京等地尤为严重。据事后统计，全国内地除海南、贵州、云南、西藏、青海、黑龙江、新疆外，其余 24 个省份均有"非典"临床诊断病例报告。全国累计报告诊断病例 5327 例（其中医务人员 969 例），死亡 349 例。这不仅引起了全国上下的担忧，也受到了国际社会的高度关注。面对疫情的严峻考验，中国打响了一场抗击"非典"的人民战争。

4 月 14 日下午，在疫情十分严峻的时刻，胡锦涛来到广州的街头，他对市民说："我们很揪心"，"感到焦急"。在这次考察中，面对疫情蔓延中暴露出的问题，胡锦涛提出：要坚持全面的发展观，积极探索加快发展的新路子。中国共产党人用自己的方式向全国和全世界传达信息：在伟大的中国人民面前，没有克服不了的困难，没有战胜不了的风险。

应对非常危机，需要坚强手段。党中央和国务院决定，迅速将抗击"非典"等突发公共卫生事件的应急处理纳入法制化轨道。4月17日至5月9日，仅仅22天，一部新的行政法规——国务院《突发公共卫生事件应急条例》就完成了从起草到正式颁布施行的全过程。这是一项紧急立法，也是一项关系国家和人民生命安全的立法。

中国政府迅即调动46亿人民币用于安排建立各级疾病预防控制体系，100亿人民币用于安排"非典"防治。各项防范举措也连连出台：每天通报"非典"疫情的最新情况，让群众及时了解和防范；建立省、市、县三级政府防治工作领导机制，加强重点部位和环节的防控工作；确定"早发现、早报告、早隔离、早治疗"的措施，制定"就地预防、就地观察、就地治疗"的原则……一道"全民动员、群防群控"的钢铁长城迅速在社会上构筑起来。

4月24—30日，仅仅7天，北京市小汤山传染病应急医院就完成了基础工程、机构工程和设备安装调试。5月1日，这座可收治1000多名病人的高标准传染病医院迅速投入使用。6月20日下午，北京小汤山医院完成了一个多月的特殊使命，最后18名康复者出院，医务人员为病区贴上了封条。

6月24日，世界卫生组织宣布解除对北京的旅行警告，同时将北京从"非典"疫区名单中排除。

在这场没有硝烟的战斗中，一批英勇的医护人员冲锋在抗击"非典"的第一线，深深感动着每一位中国人。

2003年年初，正值"非典"在广东最疯狂的时刻。中国工程院院士、著名呼吸内科专家钟南山代表广州医学院第一附属医院呼吸疾病研究所，向省卫生厅慷慨请缨，"请把最危重的'非典'病人往我们这里送！"钟南山的名字以及他所代表的精神，从那一刻起，成为广东抗击"非典"斗争中一面飘扬的旗帜。在他的精神感召下，广州医学院第一附属医院的医护人员没有一人退缩，他们沉着应对，上下拧成一股绳，为抗非斗争做出了巨大贡献。2月18日下午6时，整整38小时没有合过眼的钟南山，在检查完病房走出来时，突然一阵天旋地转，一向以身体强健为傲的钟院士终于因过度劳累病倒。然而，他仅仅在家休息了两天，一退烧马上又投入了紧张的工作。"我们本来就是搞呼吸病研究的，抗击'非典'就是天职，正像排雷的

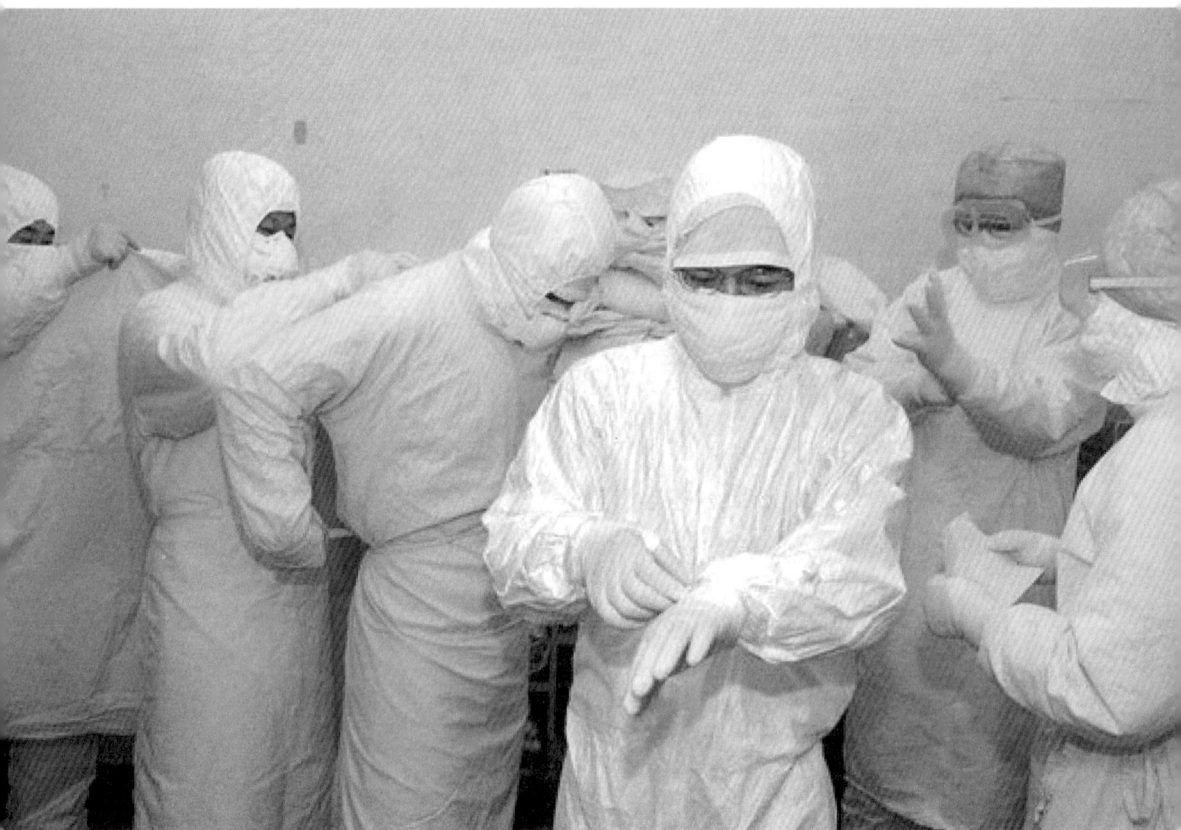

◎ 抗击"非典"一线上的医务人员

2003 年 5 月 5 日，在中国医学科学院"非典"治疗中心，准备进入病区的医护人员在穿防护服。(新华社记者陈树根摄)

碰到了地雷阵，你不上谁上？"钟南山用质朴无华的语言，诠释了对职业道德底线的理解。

在玉兰花开的时节，广东省中医院护士长叶欣永远离开了人世，她是抗击"非典"战役中第一位牺牲的医护工作者。生前，她留下了一句令人刻骨铭心的话："这里危险，让我来。"为了纪念她，人们在她生前工作过的地方安置了她的雕像。2003年5月12日国际护士节这一天，红十字会国际委员会也将南丁格尔奖章追授给这位白衣天使。

2003年的春天，无数中国人共同演绎了一个战胜病魔的故事。在一场记者招待会上，当有外国记者问胡锦涛担任中国国家主席7个月，面临的最大困难是什么时，他坦率地回答说："那就是防治非典。"他还说："我们总结经验教训，强调要做到经济社会协调发展，……我们希望从这个事情中能变得更聪明一些，能学到更多的东西。"

2003年7月，党中央、国务院及时召开全国防治"非典"工作会议。这是一次对我国经济社会协调发展做出战略部署的重要会议。胡锦涛在会上有这样一段深刻认识："发展绝不只是指经济增长，而是要坚持以经济建设为中心，在经济发展的基础上实现社会全面发展。"

8月，胡锦涛在江西考察时，明确提出要树立协调发展、全面发展、可持续发展的科学发展观。

在这年10月召开的中共十六届三中全会上，我们党进一步提出加快发展必须要注意统筹城乡发展、统筹区域发展、统筹经济社会发展、统筹人与自然和谐发展、统筹国内发展和对外发展。人们也注意到胡锦涛在这次会议上提出了一个全新的重大战略思想，那就是"坚持以人为本，树立全面、协调、可持续的发展观，促进经济社会和人的全面发展"。在2004年3月召开的中央人口资源环境工作座谈会上，胡锦涛进一步对科学发展观的深刻内涵和基本要求进行了全面阐述。

有什么样的发展观，就会有什么样的发展道路。自此，中国特色社会主义事业开始走上科学发展之路，辽阔神州掀开了激荡人心的发展新篇。

11.2

新农合：没想到咱农民看病也能报销了

　　看病能报销，曾经是城里人的专利，也是农民多年来企盼的一个梦。

　　随着国家的富强，这个梦终于变成了现实。如今，正像城里人有看病能报销的城镇医保一样，农民也有了看病报销、经济补偿的出处——新型农村合作医疗（以下简称"新农合"）。

　　2003 年 1 月，国务院办公厅转发卫生部等《关于建立新型农村合作医疗的意见》，新型农村合作医疗在中华大地的田间地头展开。区别于传统合作医疗，新农合制度是"政府主导"下的农民医疗互助共济制度，政府责任的到位有效保证了新农合的可持续性。经过 10 多年的发展，新农合制度框架已基本建立，管理体制和运行机制日趋完善，运行平稳。新农合制度产生了"农民得健康、卫生得发展、政府得民心、社会得和谐"的良好效应。

　　中国人的名字，常常与某些重大历史事件联系在一起。魏新合，一个普通的四川农村女孩，就是新农合制度的见证者。2006 年 1 月 1 日，四川省剑阁县剑门关镇风垭村农民王海芳，来到剑门关镇中心卫生院做产前检查。为了省钱，她准备回家生孩子。然而，医生告诉她，只要参加了新农合，住院分娩可以补偿 100 元。于是，她立即办理了手续。次日凌晨，王海芳顺利产下一名女婴。这是剑阁县启动新农合制度后的第一例新生儿。

当天，县卫生局长一行就来到病房看望她。王海芳的公公魏在烈是位老实巴交的农民，他一直在纳闷：生了个娃，住院费花了370元，为什么还要补100元？局长一解释，他才恍然大悟。老人说："新农合是个好政策，我想给孩子起个有纪念意义的名字，就叫魏新合吧。"

魏新合的故事，是新农合制度的一个缩影。2011年，全国参加新农合的人口达到8.32亿，参合率达到97%。新农合制度首次将所有农民全部纳入基本医疗保障制度的覆盖范围，使农民看病告别了"全自费时代"。目前，新农合制度成为世界上覆盖人口最多的基本医疗保障制度，也是具有中国特色的农村居民健康保障制度。

长期以来，在城乡二元结构的背景下，我国农民的医疗保障始终是一个沉重的话题。"小病拖，大病扛，实在不行见阎王。"这曾是我国农民的真实写照。其实，自新中国成立后，为解决农民的看病就医问题，党和政府一直没有停止过努力。从20世纪50年代起，农村合作医疗就开展得很好，在当时经济发展水平低、农民医疗需求低的背景下，缓解了农民看病吃药问题，被世界卫生组织誉为"发展中国家解决卫生经费的唯一范例"。然而，由于没有政府制度化的组织、牵头和财政支持，靠农民自愿的合作医疗制度在1979年后逐渐解体。

20世纪90年代，政府提出了"恢复和重建"合作医疗制度。但是，大部分试点无果而终，主要原因是政府坚持"筹资以个人为主，集体扶持，政府适当支持"。实际上，相当多的县乡财政是"吃饭财政"，难以支持农民医疗保障；乡村集体经济脆弱，无力扶持农民医疗保障。结果，担子最后还是压在了农民自己肩上，农民戏称是"春办秋黄"。到1998年，传统合作医疗覆盖农村人口比重只有6.57%，而且水平很低，绝大多数农民没有任何医疗保障。

吸取之前的教训，2002年10月，我国提出建立新型农村合作医疗制度。与传统合作医疗比较，新农合制度具有以下特点：一是筹资以政府补助为主；二是农民以家庭为单位自愿参加；三是以县为单位统筹基金管理；四是以大病报销为主；五是同步推进农村医疗救助制度。

2003年，各级政府对新农合的人均补助标准为20元，农民每人缴纳10元，人均筹资标准仅为30元。在历史上，这是政府第一次为解决农民的基本医疗问题而承担直接筹资责任。当时，也有很多人对"30元就能解决农民的看病问题"抱有怀疑的态度，毕竟新农合的"蛋糕"太小了。然而，新农合制度的生命力似乎超过了常人的想象力。目前，新农合基金的80%是由政府投入，财政资金已成为新农合基金的主要来源。2012年，各级政府对新农合的人均补助标准提高到240元，新农合筹资标准达到 290 元。随着筹资水平的提高，新农合提供的医疗服务包越来越大，不仅覆盖了住院服务，门诊统筹也已全面开展，门诊统筹基金比例逐年升高，覆盖 20 个病种的大病救助也在各地开展。

作为一项好政策，新农合得到了广大农民的真正拥护和信赖。让我们来听听农民的心声吧。

宋聚富是贵州省贵阳市乌当区下坝乡喇平村村民。2007 年 6 月，他读高三的儿子打篮球摔倒，竟摔成了脑挫伤，急需手术。当时，手术花了 19048.72 元，乡新型农村合作医疗办公室给报了 9147.64 元。这一合计，他们家 4 口人一年缴了 40 元，竟给家里省下了 9000 多元！难怪当地有人编顺口溜说："新农合，就是好。交十元，保一年。生了病，带上证。区乡村，定点医。现场免，不费劲。生重病，经转诊。备齐单，回乡办。按规定，报现钱。"

马国正是河南省焦作市温县祥云镇张寺村村民。2011 年，他得了结肠癌，一年化疗 6 次，花了 36000 元，出院时半小时就办好了新农合报销手续，费用直接扣除。他曾兴奋地告诉记者："'新农合'真是暖了咱农民的心。一年交 30 块钱存在账户上，没病了，保平安；有病了，管大用，我一场病报销了 20500 元！"

人患了大病能不能看得好是医疗技术的问题，但看不看得起是我们医疗保障制度设计的问题。据统计，参加新农合的农民住院个人需要承担的部分占年纯收入的比例，从 2003 年的 107% 已经下降到 2011 年的 30% 左右。很多患重病农民得到及时救治，避免了因病致贫、因病返贫的悲剧。经过 10 多年的时间，新农合从低水平起步，逐渐成熟和完善，取得了令世界瞩目的成就，为我国建立全民基本医疗保障制度奠定了坚实基础。

11.3

浩瀚太空迎来第一位中国访客

　　现代航天学和火箭理论的奠基人齐奥尔科夫斯基曾经预言："地球是人类的摇篮。人类决不会永远躺在这个摇篮里，而会不断探索新的天体和空间。人类首先将小心翼翼地穿过大气层，然后再去征服太阳系空间。"

　　遨游太空是中华民族的千年梦想，嫦娥奔月、敦煌飞天等神话传说，无一不表达着我们这个民族对天庭的憧憬、对太空的神往。这个梦想，终于在 2003 年 10 月 15 日上午 9 时得以实现。中国自主研制的"神舟"五号载人飞船在酒泉卫星发射中心发射升空。飞船准确进入预定轨道，将中国航天员杨利伟成功送上太空。中国人第一次乘自行研制的宇宙飞船，实现了飞向太空的历史性跨越。多少期待，多少奋斗，一朝梦圆九天，航天人笑了，笑声里饱含欣慰；全国人民笑了，笑声里充满自豪。

　　作为第一位来到茫茫太空的中国航天员，杨利伟在太空中看到的是一幅幅神奇美妙的景色。舷窗外，阳光把飞船太阳能帆板照得格外明亮，那下边就是人类居住了上万年的美丽地球。蔚蓝色的地球披着淡淡的云层，长长的海岸线在大陆和海洋间清晰可辨。飞船绕着地球高速飞行，90 分钟一圈，一会儿白天，一会儿黑夜，黑白交替之间，地球边缘仿佛镶了一道漂亮的金边，景色十分迷人。看到如此壮美的景色，杨利伟为祖国的科技发展和国力的不断强盛而感到自豪，为中国人飞上太空感到骄傲，并郑重地在飞行手册上写道："为了人类的和平与进步，中国人来到太空了！"当飞船飞行到第七圈时，他还在太空展示了中国国旗和联合国旗，表达了中国人和平利用太空，造福全人类的美好愿望。

杨利伟遨游太空的同时，正在国际空间站上居留的华裔美国宇航员卢杰用汉语向他致以问候："欢迎到太空来！""一路平安，愿你成功！"另一位俄罗斯宇航员尤里·马连琴科表示："我很高兴，太空中除了我和爱德华（卢杰的英文名）之外又多了其他的人。我知道中国有长城，我向所有中国人道贺。"

在绕地球环行 14 周后，10 月 16 日 6 时 23 分，杨利伟乘返回舱在内蒙古预定地区安全落地。杨利伟迈出舱门时说的第一句话是："我为祖国感到骄傲！这是祖国历史上辉煌的一页，也是我生命中最伟大的一天。"我国首次载人航天飞行的圆满成功，标志着中国继俄罗斯和美国之后，成为世界上第三个独立自主地完整掌握载人航天技术的国家。

消息传来，举国欢腾，群情振奋。"爱我中华！祖国万岁！"10 月 16 日上午，北京中华世纪坛一片沸腾，首都各界各族群众和来自 30 多所高等学府的大学生共 2000 多人在此隆重集会，热烈庆祝"神舟"五号载人飞船成功返回。10 月 19 日，数千香港市民在香港最繁华的街段再次举行庆祝游行。行进在中环渣打花园至修顿球场的街道上，人们手持五星红旗、特区区旗，横幅"中国人的骄傲"格外醒目。有的市民制作了"神舟"火箭的模型，有的市民举着真人大小的杨利伟画像。"你是我们的民族英雄！"的呼喊不断从人群中传出。

大洋彼岸，美国得克萨斯州的十几个华人团体联名发表贺文。他们以美妙的词汇表达了内心的喜悦：这里是古老传说"飞天"的故乡；这里是火箭发源的地方；这里曾孕育人类历史上尝试太空飞行的第一人——万户。如今，这神奇的土地上，鲲鹏展翅直上九天；茫茫长空，"神舟"与嫦娥共舞；浩瀚宇宙，"神舟"与吴刚同饮桂花酒。黑色的眼睛，首次在太空中透着对大地万物新的期望；千年的梦想，万众的期盼，化作"神舟"飞越太空的一道道光芒。让我们共同衷心地祝贺，人类征服宇宙的历史揭开了一个新的篇章！

国际舆论对于中国首次载人航天飞行取得圆满成功给予了高度赞扬。美联社发出了题为《中国第一位太空人平安返回地球》的报道。报道称，这次飞行的圆满成功是中国 11 年载人航天计划取得的最高成就，也是中国赢得世界声望的象征。美国哥伦比亚广播公司指出，中国成功实现航天梦，为最后实现登月计划铺平了道路。美

◎ 巡天骄子凯旋

2003 年 10 月 16 日 6 时 23 分，神舟五号载人飞船在内蒙古主着陆场成功着陆，中国首位航天员杨利伟自主出舱。

1970 年 4 月 24 日，我国第一颗人造地球卫星"东方红一号"成功发射，拉开了中国人探索宇宙奥秘、和平利用太空、造福人类的序幕。火箭研制、载人航天、嫦娥探月、空间交会对接、火星探测任务正式立项……航天事业从无到有、从小到大、从弱到强，并建立起独立自主、完整的航天科技工业体系，中国以扎实的步伐和不懈的努力，把航天梦写到外太空。（新华社记者王建民摄）

国有线新闻广播公司称，中国创造了太空历史。英国广播公司报道称，杨利伟在太空轨道度过了 21 个多小时，在时间上是小小的一步，但是对中国太空发展计划却是一次巨大的飞跃。《泰晤士报》的报道说，"神舟"五号是载着中国人决心变成世界强国的希望升空的。《印度快报》以《中国跳跃前进》为题发表评论，认为中国现在已超越欧盟，与美俄共同成为真正的航天大国，中国是能够做到这一点的第一个发展中国家。"神舟"五号的成功发射凸显了中国作为世界强国的迅速发展。韩国主流报纸称，"神舟"五号载人飞船的成功发射，向国内外显示了中国尖端技术的水平，中国国威大振，国力大增，中国共产党的威信提高，人民安定团结。

杨利伟近乎完美的飞天之旅，为中国载人航天工程的第一步画上了一个圆满的句号。正是这第一步，为中国人的飞天之旅搭建起牢固的天梯。在这之后，中国的太空探索之旅将会走得更高更远。

11.4

"共和国长子" 再出发

出山海关，一路向北，广袤的东北大地一直扮演着"共和国长子"的角色。新中国成立后，东北成为共和国工业的摇篮，新中国的第一架飞机、第一辆汽车、第一台机床、第一吨特钢、第一吨铝，都是在这里产出。铁人精神、大庆精神和"鞍钢宪法"等更是为新中国的发展贡献出一批宝贵的精神财富。

然而，20 世纪 80 年代以来，在市场经济大潮的冲击下，这里一度沉寂彷徨，东北老工业基地长期积累的体制性、结构性矛盾日益显现。曾几何时，提到东北人们就会联想到一个词语——"东北现象"：大批国有企业陷入困境，大量职工下岗失业，经济发展缓慢。沈阳市铁西区曾经够"铁"，数千户工业企业，曾集中了沈阳市一多半的工业资产、产值、利税。然而，随着企业体制性、结构性矛盾日益加剧，铁西区却变"软"了：许多企业停工停产，大批职工下岗，全区被戏称为"度假村"。

共和国不会忘记东北的贡献。2003 年 10 月，中央出台《关于实施东北地区等老工业基地振兴战略的若干意见》，做出"振兴东北地区等老工业基地"的重大决策，吹响了振兴东北的号角——免征农业税、增值税转型、完善社保体系、国有企业政策性破产、豁免企业历史欠税、中央企业分离办社会职能、厂办大集体改革、棚户区改造、资源型城市转型……一

◎ 振兴东北老工业基地

　　2003 年 10 月，中共中央、国务院正式印发《关于实施东北地区等老工业基地振兴战略的若干意见》，制定了振兴战略的各项方针政策，吹响了振兴东北老工业基地的号角。图为 2004 年 3 月 2 日拍摄的营口港货运码头。（新华社资料照片）

系列好政策给东北三省减轻了包袱、注入了活力。2007 年 8 月，国务院批复《东北地区振兴计划》，提出经过 10 到 15 年的努力，实现东北地区的全面振兴。改革开放的实践也一再证明，国家每一次重大战略的实施，都会带来一次前所未有的发展机遇。

　　倔强的东北人也认定一个理：树立科学发展观，靠改革开放，靠市场机制，靠自己的骨头长肉，实现老工业基地振兴。铁西区重新"铁"起来就是一个缩影，它曾面临艰难选择：是继续单纯注资拯救老企业，还是把企业放入城市发展大盘子中去搞活？铁西区选择了后者，毅然启动大规模搬迁重组，将数百家老国有企业从市区迁到沈阳经济技术开发区，利用中心城区和郊区的土地级差效益，实施企业转制和更新改造，优化股权结构，转活运行机制，数控机床、通用石化装备等传统优势产业再次站到世界前列。

　　沈阳机床股份有限公司在计划经济时期称雄国内，改革开放之后却陷入了发展困境。借助"振兴东北地区等老工业基地"决策和科学发展的东风，沈阳机床集团通过持续不断的自主创新，抢占机床工业技术巅峰，在产业高端提前布局。2004 年，他们以雄厚的实力和强劲的势头，全资并购了有 150 年历史的德国希斯公司，扩大了国际市场份额。如今，沈阳机床集团年销售收入超过百亿元，进入世界机床工业的前列。

哈尔滨量具刃具集团有限责任公司是国家"一五"时期 156 项重点工程中唯一生产精密量刃具产品的企业，到 20 世纪末，亏损近千万。不从产权制度上动手术，就很难从根本上解决企业机制不活的问题。2005 年，哈量集团完成了"国有控股、员工参股"的混合所有制改造，员工参股率达到 95%，占总股份的 44%，实现了产权制度的根本变革，经营状况逐步转好。2009 年，哈量集团与中国通用技术集团实现了联合重组，成为其控股总公司和先进制造业的产业平台。中国通用技术集团所具有的国际市场网络优势，为哈量集团进一步实现国际性全球化战略提供了更加广阔的空间和舞台。

深化国企改革的过程中，东北地区也在不断调整着产业结构。有人曾戏称吉林的经济是"二人转"：一个是汽车，一个是石化。现在，吉林又瞄准"黄金玉米带"，开拓新的增长点。2008 年，吉林农产品加工业实现年销售收入 2150 亿元，超过石化产业成为吉林的第二大支柱产业。

东北振兴不仅是 GDP 的增长，还是统筹协调的全面振兴。抚顺市北厚社区，几十幢红白相间、漂亮大方的六层楼房拔地而起，社区内绿地、路灯、体育设施一应俱全。而就在几年前，这里还是一个破败的棚户区。辽宁省大规模改造棚户区，用 3 年时间建起 2400 万平方米的新楼房，143 万人喜迁新居。居民吴玉华兴奋地说："咱寻思着这辈子就住煤棚子了。还是党的政策好，花个三四万元就住上这宽敞明亮的楼房了，冬天暖和，再也不用遭那劈柴、烧煤、倒灰的罪了。"

继 2003 年中央吹响振兴东北老工业基地的号角之后，2004 年 9 月，中部崛起战略在党的十六届四中全会上被提上日程。2006 年 4 月，中央发出《关于促进中部地区崛起的若干意见》，要求中部地区在发挥承东启西和产业发展优势中崛起。2009 年 10 月，国务院正式批准实施《促进中部地区崛起规划》，承东启西、连南通北的中部六省便与"崛起"联系在了一起。今日的中部地区，已经成为全国重要的粮食生产基地、能源原材料基地、现代装备制造及高技术产业基地和综合交通运输枢纽。

"不谋万世者，不足谋一时；不谋全局者，不足谋一域。"协调发展，发展是目的，协调是途径。从一开始，党中央就强调，对于起点、自身条件千差万别的不同区域，协调发展不是简单地"拉平"，更不是忽视自身发展条件的"齐步走"，而是因地制宜、审时度势地把握发展机遇、找准发展路径。"开发""振兴""崛起""率先"等看似简单的词汇，不仅蕴含着党中央、国务院对我国各个经济区域资源禀赋、发展前景的理性审视和深刻考量，也诠释着党中央、国务院对各个经济区域不同的发展期许。放眼神州，中部、西部、东北地区后劲十足，沿海与内陆各具优势，我国区域协调发展势头正劲。

姚明：中国出口的 NBA 巨星

　　一个篮球运动员，两度被美国《时代周刊》评选为年度"世界最具影响力的 100 人"，成为东西方文化的桥梁，姚明创下了这样的奇迹。2002年，他以状元秀身份被 NBA 的休斯敦火箭队选中。2003 年至 2008 年连续六个赛季入选 NBA 西部全明星阵容。NBA 赛场内外，姚明用顽强进取、睿智幽默、谦逊大气、平易善良这些极具东方色彩的精神品格，赢得了世界，让世界对中国有了新的了解与认识。

　　姚明从 9 岁开始学习打篮球，并不仅仅因为那时他的身高已超过了1.70 米。曾是优秀篮球运动员的姚明父母，希望儿子能凭借这项体育特长在考大学时得到加分。但这个愿望至今也没能实现——18 岁就进入中国国家队的姚明，还没等到机会上大学，就前往大洋彼岸，最终成为 NBA巨星。

　　从 2002 年进入美国 NBA，踏上代表世界最高篮球竞技水平的舞台开始，姚明的名字经常与一个有 13 亿人口和 5000 年文明的国度联系在一起，并且往往超出体育范畴。他曾被中央电视台评为首届"感动中国"2002"十大年度人物"，颁奖词这样写道："他用高超的体育技能，在一个强手如林的国家运动项目中占有了一席之地，成就了很多人的梦想，更成为中国人的骄傲。他出色的表现和随时听从祖国召唤的爱国精神，使

◎ 姚明：中国出口的 NBA 明星

2004 年 4 月 19 日，火箭队球员姚明（右）与洛杉矶湖人队中锋"大鲨鱼"奥尼尔在 NBA 季后赛中对抗。（新华社照片）

他带给人们的思考已经远远超过了体育本身。对祖国的情感，对现在的把握和对未来的期待，都将使他成为中国体育和 NBA 的历史人物。"

姚明被视为中国的名片，不少美国人曾认为中国人是古板的、落后的，可是2.26 米的姚明和他的打球方式给美国人带来了完全不同的感受。他谦逊而彬彬有礼的举止，让美国人耳目一新。现任国务委员、前中国驻美大使杨洁篪曾给姚明取了个别号——"中美外交的民间大使"。2002 年，老布什总统在拉着姚明合影时说："姚明是美中文化交流领域中国对美国的'最大出口'。"

毫无疑问，姚明在 NBA 的几年间，在美国人心目中树立了中国人的新形象，姚明也因此成了美国人眼里的"中国名片"。这张"名片"有时相当管用。在姚明加盟之前，休斯敦火箭队主场里没有任何与中文有关的内容。姚明来了以后，门卫只要看到亚裔人，立即会用中文问候"你好"。而每逢中国重要的节日，如春节、元宵节，原本只在华人社区活跃的一些歌舞团也会被请到丰田中心去献艺。可以说，姚明身上折射出来的中华文化的底蕴，改变了许多美国人对中国的看法，同时也让美国人最喜爱的篮球运动打上了中国印记。每逢休斯敦火箭队主场比赛，全场上万人的呐喊声会让人热血沸腾。当地观众只要看到中国人，都会伸出大拇指，用不太熟练的普通话"姚明""谢谢"等来表达他们对姚明的热爱。

姚明还用实际的言行改变了许多美国人对于中国的误解。美国人不理解中国的计划生育政策，常常问姚明为什么没有兄弟姐妹。姚明曾这样解释道，中国的国土面积和美国差不多大，但人口是美国的 6 倍，就好比把你的工资分成 6 份，你只拿六分之一，这种生活质量你能接受吗？如果中国人想在资源有限的情况下过得更好，就别无选择，只能采取这种办法控制人口的过快增长。他这样一说，美国人虽然还是不认同，但至少能表示理解。

姚明被视为东方的英雄。美国是一个崇尚个人英雄主义的国家，在他们看来，姚明是一个"东方式的英雄"。在纽约一位教授的眼里，姚明不仅是一位聪明、不怕挫折、高大英俊的青年，还是一位严于律己、有善心、有团队精神、能处处替他人着想的英雄，他身上集中体现了东方文化的内涵，他的优秀怎么形容都不算溢美。但是，姚明却自谦地说："我没觉得我是英雄。小时候大家说的英雄几乎都是为国捐躯的，长大了大家认可的体育英雄，比如李宁和中国女排，他们取得的成就都是我比不了的。"

姚明的良好形象影响了很多华人，他们教育孩子要"努力成为像姚明那样的人"。因为姚明，很多华裔孩子学中文有动力、有激情了，一些美国人也因此开始学习中文。有姚明打球的赛季，姚明球迷俱乐部能帮火箭队多卖两万多张票，仅是休斯敦的华人贡献给火箭的财富就高达 100 多万美元。

姚明被视为文化的品牌。姚明曾在一次演讲中这样谈道："每一个人都要肩负起文化传播的使命。许多人称我为'中国形象代言人'。其实，我就是我，我只是展现了一个普通中国青年真实的自己。文化内涵的提升，需要自我修养的完善，这需要环境的熏陶和自我约束。严以律己、宽以待人，这是我们的传统美德。""体育、文化活动在跨文化传播当中的作用显而易见，而不能忽略的是，每个人都是文化的使者，只有大家从一点一滴做起，普及文明，消除不文明，我们国家的软实力才会增强，我们的华夏文明才更加具备传播的力量。"不少美国人正是通过姚明，才认识到中国文化的源远流长，对古老中国的神秘产生向往，甚至爱上中国，到中国旅游、经商或投资。有一次，中国驻休斯敦总领事馆的外交官到休斯敦一所高中去介绍中国文化。讲课前，他问孩子们中国的首都是哪里，有说北京的，也有说香港、上海的。当问起他们对中国有什么了解时，所有人异口同声地回答说"姚明"。火箭队老板亚历山大曾说过："姚明将成为体育史上最伟大的明星。从世界的角度来说，姚明的影响会超过迈克尔·乔丹，不仅仅在美国，而且是在世界。"对于这个评价，亚历山大的解释是，"我之所以说他会是体育史上最有影响力的人，是因为他的背后有那么多的中国人，有那么多的亚洲人。"

2011 年 7 月 9 日，NBA 官方网站称姚明已决定从 NBA 退役。7 月 20 日下午 2 时，姚明在新闻发布会上正式宣布退役。退役后的姚明，除继续管理上海大鲨鱼篮球俱乐部外，将更多的时间投向了公益事业。他曾在接受媒体采访时畅谈了自己对公益的理解："我在（做公益）之前从来没有感受到，体育人会有这么大的社会影响，这是一种自豪感。我们除了为国争光，还有这样的价值，可以去帮助别人，让别人高兴，让他们感到温暖。球迷在电视里看我们，感觉那么遥远。（我们做公益活动时）现在那么近，虽然我们做的事很多是微不足道的，但效果更好。"

破冰：一次穿越六十年的握手

2005 年 4 月 29 日 15 时，人民大会堂北大厅。时任中共中央总书记胡锦涛和时任中国国民党主席连战的手紧紧地握在了一起。这是 60 年来两党最高领导人的第一次会见，这一握，穿越了 60 年的历史风雨。

"度尽劫波兄弟在，相逢一笑泯恩仇"，60 年来，两党曾经兵戎相见。如今，两党领导人的握手为过去的恩怨画上了句号，也开启了两党交流与对话的历史新页。

自 1895 年起，台湾就成为中华民族心中的伤痛。一纸《马关条约》，台湾被迫与祖国分离了整整半个世纪。1945 年 8 月 15 日，日本宣布无条件投降，台湾终于回到祖国母亲的怀抱。然而，由于 1949 年国民党政权败退台湾，两岸从此开始了长期的军事对峙，通商、通邮、通航及人员往来全部中断。正如连战 4 月 29 日上午在北京大学演讲时所说："一条海峡阻隔了两岸，不晓得阻隔了多少家庭，造成了多少的不幸、哀怨，即使到今天，仍回荡不已。"

1979 年元旦，全国人大常委会发表《告台湾同胞书》，提出和平统一的方针，并首倡两岸"双方尽快实现通邮、通航"，"发展贸易，互通有无，进行经济交流"。时任国防部长徐向前当天宣布，停止对大小金门的炮击，持续了近 30 年的军事对峙终于结束了。

◎ 胡锦涛会见连战

　　2005 年 4 月 29 日，中共中央总书记胡锦涛在北京人民大会堂会见中国国民党主席连战。两人的这次握手，是时隔 60 年两党最高领导人的历史性握手。（新华社记者樊如钧摄）

为了进一步推动两岸关系的发展，1981 年 9 月 30 日，时任全国人大常委会委员长叶剑英发表"关于台湾回归祖国，实现和平统一"的九条方针政策。1982 年，邓小又提出"一国两制"的构想，在台湾岛内引起强烈反响。一位曾发起"老兵返乡运动"的台胞取道香港回到大陆，从广州、上海辗转回到故乡舟山。在民众的强烈要求下，1987 年，台湾当局决定开放台湾同胞到祖国大陆探亲，两岸长达 38 年之久的隔绝状态终被打破。

1990 年和 1991 年，台湾海峡交流基金会（简称"海基会"）和大陆海峡两岸关系协会（简称"海协会"）相继成立，开始合作处理两岸之间各类突发事件。1992 年，两会经过商谈，达成各自以口头方式表述"海峡两岸均坚持一个中国原则"的"九二共识"。1993 年 4 月，海协会会长汪道涵与海基会董事长辜振甫，在新加坡正式举行第一次"汪辜会谈"。这是海峡两岸授权的民间机构最高负责人之间的首次会晤，也是 1949 年以来，两岸高层人士的首次接触。

在这之后，海峡两岸的经济交流和合作达到了相当的规模和水平，显示出蓬勃生机，从而使两岸同胞的利益和命运更加紧密地联系在一起，这就为中国共产党和中国国民党的主要领导人举行首次会谈提供了历史性机遇。

在与连战的会谈中，胡锦涛说："这是 60 年来中国共产党和中国国民党的主要领导人首次举行会谈，是一次历史性会谈，具有重要的历史意义和现实意义"，"我们共同迈出的这一步，必将记载在两岸关系发展的史册上"。连战说："中山先生曾一再要大家和平奋斗来救中国。相信秉持这样的精神，国共两党能够继续加强相互理解和信任，同时最重要的是给两岸带来一个亮丽、光明的希望和未来。"

这一天，胡锦涛与连战还共同发布了"两岸和平发展共同愿景"，向全国人民、向全世界宣布：

——坚持"九二共识"，反对"台独"，谋求台海和平稳定，促进两岸关系发展，维护两岸同胞利益，是两党的共同主张。

——促进两岸同胞的交流与往来，共同发扬中华文化，有助于消弭隔阂，增进互信，累积共识。

——和平与发展是 21 世纪的潮流，两岸关系和平发展符合两岸同胞的共同利益，也符合亚太地区和世界的利益。

胡锦涛与连战历史性的会谈及达成的"共同体认"，在台湾岛内引起强烈反响。岛内舆论认为，这为两岸关系的良性发展，为台湾海峡的和平与安定，开启了有利契机。台湾《中央日报》发表题为《坚持和平走向双赢》的社论，认为胡锦涛与连战会谈共同发布的"两岸和平发展共同愿景",几乎涵盖了两岸共同关切的所有问题。显而易见,双方都是以追求两岸和平发展为目标,以"九二共识"为基础,希望通过平等协商,促进合作交流。台湾《民生报》发表题为《和平之旅与两岸良性互动》的社评,认为连战隔海批判"台独",其实正是代表了大多数民众的心声。香港和澳门的舆论普遍认为,胡锦涛与连战会谈为促进两岸关系的和解、对话、和平和双赢开启了历史性的契机。

国际社会也高度评价胡锦涛与连战的历史性会谈。时任美国白宫发言人麦克莱伦在新闻发布会上说,美国对中共中央总书记胡锦涛和中国国民党主席连战之间的对话表示欢迎。他还说,海峡两岸的对话对促进地区的和平与稳定是重要的。日本《朝日新闻》认为,胡锦涛与连战的会谈,就反对"台湾独立"问题达成一致,并发表了海峡两岸重开对话、结束敌对状态以及缔结和平协定等促进两岸和平与发展的新闻公报,具有重要意义,有望成为缓和台湾海峡两岸紧张局势的契机。新加坡《联合早报》评论认为,胡锦涛是"求同存异",连战是"互助互赢"。双方的新思维,让追求"中华民族根本利益"之同,无碍"两岸同胞福祉"并存之异。

连战访问大陆带动了两岸之间一连串的互动——5月5日台湾亲民党主席宋楚瑜一行访问大陆,7月7日台湾新党主席郁慕明也率团访问了大陆。一种大趋势在两岸人民的不断接触中慢慢酝酿,渐渐形成。

2008年7月4日,大陆居民赴台游首发团成行,近700名大陆首批赴台游客梦圆宝岛。2011年6月28日,大陆居民赴台个人游正式启动,两岸民众你来我往的局面水到渠成,两岸"和为贵""一家亲"的理念逐步深入人心。

2008年12月15日8时47分,大陆和台湾两地航班,在两岸新航路交接点以西空域相遇,创下两岸空运交流的历史瞬间。

当天,海峡两岸分别在北京、天津、上海、福州、深圳以及台北、高雄、基隆等地同时举行海上直航、空中直航以及直接通邮的启动和庆祝仪式。两岸同胞翘首企盼已久的全面直接双向"三通",终于化茧成蝶。

2010年6月29日,海协会与海基会签署两岸经济合作框架协议,启动了两岸经济一体化进程,标志着两岸经济关系进入了合作深化、互利共赢的新阶段。

推动两岸关系和平发展,给两岸同胞带来了实实在在的利益和福祉,符合中华民族的根本利益。两岸统一是中华民族走向伟大复兴的历史必然。

《吉祥三宝》唱响 "爱与和谐" 的时代主题

"爸爸，太阳、月亮和星星是什么？／吉祥三宝。／妈妈，绿叶、花朵和果实是什么？／吉祥三宝。／爸爸，妈妈和我是什么？／吉祥三宝。／吉祥三宝，永远吉祥⋯⋯"

中央电视台 2006 年春节联欢晚会早已落下帷幕，但这首一家三口对答式的蒙族小曲《吉祥三宝》却在大街小巷广为传唱。这首犹如天籁的纯净民歌，让人们有一种久违的欣喜和感动，被称为当年 "晚会最大的亮点"。

《吉祥三宝》为何打动人心？因为它传递了一个当下人们深切关注的主题：爱与和谐。这首歌虽然曲调简单，却用草原般清新的风格，唱出了父母对儿女的疼爱、一家人对家的眷恋、人与自然的和谐，让人感受到万物和谐之美，宇宙、自然和亲情的对应与和谐，特别是诚挚温暖的亲情，与日月同辉，如草木代代荣生。《吉祥三宝》实际上是以歌的形式，对和谐社会的一种民间表达。

经济学家认为，在人均 GDP 达到 1000 美元后，人们的需求将不仅仅集中在物质上，还会有更多的精神文明的需求。按照国际发展的经验，当人均 GDP 从 1000 美元向 5000 美元迈进时，往往是产业结构剧烈变化、社会格局剧烈调整、利益矛盾不断增加的时期。从 2002 年到 2003 年，中国人均 GDP 从 988 美元到超过 1000 美元，这意味着中国面临一个分水岭。一方面，国内生产总值不断突破，外汇储备不断增加；另一方面，2004 年中国农民人均收入仅相当于城市居民收入的 1/3，城市里还有大批的失业下岗人口，中国地区差异也极为明显。联合国开发计划署的《人类发展报告》指出，在中国，贵州的人类发展指数刚刚超过非洲的纳米比亚，但是上海的人类发展指数则与西方发达国家葡萄牙相当。

环境、劳工、城乡和贫富差距等诸多问题，人们对于就业、教育、医疗、养老、住房的种种期待，舆论对于社会公平和正义越来越高的呼吁，如一团乱麻纠结在一起。我们要的到底是一个什么样的社会呢？

2004 年 9 月 19 日，中共十六届四中全会通过了《中共中央关于加强党的执政能力建设的决定》。在《决定》中，一个新名词——"社会主义和谐社会"引起了人们的关注。"和谐"，如春风拂面，让人备感亲切。2006 年 9 月，中共十六届六中全会通过了《中共中央关于构建社会主义和谐社会若干重大问题的决定》，提出建设民主法治、公平正义、诚信友爱、充满活力、安定有序、人与自然和谐相处的社会主义和谐社会。这就勾画出一条促进社会和谐的科学发展之路，将中国特色社会主义事业的总体布局发展为社会主义经济建设、政治建设、文化建设、社会建设四位一体。"和谐"与"富强""民主""文明"一起成为中国现代化建设的四个奋斗目标之一。

法新社的报道称，中国共产党 11 日承诺，将采取措施使和谐社会回到这个国家。《华尔街日报》报道称，这标志着社会问题第一次成为与政治和经济问题同等重要的国家议题。

中国共产党和中国政府从人民最关心、最直接、最现实的利益问题入手，加快推进以改善民生为重点的社会建设，真正做到发展为了人民、发展依靠人民、发展成果由人民共享。

从 2003 年起，国家逐步推行对农村义务教育阶段学生实行免除学杂费、免费提供教科书，补助家庭经济困难寄宿生生活费的"两免一补"政策，惠及 40 多万所义务教育学校和近 1.5 亿名学生。这项"善政"使至少 1.5 亿个农村家庭受益，还使大量辍学学生重返课堂。在国家"两免一补"政策支持下，宁夏固原市彭堡镇，村里女童的入学率过去不足 30%，而现在已达到 100%。可以说，一项好政策就是一片阳光，它带给贫穷地区孩子们的不仅是公平，还有温暖和幸福。2008 年 9 月 1 日，中国又实现了全国城乡免费义务教育。目前，中国人口中大学以上文化程度的有 1.19 亿人，实现了从人口大国向人力资源大国的历史性转变，正在向人力资源强国迈进。

中国共产党和中国政府高度重视促进就业和再就业。2006 至 2009 年，我国城镇新增就业年均增长 1100 万人以上，已提前实现"十一五"规划 5 年城镇新增就业 4500 万人的目标，越来越多的人喜捧"新饭碗"。国际金融危机过后，珠三角等局部地区还出现了"用工荒"，农民工特别是熟练工人在企业格外抢手。百姓的"钱袋子"更鼓了，2006—2009 年，城镇和农村居民人均可支配收入年均实际增长分别为 10.2% 和 8.3%。

从 2003 年起，新型农村合作医疗制度开始推行。随着《关于深化医药卫生体制改革的意见》的发布，中国新一轮医疗体制改革正式启动。这是维护十几亿人民健康福祉的重大民生工程。这次医改确立了把基本医疗卫生制度作为公共产品向全民提供的核心理念，让人人享有基本医疗卫生服务的目标，正在逐步成为现实。医改实施以来，中国已有超过 12.6 亿人参加基本医保，全民医保的制度框架基本形成，广大基层群众日益享受到医改带来的实惠。

从 2007 年起，农民也和城里人一样开始享受到国家提供的最低生活保障。仅在 2008 年，全国就有 6600 多万城乡居民感受到国家提供的这种温暖。中国养老保障体系覆盖面也正在不断扩大，养老保险为劳动者实现"老有所养"提供了基本依托。截至 2010 年，全国基本养老保险参保人数达到 2.5 亿人。从 2005 年到 2010 年，企业退休人员养老金实现"六连涨"，月人均基本养老金已经达到 1300 元左右。2009 年起，我国农民在 60 岁后也可以享受到国家普惠式养老保障。试点地区年满 60 岁的老人均已领到每人每月 55 元的基础养老金，预计到 2020 年将基本实现全覆盖的目标。中国社会保障的覆盖群体正在逐步扩大，向着人人享有社会保障的目标迈进。

安居才能乐业。近年来，中国积极推进城镇住房保障制度建设，从经济适用房、廉租房、安居房到公共租赁房、限价房，保障性住房供应体系日益完善，城乡人居环境大大改善，人们的住房水平不断提高。

在一项项重大举措中，中国改善民生、促进社会和谐的力度不断加大。学有所教、劳有所得、病有所医、老有所养、住有所居，开始成为亿万中国人民生活的写照。

音律和谐，必能弹奏出优美动人的乐章；社会和谐，必将带来政通人和、国泰民安的大好局面。

11.8

青藏铁路入云端

穿越世界上最大的"生命禁区",翻越海拔 5000 多米的唐古拉山口,一条钢铁巨龙蜿蜒 2000 千米,娓娓诉说着一部世界铁路建设史上的英雄史诗。

这就是世界上海拔最高、线路最长的高原铁路——青藏铁路。它东起青海省省会西宁市,南至西藏自治区首府拉萨市,全长 1956 千米,其中格尔木至拉萨段全长 1142 千米,位于海拔 4000 米以上的地段 960 千米。2006 年 7 月 1 日,青藏铁路全线建成通车,彻底结束了占全国 1 / 8 国土面积的西藏自治区不通火车的历史,填补了我国西部铁路网的空白。

建设青藏铁路是几代中国人梦寐以求的愿望,中国共产党和中国政府始终高度重视。早在 1958 年,青藏铁路西宁至格尔木段就开工建设,1979 年铺轨到格尔木。限于当时的经济实力和高原、冻土等筑路技术问题尚未解决,青藏铁路格尔木至拉萨段缓建。进入 21 世纪,中共中央从推进西部大开发、实现各民族共同发展繁荣的大局出发,做出了修建青藏铁路格尔木至拉萨段的重大决策,提出了建设世界一流高原铁路的目标。2001年 6 月 29 日,青藏铁路格尔木至拉萨段正式开工建设。

在之后的 5 年时间里,十万大军奋战在筑路第一线。他们修筑的不是一条普通的铁路,而是一条世界上海拔最高、穿越冻土区里程最长的高原铁路，还要修建世界上海拔最高的冻土隧道和世界上最长的高原铁路桥。充满智慧的建设者们凭借科技创新挑战世界极限，攻克了高寒缺氧、多年冻土、生态脆弱三大世界性难题，改写了世界铁路建设史。青藏铁路被国际社会誉为"可与长城媲美的伟大工程"。很多人感叹，如果没有雄厚的国力，没有勇攀科技高峰的精神，就不可能创造出在平均海拔4000米以上修建高原铁路的人间奇迹。

面对生命禁区高寒、缺氧的恶劣环境，面对技术更复杂、条件更恶劣、保障更困难、任务更艰巨的严峻考验，吃苦耐劳的建设者们没有退缩，没有气馁。"艰苦不怕苦，缺氧不缺精神，风暴强意志更强，海拔高追求更高。"从口号中，我们看到了他们艰苦奋斗、自强不息、坚韧不拔地创造历史伟业的精神。"白天劳累扯块白云擦把汗，爽；夜晚孤寂摘颗星星点盏灯，酷。"建设者们铿锵有力的宣言、以苦为乐的精神，感动了中国，震撼了世界。

上了青藏线，就是做奉献。在开工前一个月的一天凌晨，中国铁建第一勘察设计院兰州分院年仅28岁的助理工程师魏军昌因严重的高原反应导致急性肺水肿、脑水肿抢救无效而离世。当时他的妻子正怀有8个月的身孕。离家时，妻子曾问他生孩子时能不能回来，小魏抱歉地摇头，妻子又嘱咐他在青藏线寻思着给孩子取个名。谁知这一去竟是永别。在十万筑路大军中，有眼睛肿得睁不开依然坚守岗位的隧道工程指挥者，有在昆仑山地震时冲进隧道与塌方作抗争的班长，有放弃国外高薪的工作机会选择青藏线的大学生，有参加过青藏铁路一期建设的"老铁道兵"的儿子，有接到孩子的电话就忍不住流泪的母亲……这些无私奉献的青藏铁路建设者，怎不让人由衷赞叹，感佩不已？

2006年7月1日，青藏高原景色壮美，风光无限。时任中共中央总书记、国家主席、中央军委主席胡锦涛专程前往青海省格尔木市出席青藏铁路通车庆祝大会，并为青藏铁路首趟旅客列车开通剪彩。伴随着长长的汽笛声，格尔木至拉萨首趟旅客列车，载着600多位劳动模范代表、各族各界代表和普通旅客，缓缓驶出格尔木车站。胡锦涛向乘客们挥手致意，目送列车渐渐远去。

国外媒体在这一天高度关注中国青藏铁路全线通车的消息，指出这在世界铁路史上创造了新的纪录。罗马尼亚国家通讯社罗新社报道称，这是一条在世界海拔最高地区建造的铁路，是中国创造的了不起的英雄业绩，是世界铁路史上的奇迹。建造这条铁路是中国政府为鼓励开发西部贫困地区、使西藏能同繁荣的东部沿海地区相连接而做出的不懈努力。瑞士通讯社以《中国举行世界海拔最高列车开往西藏的通车典礼》为题，报道了青藏铁路通车的消息。报道说，这条铁路打破世界海拔最

◎ 青藏铁路全线通车

2006 年 7 月 1 日，青藏铁路全线通车了。看啊，列车呼啸而过。（新华社照片）

◎ 雪域高原进入铁路时代

2006 年 7 月 1 日，青藏铁路全线通车。在位于青海境内的沱沱河大桥桥头，当地群众挥舞着洁白的哈达，欢迎从格尔木出发的"青1"次列车。（新华社记者陈燮摄）

高铁路、最高车站、最高隧道等多项纪录，其最高点比秘鲁的安第斯山铁路还高出200多米。

"登昆仑兮四望，心飞扬兮浩荡。"两千年前的屈原留下了脚踏祥云游览昆仑的梦想。"而今我谓昆仑：不要这高，不要这多雪。"1935年，长征中的中央红军翻越岷山，面对如海的雪峰，毛泽东写下了《念奴娇·昆仑》，抒发了改造中国与世界的理想和抱负。而在21世纪的今天，奔驰在雪域高原的列车昭示世人：勤劳智慧的中国人民有志气、有信心、有能力不断创造非凡的业绩，屹立于世界先进民族之林。

飞驰的列车为雪域高原带来了加快发展的新机遇。青藏铁路低廉的物资运输成本，为沿线企业创造了良好的经济效益，使各族人民得到了实惠。铁路运输执行运价每吨千米为0.12元，比公路运输每吨千米低0.27元，按此单位运价测算，西宁到拉萨间每吨货物可节约运输成本528.12元。运输成本的降低提高了出青藏商品的价格竞争力，促进了青藏高原特色优势产业的发展。西藏冰川矿泉水有限公司"5100冰川矿泉水"年生产能力为30万吨，全部通过铁路运输进入内地市场。运输成本的降低也使大量质优价廉的商品进入西藏，在改善地区人民群众燃料和饮食消费结构的同时，也减少了居民消费支出，提高了居民的实际生活水平。

放眼整个西部，铁路建设正在加速推进。一批通达珠三角和环渤海地区通道、西北与西南地区通道、沿边境对外国际运输通道以及大型铁路枢纽建设等西部重大工程建设正在组织实施，西部的"幸福天路"还将更多更长。

在各族人民的共同努力奋斗下，西藏正以前所未有的速度追赶着全国发展的步伐，在推进跨越式发展中实现长治久安。

11.9

王三妮铸鼎：记录亘古未有的大事

　　2006 年，一座"告别田赋鼎"诞生在河北省灵寿县一位叫王三妮的普通农民家里。一位农民，为什么要铸这样一座鼎呢？这还要从我国农民自古就要缴纳的"皇粮国税"说起。

　　"皇粮国税"其实是民间对农业税流传已久的一种习惯称呼。中国古代赋税制度先后经历了夏商周时的劳役田租制、秦汉时的田租口赋力役制、魏晋南北朝至中唐的租庸调制、中唐至明中后期的两税法、明后期和清代的一条鞭法等五个相对稳定的主流税制。至公元 2005 年，中国农民缴纳农业税这一"皇粮国税"已经延续了 2600 多年。

　　新中国成立后，全国人大常委会于 1958 年颁布实施《中华人民共和国农业税条例》，统一了全国农业税制度，并一直延续了几十年。在特定的历史时期，农民的负担也是农民的光荣，农民认为那是支援国家建设义不容辞的责任。而实际情况是，随着时间的推移，农民的负担不断增长。用老百姓的话说就是"一税（农业税）轻，二税（三提五统）重，三税（乱摊乱派）是个无底洞"。

　　当历史的车轮驶进 2004 年，中国农村税费制度也迎来了重大变革。从这一年起，中国政府开始实行减征或免征农业税的惠农政策。2005 年 12 月 29 日，全国人大常委会通过决议，废止了《农业税条例》。从 2006 年

◎ 取消农业税

　　2006 年 12 月 5 日，王三妮在展示自己铸造的"告别田赋鼎"。河北省灵寿县清廉村农民王三妮，对国家取消农业税政策充满感激之情。他利用自家办的小型青铜工艺厂，铸成巨型青铜"告别田赋鼎"。青铜鼎直径 82 厘米、高 99 厘米，重 252 千克。（新华社记者侯东涛摄）

　　起，中国全面取消农业税，比原定用五年时间取消农业税的时间表，整整提前了三年。农业税的取消，标志着我国农村改革进入了以乡镇机构、农村义务教育和县乡财政管理体制改革为主要内容的综合改革阶段。与 1999 年相比，当年全国农民减负 1045 亿元，人均减负 120 元左右。这不仅仅意味着对农民和农业的扶持，更意味着国家从制度层面对农民权益的保护。

　　王三妮的老家灵寿县是国家扶贫开发重点县，早在 2004 年就率先免除了农业税。2003 年，王三妮家里七口人按每人 76 元的标准，缴纳了最后一笔农业税（含三提五统），一共 532 元。2006 年，有 14 亩耕地的王家享受到国家粮食直补一共是 216 元——多予少取，王家每年得到 748 元的实惠，差不多相当于 14 亩地纯种粮食带来收入的七分之一。

王三妮虽然文化程度不高，但却掌握了祖传的铸鼎技术，并在村里开了一家青铜工艺厂。他出于个人爱好和仿古工艺品制作的需要，平日里也看了不少典籍。太深的道理他讲不出，但《灵寿县志》上一首浅显而直白的明代征税诗，他早就倒背如流："南山遥接北山头，半是沙岗半是沟。百口二三无菜色，十家六七暗烟楼。垒磈满路难行马，草莽连坡只牧牛。借问征粮何以办？不堪父老泪双流。"灵寿县率先免除农业税，使王三妮特别兴奋。在他看来，这是亘古未有的大事。想想祖祖辈辈的艰辛，王三妮内心有一种见证历史的振奋，他觉得很有必要用铸鼎这种庄严的方式将这一亘古未有的大事记录下来。他曾告诉记者："2600 年来，农民种地缴纳皇粮国税，是天经地义的事。可咱们国家实实在在为农民考虑，不仅取消了农业税，还给粮食直补款，这在中国历史上是第一回啊！我就想着一定要通过自己的方式把它记录下来，让后代子孙永远铭记。鼎，在春秋战国时期是记述国家大事的。为记述取消农业税这件当代国家的大事，我决定铸鼎表心声。"

当时，王三妮的工艺厂经营效益并不是很好，而铸一座鼎要花七万多元，这对王三妮而言是一笔不小的支出，家里人有点不愿意。王三妮就劝家里人："国家颁布免征农业税的法令，做个鼎意义大。"

说干就干。铸模、刻铭、灌芯、铸造、切割、打磨、清砂、抛光……一年多时光悄然流走，到 2006 年 9 月 29 日，高 99 厘米、重 252 千克的"告别田赋鼎"成型。鼎上铭文记述了从春秋时代到改革开放以来赋税变迁给农民生活带来的影响和变化。一段铭文这样写道："我是农民的儿子，祖上几代耕织辈辈纳税。今朝告别了田赋，我要铸鼎刻铭，告知后人，万代歌颂永世不忘。"鼎上文字虽然朴实无华，但却让每一个读到它的人感到这是一位普通农民用中华民族最古老、最庄重的方式来感谢和纪念党的惠农政策。

王三妮铸鼎，代表了中国 9 亿农民的心声，也充分表达了农民自己的意志。农民种地缴纳"皇粮国税"，历朝历代都被认为是天经地义的事，在实行了 2600 年后的今天，一朝废除，对于广大农民来说，这该是多么重大的事件！中国彻底免除农业税，由一位朴实而又手巧的农民铸鼎纪念，使这一震动中外的历史性变革的政治价值和时代意义，凝结在一件韵味悠长的仿古青铜器作品中，从而成为永恒。

第 十 二 章

中 国 答 卷

（2008—2012 年）

在人们的心目中，2008 年是一个异常美好的年份，中国迎来了改革开放 30 周年，并成功举办举世瞩目的北京奥运会。然而，2008 年又是灾难深重的一年，重重喜悦之外，中华民族在实现伟大复兴的征程上跨越了南方雨雪冰冻灾害、汶川大地震等一道又一道险关，在大悲大喜的洗礼中愈加自强不息、顽强拼搏、努力奋斗。

2008 年 5 月 12 日 14 时 28 分，一场里氏 8.0 级特大地震在四川汶川发生，强烈的震感波及大半个中国。在中共中央、国务院、中央军委的坚强领导下，全党全军全国各族人民迅速打响了规模空前的抗震救灾斗争。"灾难无情、人间有爱，汶川加油、中国加油"，成为响彻中华大地的最强音。

"同一个世界，同一个梦想。"2008 年 8 月 8 日，北京奥运会开始了！来自 204 个国家和地区的 1 万余名运动员，不断挑战极限、攀越新高，奏响了更快、更高、更强的激情乐章，描绘了团结、友谊、和平的壮丽画卷。北京奥运会的成功举办，留给中国的不仅仅是奖牌和荣誉，更多的是百年梦圆的感受和百年探索的启示。

就在我国成功举办北京奥运会时，一场由美国次贷危机引发的金融危机开始在全球扩大蔓延，给中国经济发展带来严峻考验。中共中央、国务院审时度势，果断决策，采取有效措施加强宏观调控，着力扩大内需，转变经济发展方式，调整经济结构，加强农业基础地位，实现农民增收，坚持深化改革，扩大开放，实现经济平稳较快增长。一项项扩大国内需求、促进经济增长的措施迅速出台。2009 年成功实现"保八"，2010 年增速超过 10%，2011 年达到 9.3%，成为世界经济增长的强大引擎。一个充满活力、更加开放的中国，书写了一份让国际社会惊讶的中国答卷，也为国际社会共同应对危机、促进世界和平与发展带来了希望、信心和勇气。

2010年5月，第41届世界博览会在上海市隆重开幕。246个国家、地区和国际组织参展，7300多万人次参观。在这个全球性的文化盛会上，"世界智慧"和"中国之光"交相辉映。

在科学发展观的指引下，发展的大智慧不断转化为发展的大思路大战略，无限美好的发展前景在人们眼前逐步展现。2011年中国国内生产总值达到47.2万亿元，经济总量在世界的位次，从2002年的第6位上升到第2位。在全球500多种主要工业产品中，中国有220多种产量居世界前列，中国已经成为全球制造业第一大国。2002年到2011年，城镇居民人均可支配收入从7703元增长到21810元，农村居民人均纯收入从2476元增长到6977元，这是改革开放以来城乡居民收入增长最快的时期之一。

2012年11月8日，举世瞩目的中共十八大召开。在中国特色社会主义伟大接力中，中华民族迎来了一个关键"时刻"——

这一"时刻"，科学发展观同马克思列宁主义、毛泽东思想、邓小平理论、"三个代表"重要思想一道，成为党长期坚持的指导思想，中国特色社会主义展现出更为广阔的发展前景。

这一"时刻"，中国吹响全面建成小康社会、夺取中国特色社会主义新胜利的嘹亮号角，凝聚起全国人民奋进的力量。

这一"时刻"，一个政党又完成了一次新老交替，民族复兴的接力棒传到以习近平为总书记的新一届中央领导集体手中！

民族复兴伟业风帆正满，在新的历史起点再次起航！

12.1

汶川大地震：中国将半个国务院搬到了灾区

2008 年以来，我国自然灾害频发，从南方雨雪冰冻灾害到汶川地震，从西南特大干旱到玉树地震，再到舟曲特大山洪泥石流灾害……这些灾难的降临，仿佛在告诉国人，中华民族走向伟大复兴的进程并不平坦。同时，这也是对国家力量的检阅，更是对民族精神的锤炼。

2008 年 5 月 12 日下午 2 点 28 分钟，一场突如其来的大灾难把整个世界的目光都吸引到中国西南方向的四川，以汶川为震中爆发了里氏 8.0 级的大地震，灾区总面积 44 万平方千米，受灾人口 4561 万人。震后 13 分钟，全军启动应急指挥机制；震后不到 1 小时，胡锦涛总书记发出重要指示：要尽快抢救伤员，保证灾区人民生命安全；震后 2 小时，温家宝总理飞赴灾区，现场指挥抗震救灾工作；当晚，中央政治局常委会连夜召开会议，全面部署抗震救灾工作；国务院抗震救灾指挥部在灾区就地展开工作，有外国媒体称"中国将半个国务院搬到了灾区"。

在灾难面前，党和政府的基层组织始终奋斗在救灾第一线。一个支部就是一个堡垒，一名党员就是一面旗帜，一个干部就是一个标杆。四川安县桑枣镇飞龙村，90% 以上的房屋倒塌。村党支部书记夏平带领全村党员干部挺身而出，成为群众心目中"震不倒"的"脊梁"。在其他救灾现场，还坚持着无数这样"震不倒"的党支部和"不怕震"的党员

◎ 汶川地震中的人民子弟兵

2008 年 5 月 16 日，汶川地震震中区映秀镇数百名受伤灾民乘军用直升机撤离，前往成都大医院接受救治。

图为一名小战士抱着两个孩子奔跑，以便尽快将他们送上直升机转移。（新华社记者陈树根摄）

突击队。

在大灾大难面前，人民解放军和武警部队发挥了中流砥柱的作用。

南方的青松翠竹不会忘记，南方雨雪冰冻灾害发生后，人民子弟兵昼夜奋战在人迹罕至、冰雪覆盖的广大山区抢修电网，奋战在一条条交通要道上疏散旅客。

四川的青山秀水不会忘记，汶川地震发生后，200名勇士第一时间突进震中映秀，15名英雄留下遗书从5000米高空冒险跳伞茂县城，邱光华机组驾驶直升机抢险救灾不幸遇难，消防队员荆利杰跪着央求"让我再去救一个"。

大西南的红土地不会忘记，在抗击特大干旱中，人民子弟兵实施人工增雨飞行51架次，挖掘水井1113眼，帮助278万名群众解决饮水困难。

三江源头的雪山不会忘记，人民子弟兵冒着1300多次余震，从玉树地震的废墟中抢救出被埋群众1564人，救治伤员3万多名。

翻滚的白龙江不会忘记，经过人民子弟兵23个昼夜的奋战，狼奔豕突的江水终于被疏浚，舟曲县城重现生机。

一幅幅人民子弟兵舍生忘死的画面，一幕幕军民心手相连的场景，永远定格在亿万人民群众的心中。

在大灾大难面前，全国人民万众一心、风雨同舟。人们不会忘记，当南方雨雪冰冻灾害袭来时，湖南衡东县的刘吉桂三兄弟分别将44名乘客接到家中免费提供食宿，一住就是四天三夜；人们不会忘记，唐山农民宋志永和他的12名老乡，曾先后奔赴湖南郴州、四川北川和青海玉树等地进行救灾支援，他们用最朴实的行动，对"感恩"一词进行着完美诠释；人们不会忘记，汶川地震发生的一刹那，人民的好教师谭千秋张开双臂护住了4名学生，而他却献出了宝贵的生命；人们不会忘记，香港义工黄福荣多年热心公益，他曾在汶川地震灾区志愿服务两个月，而在玉树地震中，他为了搜救孤儿院的孩子和老师，却不幸罹难；人们不会忘记，舟曲特大山洪泥石流灾害发生后，武警舟曲县中队副中队长王伟因为公务紧急，没有接到妻子的电话，从此他再也拨不通妻子的电话……用力量传递力量，用真心印证真心，祝福汇成了情感的暖流，大爱化作了无疆的春晖。

回望这段岁月，有这样一些口号最为响亮。"人民生命高于一切"，"第一位是救人"，"一线希望，百倍努力"……在气壮山河的生死营救中，始终贯穿着以人为本、科学救灾的主线。2008年以来，我国共有22.6亿人次遭受各类自然灾害，因灾死亡失踪10.4万人，因灾直接经济损失2.4万亿元。而同样使人震撼的还有这样一组数字：汶川地震抢救生还者8.4万余人，玉树地震抢救生还者2000余人，舟曲特大山洪泥石流灾害解救生还者 1243 人。每一次救人天数都在 10 天以上，远远超过黄金 72 小时。

回望这段岁月，五星红旗曾三次为平民垂降——2008 年 5 月 19 日，2010 年 4 月 21 日，2010 年 8 月 15 日，国旗分别为汶川地震遇难同胞、玉树地震遇难同胞、舟曲特大山洪泥石流灾害遇难同胞而降。这是共和国给予逝者最高的祭奠，表达了对生命的尊重，更体现了以人为本的理念。

回望这段岁月，灾后重建经年不懈。四川德阳汉旺广场上那座著名的时钟，永远定格在灾难来临的那一刻，但我们的脚步却没有停留。震后第 37 天，国务院制定了《汶川地震灾后恢复重建对口支援方案》，统一部署对口支援任务。"一省帮一重灾县，举全国之力，加快恢复重建"，这一科学决策是汶川震后重建工作中最大的创新，这样的"汶川模式"后来在玉树地震、舟曲特大山洪泥石流灾害之后的重建工作中也被广泛运用。如果现在再去这些灾区看一看，我们会惊奇地发现，对口援建，使一个个受到重创的城镇迅速从灾难的阴影中走了出来，灾区正在谱写"区域协调发展"的新篇章。我们也会发现，灾区人民的生命意志是那样地自强不息，他们从灾难的记忆中挣扎出来，不等、不靠、不要，坚定、坚韧、坚强，用自己勤劳的双手重建美好家园，生活的美好在朗朗的读书声中，在袅袅的炊烟中，在大地田垄的绿色中延续、凝聚。

成功战胜自然灾害，充分彰显了我们党以人为本的理念、执政为民的情怀，彰显了社会主义制度集中力量办大事、团结各方渡难关的无比优越性。对此，国外媒体给予了高度评价。例如，汶川大地震发生后，新加坡《联合早报》5 月 20 日发表评论："世界在关切中国，中国在感动整个世界。感动世界的不是地震本身，而是中国人在面临灾难时所显现的民族精神，是赈灾过程中不同的角色所写下的一个个有关人的故事。这些故事正在形成一个大写的'人'字。正是这个'人'字，体现出中华民族的精神核心。"美国《时代》周刊撰文称："地震改变了世界对中国的认识，让人们对中国政府有了不同的了解。救援行动中最受广泛赞誉的是政府的反应和规模。即使是北京的批评者也对中国对大地震的迅速反应表达了钦佩。"美国《华盛顿邮报》网站 5 月 31 日发表评论："在这个月发生地震后，肩负着确保人民安全的重大责任，要考虑他们的需要，实实在在地解决他们的问题。这些地方官员在抗震救灾中所发挥的作用令人感动。"

12.2

北京奥运会：天神在中国的欢愉

　　1908 年，一本名为《天津青年》的杂志向国人提出三个追问：中国何时才能派一位选手参加奥运会？中国何时才能派一支队伍参加奥运会？中国何时才能举办奥运会？

　　1932 年的田径选手刘长春走上洛杉矶奥运会的赛场，回答了第一个追问；1936 年中国第一次派团参加柏林奥运会，让第二个追问有了答案；但最后一个追问，却让中国人用了整整 100 年来回答。

　　2008 年 8 月 8 日 20 时，第 29 届奥林匹克运动会在北京隆重开幕。为了这一刻，中国人民奋斗了整整 100 年。对于全世界来说，这都是中国时刻。

　　精彩绝伦的开幕式充分体现了中国悠久的文化、灿烂的历史，将"同一个世界，同一个梦想"的主题，演绎得淋漓尽致。

　　美联社以《中国大步迈上奥运舞台》为题报道："中国在这个星期五的晚上占据了世界舞台……真是美妙得令人难以置信。"

　　路透社报道称："北京奥运会开幕式是一场令人眼花缭乱、精彩绝伦的视觉盛宴，它充分展现了中国悠久的文化、灿烂的历史，并为我们描绘了一个全球和谐相处的动人景象。"

　　英国《泰晤士报》发表评论："北京精彩绝伦的奥运会开幕式将奥运开

◎ 奥运焰火点亮北京

2008 年 8 月 8 日晚，第 29 届北京奥运会开幕式在国家体育场隆重举行，开幕式上燃放的焰火照亮了北京城的夜空。

（新华社记者杨磊摄）

幕式的水准提升到一个全新高度，同时给伦敦奥组委出了一个大难题。"

在此后的 16 天时间里，204 个国家和地区的 1 万多名运动员同场竞技，实现着"更高、更快、更强"的梦想，是他们将体育精神带到一个新的高度。虽然"金镶玉"的奖牌只属于少数人，但奥运会没有失败者，参与比取胜更重要；在这 16 天里，45 亿观众收看了北京奥运会，北京奥运会成为奥运会历史上转播规模最大的一次；在这 16 天里，奥林匹克运动会这人类体魄与精神的大舞台，为我们呈现了多少精彩故事和传奇。体育是天神的欢愉，体育是生命的动力，奥林匹克的旗帜前所未有地将整个世界凝聚在一起。

8 月 11 日，北京奥运会女子花剑个人 1/32 决赛在击剑馆进行，加拿大选手栾菊杰 13：9 战胜突尼斯选手伊娜·布贝克里，取得她在北京奥运会上的首场胜利。赛后，栾菊杰在场上高举起"祖国好"的布幅，向现场观众表达心迹。时年 50 岁的栾菊杰是北京奥运会参加击剑比赛的所有运动员中年龄最大的。更为特殊的是，栾菊杰是中国首枚奥运会击剑金牌获得者，1984 年获得了洛杉矶奥运会女子花剑个人冠军。在她之后，中国击剑 24 年再没有人登上最高领奖台。退役 20 年后，已到半百之龄的栾菊杰复出了，虽然没能像 24 年前的洛杉矶一样所向披靡，但半百老将复出挥剑征战奥运的精神足以让世人敬佩，虽然 24 年后的体力已不足以支撑她在奥运赛场上披荆斩棘，然而她说："能在北京参加奥运会是我的梦想，现在终于实现了，我今后不会再有什么遗憾。"

8 月 17 日，美国"飞鱼"菲尔普斯拿下了他在北京奥运会的第 8 枚游泳金牌，打破 7 项世界纪录，并以 14 枚金牌的总数成为奥运史上夺金最多的运动员。

8 月 18 日，在男子体操吊环决赛中，倒数第二个出场的中国选手陈一冰，以近乎完美的表现征服了裁判和现场观众，16.600 的高分足以让陈一冰提前庆祝胜利。但是他在赛场上的一个小小的动作，却让我们看到了金牌意外的可贵。就在观众用排山倒海般的喝彩声为"吊环王"祝贺的时候，陈一冰却颇有大将风度地将手指放在嘴前，示意观众安静下来，因为后面还有一位选手即将登场比赛。此时的陈一冰，没有因激动而忘记运动员的职业素养，他的心里想着对手，这也许就是一位冠军的大度与坦然，陈一冰在尊重对手的同时，也赢得了别人的尊重。荣誉有归属，运动无国界。在奥林匹克旗帜下，只有"我和你"彼此之间的相互尊重，才能增进友谊、促进和谐，才能展现奥林匹克精神的魅力。

8 月 20 日晚，牙买加飞人博尔特以 19 秒 30 的惊人成绩，打破了已经保持了 12 年之久的 200 米世界纪录。当博尔特拥抱胜利的时候，中国人民用《生日快乐》的曲子拥抱了他。21 日是博尔特 22 岁的生日，当播音员宣布这一消息后，全场 91000 名不同肤色，来自不同国家、不同民族的观众齐声高歌，向博尔特送上祝福。8 月 23 日，他捐款 5 万美元，用于救治在汶川地震中因伤致残的儿童。

共同的理想，超越了信仰、文化、语言的障碍。正如国际奥委会主席罗格所言："这是一届真正无与伦比的奥运会。"

还是同样的场馆，同样的舞台。10 多天后，北京残奥会在这里上演了同样的精彩。在残奥会开幕式上，3 个月前在汶川地震中不幸失去左腿的北川女孩李月，坐在轮椅上圆了自己的"芭蕾梦"，继续着自己"永不停止的舞步"，令无数人为之动容。全世界从这位残疾姑娘身上看到了中国人民的坚强意志和向上品格。中国人用爱心和热情不仅精心装点了残疾人运动的舞台，而且还架起了一座心灵相互沟通的桥梁。

中国政府严格按照"两个奥运同样精彩"的郑重承诺，高举"超越、融合、共享"的理念，成功举办了一届充满温馨、享受运动的盛会。这是一场超越自我、珍视参与、享受快乐的人文盛会，展现了残疾人自强不息、乐观进取的精神风貌，谱写了壮丽辉煌的生命赞歌。

作为东道主的中国体育代表团顽强拼搏，奋勇争先，名列北京奥运会、残奥会金牌榜第一位，取得了运动成绩和精神文明的双丰收。

在北京奥运会和残奥会上，170万志愿者的灿烂微笑和贴心服务成为一道亮丽的风景。这些志愿者大多数生于20世纪八九十年代，被称为"鸟巢一代"。在志愿服务的日子里，他们"把汗水融化成满脸笑容"，甘做"幸福的螺丝钉"，被誉为"北京最好的名片"。作为在改革开放中出生和成长起来的中国年轻一代，他们以青春的活力、崭新的风貌、拼搏的精神淋漓尽致地展现了改革开放的伟大成果和美好未来。

中国人民通过举办北京奥运会、残奥会张开双臂拥抱世界，世界也回报中国以微笑，见识到一个越来越自信、成熟的中国。

路透社一位记者这样说："我1990年第一次来到这里时，北京是个相当难以亲近的地方。无论店主、售票员或宾馆前台都转身离去，希望烦人的外国人赶快消失。……如今，几十万年轻人，绝大多数是会说英语的志愿者，聚集到北京的大街小巷，热心地微笑着向人们提供帮助。"

日本《东京新闻》报道称："中国媒体公正评价日本选手的表现，观众为外国选手送上掌声，这些都显示了中国国际意识的成熟。"

《芝加哥论坛报》的记者写道："中国今天的开放程度几乎是不可想象的，世界上还没有一个国家会经历如此之快速的变化。"

12.3

阻击国际金融危机：
信心比黄金和货币更重要

　　2008 年 9 月 15 日，有着 158 年历史的美国第四大投资银行雷曼兄弟公司宣布申请破产保护。由次贷危机引发的国际金融危机自华尔街决堤而出，席卷全球：美国季度 GDP 创下 27 年来的最大降幅，道琼斯指数暴跌近半；日本、欧元区经济陷入严重衰退；反映国际贸易的领先指数——波罗的海综合运费指数高台跳水，短短 6 个月便从 11689 点下探至 663点……世界经济面临着二战结束以来的首次负增长。

　　在此后充满煎熬的一年内，面对经济急剧下滑的颓势，很多国家危讯不断，中国经济也遭遇改革开放以来罕有的巨大困难。中国出口骤然下滑，企业困难加剧，失业人数增加……

　　金融危机仿佛是上帝给世界各国政府出了一道考题，答案不尽相同，成绩有好有坏。在科学发展理念的指引下，中国书写了一份让整个世界羡慕的答卷。

　　这次国际金融危机来势凶猛，冲击的不仅是中国经济的增长速度，更是不合理的经济增长方式。珠江三角洲地区是我国出口型中小企业最为集中的地区之一，经济外向度高，不少工厂倒闭，大批工人回家。谁也不知道这场灾难会给中国经济带来多大的损失，曾有外国媒体如此预言："中国已经开始经济衰落，也许将比美国经济还要恶化。"

面对疑问，中国将交出怎样的答卷？

当国际金融危机袭来时，从中央到地方，都快速行动起来。中共中央迅速做出三个重要判断：我国发展的重要战略机遇期依然存在；我国经济发展的基本面和长期向好的趋势没有改变；危机给我国提出了前所未有的挑战，也带来了前所未有的机遇。这三个重要判断，打消了疑惧，稳定了人心，鼓舞了士气，明确了方向。

"信心比黄金和货币更重要"，中国以决胜千里的信心开始了一系列既解近忧又谋长远的"中国行动"。2008 年 11 月，领先于其他国家，我国及时出台了扩大内需、促进经济增长的十大政策措施，人称"国十条"。其力度之强、速度之快、规模之大、配套之全，前所未有。同时，对财政政策和货币政策做出重大调整，实行积极的财政政策和适度宽松的货币政策。从"国十条"到十大重点产业调整和振兴规划；从减税降息，到汽车、家电下乡；从两年新增投资 4 万亿，到全年新增信贷近 10 万亿。如此雷厉风行的政策调整，如此大规模的政府投资，仿佛是一套漂亮的组合拳，体现了我国从根本上扭转经济增速过快下滑的信心和决心。诺贝尔经济学奖得主彭斯曾判断，中国应对危机的力度最大、速度最快，应对危机的时间选择正确，延迟几个月就可能错失良机。美国经济学家斯蒂芬·罗奇认为，在经济困难时期，中国的指挥和控制体系比其他市场经济体系更有效。联合国一位经济学家也指出，中国出台的刺激措施是世界各国应对国际金融危机的一个战略转折点。

实打实的惠民举措也像一股股春风，温暖着中国百姓的心。2009 年前三季度全国跨地区就业农民工总量接近 1.52 亿人，比 2008 年年底增加 1157 万人；到 10 月底已建成廉租房 27.7 万套，开工建设 136 万套；到年底，城镇职工和居民参保人数将达到 3.9 亿人；新型农村社会养老保险试点正陆续启动……

当时，所有中央领导同志都身临一线，调研指导。踏遍神州的足迹凸显了三个主题词：信心、变革、合作，清晰地传递着应对冲击的"中国思路"。国际舆论评价："中国领导人展现出驾驭复杂局面的大智慧。"

历史常常在惊心动魄中留下深刻印记，也常常在峰回路转中写下绚丽篇章。仅仅一年之后，中国经济率先回升向好，交出了一份全球瞩目的中国答卷。

这是一份讲求质量的答卷。2009 年的中国生动诠释了"好"与"快"的发展辩证法。在稳定外需的同时扩大内需，中国经济的增长路径，开始转向依靠消费、投资、出口"三驾马车"齐头并进，增长更有质量，发展更有后劲。2009 年，我国就新建铁路和增建铁路复线投产里程达 9686 千米，新建公路 121013 千米，而在

2008 年，这两项数据分别为 3654 千米和 99851 千米。

这是一份孕育希望的答卷。2009 年冬天，在珠三角摸爬滚打 20 多年的企业老板陈锦波拿着手里的订单感慨万千。在国家政策的带动下，他们果断提升产品档次，曾经直线下降的订单量又恢复了过来。当中国经济回升的基础还不牢固时，上海就毅然决然取消了区县 GDP 排名。"我们不是不要速度，关键是要在转变发展方式、推进结构调整上下更大力气。"时任上海市市长韩正对此作了这样的注解。

这是一份充满温暖的答卷。"越是在经济困难的时候，越要高度关注民生"。中国没有照搬"凯恩斯式刺激"，也没有"撒胡椒面"，而是将一揽子计划重点锁定民生领域。GDP 增长的每一个百分点，都紧系着民众的福祉。2008 年年底，部分农民工失去工作返乡，为此，国家实施了更加积极的就业政策，通过落实"五缓四减三补贴"等措施，为企业减轻负担 400 多亿元，从而稳定了大量岗位。

这是一份共担责任的答卷。作为一个有 13 亿人口的发展中大国，中国把自己的事办好，本身就是对世界最大的贡献。据统计，国际金融危机爆发以来，中国成为带动世界经济复苏的重要引擎，2008—2012 年对世界经济增长的年均贡献率超过 20%。观看过电影《2012》的中国观众或多或少地都记得电影的结局：由中国制造的六艘"方舟"保证了人类的繁衍。而现实中的国际金融危机实实在在地因为中国经济的出色表现而扭转乾坤，重新给世界经济涂抹上新鲜的亮色。

在这份"中国答卷"上，我们看到了社会主义中国的"国家能力"。当外国政要确信"中国缺席的谈判没有任何意义"，当世人惊叹"2009 年的年度大事就是中国突然跻身世界外交和经济舞台最前沿"时，我们看到，经济实力、综合国力和国际影响力的上升，造就了中国举足轻重的地位。

在这份"中国答卷"上，我们看到了中国人民的勤劳与坚韧。2009 年岁末，美国《时代周刊》将"中国工人"评为年度人物。原因是：中国千千万万的普通工人使得中国在世界主要经济体中继续保持最快的发展速度，并带领世界走向经济复苏。

前进的道路总是越过一岭又一峰，闯过一关又一坎。面对未来，我们将继续书写好中国答卷。

三峡工程：神女应无恙，当惊世界殊

截断巫山云雨是中国人一个世纪的梦想。最早的设想出现在 20 世纪初孙中山先生的《建国方略》中，长江"自宜昌以上，入峡行"的这一段"当以水闸堰其水，使舟得溯流以行，而又可资其水利"。

新中国的建立，三峡工程被真正提上了议事日程。1956 年，毛泽东在武汉畅游长江时，用他惯有的浪漫勾勒出三峡工程的宏伟蓝图："更立西江石壁，截断巫山云雨，高峡出平湖。"但由于国力还无法承担这么庞大的工程，三峡梦依然只能是梦想！

跨入改革开放时代，在经过反复论证之后，三峡工程的世纪之梦也进入新的阶段。1982 年，改革开放的总设计师邓小平在听取准备兴建三峡工程的汇报时果断表态："看准了就下决心，不要动摇！"

历史将永远记住这一天：1992 年 4 月 3 日，承载中华民族世纪梦想的三峡工程议案，在七届全国人大五次会议上获得通过。三峡圆梦的号角终于吹响。

而梦想实施的背后，则是国力的日渐强盛。1978 年，我国 GDP 只有3624.1 亿元，人均只有 190 美元，到七届全国人大五次会议通过三峡工程议案时的 1992 年，我国 GDP 增加到 26638.1 亿元。正是由于国力的强盛，才破解了财力不支这个中华民族三峡梦波折起伏背后的重大制约。

1994 年 12 月 14 日，三峡工程正式开工；1997 年 11 月，成功实现大江截流；2003 年 6 月蓄水至 135 米，进入围堰挡水发电期，三峡双线五级船闸通航，首台机组发电；2006 年 5 月，三峡大坝全线建成，9 月，三峡工程实行第二次蓄水，成功蓄至 156 米水位，标志着工程进入初期运行期，开始发挥防洪、发电、通航三大效益；2008 年 9 月，三峡工程开始首次试验性蓄水，10 月，三峡大坝左右岸 26 台 70 万千瓦巨型水电机组全部投产，11 月，水库水位达到 172.8 米；2009 年 8 月，长江三峡三期枢纽工程最后一次验收——正常蓄水 175 米水位验收获得通过，标志着三峡枢纽工程建设任务已按批准的初步设计基本完成，三峡工程可以全面发挥其巨大的综合效益；2010 年 10 月，三峡水库首次达到 175 米正常蓄水位；2012 年 7 月 4 日，三峡电站最后一台机组正式并网发电。这意味着，经过 10 多年的安装、调试，三峡工程设计安装的机组全面完工并投产发电。总装机容量 2250 万千瓦的三峡电站全面建成投产，成为世界最大水电站和清洁能源基地。

纵观世界历史长河，大工程多形成于昌隆盛世。三峡工程的顺利建成归功于改革开放，归功于我国综合国力、经济实力、科技能力的整体提升和逐步强大。浩浩长江，巍巍三峡，铸就的是一个民族的伟大和骄傲，它印证的是中国的强盛与辉煌。

三峡工程建成后，它在防洪、发电、航运、补水等方面的综合效益得到了全面发挥和日益拓展，体现国人"治水""用水"的理念和方法日臻成熟。

2012 年 7 月 24 日 20 时，长江上游最大洪峰流量是 71200 立方米每秒，超过 1998 年大洪水时的上游洪峰流量。当最大洪峰汹涌而来时，三峡大坝 8 个泄洪深孔同时打开，水柱从深孔中喷涌而出，在坝下激起巨大水雾。经过三峡水库的有效拦截，滔滔洪水平稳有序地泄入下游。罕见洪峰来袭，三峡水库拦洪削峰 40%，有效减轻了长江中下游的防洪压力，汉口、九江、安庆、南京等其他主要河段水位 12 小时内虽有不同程度上涨，但均未出现险情。可以想见，如果没有三峡工程控制，荆江河段水位将接近保证水位，这意味着关系江汉平原、武汉和京广铁路安全的荆江大堤将十分危险，百万军民投入抗洪的场景将会再次出现，长江中下游将再次蒙受巨大经济损失。

也就在 7 月 24 日的洪峰抵达前，借助洪水带来的高水头和大流量，三峡工程 32 台巨型发电机组持续 12 天实现满负荷运行，发电量超过 60 亿千瓦时。通过电网调配，这些电量对缓解夏季用电紧张起到积极作用。

改革开放以来，我国经济快速发展，能源需求大增，然而在相当长的时间里，电力不足成为制约经济社会发展的瓶颈。从 20 世纪 90 年代起，领跑中国经济的长三

◎ 三峡工程

    2016 年 9 月 10 日凌晨，三峡水库正式启动第九次 175 米试验性蓄水。根据国家防总要求，三峡水库在 10 月底或者 11 月争取蓄水至 175 米。

    图为在湖北省秭归县拍摄的三峡水库。（郑家裕摄，新华社照片）

角、珠三角地区就面临电力不足的问题，2003 年甚至出现了 19 个省市拉闸限电的严峻局面。就在这时候，三峡电来了。它如同及时雨，如同雪中炭，有力地缓解了这些地区的"电危机"。如今，以这座全国最大的水电站为基点，一个供电半径上千千米、纵贯八省二市的三峡输变电系统腾空而起。急流转换成电能，瞬息之间，就从高山峡谷间传向辽阔的神州大地。作为"绿色再生清洁能源"的三峡电力，每年可节约数千万吨燃煤，减少大量二氧化碳和二氧化硫等有害气体的排放。节能减排、推行低碳经济，三峡工程又一次带给我们惊喜。

随着三峡双线五级船闸的通航，响彻峡江的纤夫号子已被船队悠悠的汽笛声取代。三峡水库蓄水到达 175 米水位后，显著地改善了宜昌至重庆间的通航条件，不仅万吨级船队可直抵重庆港，航运成本也比兴建三峡工程前降低 1/3 左右，交通事故发生率与蓄水前相比下降了 2/3。川江通航能力提高，交通不再是瓶颈，西部地区资源优势将进一步转化为经济优势，长江"黄金水道"的魅力得到了更加充分的凸显。数据显示，三峡船闸自 2003 年 6 月通航以来，年货运量一路攀升，从 2004 年的 3431 万吨，增长到 2011 年的 1 亿吨，年均增长约 17%，提前 19 年达到 2030 年设计通过能力，为促进航运事业发展发挥了重要作用。伴随着三峡船舶大型化、标准化、专业化程度的逐年提高，三峡船闸的通航效益还将进一步增长。

在为中国经济发展提供巨量清洁能源的同时，三峡水库还发挥枯水季节对下游的补水作用。2011 年 1 月至 6 月上旬，干旱席卷长江中下游。三峡水库累计为下游补水 150 天，补水 215 亿立方米，抬高了河道水位，保障了沿线地区人畜饮水安全，有效改善了长江航运条件。这座 300 多亿立方米的大型水库使中国拥有了最大的水资源储备库，充分提高了中国的水安全可靠度。

三峡水库达到 175 米蓄水位时，库区需要搬迁人口近 130 万，这意味着，每 1000 个中国人中就有一个三峡移民。世世代代与江为邻、与江为伴，为了三峡工程，面对国家和民族大计，那些告别家园的脚步不舍而又坚定。

伴随着三峡工程的运营，三峡库区也山河巨变，迎来发展最快的历史时期。如今，当我们穿越三峡时，会惊奇地发现：古老的长江上，新建了许多座宏伟壮观的大桥。大桥的两岸，是一座座现代化的城市与一个个美丽的村庄。

可以说，凝结了国人智慧、信念和勇气的三峡工程，带给长江的是安澜，带给长江中下游民众的是安全感，带给全体国人的是将梦想变为现实的信心。伟大的三峡工程绘就了高峡平湖的壮丽画卷，谱写了中华民族走向复兴的辉煌篇章。

亚丁湾护航：中国海军为和平远征

　　美丽的亚丁湾位于印度洋与红海之间，是从印度洋通过红海和苏伊士运河进入地中海及大西洋的海上咽喉，战略地位十分重要。每年通过苏伊士运河的船只约有1.8万艘，其中大多数都要经过亚丁湾。但是近年来，亚丁湾却成为索马里海盗频繁袭击、劫持过往船舶事件的海域。仅2008年，索马里海盗就疯狂作案120起，35艘船只被劫持，600多名船员被绑架。海盗问题已经成为一大国际公害，对国际航运、海上贸易和海上安全构成了严重威胁。

　　针对索马里海盗的猖獗活动，联合国安理会通过多项决议，授权各国根据《联合国宪章》第七章采取行动，在索马里海域打击海盗，索马里过渡联邦政府也呼吁各国进入他们的领海打击海盗。

　　随着中国海运业务的不断增长，中国籍或中资外籍船舶也常常遭到海盗劫持和袭击，仅2008年就发生了7起，中国船舶和人员的安全面临严重威胁。根据联合国安理会有关决议并参照有关国家做法，中国政府决定派海军舰艇赴亚丁湾、索马里海域实施护航，主要任务是保护航经该海域的中国船舶、人员的安全，保护世界粮食计划署等国际组织运送人道主义物资船舶的安全。2008年12月26日，中国人民解放军海军护航舰艇编队包括南海舰队2艘驱逐舰和1艘补给舰，从三亚启程前往亚丁湾、索马里海域实施护航。有媒体发表评论说，这是自郑和下西洋以来，我们海军第一次远离我们的领海范围，执行这样的非战争军事行动的实战任务。

跨洋远征，这是共和国水兵期盼已久的梦想。"派军舰赴亚丁湾、索马里海域护航，是我国首次使用军事力量赴海外维护国家战略利益，是我军首次组织海上作战力量赴海外履行国际人道主义义务，也是我海军首次在远海执行保护重要运输线安全任务。"首批护航编队指挥员、南海舰队参谋长杜景臣深知责任重大。

汹涌的波涛挡不住中国海军官兵履行新世纪新阶段历史使命的脚步。经过 11 昼夜的连续航行，中国海军护航舰艇编队经南中国海，过马六甲海峡，跨越印度洋，于当地时间 1 月 6 日凌晨 1 时安全抵达亚丁湾护航会合点，总航程 4400 余海里。1 月 6 日上午 11 时，根据交通运输部 1 月 2 日提交的第一批船舶护航申请，中国海军护航舰艇编队开始第一次护航行动，担负我国"河北翱翔"号、"晋河"号、"观音"号、"哈尼河"号 4 艘远洋船舶的伴随护航任务。美丽的亚丁湾，从此留下中国海军保护人民生命财产安全、维护国际与地区和平安全的壮美航迹。

当天下午，"河北翱翔"号给护航舰艇编队发来了感谢信。船长王希学在信中说，祖国的发展壮大他和全体船员感同身受，航行于五大洲四大洋，对祖国和亲人的思念之情，非亲临其境是难以体会得到的。在祖国军舰护航下航行，他感受到了祖国的温暖和全国人民的关怀，为强大的祖国和人民海军感到骄傲……1 月 7 日上午，王希学又带领船员在这艘 17 万吨级的巨型货轮的红色主甲板上，用油漆写上"祖国万岁"4 个白色大字，每个字大约有三四米宽，在蔚蓝的大海中显得格外醒目。

海盗猖獗的亚丁湾打量着这支来自遥远东方的陌生部队。在危机四伏的护航过程中，在争分夺秒的解救行动中，我护航官兵以良好的军事素质向世界展示了中国海军的良好形象。

"发现可疑海盗船只！""一级战斗部署！""直升机起降部署！""发射震爆弹！""开枪警告射击！"……这是护航舰艇的扩音器、对讲机里，经常传出的战斗号角。护航官兵始终保持高度戒备状态，时刻面临实战化考验。

当地时间 2010 年 11 月 20 日上午 11 时，一阵枪声打破了亚丁湾的宁静。中国籍运输船"泰安口"轮遭海盗袭击，4 名海盗登船。21 名船员向外发出求救信号后，全部撤至"安全舱"，等待救援。

11 时 30 分，编队指挥所下达命令：距"泰安口"轮最近的"徐州"舰紧急前出，做好武力营救准备。

◎ 亚丁湾护航

　　2010 年 7 月 15 日，中国海军第五批、第六批护航编队共同在亚丁湾执行护航行动。被护商船在护航编队的护卫下，有序地在亚丁湾行驶。（新华社记者曹海华摄）

　　21 日凌晨 2 时 57 分，"徐州"舰行至距"泰安口"轮 20 海里处。随后，舰载直升机飞抵"泰安口"轮上方侦察，对可能藏匿在船上的海盗进行攻心喊话，与被困船员取得联系并进行心理疏导和安抚。

　　8 时 29 分，编队指挥所下令"徐州"舰展开援救行动。担负封控掩护任务的直升机呼啸而起，2 艘小艇搭载 8 名特战队员向"泰安口"轮高速驶去。

特战队员兵分两组，从船艉攀登上商船。2名队员分别留守主甲板和制高点，封控舱面海盗可能逃离的出口。其余6名队员组成搜索队形，按照从上到下、由中间至两侧的顺序，对驾驶室和船员住舱7个甲板层进行仔细排查。推门、侧闪、封控……特战队员战术动作一气呵成，配合默契。

9时53分，经过战斗搜索，特战队员确定登上"泰安口"轮的海盗已经全部逃离。振奋人心的消息很快传来：21名船员全部安全获救！

这是我海军护航编队首次派兵登船处置险情。美国海军国际合作局托尼斯上校称，在船员躲进安全舱室、无法通报海盗信息的情况下，中国海军特战队员的做法十分专业。

2014年3月24日上午，中国海军第十七批护航编队从舟山某军港提前起航，前往印度洋海域执行搜寻马航失联客机任务。之后赴亚丁湾、索马里海域接替第十六批护航编队执行护航任务。从抵达亚丁湾的第一天起，中国海军各批护航编队按照实战要求，把每一次护航行动都当成一场特殊的战斗精心组织，小心翼翼处置各种突发情况。六年来，海军一支支编队、一艘艘舰艇、一批批指战员，在护航这个特殊考场上接受了实战化考验，得到了全方位的锻炼，交出了一份份合格的答卷，开创了人民海军多项新纪录，确保了被护船舶百分之百的安全。截至2013年12月22日，中国海军共完成667次5463艘中外船舶的护航任务，其中外国船只约占50%。

在中国海军护航编队与其他各国海军的共同努力下，现在的亚丁湾平静了许多。2013年，美国反海盗研究组织"海上无盗"在其最新的年度报告中指出，目前索马里海盗对地区和国际航运构成的威胁锐减。报告认为，这与索马里局势改观和国际社会的打击密不可分，尤其中国海军护航编队的作用备受瞩目。

中国海军护航编队所发挥的重要作用和良好形象也得到了国际社会的高度认可和评价。吉布提《民族报》总编辑卡迪耶表示，在护航和打击索马里海盗、维护海运安全方面，中国发挥了十分积极的作用。他还说："中国海军给吉布提人民留下了很好的印象，中国在保障海上交通安全方面贡献很大。"吉布提海军司令阿卜杜拉曼表示："海盗问题的解决离不开国际合作。中国在维护地区和平与稳定方面做出了很大贡献，而有些贡献现在还无法衡量。"南非安全研究所研究员艾缪尔表示，在中国海军的参与下，东非海域旅游、海运和渔业等经济活动再次活跃起来，这对保障东非地区航运安全、地区稳定和经济发展起到了积极作用。

12.6

上海世博会：梁启超的预见终获实现

　　继 2008 年北京奥运会之后，中国又在 2010 年迎来了另一场举世瞩目的国际盛会——上海世博会。世博会是推动世界不断攀登的文明阶梯，被誉为世界经济、科技、文化的"奥林匹克"盛会。

　　上海世博会圆了中国人又一个百年奇梦。近代政治活动家、启蒙思想家梁启超曾于 1902 年在政治小说《新中国未来记》中预见到"上海大博览会"，"处处有论说坛、日日开讲论会，竟把偌大一个上海，连江北，连吴淞口，连崇明县，都变作博览会场了。"更奇特的是，1910 年，上海人陆士谔发表了一篇幻想小说《新中国》，在小说中他预言上海浦东将开博览会。"一座很大的铁桥，跨着黄浦，直筑到对岸浦东。"小说中，妻子对从梦中惊醒的丈夫说，"这是你痴心梦想久了，所以，才做这奇梦。"丈夫却答："休说是梦，到那时，真有这景象，也未可知。"

　　为了追逐这个梦想，中国人较早地参展了当时在西方国家举办的世博会，但我们的展品却是那样的乏善可陈。

　　1853 年纽约世博会上，带有安全装置的奥的斯电梯亮相，摩天大楼从此得以崛起；1876 年费城世博会，贝尔发明的电话首次展出；1889 年巴黎世博会留下了 300 米高的埃菲尔铁塔；1893 年芝加哥世博会出现了世界上第一座摩天轮……电影、X 射线仪、机器人甚至蛋筒冰淇淋，诸多"世界

◎ 上海世博会开幕

　　2010年4月30日晚，中国2010年上海世博会开幕式大型灯光喷泉焰火表演在上海举行。上海世博会是新中国成立以来我国举办的规模最大、持续时间最长的国际活动——84天里，246个国家和国际组织，7300余万人次参观者，在上海浦江两岸上演了一场人类文明的盛大聚会，奉献了一届成功、精彩、难忘的世界博览会，兑现了"给中国一个机会、世界将添一份异彩"的承诺。（新华社记者程敏摄）

第一"或创新在世博会后广泛应用于社会。而据《清宫万国博览会档案》记载，清同治、光绪、宣统三朝参展世博会的展品，大多是丝绸、茶叶、苏绣、茅台酒、景泰蓝，尽管作为农耕文明的经典之作，中国展品也获得了不少奖项，可在波澜壮阔的工业文明面前，显得那么不合时宜。我们的展品总是比时代慢了半拍，人家关注的是引领这个时代的创新，而我们一直沉湎于一些手工艺产品。世博会犹如一面镜子，照出了近代中国和世界各国的差距。

　　让中国重拾"世博梦"并最终圆梦的，是新中国，是改革开放。

　　百年梦圆，缘起1982年新中国正式登上世博舞台。这年9月，应卡特、里根几位美国总统的积极邀请，中国政府决定参加1982年诺克斯维尔世博会。1999年年底，中国驻国际展览局首席代表宣布，中国政府将申办2010年世界博览会，如果申办成功，举办城市为上海。此时，正是新中国成立50周年，历经半个世纪的建设与探索，新中国以新的姿态走向世界。2002年，一个令人振奋的消息从摩纳哥传来，中国上海赢得了2010年世博会举办权。2010年，百年梦想终于变成现实。

　　2010年4月30日晚，上海世博会开幕式在世博文化中心隆重举行，本届世博会的主题是"城市，让生活更美好"。"这一刻你把世界交到我手中，这一刻分享城市晚风，这一刻我们聆听心灵的沟通，这一刻生命和谐永恒……"上海世博会主题歌《致世博》唱响了亿万中国人的心曲。

上海世博会使多元文明在黄浦江畔交融相汇。在184天里，秉承"理解、沟通、欢聚、合作"的世博理念，全世界246个国家和国际组织的各种精巧创意、奇妙发明、珍贵文物、多元文化荟萃于黄浦江畔，中外7300多万参观者走进5.28平方千米的世博园开始了自己的环球之旅。"东方之冠"中国国家馆、"沙漠之舟"沙特阿拉伯国家馆、"山水心灯"台湾馆、优雅浪漫的法国国家馆、朝气蓬勃的非洲联合馆、流光溢彩的石油馆……徜徉于世博园区，仿佛周游世界，享受着一场多元的文明盛宴。上海世博会在世博历史上首次大规模展示环保低碳技术，首次设立城市最佳实践区，首次专门为残疾人设立生命阳光馆，参观人数首次突破7000万人次……无数个"首次"，是中国对世博会的独特贡献，是集世界智慧于大成的文明结晶。

上海世博会使人类放慢脚步去思考未来，向世界各国和地区提供了一个探讨人类发展的平台。在上海世博会举办期间，各国各地区充分展示城市文明成果、交流城市建设经验、传播城市发展理念、探讨城市互动发展，探索更好的人居模式。

上海世博会提醒我们必须创造面向未来的生态文明，通过绿色、环保、低碳的生产生活方式，实现人与自然的和谐相处；我们必须追求包容协调的增长方式，注重统筹经济社会均衡发展，注重效率与公平良性互动，让每个人都能享受发展的成果，充分实现自我价值和社会价值；我们必须坚持科技创新的发展道路，建设智能便捷的信息社会，实现"有智慧"的增长和发展；我们必须培育开放共享的多元文化，构筑亲睦友善的宜居社区，促进均衡协调的城乡关系，在尊重、理解、沟通和融合中实现和谐发展。

上海世博会的举办正值世界笼罩在国际金融危机的阴影下，然而中国政府以极大的勇气"举全国之力，集世界智慧"，凝聚起了世界各国的信心与希望。可以说，上海世博会向全世界展示出令世人尊敬的中国精神，留下了不可估量的精神财富。

正如拉脱维亚总统扎特莱尔斯所说，上海世博会是一个盛大的、振奋人心的盛会，"超出了自己的所有预想"。他认为，上海世博会将历史和现代完美融合，将现在和未来对接，为东西方相聚架起了桥梁；上海世博会展示了中国人的"技能和创造性"，展示出中国"杰出的组织能力和创新水平"，为今后的世博会竖起了标杆。又如美国投资家罗伯特·库恩所言："身处世博园，我眼前的景象是中国正在成为一个世界强国，一个负责任的国家，一个努力为全人类在科学、文化、经济方面做出贡献的国家。"

12.7

利比亚大营救：国家的动员和行动

　　2011 年 2 月 22 日，在利比亚发生动荡 5 天后，中国政府海、陆、空联动，开展了新中国成立以来最大规模的有组织撤离海外中国公民行动。这也是一场集中了海陆空和军队四大力量的大营救，这更是一次影响巨大的海外中国公民救援行动。12 天里，中国协调派出 91 架次民航包机、12 架次军机，5 艘货轮、1 艘护卫舰，租用 35 架次外国包机、11 艘次外籍邮轮和 100 余班次客车，共从利比亚全部撤出 35860 名中国公民。有人形象地比喻，这几乎是将列支敦士登全国人口从利比亚搬迁到了中国！可以说，这次国家行动，开了保护公民回国史上的先河。

　　有人说，阳光能照耀到的地方就有中国人。改革开放 30 多年来，随着经济的发展，中国人走出去的机会不断递增。有去搞建设的，有出去看看的，有访亲探友的；随着中国人的腰包一天天变得充盈，他们的消费能力在不断增强，中国游客与"囊中羞涩"之间不再画等号，而成为各国争相招徕的"香饽饽"。但外面的世界很精彩，外面的世界也并非没有"无奈"——不期而至的危险，往往让人束手无策。一旦工作或旅游目的国出现动荡局势、自然灾害等风险，置身海外的中国公民此时往往是孤掌难鸣。此时，只有国家才是他们最坚实的依靠。而对于国家而言，以民为本，为民服务，最根本的一条，便是当人民的生命财产安全受到不期而遇的威胁时，国家便是保护他们的坚强后盾。

当危机传来时，以胡锦涛同志为总书记的党中央一直牵挂着在利比亚同胞的安危，在第一时间做出重要指示和批示，要求有关方面迅即采取切实有效措施，全力保障我人员生命财产安全。国务院迅速成立应急指挥部，负责组织协调我驻利人员撤离及有关安全保障工作。外交部、商务部、国资委、民航局、公安部等相关部门全面动员，有关地方政府、航运公司、在利中资企业和驻外使领馆广泛参与。中央军委决定，派遣正在亚丁湾索马里海域执行护航任务的中国海军第七批护航编队"徐州"号导弹护卫舰赶赴利比亚附近海域，为撤离我在利比亚人员的船舶提供支持和保护；派遣空军4架伊尔—76型运输机飞赴利比亚，执行撤离我在利比亚人员任务。全国上下、各行各业，不计其数的人共同投入到这场情况复杂、规模空前、史无前例的撤离行动中。一系列有条不紊、环环相扣的国家行动温暖着海外同胞，也牵动着国内13亿人民的心，因为它清晰地传达着一种越来越明确的信号："保护中国公民的利益，就是中国的国家利益。"

这次撤离在书写历史的同时也必将长久地被人们所铭记。这种记忆将会演变成为公民对祖国的眷恋与自豪。在归国邮轮的甲板上，飞机的客舱里，机场的大厅中，大巴的车厢内，撤离的同胞们挥动着五星红旗和鲜花，绽放欢颜，幸福拥抱。人们发自肺腑地道白，情不自禁地欢呼，爱国之情激荡澎湃。

"在经历了在利比亚提心吊胆的日日夜夜后，登上祖国给我们派来的邮轮，见到工作组的人员，我打心眼里感到亲切。我为我们祖国的强大而自豪，为祖国对我们的牵挂而感激。""从利比亚进入埃及边境后，守候在此的中国外交官直接带我们登上大巴，车里每个人的座位上也都放好了水和食品，各种繁杂的入境手续一概由外交官代为办理。一些其他国家的撤出人员感慨：'只有中国政府才能为人民做得这么周到。'""感谢伟大祖国，向祖国海军官兵致敬！""如果没有党和国家这么快速决策，制定撤离计划，没有国家的强大，完成这样的任务是不可能的。""飞机即将进入中国领空时，大家一同倒数：5、4、3、2、1——机舱内响起了一片欢呼声：'回家了！终于回家了！'所有人挥舞着国旗一起鼓掌庆祝。""感谢党！感谢政府！感谢祖国人民！""祖国万岁！"……

这次撤离人数多达35000多，是1991年海湾战争时撤离人数的20多倍，再加上利比亚国内的形势风云变幻，一直不明朗，随时可能突发新情况、新问题，从而导致撤离时间非常紧急。而中国政府的撤离行动无论是速度、效率还是成果，都令世界惊叹不已。舆论普遍认为，各国撤离在利比亚人员的行动中，中国政府是反应最快的，成绩十分显著。

"中国迅速有序地组织了一次海、陆、空规模空前的撤离行动。""中国人不费口舌，用行动明确表示不会让任何中国工人遇到危险。""中国采取了'史无前例'的措施，派遣军舰保护从利比亚撤离的中国公民，凸显了中国对保护其海外民众的重视和壮大的海外力量。""如此规模和气派的撤离行动，也只有强大的中国能够做得到。""中国以独特的撤离方式令世界'睁大了眼睛'，对中国政府和中国的撤离公民分别投去赞许和羡慕的目光。""在利比亚局势严峻复杂的形势下，中国表现出来的及时、有力、立体、高效的撤离行动，向世界彰显了包括海外华侨华人在内的'中国人'的生命价值今非昔比，同时也体现了中国政府不断深化的'人文外交新政'的落实，以及对中国海外公民保护能力的巨大提升。"……

接踵而来的一系列国际评价表明，中国在利比亚公民的撤离行动让世界看到了中国的实力，也看到了中国的负责任形象。

可以说，在党中央、国务院的坚强领导下，我国的这次公民撤离行动再一次展现了"珍惜每一位同胞生命"的坚强决心和坚定信念。所有海内外儿女，无不深深感受到祖国的温暖，感受到作为一个中国人的骄傲和自豪。

郭明义："人生的价值在于奉献"

德国哲学家康德曾经说过："世界上有两件东西最能震撼心灵：一件是我们心中崇高的道德法则，一件是我们头顶上灿烂的星空。"全国道德模范、当代雷锋郭明义就是这样一位心中有着崇高道德法则的人，他曾经说过这样一些"名言"——"人生的价值在于奉献"；"每做一件好事，就有一股幸福感涌上心头"；"帮助别人改变命运，比啥都幸福"。

"钢都"鞍山，向东 15 千米，群山环抱着亚洲最大的露天铁矿——齐大山铁矿。作为齐大山铁矿生产技术室采场公路管理员，郭明义常年奔走在这条 40 多千米长的采场公路上。他就像这漫山遍野的矿石，朴实、坚毅、无私，在平凡的岗位上，书写着一篇篇感天动地的人间大爱。

郭明义入党 30 多年来，时时处处发挥着先锋模范作用。根据 2010 年有关郭明义的事迹报道介绍，他每天提前 2 小时上班，巡查、维护公路里程累计达 6 万多千米，公路达标率在 98％以上，为企业创效 3000 多万元；为失学儿童、受灾群众捐款 12 万元，16 年从未间断；55 次无偿献血，挽救数十人的生命，20 年乐此不疲……

郭明义出生在一个普通的矿工家庭，从小就懂得做人要讲感恩、讲诚信、讲仁义、讲奉献。1977 年 1 月，他应征入伍。在部队，他最爱看的书是《雷锋的故事》。以雷锋为坐标，他校正了自己的人生航向；奉献，

◎ 全国道德模范郭明义

郭明义身高1米70，身板瘦削，灰色工作服带着泥痕，脸上也是跟铁矿石一样的红褐色。

远远看去，他就像一块石头，一块采场里最常见的铁矿石。

图为工作中的郭明义（新华社记者任勇2010年8月29日摄）。

成为他的人生价值和目标。1982年，他转业成为一名矿工，乐于助人已经成为他的终生习惯。不管是身边的工友，还是素昧平生的人，谁遇到困难，他都会尽全力去帮助。

1994年，鞍山市"希望工程"开始实施。电视短片中，孩子们渴望读书的眼神，深深灼痛了郭明义的心。第二天，他就找到"希望办"给岫岩山区的一名失学儿童捐助了200元钱，半个月后，他又给这个孩子直接寄去了200元。而当时，他们一家的月收入还不到600元。从那时起，他一发不可收。16年来，他已捐款12万多元，先后资助180多名特困家庭学生，仅汇款单就有140多张，差不多花去了他全部收入的1/3。当有记者问他为什么想到这样做时，郭明义略加沉思后说："接触不同的社会群体，就会有不同的人生思考。我经常接触孤儿院的孤儿、上不起学的孩子、生活困难的职工，和他们相比，我就感觉自己非常富足，我就非常想去帮助他们。"收入微薄的郭明义资助了100多个孩子，然而，他知道还有很多孩子需要帮助。2008年3月4日，他发起成立了以捐资助学为主要活动的"郭明义爱心联队"，在爱心联队的帮助下，更多的贫困学生得以上学。

捐出钱物，助人渡过暂时的难关；捐献热血，却能挽救垂危的生命。1990年，矿上号召职工义务献血，郭明义立刻报了名。郭明义说，看到对社会、对企业、对他人有意义的事情时，总会想到自己是一名共产党员。这是郭明义第一次献血。也就是因为这次献血，他了解到他们献的血能挽救他人的生命，可血库却经常血源不足。从此，他年年坚持无偿献血，有时一年两次，20多年来，从未间断。据介绍，一个体重75千克的成年人，全身血液大约是6200毫升，截止到2010年上半年，郭明义已累计献血6万毫升（平均每次献血1.1升，每年献血2.7次），相当于他身体全部血液量的 10 倍多。2008 年 12 月，郭明义获得国家卫生部颁发的"全国无偿献血奉献奖金奖"。

郭明义不仅热心公益，对于本职工作更是讲究无私奉献、精益求精。他先后从事过 6 个不同的工作，从大型生产汽车司机到车间团支部书记，从矿党委宣传部干事到车间做统计员兼人事员，从英文翻译再到现在的采场公路管理员，无论在什么岗位上，他都以做到"最好"履行着自己的承诺。

在做大型生产汽车司机时，他创造了单车年产的新纪录；任车间团支部书记期间，他所在的支部成为全矿的标杆；在宣传部任理论教育干事时，他撰写的党课教案在矿业公司评比中获得一等奖；在车间做统计员兼人事员期间，他参加了统计员资格全国统考，是当时矿业公司唯一获得资质证书的人。

在齐大山铁矿，他还是响当当的英语翻译。1992 年，齐大山铁矿为迎接即将到来的"洋设备"安装、使用，选派郭明义等人到英语强化班进修一年。同去的大都是英语科班出身，只有郭明义是自学成才。学习结束时，郭明义以优异的成绩当上了电动轮汽车现场组装的英文翻译。他对汽车零部件等专业术语的翻译，比其他科班出身的英文翻译还翻得准确。进口部件质量检验不归担任翻译的郭明义管，但他极端负责，每次都认真检查，先后发现 5 台电动轮存在质量问题，使公司争取到外方 10 万美元的赔偿。曾有外国公司被他的敬业精神打动，两次劝说他跳槽，并承诺给他的报酬至少比鞍钢高六七倍，但他却一连说了三个"NO！"他说："我上党校、夜校、进修，都是企业掏的学费，鞍钢培养了我，我要回报鞍钢。"

榜样的力量是无穷的。在郭明义的带动下，越来越多的人都加入到爱心活动中来。2009 年，"郭明义爱心团队"正式成立。团队由最初 3000 多名志愿者发展到现在的近 2 万人，并在全国有 600 多支分队，志愿者总数超过 130 万人。他们以雷锋、郭明义为榜样，在奉献岗位、奉献社会实践活动中取得了显著成绩。

2014 年 3 月 4 日，"郭明义爱心团队"的同志们给习近平总书记写信，汇报了他们"跟着郭明义学雷锋"的主要成果和心得体会。习近平总书记回信勉励他们以实际行动书写新时代的雷锋故事，信中写道："雷锋精神，人人可学；奉献爱心，处处可为。积小善为大善，善莫大焉。当有人需要帮助时，大家搭把手、出份力，社会将变得更加美好。我国工人阶级应该为全社会学雷锋、树新风做出榜样，让学习雷锋精神在祖国大地蔚然成风。希望你们努力践行社会主义核心价值观，积极向上向善，从'赠人玫瑰、手有余香'中感受善的力量，以实际行动书写新时代的雷锋故事，为实现中国梦有一分热发一分光。"

12.9

跟着 "蛟龙" 去探海

　　海洋是地球的主宰者,是最大的水源库,是生命的摇篮。海洋孕育着地球上所有的生命,蕴藏着地球上所有的物质。向海而兴,是大国崛起的必由之路! 但与陆地不同,海洋的开发完全依靠高科技。没有下海、深潜的能力,即便坐拥大片海域,也只能是望洋兴叹。

　　自 20 世纪 50 年代以来,法国、苏联、日本、美国等发达国家先后研制了当今世界著名的几艘深海载人潜水器。这些潜水器在 90 年代到达的范围已遍及海洋中的大陆坡、2000 ~ 4000 米的海山、火山口、洋中脊以及 6000 多米的海底平原,为人类大洋深海科学探索和研究提供了条件,成为科学家现场观察获得地质、生物的重要手段。

　　曾几何时,中国明显落后这些国家许多,和人家根本不在一个起跑线上。在一次会议上,一位院士说过这样一段话:"世界高科技的竞争,主要表现在上天、入地和下海上。中国对于上天已拥有了成熟的技术,入地也已拥有了钻探 5000 米深的技术能力,但下海却没有相应的技术和设备,至今依然空白。"这位院士道出了一个严峻的现实,提出了一个挑战,也表达了中国海洋人的一个共同的愿望,那就是掌握大深度载人深潜技术。

　　在这场科技竞赛中,中国不能缺席。虽然起步晚了,但我们追赶的速度却不慢。2002 年,我国启动了深海探测工程。2007 年 11 月底,经过接近一年的增改装，我国载人潜水器海试母船"向阳红 09"船在上海交船，从此我国具备了载人潜水器海试平台。载人潜水器本体研制及各项准备工作完成后，2009 年 8 月，载人潜水器海试启动。海试是载人潜水器系统工程的一个十分重要的部分，是对载人潜水器研制工作的检验和考验，也是对其技术能力和水平的综合评价。

2009 年至 2012 年，我国 7000 米载人潜水器分别进行了 1000、3000、5000 和 7000 米级海试。或许有人会问，这样一步步深潜下去，能为我们带来什么好处呢？科学家告诉我们：深海有大量未开发资源，载人潜水器的成功下潜，意味着中国具备了深海载人探测的能力，载人潜水器的不断下潜表明中国的载人深潜技术获得了突破。

2009 年 10 月 3 日，载人潜水器在我国南海下潜到 1109 米，并完成了规定的性能试验。海试成功突破 1000 米深度，使中国迈出了走向深蓝的第一步。这是艰难的一步，也是走向胜利的第一步。在这次海试中，有 5 位年龄超过 60 岁的科学家。多年来，他们为我国载人潜水器的研制付出了大量心血，在海试前他们又不顾年高体弱主动请战，彰显了老科学家们对祖国深潜事业的执着追求与拼搏奉献的高尚情操。

2010 年 6 月 22 日，正式定名为"蛟龙"号的载人潜水器在我国南海突破 3000 米，成功下潜 3039 米；7 月 13 日，又成功下潜到 3759 米，实现了坐底、布放"龙宫"标志物、插国旗等作业内容。潜航员付文韬在归来后接受记者采访说："通过海试，通过担任潜水器主驾驶，我体会到，深海本身是一个未知的世界，人类对大洋深海的了解远不及对太空的了解。尽管潜水器有各种保护措施，但是要在一个完全未知的海底世界环境中探索，依然具有极大的风险。作为潜航员，在大洋海底驾驶潜水器探知未知的世界，这就是潜航员的责任，我们要向祖国负责，要向中华民族负责。"

2011 年 7 月 25 日，"蛟龙"号载人潜水器在东北太平洋成功突破 5000 米水深大关，下潜至最大深度 5057 米；7 月 27 日，顺利完成第三次下潜，最大下潜深度达 5188 米，再次创造我国载人深潜新纪录。"蛟龙"号载人潜水器在海底完成多次坐底试验并在中国大洋协会多金属结核勘探合同区开展海底照相、摄像、海底地形地貌测量、海洋环境参数测量、海底定点取样等作业试验与应用，完成了各项试验任务。

2012 年 6 月 15—30 日，"蛟龙"号载人潜水器在马里亚纳海沟试验区进行了 6 次下潜，其中 3 次超过 7000 米，最大下潜深度达到 7062 米，创造了"蛟龙"号载人潜水器下潜深度的新纪录。有趣的是，本次海试，潜航员还从海底的"蛟龙"号载人潜水器里，向太空中"天宫一号"载人航天器上的航天员发送了祝福信息，表达了对我国载人航天事业和载人深潜事业的良好祝愿。

我国载人潜水器的研制并成功突破 7000 米深度，向世界宣告中国已成为继法国、

◎ 蛟龙探海

　　2010年8月26日，我国第一台自行设计、自主集成研制的"蛟龙"号深海载人潜水器3000米级海试取得成功，最大下潜深度达到3759米，并将一面国旗插在3759米深的南海海底。这标志着我国成为继美、法、俄、日之后第五个掌握3500米以上大深度载人深潜技术的国家。图为"蛟龙"号深海载人潜水器在中国南海执行一次成功下潜后出水。（摄于2010年7月，新华社照片）

俄罗斯、日本和美国之后，第五个拥有深海探索技术的国家。中国正式跻身"国际深潜俱乐部"第一梯队，具备了载人到达全球99.8%以上的海底进行作业的能力。这是中国海洋事业发展史上的一件盛事，也是中华民族的一件大事，说明中国在成功实现"可上九天揽月"太空梦的同时，也成功实现了"可下五洋捉鳖"的深蓝梦。

　　"蛟龙"探海，鼓舞了国人，震动了世界。参考消息网2012年6月16日报道：外媒称，中国载人潜水器"蛟龙"号15日创造了中国潜海最深新纪录，深度超过6000米，展现了北京的技术雄心。

　　根基越深，站得越稳，"蛟龙"号载人潜水器以中国的世界深度成就了中国的世界高度。但我们也清醒地看到，我们现在的载人潜水器还只是一个高技术的"模型"，距离实际应用，距离像发达国家那样业务化的运行还差得很远，还有很长的路要走。2013年，"蛟龙"号载人潜水器成功开展了试验性应用航次，迈出了业务化运行的第一步。下一步，我国还将研制可以下潜至万米以上深海的载人潜水器，使人类可以探测更深更广的海域，为开发大洋海底资源这一人类共同的财富承担起一个大国应有的责任。

第 十 三 章

复兴伟业

（2013— ）

中共十八大以来，以习近平为总书记的党中央接过历史的接力棒，高举中国特色社会主义伟大旗帜，以对党、对人民、对民族高度负责的精神，总揽全局、运筹帷幄，励精图治、奋发有为，汇聚起实现中华民族伟大复兴的强大力量，带领全党全军全国各族人民开创了党和国家事业发展的崭新局面。

国家博物馆，历史、现实、未来的交汇点。2012年11月29日，履新不久的新一届中央领导同志来到这里参观《复兴之路》展览。抚今追昔，展望未来，习近平总书记声如洪钟："实现中华民族伟大复兴，就是中华民族近代以来最伟大的梦想。"

以习近平为总书记的党中央，担当起带领亿万人民实现中华民族伟大复兴的历史重任。从坚持和发展中国特色社会主义到全面深化改革开放，从推动科学发展到坚持社会主义民主政治和依法治国，从加强宣传思想工作到正确处理国际关系，从加强党的建设到加强国防和军队建设，再到推进祖国统一大业，习近平总书记的一系列重要论述，深刻回答了党和国家事业发展的重大理论和现实问题，丰富发展了党的科学理论，进一步深化了党对中国特色社会主义规律和马克思主义执政党建设规律的认识。

以习近平为总书记的党中央，殚精竭虑，夙兴夜寐，播种梦想，点燃希望。在党中央的坚强领导下，改革发展稳定，治党治国治军，内政外交国防……阐新路、开新局，一个个重要部署有序展开；经济建设、政治建设、文化建设、社会建设、生态文明建设和党的建设全面推进。

改革开放，是历史赋予当代中国的重大命题，是世界认知今日中国的鲜明标志。走过30多年光辉历程，中国改革进入攻坚期和深水区。思想观念的障碍，利益固化的藩篱，使人们对改革共识与困惑交织，期待与担忧并存。推动改革再出发，必须勇于担当。

2013年11月，初冬的北京，党的十八届三中全会会场气氛热烈。中国改革开放进程近来又一个里程碑时刻——《中共中央关于全面深化改革若干重大问题的决定》获得一致通过。凝聚全党智慧的《决定》，描绘了未来十年中国的改革蓝图。有国际媒体评价："这份蓝图是中国执政党近年来最具雄心的改革计划。"

面对变幻的国际风云，中国领导人以高远的战略眼光、务实的合作举措，统筹国内国际两个大局，开创了中国外交新局面，中国国际地位进一步提升，影响力进一步增强。

以习近平为总书记的党中央牢记"两个务必""我们决不当李自成"的深刻警示，牢记"生于忧患、死于安乐"的古训，以加强作风建设为切入点，从严管党治党。抓铁有痕，踏石留印。从制定实施八项规定，到部署开展党的群众路线教育实践活动；从反腐败"老虎""苍蝇"一起打，到"把权力关进制度的笼子里"……新风扑面而来，党的先进性、战斗力不断增强。

以习近平为总书记的党中央心系百姓冷暖，以群众期盼为己任，真挚的人民情怀深沉而坚定。人民情怀，生动地体现在深入基层一线问疾苦、察民情、接地气。永远同人民在一起——实践再次证明，这是中国共产党人始终永葆青春活力和战斗力的传家宝！

历史是永不停歇的车轮，梦想是照耀未来的明灯。从新的起点出发，"中国号"巨轮直挂云帆，在实现中国梦的航行中劈波斩浪，奋勇前进。

13.1

中国梦：国家意志与国人希望的完美凝聚

2012 年 11 月 29 日，这是一个普通的日子，此时距离中国共产党第十八次全国代表大会闭幕刚刚半个月。上午 10 时，中共中央总书记习近平和中央政治局常委李克强、张德江、俞正声、刘云山、王岐山、张高丽等，来到国家博物馆，参观大型展览《复兴之路》。在展板前，他们凝神静思，探幽涉远，犹如在穿行一条长长的历史隧道：从鸦片战争到甲午海战到戊戌变法，从孙中山领导辛亥革命摧毁封建帝制到毛泽东带领中国共产党和中国人民创建中华人民共和国，邓小平、江泽民、胡锦涛，一代又一代共产党人披荆斩棘攻坚克难，开辟和发展中国特色社会主义道路……一路高蹈宏略波澜壮阔，回响着中华民族伟大复兴的铿锵脚步声。

在我国改革开放和现代化建设踏上新征程的重要时刻，在国家博物馆这一极具象征意义的地方，在中华民族的历史文化殿堂，习近平向全世界庄严昭告了中国梦：

"我以为，实现中华民族的伟大复兴，就是中华民族近代最伟大的中国梦。因为这个梦想，它是凝聚和寄托了几代中国人的夙愿，它体现了中华民族和中国人民的整体利益，它是每一个中华儿女的一种共同期盼。"

"我坚信，中国共产党成立一百周年时，全面建成小康社会的目标一定能够实现；我坚信，中华人民共和国成立一百周年之时，把我国建成富强、民主、文明、和谐的社会主义现代化国家的目标一定会实现；我更坚信，中华民族伟大复兴的梦想一定会实现。"

这是党的十八大之后，中共中央政治局常委们别开生面的集体亮相、深谋远虑的集体发声——无疑，这是一次历史承诺，更是一次政治宣示。

2013 年 3 月 17 日，习近平总书记又在第十二届全国人民代表大会第一次会议上讲道："实现全面建成小康社会、建成富强民主文明和谐的社会主义现代化国家的奋斗目标，实现中华民族伟大复兴的中国梦，就是要实现国家富强、民族振兴、人民幸福，既深深体现了今天中国人的理想，也深深反映了我们先人们不懈追求进步的光荣传统。"

在国家最高权力的殿堂之上，中国梦作为中华儿女普遍的目标追求，被凝聚成为国家意志。实现中国梦，既是我们民族和国家的奋斗目标，也是每一位中国人努力追寻的方向。

中国梦一经提出，立即在社会各界引起广泛共鸣，成为激荡神州大地、承载亿万海内外儿女梦想和重托的热门词汇。

中国梦引发"世界回响"——成为许多国家政要、学者和媒体谈论的焦点。

尼日利亚前总统奥巴桑乔说，中国梦不是政治口号，它勾画出了一个完全可以实现的愿景，很值得非洲学习。

美国未来学家、《中国大趋势》作者约翰·奈斯比特指出，强大的中国领导层，以及受过良好教育的众多党员，正利用千载难逢的机会按照自己的想法打造中国梦。

俄罗斯科学院远东研究所中国政治研究中心高级研究员亚历山大·拉林说，中国梦准确地阐释了当今人类的理想与追求，具有普遍性。

德国汉学家、民族学家南因果博士认为，无论是中国领导人还是民众，都对中国梦充满期待。中国梦是属于世界的，也是由亿万个普通中国人的个人梦想汇集而成的。

美国《新闻周刊》载文称，中国梦会产生深远影响，将"重振中国光辉史"。

英国《金融时报》则刊文称，中国的梦想，不仅关乎中国的命运，也关乎世界的命运。

实现中华民族的伟大复兴，在整个 20 世纪一直是中国无数志士仁人顽强追求的目标，一直是时代潮流中的突出主题。中国的革命也好，建设也好，改革也好，归根到底是为了实现这个目标，这可以说是贯穿 20 世纪中国历史的基本线索。正如习近平总书记所言："实现中华民族伟大复兴，就是中华民族近代以来最伟大的梦想。"

回望历史，中华文明在漫长的岁月中始终走在世界文明发展的前列。近代以来，伴随着资本主义生产方式的兴起，中国却很快落伍了。外国侵略者的坚船利炮击碎了封建统治者的"天朝之梦"，接踵而来的，是一系列侵略战争和丧权辱国的不平等条约，中华民族开始遭受深重苦难。

但是，我们的民族绝不会自甘沉沦，亡国灭种的危险深深刺痛了中华民族的神经，唤醒了隐藏深处的民族意识和民族精神。100多年以来，无数有志之士都怀揣着一个美丽的中国梦，"少年中国""振兴中华""中华民族更生再造""为了使中华民族得到解放，为了实现人民的统治，为了使人民得到经济的幸福""为了中华之崛起"就是梁启超、孙中山、李大钊、毛泽东、周恩来等先驱者的呐喊。经过一次次失败与尝试，历史最终选择了中国共产党，是她在古老的华夏大地上掀起了彻底的反帝反封建的民主革命，并成功迈出中华民族伟大复兴的重要一步，创建了新中国，实现了民族独立、人民解放。

迈出万里长征第一步，只是开始。从新中国成立之日起，我们继续坚定不移地朝着中华民族伟大复兴的历史目标奋进，开始了第二个一百年的奋斗。经过新中国60多年的艰辛拼搏，尤其是改革开放30多年的快速发展，站在新的历史起点上，我们比历史上任何时期都更加接近中华民族伟大复兴的目标，比历史上任何时期都更有信心、有能力实现这个目标。梦想在前，但要全面实现，仍有艰难漫长的路要走，还需付出百倍努力。

实现中国梦必须走中国道路，这就是中国特色社会主义道路。百年追梦史告诉我们，世上的道路千万条，但只有中国道路才是实现中国梦的最佳路径。找到中国道路是多么不容易，它从改革开放30多年的伟大实践中走出来，从新中国成立60多年的持续探索中走出来，从近代以来170多年中华民族发展历程的深刻总结中走出来，从中华民族5000多年悠久文明的传承中走出来。越过漫长的历史长河，历经多少牺牲、多少曲折、多少争论、多少考验，中国道路终被确立和开创，坚持和发展，向我们展示了旺盛的生命力。

中国之所以选择共产党，人民之所以选择共产党，历史之所以选择共产党，是因为中国共产党人忠实代表人民的根本利益，为中国开辟了一条富强、民主、文明、和谐之路。这条道路是可以为各民族、各党派、各阶层、各方面，即最广大的中华儿女所认同的，也是为全世界有正义有良知的人们所赞赏的，更是中国走向未来、实现"两个一百年"奋斗目标的必然选择。

实现中国梦必须弘扬中国精神，这就是以爱国主义为核心的民族精神，以改革创

◎ 读书放飞中国梦

　　江苏省南京市通过中小学生"读书节"活动引导学生用知识培育和造就自己的中国梦。图为2013年4月23日，南京市雨花台小学的学生代表在"读书节"启动仪式上拼贴"读书放飞中国梦"书形图板。（新华社记者孙参摄）

新为核心的时代精神。一个国家、一个民族的崛起，离不开精神力量的支撑。以爱国主义为核心的民族精神和以改革创新为核心的时代精神，是凝聚中华民族的牢固精神纽带和实现中华民族伟大复兴的强大精神力量。正如毛泽东所言："我们中华民族有同自己的敌人血战到底的气概，有在自力更生的基础上光复旧物的决心，有自立于世界民族之林的能力。"

中国精神包含民族精神和时代精神。社会主义核心价值观正是中国精神的内核，也是时代主流价值的体认。历史和现实都表明，构建具有强大感召力的核心价值观，关系社会和谐稳定，关系国家长治久安。社会主义核心价值观使人们超越民族、血缘、语言、地域等方面的区别，跨越阶层、行业、职业、利益等方面的差异，熔铸起实现中国梦不可缺失的精神支柱。

实现中国梦必须凝聚中国力量，这就是中国各族人民大团结的力量。历史告诉我们：当人民群众如同一盘散沙时，是没有力量的，只能任人宰割与奴役；只有人民组织起来、团结起来才有力量，才能在争取自身利益的斗争中取得胜利。就像《团结就是力量》所唱的那样："团结就是力量，这力量是铁，这力量是钢，比铁还硬，比钢还强。"

中国力量在不同的年代有不同的注脚。革命年代，中国力量蕴藏在人民群众支援前线的小推车里；建设年代，中国力量蕴藏在王进喜用身体搅拌的水泥池里；改革年代，中国力量蕴藏在"三天一层楼"的深圳速度里。从过去到现在，中国力量始终蕴藏在各行各业每一位普通劳动者的辛勤工作里，以及他们对美好生活的向往里。时代在变，不变的永远是中国力量的真谛。

中国梦是民族的梦、国家的梦，归根到底是人民的梦。"归根到底"四个字很有意蕴，从根本上揭示了中国梦的本质属性是人民的梦，实现中国梦必须紧紧依靠人民这一主体。

中国梦将国家富强、民族振兴与人民幸福有机融合在了一起。个人只有将梦想寄托于国家的梦、民族的梦之中，梦想才有成真的可能。新中国60多年来的追梦史，其实就是一部中国共产党带领全体人民腰板直起来、口袋鼓起来、精神强起来的扬眉吐气史。

反过来讲，人民群众对美好生活的向往、对人生出彩机会的渴望，又是中国梦最富生命力的构成。每一位中国人都期盼衣食住行更好一点，工资收入更高一点，社会保障更稳一点，空气环境更优一点……这些梦想普通实在、鲜活生动，与人民的幸福息息相关。正是"具体细微"的个人梦汇聚在一起，才能最终成就"宏大叙事"

的中国梦。不认识到这一点，对中国梦的理解就会陷入缥缈的困惑之中。

中国梦突出强调个人命运和国家紧密相连，习近平总书记一语中的地指出："中国梦归根到底是人民的梦，必须紧紧依靠人民来实现，必须不断为人民造福。"逐梦途中，每一位中国人都是"梦之队"的一员，既是参与者，又是书写者，需要每个人为了梦想付出辛勤劳动，干好"自己的那一份"，个人梦的实现，是实现国家梦的必备条件。与此同时，国家需要为人民群众积极营造追梦、圆梦的广阔空间，使每一位中国人共同享有人生出彩的机会，共同享有梦想成真的机会，共同享有同祖国和时代一起成长与进步的机会。

今日之中国，其行进也迅疾，其承载也浩大，但距离两个一百年目标、民族复兴梦想，依然面对着"行百里者半九十"的严峻考验。改革涉入深水区，发展面临攻坚战，在推进社会主义现代化的道路上，我们敢于迎接前所未有的挑战，敢于面对世所罕见的困难。

没有梦想的民族是可悲的，对美好梦想没有坚定不移、矢志不渝精神的民族同样没有前途。自强不息、坚韧不拔是中华民族固有的精神基因。回望历史，面对列强的坚船利炮，中华民族奋起抗争；面对新中国成立之初的百废待兴，中国人民奋发图强；面对现代化征程中的困难与挑战，中华儿女怀揣中国梦，一路高歌前行。

梦想的太阳，不再像一个半世纪前那样遥远，甚至也不像一甲子前可望而不可即，它已经在东方地平线上喷薄而出，万道朝霞正光耀在我们的眼前……

13.2

罗阳：忠魂永驻海地间

　　总有那么一股浓情，令他把心交给碧海。

　　总有那么一种情怀，使他将爱献给蓝天。

　　总有那么一份执着，让他用生命诠释了那份认真负责。

　　他就是歼－15飞机研制现场总指挥，中航工业沈阳飞机工业（集团）有限公司董事长、总经理——罗阳。

　　2012年11月25日12时48分，在"辽宁号"航空母舰完成舰载机起降训练靠岸时，罗阳突发急性心肌梗死、心源性猝死，经抢救无效，不幸殉职，年仅51岁。

　　而就在前天和昨天，中国首批舰载机歼－15在我国首艘航空母舰甲板上真刀真枪地进行了起降飞行训练。歼－15高速从天空俯冲下来，尾钩与航母甲板上的阻拦索精准咬合，稳稳地停住；随后，飞机又滑行至起飞位，全速冲向舰艏滑越甲板，再次腾空而起。那一跃起，完成了中国航空工业从陆地到海洋的跨越，让全国人民记住了"航母style"，记住了"走你！"，也永远记住了罗阳。

　　1961年6月29日——罗阳出生的日子，而这一天恰恰是中航工业沈飞集团创建的日子。一切仿佛从开始就为故事的结局埋下了伏笔，也埋下了大家对罗阳深深的敬意和无尽的思念。

参加工作以来，罗阳前20年设计研发飞机，后10年指挥制造生产飞机，以毕生的智慧和心血，一次次托举共和国战鹰完美升空，用生命圆了中国人心中的航空强国梦。从一名普通的飞机设计员到军工大型企业主要负责人，他用坚守30年的航空报国理念，组织完成了多项国家重点航空装备研制和生产任务。他沉稳低调，质朴务实，做事不居功，行事不张扬。就是这样一个普通人，在平凡的岗位上创造了卓越功勋，铸就了"航空报国"的不朽丰碑。

"航空报国是使命，而不是荣誉。"这曾是罗阳说过的一句话，不长，却足撼人心。也正是带着这样的使命他走上了辽宁舰，完成了他人生的最后8天旅程。

舰载机起降训练对于"辽宁号"航空母舰和歼－15飞机自身来说都很重要。罗阳作为歼－15起降训练任务的现场总指挥，压力和责任重大，从上航母前一周到最后牺牲在舰上，他持续劳累。

11月18日，罗阳搭乘直升机飞赴"辽宁号"航空母舰。上舰后，刚把东西放好他就上了塔台开始工作，没有一刻的休息。也许正是这种高强度的作息和无形的压力让他过早地透支了他的身体健康。

11月24日16时，罗阳给家里打通了电话，兴奋地告诉妻子王希利，试验成功了，所有任务都完成了。这是他在"辽宁号"航空母舰8天里唯一也是最后一次与妻子通话。次日上午，王希利便接到了罗阳生病的消息，需要她急赴大连，从此天人永隔。

◎ 我国首艘航母正式交付海军

2012年9月25日，我国第一艘航母"辽宁舰"，在按计划完成建造和试验试航工作后正式交付海军。左图：歼－15舰载机在"辽宁舰"上滑跃起飞。右图："辽宁舰"出海进行科研试验和海上训练。（新华社记者查春明摄）

11月25日，冷夜。王希利对着自己丈夫的遗体道了最后的离别："罗阳，我知道，这些天来，你太累了！"

"沈飞的责任不仅关系企业生存，更主要的是关系国家利益，所以沈飞的责任实质是国家责任。"罗阳生前曾说，"尽管现在是市场经济，沈飞的传统依然未变，企业的特殊性决定了人的特殊性。和一般企业追求利润相比，沈飞有8个字作为回答，就是'恪尽职守、不负重托'。"好一个"恪尽职守、不负重托"，让罗阳最终用生命完成了对它的最悲情注脚，也完成了航天人对报国、强军、富民、担当意识的最佳诠释。

才见虹霓，英雄却已辞幕海天间。罗阳的离去引起社会巨大关注，互联网上无数的网友表达着对他的哀悼、痛惜、敬佩之情。

"从两弹一星到神舟飞船，有多少值得尊敬的专家、技术人员累倒？他们默默无闻，燃烧了自己的生命，照亮了国防的未来，他们是真正的英雄！""才51岁！敬请诸位国之栋梁善自珍重，因为你们的血肉之躯不只属于自己，更是属于这个国家、这个民族。"

《人民日报》发表评论员文章称："英雄谢幕，精神长存。罗阳的事迹，是优秀共产党人的缩影，是科技工作者的榜样。在深化改革开放的攻坚时期，我们需要发扬罗阳无私奉献的精神、求真务实的作风、勇于进取的追求，把学习罗阳精神同贯彻党的十八大精神结合起来，激发奋进的力量，勤勉工作、勇于担当，书写无愧于历史和人民的新篇章。"

当年，郁达夫曾这样说道："一个没有英雄的民族是不幸的，一个有英雄却不知敬重爱惜的民族是不可救药的。"我们敬重自己的英雄，投去敬佩的目光，对英雄来说，这已足够。英雄不问是否王侯将相，英雄不为能否名垂青史，英雄最可贵的精神在于报国，英雄最优秀的品质正在于把这鸿鹄志、报国情全部融入他的青春、热血与奋斗中。

正是在报国志向的驱动下，英雄如罗阳们甘愿默默奉献，殚精竭虑，夙兴夜寐。或许他们不能像很多人一样享天伦之乐、过悠闲生活，但一定无悔于当初的抉择、艰辛的奋斗，因为他们根本不会去想生前功名利禄、身后名声荣华，不会去想必须分享到胜利的果实、成功的鲜花才是完美人生。只要报国有路径、干事有平台，他们就会欣然而无悔。

罗阳走了，静静地，安详地，留下那铮鸣的歼–15，如泣如诉，似在惋惜，似在留恋。

这一刻，即成永殇。

13.3

别开生面的太空授课

2013 年 6 月 13 日 13 时 18 分，天宫一号目标飞行器与神舟十号飞船成功实现自动交会对接。这是天宫一号自 2011 年 9 月发射入轨以来，第五次与神舟飞船成功实现交会对接。

16 时 17 分，神舟十号航天员成功开启天宫一号目标飞行器舱门，聂海胜、张晓光、王亚平进入天宫一号。在告别首批访客 360 天后，天宫一号再次迎来故乡访客。

对于这次交会对接，国际社会给予了高度评价。法新社报道称，3 名中国航天员将在轨道上待 15 天，从而打破中国航天员在轨时间长度的纪录。此前中国在神舟八号升空时，于 2011 年实现自动对接，2012 年神舟九号又实现手动对接，这一技术是 2020 年实现建设永久性太空站目标所必需的。在 3 名航天员中，王亚平是第二位进入太空的中国女性，她将从空间实验室播送课程传回给地球上的学生。

德国《汉堡晚报》13 日以"中国将成为太空新超级大国"为题称，这两个设备的对接比以前更加复杂，这也是中国最终建成空间站的重要一步。中国能做到这一步，与中国的科学技术进步有关，而且中国的管理也比其他国家更好，也提高了中国的威望。当西方停滞不前时，中国却在大力推进太空计划。

在法新社看来，中国斥资数十亿美元推动太空计划，作为不断提升的国际地位和技术能力的象征，也借此凸显中共在带领中国这个曾经积贫积弱国家成功转型方面所取得的成就。

值得称道的是，神舟十号航天员还在天宫一号开展了别开生面的太空授课，为全国青少年演示了失重环境下的基础物理实验。太空授课是指在太空中进行的科普教育活动，通过天地互动的形式展示一些奇特的物理现象。1986 年，参与"教师在太空"计划的美国女教师克丽斯塔·麦考利夫不幸在"挑战者"号航天飞机事故中遇难。21年后的 2007 年，同样教师出身的芭芭拉·摩根随"奋进"号航天飞机进入国际空间站，通过视频与同伴一起向学生展示了在太空运动、喝水等情景，实现了自己成为麦考利夫的梦想。此后，陆续有多名宇航员也开展了太空授课活动。太空授课进一步激发了广大青少年乃至全民对宇宙空间的向往和学习科学知识的热情。

6 月 20 日上午，中国首次太空授课活动成功举行。此次太空授课由航天员王亚平担任主讲，聂海胜辅助授课，张晓光担任摄像师。10 时 04 分，设在中国人民大学附属中学的地面课堂开始上课，师生们共同观看了讲述航天员太空生活的电视短片《航天员在太空的衣食住行》。10 时 11 分，地面课堂建立与天宫一号的双向通信链路，太空授课正式开始，航天员们分别进行了质量测量、单摆运动、陀螺、水膜和水球等实验，展示了失重环境下物体运动特性、液体表面张力特性等物理现象，并通过视频通话形式与地面课堂师生进行了互动交流。

此次太空授课的地面课堂设在北京人大附中。在人大附中的教室里，包括少数民族学生、进城务工人员随迁子女及港澳台地区学生代表在内的 330 余名中小学生，在王亚平"老师"的带领下，探索太空的奥秘。全国 8 万余所中学 6000 万余名师生同步组织了收听收看。

为了配合此次太空授课活动，中国载人航天工程网还在 2013 年 5 月 24 日至 6 月10 日期间举办了"我问航天员"——太空授课大型问题征集活动，收集中小学生对载人航天科技、航天飞行、空间科学及航天员太空工作、生活等领域数千个提问。这些问题，除了部分由参与过飞行任务的航天员或航天专家在活动后期以访谈、文字或"微访谈"方式回答外，还在这次太空授课中由三位航天员在太空中给予了解答。

太空授课刷新了科普教育及物理教学的固有模式，具有直观性、生动性和启发性。这种基于太空探索实践之上的远程教学，是一种珍贵的教育资源。通过卫星直播、教育部网站回放，或是以课件形式供反复教学，优质的教育资源让举国学生共享，也是民生改善的一种形式。

◎ 别开生面的太空授课

　　2013 年 6 月 20 日，在南开中学航天体验馆，学生们观看航天员王亚平在太空展示飘浮在空中的水滴。当日，神舟十号航天员在天宫一号开展基础物理实验，为青少年进行太空授课，全国 8 万余所中学 6000 余万名师生同步收看。(新华社记者游思行摄)

　　在美联社看来，中国航天员的太空授课就是"一场战斗"，这一任务堪比他们冒着巨大风险进行空间对接。报道说，太空授课标志着中国迄今最大胆的一步，之前，"中国的宇航员一直在大的场合高调出现在公众面前，但几乎没有跟普通中国人发生真正的接触。"

　　日本时事通信社用"不可思议"评论中国的太空授课。德国新闻电视台则为"6000 万中国学生上太空课"感到惊讶，称这可能是新的世界纪录。法国欧洲新闻电视台评论称，法国的老师有时候也会说"学生们在月亮里"(俚语，暗示上课走神或打瞌睡)，可如今中国的老师却千真万确在天上。评论认为，太空授课相当成功，这有助于中国证明其有和美国、俄罗斯在征服宇宙空间的竞赛中一较长短的实力。

　　太空写着民族的未来，太空探索既是着眼于当下，更是投资于未来，既为当世之幸福，也为后世之发展。今天，世界各国都把目光投向深邃的宇宙。中国后来居上，成为世界航空航天技术强国，这既是国家实力的象征，也为民生改善提供了更大动力。眼下，中国与掌握最顶尖技术的美国、俄罗斯等国家相比还有差距，我们在这方面的投入还需加大。中国人敢于"上九天揽月，下五洋捉鳖"，必将不断增进国民福祉。

13.4

上海自贸区成立：既是"风向标"，
也是"试验田"

2013年9月29日，上海杨高路，曾经的外高桥保税区2号门，已换上"中国（上海）自由贸易试验区"字样。作为全面深化改革的"风向标"，上海自贸区正式成立，中国自贸区试验正式起步。

"自由贸易试验区的核心任务是制度创新，改革难度大、考验多，许多内容涉及改革深水区。上海要主动放弃已经习惯的做法，要主动探索尚不熟悉、尚不习惯甚至有风险的举措。只要能够推进改革开放，这样的改革试验就有价值，值得探索。"中共中央政治局委员、上海市委书记韩正为自贸区揭牌并对全市干部明确要求，不仅要有改革的勇气，更要有改革的智慧，力争在试验区形成一套可复制、可推广的制度体系和监管模式，更好地服务全国。

28.78平方千米的"试验田"，正成为撬动中国经济新一轮改革开放的支点。

加入世界贸易组织（WTO）十余年，中国在世界贸易格局中的地位日益提高。近年来，全球贸易开始了新一轮竞争，出现了更高标准的自由贸易谈判。在三大自由贸易谈判的推动下，国际贸易投资规则体系面临重塑。

这一系列地区性贸易协定，使 WTO 规则和发展中国家日益边缘化。

世界上的主要自由贸易区也正在发生一系列改变：从货物贸易为主，向货物贸易、服务贸易并重转变，且更加注重服务贸易发展；由贸易功能为主，向贸易功能与投资功能并重转变，更加注重投资的自由化和便利化，自贸区在市场准入、外资国民待遇、业务经营、投资服务等方面营造高度开放宽松的投资环境；由在岸业务为主，向在岸业务与离岸业务并重转变，更加注重离岸功能的拓展；由贸易自由政策为主向贸易自由、投资自由、金融自由政策联动转变，体现国际贸易投资新规则。

面对这一系列变化，中国如果不主动对接，就面临"再次入世"的可能。先行先试国际经贸新规则新标准，积累新形势下参与双边、多边、区域合作的经验，为我国参与国际经贸规则的制定提供有力支撑，这就成为上海自贸区试验的重要使命。

自贸区设在上海，意义已经远远超出了上海本身，为中国经济的转型提供了新的突破口。除了国际贸易能级的提升，中国金融体系加快开放、与国际接轨，将会在新形势下释放巨大的改革红利。从已公布的方案看，上海自由贸易区的试点内容和举措与世界自由贸易区的发展方向高度契合。通过新的国际贸易规则，推进中国的新一轮开放，提升中国经济转型速度和质量，其意图非常明显。上海自贸区已选择六大领域作为服务业开放的重点，包括金融服务、航运服务、专业服务、商贸服务、文化服务以及社会服务。

对于上海自贸区的设立，国际社会表达了积极的态度。花旗银行董事副总裁杨光表示："对中国来讲，建立上海自贸区无疑在宏观上具有重要的政治战略意义，就金融领域而言，国内一些专家没有提到的一个事实是，对中国走出去的战略也有很大影响。"英格兰及威尔士特许会计师协会首席执行官迈克尔·伊兹认为："中国政府可在区内率先尝试金融改革，比如利率市场化，人民币完全自由兑换，民营资本设立银行机构等。随着试点工作的不断深入，改革可以逐渐从区内转向区外。"明思力中国董事长约翰·约斯顿说："上海自贸区建设是中国金融改革和开放的重要一环，对于上海乃至整个中国的积极意义不言而喻。坦率地说，我们希望中国政府改革的力度能够更大一些。"

这些外国企业家都不约而同强调了上海自贸区"改革"的功能。上海国际金融中心研究院丁剑平教授表示，上海自贸区的第一功能是改革，而不是自由贸易，更不是要优惠政策。"至少它可以引领中国金融市场的改革，一方面它对上海国际金融中心的建设意义非凡，另一方面，它还可以通过金融创新来降低实体经济的成本，把金融改革与实体经济导向有机结合起来。"

上海自贸区成立以来，看不出"推地刨坑、拔地而起"的外在变化，然而，静水深流，一场"润物无声"的内在变革正在激荡。

2014年3月，承建并经营着洋山港的上港集团100亿余元债务集中到期，身为集团资产财务部总经理，高晓丽早就开始紧张筹钱。自贸区试水的跨境人民币融资新政恰逢其时，中国银行等数家银行在全球找寻最便宜的资金，不到一个月就落实67亿元。

"大胆闯、大胆试、自主改"，聚焦投资管理、贸易便利、金融开放、事中事后监管四大领域先行先试，近一年来上海自贸区上演了一部热播"连续剧"，让无数高晓丽们惊喜连连——

一纸清单，挠到了最痒处，一夜走红：共和国史上第一份外资管理领域的负面清单，在自贸区挂牌当晚问世，迅即撩动市场激情。

一出金融改革重头戏，协同突破，掷地有声：扩大人民币跨境使用等5项金融细则"靴子"密集落地；自由贸易账户体系被视为自贸区最核心的金融创新举措，也将推出。

一场服务业开放，超越世界贸易组织承诺开放领域，引人瞩目：23条开放措施中，22条可以实施、138个具体项目落地……

"不栽盆景，而是种苗圃。"中共中央政治局委员、上海市委书记韩正说，自贸区所有制度、规则，所有改革举措都必须按照中央要求，实现可复制、可推广。

民企来了！跨国巨头来了！自贸区成立半年进驻企业7700多家，相当于其前身上海综合保税区20余年的数量。投资及创业激情如此井喷，自贸区管委会常务副主任戴海波惊呼没想到，"看来人们更看重制度红利啊！"

自贸区管委会副主任简大年目睹蛰伏已久的改革潜能被点燃，颇感自豪地说："站在离世界最近的地方，顶着'鸡蛋'跳舞，担着使命奋楫，历史或将写下：'自贸区，改写世界经济新格局的中国开放新起点。'"

13.5

嫦娥玉兔终登月，千年梦想今朝圆

"请注意一位带着大兔子的可爱姑娘。古老的传说称，一个名叫嫦娥的中国美女已经在那里住了 4000 年。似乎因为偷了丈夫长生不老的药丸，她被放逐到月球。你们也可以找找她的同伴，一只中国大兔子……"

"好的，我们会密切关注这位兔女郎。"

这段轻松而有趣的对话，发生在 40 多年前的 1969 年 7 月 20 日，美国阿波罗 11 号宇宙飞船登陆月球之际。这段引发人们关注的对话，也生动地表达出人类尤其是中国人对月球的独特情怀。

时隔 45 年之后，沉寂亿年的月球终于迎来了中国访客，"嫦娥"抱"玉兔"，逐梦广寒宫终成现实。2013 年 12 月 2 日 1 时 30 分，中国"嫦娥三号"月球探测器在西昌卫星发射中心由长征三号乙运载火箭成功点火推上太空。由着陆器和"玉兔"月球车组成的"嫦娥三号"开始了奔向 38 万千米之外的月球之旅，这是中国探月工程"绕、落、回"三步走中的关键一步，具有重要的里程碑意义。

在夜幕中飞行 19 分钟后，火箭把"嫦娥三号"送入近地点高度 210 千米、远地点高度约 36.8 万千米的地月转移轨道。与"嫦娥一号"长达 7 天的太空跋涉相比，这次的旅程走得轻快许多。

12 月 14 日晚间，"嫦娥三号"携带着"玉兔"月球车，安全平稳着陆月

◎ 嫦娥三号平稳落月

2013 年 12 月 14 日，嫦娥三号平稳落月，中国首次地外天体软着陆成功。

图为北京飞行控制中心大屏幕上显示的嫦娥三号探测器。（新华社记者金良快摄）

面，这意味着中国成功实现地外天体软着陆。按照中国科学家的说法，其落月地点虹湾恰好就是中国古人所称的广寒宫所在地，而古老传说中的嫦娥正是广寒宫的主人。这一夜，给古往今来无数中国人带来美好情思遐想的广寒宫不再清虚寂寥。中国人千百年来期盼登月的梦想，终于由"嫦娥"变成现实。探月工程高级顾问欧阳自远院士说："过去人类的着月探测大多集中在月球赤道附近，虹湾还从来没有其他国家勘察探测过。所以'嫦娥'和'玉兔'在这里的'每一步'，不仅在书写中国探月史，也在丰富世界探月史。"

"嫦娥三号"平稳落月，意味着中国成为世界上第三个实现月面软着陆的国家。据资料统计，在"嫦娥三号"之前世界上共进行了 129 次月球探测活动，成功率为 51%。其中，只有苏联和美国完成了 13 次月面无人软着陆。探月、落月之难，可见一斑。

12 月 15 日凌晨 3 时的北京夜色寂静，而 38 万千米以外的月球还是沐浴着阳光的上午。慢慢地、稳稳地，"玉兔"月球车开始向转移机构移动。近一小时的谨慎"摸索"后，"玉兔"已站立在转移机构前端。4 时 06 分，托举着"玉兔"的两条"扶梯"轻触月面，在着陆器与月球之间架起一座桥梁。"玉兔"随后沿斜梯款步而下。4 时 35 分，"玉兔"踏上月球，车轮在月面印出两道深深痕迹，这是中国探测器留在地外天体上的第一串"脚印"。

12 月 15 日晚，在虹湾地区布满砾石和尘埃的灰黑色月面上，"嫦娥三号"着陆器被阳光照得一片金色，月球车"胸前"的五星红旗鲜艳夺目——着陆器和月球车用各自携带的相机互相拍照，照片数据完整、图像清晰。国旗展现在屏幕上的那一刻，北京飞控中心掌声骤起。这是五星红旗在地外天体上的第一次"留影"。中国探月工程总指挥马兴瑞随后宣布，"嫦娥三号"任务取得圆满成功。

中国的月球探索活动虽然起步晚，但是起点高；虽然投入少，但是效益高。首次发射的"嫦娥一号"，实现了 4 项科学目标，获得了中国第一幅全月球影像图；"嫦娥二号"获得了更清晰、更详细的影像和数据，创造了世界航天领域的多项第一，为"嫦娥三号"实现月球软着陆奠定了基础；而"嫦娥三号"没有追逐加入"落月探测俱乐部"的虚名，"她"和"玉兔"月球车，大大推进了人类对月球的认知：提供战略性资源，开展真空、微重力和低磁场试验，观测太空，监测地球环境变化……

一段时间以来，与"嫦娥""玉兔"有关的消息无不牵动国际社会的神经，它们在"嫦娥"一飞冲天、平沙落雁的身影中，持续感受中国的炫目风采。国际舆论普遍认为，"嫦娥三号"成功探月，体现了中国在航天技术方面的成就和不畏困难、勇于探索的精神，将进一步提升中国的国际影响力。

美国《纽约时报》的一篇报道认为，中国的探月等航天项目是调动、集中资源的一种方式，能够带来派生技术。重要的是中国一直在学习如何组织复杂的工程任务，中国在太空领域的各项工作都有助于改进其系统工程。

英国《每日电讯报》称，"嫦娥三号"成功着陆使中国离将航天员送上月球的终极目标又接近了一步。此次登月之旅是中国空间计划的重要里程碑，向世界展示了中国航天领域的科研水平和技术实力。英国《金融时报》称，中国的空间计划进展非常迅速，"嫦娥三号"成功着陆标志着中国跻身于掌握世界最先进科技的国家行列。

国际月球探测工作组执行主任、欧洲航天局首席科学家贝尔纳·富万认为，"嫦娥三号"探测器从发射到着陆月球的整个过程，一切都完美无缺。这证明中国人已经牢牢掌握了航天技术。

俄罗斯军事科学院院士彼得罗夫斯基表示，1976年苏联最后一个月球探测器登上月球，"嫦娥三号"成功落月是此后37年来世界史上的又一次壮举，它必将为中国探索外太空计划注入新的动力。

美国传统基金会研究员成斌认为，想要成为全球大国的中国必须向世界做出科学知识方面的贡献。人类对月球的探索远未完成，中国在这方面可以做出更大贡献。

日本《读卖新闻》登载的《中国加速太空开发》一文称，月球探测对于太空开发项目具有重要意义，针对外星探测器实施地面操控是走向更遥远太空的技术基础。如果此次任务一切顺利，中国将有能力在月球开发中发出更多声音。

"因为昨天的梦想，就是今天的希望，也就是明天的现实。"这是现代火箭之父戈达德的名言。人类的梦想不会停歇，中国人追求美好生活的行动不会止步。中国的探月活动，将成为世界探月活动的一个重要组成部分，必将为全球经济社会发展和人类文明进步，贡献炎黄子孙的聪明才智。

龚全珍：将军夫人的永恒坚守

　　2013 年 9 月 26 日，中共中央总书记、国家主席、中央军委主席习近平亲切会见第四届全国道德模范及提名奖获得者时，向龚全珍老前辈致敬。回到江西南昌，老人深情地回忆说，总书记对为新中国做出贡献的老一代人非常尊重，特别强调弘扬艰苦奋斗精神，不仅我们这代人要继承，还要一代一代地传承发扬下去！

　　56 年前，她追随信仰，跟从丈夫，返乡务农从教，无悔建设家乡；90 余岁高龄，她情怀不变，本色不改，始终严于律己，心系群众——龚全珍，原新疆军区后勤部长甘祖昌夫人，用自己的行动生动诠释着为民务实清廉的内涵。

　　1957 年 8 月，甘祖昌主动向组织上辞去新疆军区后勤部长职务，回家乡江西省莲花县坊楼乡沿背村务农，龚全珍相随而归。那一年，她 34 岁。

　　将军当农民，甘祖昌是新中国第一人。龚全珍完全理解和支持丈夫的决定："老甘不是一个普通的农民，正像他说的那样，'活着就要为国家做事情，做不了大事就做小事，干不了复杂重要的工作就做简单的工作，决不能无功受禄，决不能不劳而获'。"

　　从新疆到江西，全家 11 口人的行李只有 3 个箱子，却带了 8 只笼子，里面装着新疆的家禽家畜良种。龚全珍说："当时走得急，生活用品老甘啥也不让多带。到了莲花，乡下蚊子多，买蚊帐、买被套的布票都是向亲戚朋友借的。"

◎ 将军当军民

　　共产党员、老红军战士、中国人民解放军少将甘祖昌，1957年从部队回到农村参加农业生产，当一名农民，过着十分俭朴的生活。

　　甘祖昌积极响应党的关于养猪要公养私养并举方针的号召，在余暇时间，利用野生植物和薯藤等作饲料养了6头肥猪。图为甘祖昌和他爱人龚全珍在喂猪。（新华社记者原甦摄）

沿背村党支部书记刘淼林当年是龚全珍的学生，他回忆说，当时甘祖昌每月工资330元，生活上十分节俭，把2/3的工资用来修水利、建校舍、办企业、扶贫济困。他一共参与修建了3座水库、4座电站、3条公路、12座桥梁、25千米长的渠道。

龚全珍全力配合丈夫，也把自己工资的大部分花在支援农村建设上。回到莲花头几年，她没有做一件新衣服。

"当农民我不合格，但老甘艰苦奋斗、无私奉献、淡泊名利的精神我可以学。"龚全珍在家里待不住。"在新疆我是老师，到了莲花我还可以去教书。"她步行25千米到县文教局联系工作，被分配在九都中学任教。这所学校条件很差，只有3名老师，她却一点不嫌弃，第二天就搬铺盖去了学校，每逢周末才回家帮丈夫和孩子缝补衣服、料理家务。真切感受到甘将军对家乡眷恋之情的龚全珍，开始把自己赤忱的爱投入到这片红土地。

1961年，县文教局安排龚全珍到同乡的南陂小学当校长，在那里一待就是13年。后来，她又被调到离家不远的甘家小学当校长，依然还是老作风，吃住在学校，全身心地扑在工作上。

1986年3月，甘将军因病逝世，一只铁盒子是他留给妻子和儿女唯一的遗产，里面用红布包着3枚闪亮的勋章，那是1955年他荣获的二级八一勋章、二级独立自由勋章、二级解放勋章。龚全珍明白，丈夫虽然没有留下任何物质财富，但这笔精神财富是拿多少钱也买不来的！

甘祖昌和龚全珍夫妇相濡以沫几十载，龚全珍的人生观和价值观已经同甘将军融为一体、须臾不分了。

为了不给子女添麻烦，龚全珍住进莲花县光荣幸福院。在幸福院度过的5年中，龚全珍没有把自己看作被照顾对象，而是当成院里的工作人员，拿出生活费帮大伙买营养品，自己动手擦地板、补衣服……

在萍乡琴亭镇小学，放学后，常能看到学校操场的树荫下，孩子们围坐在白发苍苍的龚奶奶身旁听她讲革命传统故事。在县老干部宣讲团，龚全珍年纪虽大，却最活跃，经常到机关、企业、学校、社区做爱国主义传统教育报告，很受大家的欢迎。

从14岁离开山东老家，到1949年入党，再到1957年离开城市回山乡扎根，龚全珍这辈子与甘将军一样充满传奇色彩。但她总认为自己就是一名普通的老党员，为党工作是本分，离休不等于离岗，自己做的事情哪怕再小，都是在延续甘祖昌建设美好家乡的梦想。

曾有人这样问龚全珍："您这么大年纪了，不在家安度晚年，整天忙这忙那，图个啥?"她回答:"十几年来,每次从睡梦中醒来,我都会听见老甘临终前说的那句话:'下次领工资,再买化肥,送给贫困户。'我们图个啥?不图啥!人民用小车推出了新中国,给了我们崇高的荣誉,我们没有理由不为群众谋幸福。只要还能动,还能讲,我就要为社会做一点事。我是一名老兵,要永葆党员本色,永不掉队!"

龚全珍始终以甘将军为榜样要求自己,同时又为后人、为社会树立了一个可亲可敬的榜样。

"我母亲就是这样的人,钱用在自己身上总觉得是浪费,总想着怎么能帮到别人。"龚全珍的女儿甘公荣说,"现在母亲因为身体原因不怎么出门了,但她总是念叨还有没有困难的学生,得帮帮他们。"受母亲的影响,在当地工商银行上班的甘公荣也习惯艰苦朴素的生活,乐于扶困助学,先后捐款5万多元资助贫困学生。她经常这样提醒自己和子女:"不管学什么做什么,都要先学会做人,最基本的就是做一名合格公民。我们是甘祖昌和龚全珍的后代,不能给父辈抹黑,要在自己的工作岗位上老老实实做人,勤勤恳恳干事,力所能及地多帮助人。"

2008年5月,四川汶川特大地震发生后,在县老干部局组织的会议上,龚全珍带头向灾区捐出1200元。老干部局局长王慧敏回忆说:"在龚老的影响下,离退休老干部纷纷踊跃捐款,有些老同志还回家抱来干净的棉被衣服捐赠,让人非常感动。"

"'龚全珍'就是一块真金招牌,我们都服龚全珍,大家都认龚全珍。"琴亭镇离退休干部党支部书记刘恩怀说,"2008年龚全珍倡导成立奖学扶助基金,并带头捐助1000元,不少单位和个人积极响应,基金累计超过26万元,已经奖励优秀生139人,扶助贫困生175人。"

龚全珍老人的先进事迹感动了亿万国人。怀化职业技术学院党委书记吴庭菊说:"龚全珍同志用实际行动告诉广大党员,应当如何实现自己的人生价值,如何全心全意为人民服务。"西安海关政工干部吴京京说:"从她的身上传递出一种正能量,激励着我们,不仅要做好本职工作,更要多做一些对社会有益的事。"甘肃省卫生学校学生、21岁的孔淑珍说:"龚奶奶这种助人为乐、勤俭节约的精神太让人敬佩了!我们90后有些人有爱虚荣的坏毛病,对精神世界的追求淡了。要好好向龚奶奶学习!"新疆教育学院人文学院2013级学生李建平说:"她是将军夫人,却始终甘做一名普通的老师,一辈子坚守共产党的信仰,一辈子热爱教育事业,她是我们青年学子学习的榜样。"

13.7

24 小时书店：一个文化现象存在的意义

位于北京市东城区美术馆东街的北京三联韬奋书店，是京城著名的人文书店。

2014 年 4 月 4 日下午 5 点，三联书店在豆瓣网三联小站和三联书店微博等自有媒体上发布的几句话，顷刻间引起社会的广泛关注："开春了，春风沉醉的深夜，影院清场，商店打烊，我们这里有一张书桌、一盏灯，留给热爱阅读和思考的人们——在这里，你想待多久，就待多久。""当城市进入午夜，书店就是灯火。"话语不多，却是三联书店开设 24 小时书店的前奏曲。

4 月 8 日，三联韬奋书店开始试营 24 小时书店，并以"读·一夜"为主题发起夜读体验活动，北京爱书人有了自己的"深夜书房"。4 月 18 日，24 小时书店进入常规运营，并于世界读书日举行开业仪式。

4 月 22 日，国务院总理李克强给北京三联书店全体员工回信，肯定了"创建 24 小时不打烊书店，为读者提供'深夜书房'的创意"。他还认为，读书不仅事关个人修为和国民的整体阅读水准，也会持久影响到整个社会的道德水平。在回信的最后，李克强总理鼓励三联书店的全体员工："希望你们把 24 小时不打烊书店打造成为城市的精神地标，让不眠灯光陪护守夜读者潜心前行，引领手不释卷蔚然成风，让更多的人从知识中汲取力量。"

◎ 24 小时书店

2014 年 4 月 23 日，位于北京市东城区美术馆东街的三联韬奋书店 24 小时书店
正式挂牌营业。

图为嘉宾们共同为 24 小时书店揭牌。（新华社记者金良快摄）

24 小时书店被认为是 "城市的精神地标"，但因为成本高、经营困难等原因，图书业界鲜有试水者。在行业普遍不算景气的当下，实体书店维持原有日间运营已显捉襟见肘，再推出夜间书店服务，需要一定勇气。

三联书店总经理樊希安表示，社会发展至今已呈现出越来越多元化的特点，"昼伏夜出" 的人增多，爱书的读者也需要一家不打烊的 "深夜书房"，这是我们最初的动力。

"但只是单纯地服务读者，长期赔钱，我们也赔不起。" 樊希安说，国家的利好政策和资金扶持，给 24 小时书店提供了保障。"'提倡全民阅读' 被写进政府工作报告。2013 年 12 月，国家出台政策，免掉书店 13% 的增值税，书店为此节约成本 100 万元。此外，三联韬奋书店去年还获得了来自财政部、国家新闻出版广电总局 100 万元的中央文化产业发展专项资金。"

八折、满赠、换购、返券——书店针对夜读读者提供专享优惠；书桌、台灯、坐垫——夜读者可以在舒适的氛围中进行阅读；书店楼上的雕刻时光咖啡馆为夜读者提供咖啡……一系列的举措，也带来了喜人的业绩。

4 月 8 日试营业，当晚销售额为 15000 元、第二晚 25000 元、第三晚 32000 元……4 月 12 日星期六晚上 9 点后进店客流近 800 人，销售额逼近 5 万元。截至 4 月 22 日，24 小时书店夜场销售总额近 36 万元。

三联书店一位夜间店员说："学生、职员、工人、生意人、附近的居民、专程赶来的外地出差人士……还有约朋友一起来、带孩子一家三口来的。有的会挑两本书静静地读，有的横扫书店一夜不停地挑选买走 2000 元书……读者的热情是对我们最大的鼓励。"

樊希安坦言："书店做 24 小时是把社会效益放在第一位，三联书店要为推动全民阅读、促进文化繁荣做出实际贡献。我们通过种种措施吸引读者，希望更多的人读更多的好书，即便 24 小时书店不赚钱，我们也会想办法维持，也希望大家更多地参与到书店的建设、维护中来。"

著名作家王蒙认为："虽然购书便捷的网络书店给实体书店带来冲击和挑战，但实体书店仍可以依靠环境的多元和服务的丰富打造文化地标、文化沙龙，让人们愿意去。就像一家餐厅，不仅仅提供菜肴，还要用好的厨师和氛围吸引大家。"

国家新闻出版广电总局党组书记蒋建国表示，书店作为传播文化的重要场所，是人们文化生活的重要组成部分，承载着一个地方、一座城市乃至一个国家和民族的文化变迁和记忆。在互联网逐渐改变人们读书和购物方式的今天，书店还能继续存在吗？三联韬奋书店的实践证明，只要坚持服务读者的宗旨，创新服务读者的方式，答案就是肯定的、明确的。

　　继北京三联韬奋24小时书店成为北京第一家24小时书店之后，全国各地又陆续出现了不少24小时书店。5月18日，杭州市新华书店也传来开设24小时不打烊书房的消息。这个名叫"悦览树"的24小时书店，很快成为杭州年轻人的"文化约会地"；5月24日，在郑州市宋寨南街天明路口东侧路南一个不起眼的橙色小楼里，"书是生活"书店作为24小时不打烊书店正式运行；6月21日，陕西嘉汇汉唐书城和万邦图书城启动24小时营业试运营，嘉汇汉唐书城小寨店每周一、三、五、六营业24小时，万邦图书城小寨店每周二、四、六、日营业24小时，两家书城联手合作，完成了一个全天候24小时不打烊的"万嘉夜读"；7月12日零点，位于广州市体育东路的24小时书店1200bookshop开张；7月18日晚，山东省首家24小时书店"明阅岛"书店在青岛书城二楼揭开了面纱。3个多月间，无论是来自国有出版发行企业，还是来自民营实体书店，开设24小时书店的消息，如雨后春笋般一个接一个地冒出，这一文化现象由此诞生。

　　书店对于一个城市的重要性不言而喻。越来越多的24小时"不打烊"的书店，应该成为城市的精神地标，成为都市里许多夜归人温暖的去处。

　　"是谁传下这行业，黄昏里挂起一盏灯。"书店的灯，映照出的是文化传承的阑珊，传递的是沉静，守住的是灵魂，积淀的是定力，这或许就是很多实体书店还在坚持着"做书店"的精神动力吧。

13.8

绿色转轨：建设美丽中国的关键抉择

　　"努力建设美丽中国，实现中华民族永续发展"是中共十八大强调大力推进生态文明建设时提出的宏伟目标。

　　生态文明是工业文明发展到一定阶段的产物，是超越工业文明的新型文明境界，是在对工业文明带来严重生态安全进行深刻反思基础上逐步形成和正在积极推动的一种文明形态，是人与自然和谐的社会形态。工业革命以来，人类创造了历史上从未有过的经济奇迹，积累了巨大的物质财富。但是，正如恩格斯在《自然辩证法》中指出的那样，"我们不要过分陶醉于我们人类对自然界的胜利。对于每一次这样的胜利，自然界都对我们进行报复"。人类在创造和享受现代文明的同时，也饱尝了经济高增长带来的苦果：能源紧张、资源短缺、生态退化、环境恶化、气候变化、灾害频发。这促使人们重新思考人类与自然的关系，重新思考人类行为的准则。

　　中国自古以来就有"道法自然""天人合一"等生态思想，这些古老的智慧对今天的发展仍有启示。从20世纪70年代起，中国就注重加强污染防治，并积极参与世界环境与发展事业。改革开放30多年来，中国推进现代化建设，实行节约资源、保护环境的基本国策，采取了一系列有效措施，使生态环境恶化的趋势有所减缓。但我们清醒地看到，中国面临的生态环境形势依然严峻。资源相对不足、环境容量有限，已经成为新的基本国情，成为发展的"短板"。我们大力推进生态文明建设，正是要打破这一瓶颈制约。

中共十八大以来，中共中央、国务院高度重视生态文明建设，出台了一系列硬措施，解决损害群众健康的空气、水和土壤等污染问题。

2013年11月24日，河北的唐山、邯郸、承德3个市集中拆除了8家钢铁企业的10座高炉、16座转炉，共减少炼铁产能456万吨、炼钢产能680万吨，打响了这个钢铁大省、雾霾重灾区化解过剩产能的第一枪。

进入采暖期，北京市郊区农村的许多居民买到了政府补贴的优质无烟煤。目前，京郊农村居民取暖用煤量达430万吨，北京计划用5年时间让乡亲们全部烧上优质煤，降低散煤燃烧的污染。

防治大气污染，各地动真格了。

不动真格不行。中国社科院和中国气象局最近发布《气候变化绿皮书：应对气候变化报告（2013）》，指出2013年以来全国平均雾霾天数为29.9天，较常年同期偏多10.3天，为1961年以来历史同期最多。

这两年，雾霾成为普通人热议的话题。2013年1月的重度雾霾，总体上覆盖中东部地区近270万平方千米国土，影响约6亿人。雾霾严重时，北京的PM2.5小时浓度最大值达680微克/立方米，石家庄的PM2.5小时浓度最大值接近1000微克/立方米。

"如果中华大地被雾霾笼罩，如何看见她的美丽？"群众在诘问。防治大气污染，政府必须有所作为。

2013年1月，国务院常务会议提出加快形成能源消费强度和消费总量双控制的新机制，画定了"2015年能源消费总量不超过40亿吨标准煤"的红线；2月，环境保护部宣布将在重点控制区实施大气污染物特别排放限值；3月，十二届全国人大一次会议公布消息，中国环境保护预算比去年增加18.8%，大大超过财政支出的整体增幅；9月，国务院发布《大气污染防治行动计划》，从减少污染物排放、调整优化产业结构、提高科技创新能力、增加清洁能源供应、严格节能环保准入、完善环境经济政策、严格依法监督管理、统筹区域环境治理、建立监测预警应急体系、动员全民参与等10个方面，提出35项措施。

有人打比方说"这是要对空气污染动大手术"，实际正是如此。这一行动计划体现了综合防治的思路，是以防治大气污染为引导，全面优化经济社会发展的"硬措施"。

紧接着，中央财政安排50亿元资金，用于京、津、冀、蒙、晋、鲁6个省区市的大气污染防治。

雾霾逼着全社会在防治大气污染这一问题上形成最大共识，扎实行动。

治理水污染和与土壤质量相关的污染，行动同样在提速。2013 年 3 月，国务院批准四部门联合编制《华北平原地下水污染防治工作方案》；5 月，环境保护部开展华北平原排污企业地下水污染专项检查；9 月，国务院常务会议审议通过《城镇排水与污水处理条例（草案）》；11 月，国务院发布《畜禽规模养殖污染防治条例》。

国务院七部门组织的 2013 年环保专项行动，除了查处大气污染，还重点查处废水污染地下水和医药行业的环境违法问题，对于涉重金属行业的污染做了"回头看"。

保护生态环境必须依靠制度，制度建设必须尊重客观规律。要把资源消耗、环境损害、生态效益纳入经济社会发展评价体系，建立体现生态文明要求的目标体系、考核办法、奖惩机制，具体怎么做？一些地方做了有益的探索。

江苏的张家港市今年考核 8 个乡镇，把生态文明和经济发展、科技创新、城乡一体化作为关键性指标。生态文明关键性指标涵盖新增重大节能项目、主要污染物削减量、新增绿地面积、新增城镇污水管网、环境影响评价执行率等 5 个方面。生态文明建设绩效考核影响的不只是相关领导，而是一个镇所有的公务员，影响的不仅是"票子"，还有"面子和位子"。

2008 年，广西来宾市就尝试对金秀县、忻城县、合山市实施差别化考核。金秀是珠江流域重要的水源地，考核重点是生态环境保护、旅游产业发展和城镇化建设。忻城是国家重点生态功能区和石漠化治理示范县，考核重点是生态环境治理；合山是资源枯竭型城市，考核重点是接续替代产业发展、棚户区改造、生态植被恢复。差别化考核让金秀、忻城、合山轻装上阵，在保护生态环境的同时，经济增长质量和效益明显提高。

绿色考核制度在"摸着石头过河"，绿色经济政策也在探索中前行。如今，江苏苏州市一些为保护生态做出牺牲的乡镇尝到了生态补偿的甜头。去年，苏州共投入生态补偿资金 15.59 亿元，今年 12 月下旬，市人大常委会将审议《苏州市生态补偿条例（草案）》，以立法形式推动生态补偿。

对于自然规律的认识也更进一步。入冬以来，北方地区经常大风降温，大风有利于雾霾扩散，但也带来许多沙尘，防沙治沙任重道远。细心的人们注意到，2014 年 3 月颁布实施的《全国防沙治沙规划（2011—2020 年）》提出了封禁保护的措施。目前，全国还有 173.11 万平方千米沙化土地，其中 120 万平方千米不具备治理条件，实施封禁保护，就是要在这些地区消除放牧、开垦、挖采等人类活动的影响，静待生态自然恢复。

生态文明理念的核心是尊重自然、顺应自然、保护自然。实践证明，只要我们真诚地尊重、自觉地顺应、有效地保护，着力推进绿色发展、循环发展、低碳发展，就一定能够早日共享美丽中国的成果。

13.9

"忧居"变"宜居"：多亏党的棚改政策好

"人民对美好生活的向往，就是我们的奋斗目标。"党的十八大以来，以习近平同志为总书记的党中央，始终将改善民生作为第一要务，倾听人民呼声，回应人民期待，改革发展的成果正更多更公平地惠及全体人民。

棚户区改造，发端于十年前的辽宁。2005 年，轰轰烈烈的棚户区改造在辽宁大地全面展开。到 2011 年，辽宁全省共改造城市棚户区 2910 万平方米，改善了 70.6 万户、211 万棚户区居民的居住条件。辽宁棚户区改造也被联合国人居署称赞为"世界奇迹"。

2008 年，中央决定将各类棚户区改造纳入城镇保障性安居工程，全国大规模推进实施棚户区改造。2008—2012 年，全国 5 年内开工改造各类棚户区 1260 万户，基本建成保障性住房 750 万套。

2013 年，本届政府刚履职，便宣布"5 年内再改造 1000 万户以上各类棚户区"，由此，新一轮棚改拉开序幕。当年 7 月 12 日，国务院就出台了《关于加快棚户区改造工作的意见》，为新一轮棚改指明方向。

2013 年入冬，75 岁的贾淑珍老人喜滋滋地搬进了吉林通化五道江镇的丽源小区。"真没想到这辈子还能住上小楼，老高兴了！"一间 20 平方米的棚屋，贾淑珍一家住了 49 年，自来水常断、墙壁漏雨垮塌成了她的心病。如今，棚改房热乎乎的暖气，不仅让窗户染上了浓浓雾气，更为她添了喜气。"新房子有自来水、暖气，上厕所再也不用排队，多亏党的棚改政策好！"

"嘟噜噜一圈墙，当中一道梁，就成一间房。"70岁的甘肃省白银市东台村村民郝尊兴这样形容他居住了几十年的棚户区。晴天一身土，雨天一身泥，冬天进风，夏天漏雨，家家烧煤，户户冒烟，地面沉陷，墙壁裂缝……是数十万白银棚户区百姓共同的记忆。"现在我住进了宽敞的楼房，还有了自己的房间，也不怕晚上瞌睡少打扰孩子们。"郝尊兴开心地说，"现在家家户户都有了暖气，冬天再也不用在破旧的窝棚里受冻了。"2008年，白银市开始规划改造棚户区，截至2013年底，白银市已完成棚户区改造41873户、受益25万余人。如今，一排排整齐的安居保障房在原来破烂不堪的棚户区拔地而起。

无独有偶，山西大同煤峪口矿棚户区也流传着一句顺口溜："出门就下坡，雨天漏不停，挑水累倒汉，生火愁煞婆。"30多年前，柴有亮从山西朔州老家来到煤峪口矿，成为一名矿工。和大多数矿工一样，他在上班之余自己动手在山头上盖起了两间不到30平方米的土房，一家5口人挤在低矮破旧的房子里，一过就是20多年。采煤沉陷区和煤矿棚户区改造启动后，柴有亮只花了4.8万元就买了71平方米的新楼房，给儿子结婚住了。2008年9月，儿子也分到了一套新楼房，老柴的"安居梦"终于梦想成真。

在内蒙古，作为全国最大的城市集中连片棚户区，北梁棚户区自2013年3月起启动全面改造，不到10个月时间使3万"梁上人"实现"走出北梁"的梦想。

在湖北，武汉青山区2007年启动了棚户区改造"青山一号工程"，经过5年时间，全部13709户棚区居民仅剩2518户待改造，青山棚户区一跃成为武汉棚户区改造的样板。

诺贝尔经济学奖获得者、美国经济学家斯蒂格利茨说："21世纪人类最具影响的两件大事，除了新技术革命，就是中国的城市化。"新型城镇化，不能一边是高楼大厦，一边是简陋危房。2014年3月16日，中央印发《国家新型城镇化规划（2014—2020年）》，明确提出我国棚户区改造行动计划。值得注意的是，面对大量人口向城市转移，"城中村"等新型棚户区问题正在凸显，"城中村"也被《国家新型城镇化规划（2014—2020年）》纳入棚改范围。

"现在我们国家城镇集中连片的棚户区还居住着上亿人，可以说不具备基本的生存条件。几百个人一个旱厕，特别是北方，到了冬天居民入睡要戴着棉帽、穿着棉衣，这可以说是政府心头之痛。所以今年我们要继续加大棚户区改造的力度，至少要再改造470万套以上。"2014年两会上，李克强总理在回答记者提问时作上述表述。

2014 年 8 月 4 日，国务院办公厅对外发布《关于进一步加强棚户区改造工作的通知》，要求各地区、各有关部门进一步加大棚户区改造工作力度，力争超额完成 2014 年 470 万户的目标任务。在中央政策倾斜支持下，各地棚户区改造全面提速。

棚户区改造实为利国利民的一件好事，是改革开放经济发展的成果带给广大低收入困难群体的实惠。一位昔日的棚户区居民说，他的一生经历了两件大事：一个是土改，翻身做了主人，分得土地；一个是棚改，真正享受到了改革开放的成果。不仅是居住棚户区的，所有参与棚户区改造的人，所有了解棚户区改造的人、看到棚户区改造的人，都感受到改革开放的巨大成就，坚定了信念、坚定了理想。老百姓的拥护，体现了社会主义制度的优越性，体现了党的执政理念，巩固了党的执政根基。

现在，棚户区老百姓的生活信心坚定了，就业积极性空前高涨。同时，棚户区改造使人们的收入得到迅速增加，生活水平得到大大提高，促进了消费，拉动了内需，拉动了就业，形成一种良性循环。

棚户区改造在生态方面的意义也不容忽视，它消灭了几十万个小烟囱，有效控制了碳的排放，道路得到整修，小区得到绿化，基础设施和生态建设得到加强，河道得到治理，有的重污染地区变成花园般的城市。棚户区改造的另一个功绩，就是抑制了高房价，拉动了内需，调动了人们的积极性和创造性。

中国的棚户区改造，也在国际社会上引起了高度赞誉。联合国人居署执行副主席丹尼尔·比奥说："中国在解决中低收入者的住房问题上取得了巨大进展，中国城镇居民的住房自有率已近 80%。中国的住宅建设速度也是近 6 年来全世界最快的。"联合国人居署官员班吉·奥拉仁·奥因卡说："没有哪一个发展中国家比中国、进一步说比东亚，投入更多的资金建设先进的基础设施，以促进经济的发展。"